LUMIÈRE CLASSIQUE
Collection dirigée par Philippe Sellier
75

MOLIÈRE
ET SES
COMÉDIES-BALLETS

DU MÊME AUTEUR

- *Le Personnage du naïf dans le théâtre comique du Moyen Age à Marivaux*, Paris, Klincksieck, 1979, 354 p.
- (en collaboration avec H. Lagrave et M. Régaldo) *La Vie théâtrale à Bordeaux des origines à nos jours. T. I : Des origines à 1799*, Paris, CNRS, 1985, 501 p. (Prix de la Ville de Bordeaux, décerné en 1985 par l'Académie de Bordeaux).
- *Molière et ses comédies-ballets*, Paris, Klincksieck, 1993, 280 p. (Bibliothèque de l'Age classique, 7).
- *Le Théâtre français du Moyen Age*, Paris, SEDES, 1998, 432 p.
- (en collaboration avec Martine Mazouer) *Etude sur Molière, « Le Bourgeois gentilhomme », comédie-ballet*, Paris, Ellipses Edition Marketing, 1999, 127 p. (Résonances).
- *Trois Comédies de Molière. Etude sur « Le Misanthrope », « George Dandin », « Le Bourgeois gentilhomme »*, Paris, SEDES, 1999, 155 p.
- *Le Théâtre français de la Renaissance*, Paris, Honoré Champion, 2002, 493 p. (Dictionnaires & Références, 7).
- *Le Théâtre d'Arlequin. Comédies et comédiens italiens en France au XVII° siècle*, Fasano, Schena editore – Presses de l'Université de Paris-Sorbonne, 2002, 403 p. (Biblioteca della ricerca. Cultura straniera, 112).
- *Le Théâtre français de l'âge classique. 1. Le premier XVII° siècle*, Paris, Honoré Champion, 2006, 608 p. (Dictionnaires & Références, 16).

ÉDITIONS CRITIQUES

- Raymond Poisson, *Le Baron de la Crasse et L'Après-soupé des auberges. Comédies*, Paris, Société des Textes Français Modernes, 1987 (Diffusion : Nizet).
- Jean-François Regnard, *Attendez-moi sous l'orme, La Sérénade et Le Bal. Comédies*, Genève, Droz, 1991 (T.L.F., 396).
- *Farces du Grand Siècle. De Tabarin à Molière. Farces et petites comédies du XVII° siècle*, Paris, Librairie générale française, 1992, 508 p. (Le Livre de poche classique).
- Jean-François Regnard, *Le Légataire universel, suivi de La Critique du Légataire*, Genève, Droz, 1994 (Textes Littéraires Français, 442).
- Evariste Gherardi, *Le Théâtre italien, I*, Paris, Société des Textes Français Modernes, 1994, 475 p. (diffusion : Klincksieck).
- Robert Garnier, *Marc Antoine, La Troade, deux tragédies*, [in] *Théâtre français de la Renaissance. La tragédie à l'époque d'Henri III. Deuxième Série. Vol. 1 (1574-1579)*, Florence-Paris, Leo S. Olschki-PUF, 1999, pp. 219-435.
- Robert Garnier, *Antigone*, [in] *Théâtre français de la Renaissance. La tragédie à l'époque d'Henri III. Deuxième Série. Vol. 2 (1579-1582)*, Florence-Paris, Leo S. Olschki-PUF, 2000, pp. 61-189.

Charles MAZOUER

MOLIÈRE ET SES COMÉDIES-BALLETS

Nouvelle édition revue et corrigée

PARIS
HONORÉ CHAMPION ÉDITEUR
2006

www.honorechampion.com

Diffusion hors France : Éditions Slatkine, Genève
www.slatkine.com

© 2006. Éditions Champion, Paris.
Reproduction et traduction, même partielles, interdites.
Tous droits réservés pour tous les pays.
ISBN : 2-7453-1556-0   ISSN : 1250-6060
ISBN : 978-2-7453-1556-4

POUR MARTINE, QUI A VOULU CE LIVRE

« Car l'amour est fort comme la mort... »
(Le Cantique des Cantiques, 8, 6)

> ... je veux que vous vous réjouissiez auparavant,
> que vous chantiez, que vous dansiez.
> (*L'Amour médecin*, III, 4)

> *Sù, cantate, ballate, ridete...*
> (*Monsieur de Pourceaugnac*, I, 10)

OUVERTURE

Molière et *ses* comédies-ballets ? Molière lui-même aurait peut-être été surpris d'une aussi péremptoire affirmation. S'adressant au lecteur de *L'Amour médecin*, à un moment où l'esthétique du genre qu'il a créé est bien au point, il le met en garde sur l'insuffisance de la seule comédie publiée pour rendre compte du spectacle total commandé par Sa Majesté :

> Ce que je vous dirai, c'est qu'il serait à souhaiter que ces sortes d'ouvrages pussent toujours se montrer à vous avec les ornements qui les accompagnent chez le roi. Vous les verriez dans un état beaucoup plus supportable, et les airs et les symphonies de l'incomparable M. Lully, mêlés à la beauté des voix et à l'adresse des danseurs, leur donnent, sans doute, des grâces dont ils ont toutes les peines du monde à se passer[1].

Juste modestie du dramaturge, et généreuse pour les autres artistes qui ont collaboré à l'œuvre commune : le musicien, ses instrumentistes et ses chanteurs ; le chorégraphe et ses danseurs. La comédie-ballet de *L'Amour médecin*, spectacle dramatique, musical et dansé, est l'œuvre composite de Molière, Lully et Beauchamp. Assurément, tout en soulignant la nécessité des « ornements » offerts par la musique et la danse, Molière note qu'ils « accompagnent » la comédie ; il suggère

---

[1] *L'Amour médecin*, Au lecteur.

ainsi une hiérarchie entre la comédie récitée et les *agréments* – on emploie ce mot, à l'époque, à l'égal d'*ornements*. Et de fait, l'équilibre esthétique des trois arts dans *L'Amour médecin* confirme la prédominance de la comédie.

Mais toutes les comédies-ballets ne présentent pas le même équilibre. Songeons aux *Amants magnifiques*, où le dramaturge semble se contenter d'inventer un lien discret entre les six intermèdes somptueux, au point qu'un témoin[2] posait fort exactement la question : ce divertissement royal est-il « un ballet en comédie » ou bien « comédie en ballet » ? Ce spectacle reste singulier, accordons-le. Tournons-nous alors vers *Le Bourgeois gentilhomme* ou vers *Le Malade imaginaire,* les chefs-d'œuvre de la collaboration de Molière avec ses deux musiciens successifs, Lully et Marc-Antoine Charpentier. La partie musicale et dansée y est considérable, sinon envahissante. On comprend que les contemporains n'aient parfois vu en Molière qu'un habile écrivain capable de brocher l'argument qui permettra au musicien Lully, familier et artiste favori du roi, de déployer ses multiples talents et qui sera l'occasion des ballets si goûtés de Louis XIV et de la cour. Nous sommes choqués de cet ordre des valeurs, et que le nom de Molière puisse même être passé sous silence dans les relations de l'époque ; au moins sommes-nous incités à prendre réellement en considération les fameux ornements.

Cette reconnaissance de la part de la création musicale et de la création chorégraphique dans les comédies-ballets, qui motive le présent ouvrage, ne va pourtant pas à amoindrir celle de Molière, ni surtout à lui retirer le rôle fondamental qui est le sien dans cette création collective. Le secret de la collaboration nous échappera toujours ; mais quelles que soient l'importance et la richesse des contributions musicales et chorégraphiques, quelque étroite qu'ait été la symbiose entre le poète-dramaturge, ses musiciens et son chorégraphe, Molière reste celui qui veut et pense l'unité du spectacle. Molière était de l'avis de Saint-Evremond – un adversaire déterminé de l'opéra – : pour les comédies où intervient la musique, il convient

---

[2] Robinet, dans sa *Lettre à Madame* du 15 février 1670.

« de laisser l'autorité principale au poète pour la direction de la pièce[3] ». Avec sa fable, la comédie récitée forme le soubassement du spectacle d'une comédie-ballet ; ouverture, prologue, intermèdes : les contributions du musicien et du maître de ballets complètent, enrichissent, nuancent le spectacle, mais s'inscrivent dans une économie générale et concourent à la formation d'une signification qui restent l'œuvre du poète-dramaturge. En ce sens, les comédies-ballets appartiennent bien d'abord et fondamentalement à Molière.

On sait, parce que Molière lui-même en a fait le récit au début de son édition des *Fâcheux,* que le genre de la comédie-ballet est né fortuitement, sous la pression des circonstances : à cause du petit nombre des danseurs qui devaient donner le ballet, les entrées de ce ballet ont dû être en quelque sorte disloquées et jetées « dans les entractes de la comédie, afin que ces intervalles donnassent temps aux mêmes baladins de revenir sous d'autres habits ». La comédie-ballet résulte du démembrement d'un ballet ! *Les Fâcheux* constituent ainsi un spectacle de théâtre à intermèdes dansés.

Dès l'Antiquité – Molière s'empresse de le faire remarquer –, un tel mélange était connu ; le théâtre grec ne mêle-t-il pas au dialogue parlé les chants du chœur et ses évolutions dansées ? Au XVIIe siècle même, diverses formes de spectacles donnaient une idée de cette union des arts : sans parler des spectacles italiens – l'opéra accueillait des intermèdes dansés ; mais, dans un tout autre style, la *commedia dell'arte* s'ornait aussi de passages chantés et dansés –, le théâtre français, dans les comédies ou dans les pièces à machines, savait disposer des intermèdes de musique et de danse. Si l'on ajoute à cela le poids de la tradition française des ballets de cour dont Lully, selon le mot d'Henry Prunières[4], mit les dépouilles à la disposition du génie de Molière, on peut être tenté de relativiser l'originalité de Molière[5].

---

[3] *Sur les opéras* (éd. René Ternois des *Œuvres en prose* de Saint-Evremond, Paris, t. III, 1966, p. 155).

[4] Dans la Préface de son édition de la musique des comédies-ballets (*Œuvres complètes de Lully, Les Comédies-ballets,* t. 1, 1931, p. XIII) ou dans « Les Comédies-ballets de Molière et de Lully », *La Revue de France,* V, 15 septembre 1931, p. 313.

[5] Voir encore les remarques de M. Pellisson (*Les Comédies-ballets de Molière,* 1914, chap. III), de M. McGowan (*L'Art du ballet de cour en France,* 1963, chap. XII et XIII) et de H. G. Hall (*Richelieu's Desmarets,* 1990, p. 82).

Mais ni le ballet (malgré sa tendance à organiser plus rigoureusement ses entrées et à devenir une petite comédie en musique, il restait absolument étranger au dialogue dramatique), ni l'introduction de quelques passages musicaux ou de quelques ballets décoratifs dans un drame parlé ne font accéder au genre de la comédie-ballet. L'initiative de la synthèse créatrice revient bien à Molière, qui a raison d'affirmer en tête de ses *Fâcheux* : « c'est un mélange qui est nouveau pour nos théâtres. »

En fait, Molière définit lui-même et d'emblée son originalité, en précisant qu'il s'avisa de coudre les intermèdes dansés des *Fâcheux* au sujet du mieux possible et, tout en regrettant que tout n'ait pu être « réglé par une même tête » – ce qui est bien revendiquer pour l'avenir le rôle primordial du dramaturge –, « de ne faire qu'une seule chose du ballet et de la comédie ». Molière inventa la manière d'unifier vraiment les éléments qui composent le nouveau genre ; les précédents ne l'auront guère aidé, ne lui donnant tout au plus que la matière première qu'il lui restait à fondre en une nouvelle unité. « Quittons, quittons notre vaine querelle », « Unissons-nous tous trois... », chantent la Comédie, la Musique et le Ballet qui forment le Prologue de *L'Amour médecin*. Oui, Molière a su le premier accorder les trois arts ; ce qu'écrit Donneau de Visé dans *Le Mercure galant* de 1673 est d'une grande justesse : Molière a « le premier inventé la manière de mêler des scènes de musique et des ballets dans ses comédies ». Et le secret s'en perdit avec Molière, car la comédie-ballet ne lui survécut guère. En ce sens encore, les comédies-ballets appartiennent à Molière.

Ce genre éphémère fut-il un genre secondaire ? Avant de toucher un mot de l'attitude de la critique à son égard, faisons simplement les comptes. Au cours de sa carrière parisienne, entre 1658 et 1673, Molière créa vingt-neuf pièces ; parmi elles, douze comédies-ballets – soit plus de 40% de sa production dramatique. Des *Fâcheux* de 1661 au *Malade imaginaire* de 1673, presque chaque année voit naître une comédie-ballet, et parfois deux ! Les chiffres impressionnent, et disent assez que la volonté du roi et son goût pour ce genre de divertissement rencontrent à tout le moins le goût et le dessein du créateur. Les comédies-ballets de Molière constituent un ensemble un peu trop considérable de son œuvre pour qu'on ne s'efforce pas de les éclairer en tant que telles[6].

Une phrase d'Eugène Despois, présentant en 1876 *Les Fâcheux* dans la monumentale édition des Grands Écrivains de la France, rend assez bien compte de la réticence des historiens de la littérature à l'égard du genre de la comédie-ballet, et de ses raisons. La voici :

> Si cette innovation, si goûtée surtout par le Roi et par les courtisans, nous laisse assez indifférents, n'oublions pas que ces improvisations destinées aux fêtes de la cour devinrent peut-être pour Molière son premier et son plus sûr titre à la faveur royale, et qu'indépendamment de leur mérite propre, elles eurent cet avantage d'assurer à ses chefs-d'œuvre une protection dont ils ne pouvaient se passer[7].

Despois n'ignore pas la spécificité du genre – son édition est d'ailleurs extrêmement riche aussi de renseignements sur la musique des comédies-ballets –, mais il ne l'apprécie pas. Affaire de goût, simplement ? À moins que la comédie-ballet ne soit marquée déjà d'une tare originelle : elle était une commande destinée aux plaisirs du roi, concession du courtisan Molière pour gagner la liberté d'exprimer des idées plus sérieuses dans ses grandes comédies ! Il y aurait bien deux parts dans l'œuvre de Molière : celle qui compte, celle de l'inventeur de la comédie classique, du moraliste ; et l'autre, secondaire, indigne de retenir l'attention, qui sacrifie tantôt à la veine farcesque, tantôt à la comédie musicale et dansée. « Au fond, les comédies-ballets l'assomment », va jusqu'à affirmer péremptoirement Pierre Brisson de Molière[8], on se demande sur la foi de quels témoignages ! Et les comédies-ballets déploient une fantaisie – verve comique ou atmosphère de féerie galante – qui cadre mal avec l'idée qu'on a voulu se

---

[6] Nous ne tiendrons pas compte dans cette étude de *Psyché*, tragédie-ballet représentée et dansée devant le roi en janvier 1671 ; mais ce spectacle ressortit à la même esthétique que les comédies-ballets.

[7] T. III des *Œuvres de Molière* pour les Grands Écrivains de la France (en abrégé G.E.F.), p. 3.

[8] *Molière. Sa vie dans ses œuvres*, 1942, p. 148. Ce livre fourmille de contre-vérités sur les comédies-ballets.

faire de la raison classique. Un Antoine Adam, qui a été cependant fort sensible au climat propre des comédies-ballets et qui invite, en une belle formule, à éclairer ce côté de l'œuvre de Molière[9], laisse échapper ce jugement à propos du *Malade imaginaire* : « ce n'est qu'une comédie-ballet »[10]. Malgré l'effort moderne de redécouverte de la musique baroque et la convergence d'intérêt des artistes pour faire revivre ces spectacles complexes qu'étaient les comédies-ballets, demeurent des irréductibles pour qui le ballet reste un appendice sans nécessité à la comédie. Citons, tirée du dernier livre de Julien Gracq[11], qui feint malicieusement d'attribuer à toutes les comédies de Molière le divertissement de la cérémonie turque qui est propre à la comédie-ballet du *Bourgeois gentilhomme* (laquelle se situe au quatrième acte, non au dernier), cette réflexion condescendante sur les « ballets costumés de Turcs, de derviches et de mamamouchis qui envahissent le plateau au dernier acte des comédies de Molière, sans raison beaucoup plus pertinente que le simple délassement de l'œil ».

Le XIXe siècle avait pourtant attiré l'attention sur les comédies-ballets. « Les comédies-ballets ne firent jamais faute » dans l'œuvre de Molière, remarque Sainte-Beuve, qui pense que le dramaturge s'y complut et s'y exalta éperdument[12]. Théophile Gautier, après avoir réclamé qu'on ressuscite au théâtre les comédies-ballets et qu'on les joue avec leurs intermèdes, affirme justement : « Il y a dans Molière, outre le profond philosophe et le grand poète comique, un joyeux *impresario* de fêtes galantes, un librettiste de ballets, un ordonnateur d'intermèdes que la rigidité classique néglige trop[13]. » Ces voix ont-elles été entendues par la critique et par les artistes du spectacle ? Pas assez sans doute, puisque périodiquement tel article ou tel propos vient

---

[9] « Il portait en lui un rêve de beauté où le chant, l'orchestre et la danse venaient heureusement s'associer à la parole » (*Histoire de la littérature française au XVIIe siècle*, t. III : *L'Apogée du siècle. Boileau. Molière*, 1952, p. 404).

[10] *Ibid.*, p. 396.

[11] *Carnets du grand chemin*, 1992, p. 217. – Julien Gracq reste pourtant un analyste aigu et profond de notre littérature, y compris dans cet ouvrage.

[12] Texte de 1835, repris dans les *Portraits littéraires* (in *Œuvres*, Bibliothèque de la Pléiade, t. II, pp. 34 sq.).

[13] Texte de *La Presse*, 11 janvier 1847, et du *Moniteur universel*, 25 août 1862 (cités dans M. Descotes, *Molière et sa fortune littéraire*, 1970, pp. 133 et 134).

rappeler l'originalité de cette synthèse subtile des trois arts que réalise la comédie-ballet. Ainsi des analyses si justes, malgré un titre peu heureux, de Raymond Isay[14], ou des réflexions de l'homme de théâtre Jacques Copeau[15], qui avait parfaitement senti à quel point la musique et la danse étaient tapies dans la prose de Molière et quel effort esthétique accomplit le dramaturge pour réaliser une synthèse authentique du texte dramatique, de la musique et de la danse.

Parce qu'ils se mirent à lire les partitions de Lully, les musicologues furent les premiers à réhabiliter précisément les comédies-ballets. Romain Rolland, dans quelques pages de sa thèse[16], jette une vive lueur sur la portée de la musique dans les comédies-ballets ; Henry Prunières, après avoir travaillé sur le ballet de cour et l'opéra italien en France avant Lully pour ses thèses[17], s'intéresse à Lully : il entreprend l'édition des œuvres complètes du Florentin, dont trois volumes sont consacrés aux comédies-ballets[18] (dans son analyse du genre, il fera naturellement la part belle au musicien). Le temps était venu d'études consacrées au genre. Celle de Maurice Pellisson, parue en 1914, est fondatrice et son orientation reste excellente[19] ; plus poussée quant à l'analyse musicale, mais nettement moins satisfaisante sur la plan littéraire, celle de Friedrich Böttger fait date également[20].

Les musicologues ne vont cesser de s'intéresser à la musique de Lully, et vont redécouvrir aussi celle de M.-A. Charpentier. Mais de plus en plus, bien que trop timidement, la musique est envisagée dans son articulation avec la structure et la visée générales de l'œuvre – citons seulement les travaux d'un Philippe Beaussant pour la France ou d'un Dietmar Fricke en Allemagne. La danse également, si

---

[14] « Molière revuiste », *La Revue Hommes et mondes,* mai 1948, n° 22, pp. 68-79 et juin 1948, n° 23, pp. 241-255.

[15] Reprises dans *Registres II. Molière,* éd. A. Cabanis, 1976.

[16] *Les Origines du théâtre lyrique moderne. Histoire de l'opéra en Europe de Lully à Scarlatti,* 1895.

[17] *L'Opéra italien en France avant Lully,* 1913 ; et *Le Ballet de cour en France avant Benserade et Lully,* 1913.

[18] *Œuvres complètes de J.B. Lully (1632-1687),* publiées sous la direction de Henry Prunières. *Les Comédies-ballets,* t. I (1931), t. II (1933), t. III (1938).

[19] *Les Comédies-ballets de Molière,* 1914 (rééd. 1976).

[20] *Die « Comédie-ballet » von Molière-Lully,* dissertation de 1931 (rééd. en 1979).

difficilement saisissable, retient l'attention, et un Robert McBride montre comment elle contamine l'œuvre entière. Mais ces études, qui ont le grand mérite de prendre au sérieux les intermèdes et ornements, et d'apporter des éléments à l'interprétation des comédies-ballets, gardent encore un point de vue partiel, régional sur le genre. De leur côté, les historiens du théâtre, s'ils n'osent plus faire deux parts dans les comédies-ballets et passer sous silence les divertissements, si même ils prennent en compte l'existence des intermèdes et s'efforcent de mesurer ce qu'ils purent apporter à cette « comédie plénière » à laquelle, selon le regretté R. Garapon[21], aboutit Molière, faute d'analyser la musique et de goûter la saveur ou la beauté intrinsèque desdits intermèdes, ils mesurent encore incomplètement ce que les ornements changent à l'interprétation de la comédie-ballet. Les ouvrages si remarquables à divers titres de Marcel Gutwirth, de René Jasinski ou de Gérard Defaux[22] le montrent bien.

A vrai dire, l'idée d'une perspective globale, unitaire, qui fut à l'origine des ouvrages marquants du premier tiers du siècle, s'impose à nouveau. On le voit dans des travaux menés outre-Atlantique (travaux parfois bien difficiles d'accès) : en 1968, Louis Eugène Auld consacrait sa thèse à *The Unity of Molière's comedy-ballets : a study of their structure, meanings and values*[23] ; plus récemment, dans la même ligne, Claude Abraham proposait un petit essai dédié à la structure des comédies-ballets[24].

---

[21] *Le Dernier Molière. Des « Fourberies de Scapin » au « Malade imaginaire »*, 1977.

[22] Marcel Gutwirth, *Molière ou l'invention comique. La métamorphose des thèmes et la création des types*, 1966 ; René Jasinski, *Molière*, 1969 ; Gérard Defaux, *Molière ou les métamorphoses du comique : de la comédie morale au triomphe de la folie*, 1980. – Notre ouvrage était rédigé quand nous avons reçu le *Molière ou l'esthétique du ridicule* de Patrick Dandrey, 1992. L'auteur, qui montre bien (en discutant la thèse de G. Defaux) qu'aucune rupture dans la pensée dramatique de Molière n'est visible après le *Tartuffe*, quand les comédies-ballets vont l'emporter dans la création moliéresque, persiste néanmoins à ne voir en ce genre de pièce aucune spécificité (pp. 269-271) ; les ornements ne sont pour lui qu'un « écrin charmant ».

[23] Thèse de Bryn Mawr College, 1968.

[24] *On the structure of Molière's comédies-ballets*, 1984.

OUVERTURE

Notre projet vient à son heure, qui doit se nourrir et s'enrichir des résultats d'un siècle de critique sur la question : proposer, sinon exactement une poétique, comme on vient de le faire pour l'opéra[25], du moins les éléments d'une esthétique du genre nouveau de la comédie-ballet. Les comédies-ballets de Molière seront envisagées selon une vision unifiée, œcuménique, où chaque art – la comédie, la musique et la danse – sera pris au sérieux et examiné conjointement aux autres pour sa contribution au spectacle unique et au sens de celui-ci. Thalie pourra paraître quelque peu négligée au profit de Terpsichore ou d'Euterpe ; mais la moisson des analyses littéraires et dramaturgiques est très abondante, et il suffit de puiser à ses résultats. Notre effort portera donc davantage sur les parties musicales et dansées et sur leur symbiose avec la comédie simplement récitée. Pour qui veut appréhender justement les comédies-ballets, le texte dramatique et poétique reste insuffisant ; il faut lire les partitions musicales – pratiquement toutes les musiques écrites pour Molière sont disponibles –, examiner les livrets qu'on distribuait avant la représentation de chaque ballet à la cour, consulter enfin, quand elles existent, les relations écrites par des spectateurs du temps et les gravures qui donnent quelque reflet des festivités. Est-il besoin de préciser que notre essai ne prétend fournir une herméneutique totale et définitive ni de chaque comédie-ballet, ni du genre de la comédie-ballet ? Il voudrait plus modestement faire toucher du doigt la spécificité du genre, la saveur, la beauté et la richesse des intermèdes et ornements, la portée enfin de la musique et de la danse dans la signification d'ensemble d'une comédie-ballet.

La démarche s'imposait à nous : partir du divertissement royal, occasion et cadre des comédies-ballets, s'arrêter sur les ornements offerts par les musiciens et les danseurs, indiquer pour finir la vision que le dramaturge propose grâce à eux.

---

[25] Voir Catherine Kintzler, *Poétique de l'opéra français de Corneille à Rousseau*, 1991.

I

LE DIVERTISSEMENT ROYAL

1

AU SERVICE DU ROI

Même quand il travailla sur la commande de Foucquet, Molière participa à la réalisation d'une fête toute dédiée au roi. Le surintendant, dont la chute était proche, s'efforça de traiter son royal invité « avec toute la magnificence imaginable », comme dit la *Gazette* en parlant de la grande fête donnée à Vaux-le-Vicomte, le 17 août 1661, pour laquelle Molière créa ses *Fâcheux* et inventa le genre de la comédie-ballet. Les vers du Prologue, composés par Pellisson et débités par Madeleine Béjart costumée en naïade, encensent le jeune monarque, « miracle visible », parangon de toutes les vertus, puisant dans le divertissement la force de revenir aux « nobles travaux » de sa charge et de maintenir le royaume et l'univers dans la paix. Louis est le centre de la fête.

> Tout combattit à Vaux pour le plaisir du Roi :
> La musique, les eaux, les lustres, les étoiles,

mande La Fontaine à son ami Maucroix[1].

Lorsqu'il édita ses *Fâcheux*, Molière ne manqua pas de les dédier longuement au roi, qui avait aimé le spectacle et dont l'approbation « a entraîné si hautement celle de tout le monde » – avec d'emblée cette malicieuse ironie à l'égard des courtisans, le « peuple singe du maître » comme dit La Fontaine, qui signale la liberté d'esprit du dramaturge. Et, saisissant l'occasion, le très humble, très obéissant et très fidèle sujet Jean-Baptiste Poquelin Molière sollicite du roi la joie

---

[1] Lettre de La Fontaine à Maucroix, du 22 août 1661.

qu'il espère renouvelée (le roi avait suggéré une scène supplémentaire pour *Les Fâcheux*) d'obéir aux commandements de Sa Majesté :

> pour moi, toute la gloire où je puis aspirer, c'est de la réjouir. Je borne là l'ambition de mes souhaits ; et je crois qu'en quelque façon ce n'est pas être inutile à la France que de contribuer quelque chose au divertissement de son roi.

L'appel sera entendu et Molière va bientôt devenir un des fournisseurs des divertissements royaux.

Toutes les comédies-ballets ont été écrites, à partir de 1664, pour les fêtes royales. Et toutes les fêtes royales, voulues par le roi, commandées par lui aux artistes, ont pour centre sa personne et ses desseins.

Désireux de surpasser Foucquet (arrêté trois semaines après la fête de Vaux) en magnificence, dans son propre château de Versailles qui est encore loin d'avoir acquis son développement futur, Louis XIV ordonne les trois journées des *Plaisirs de l'île enchantée* : « Le Roi voulant donner aux Reines et à toute sa cour le plaisir de quelques fêtes peu communes... », commence la Relation officielle publiée. Dans l'affabulation que le duc de Saint-Aignan a empruntée à l'Arioste, le roi représente le personnage de Roger. Il défile, avec un éclat et une gravité remarquable ; il fait encore admirer son adresse et sa grâce dans l'exercice de la course de bague. Et quelque divinité ne manque pas de prononcer la louange « d'un roi favorisé de la terre et des cieux ». *La Princesse d'Élide* fut créée à la fin de la deuxième journée, le 8 mai 1664 ; mais les plaisirs se prolongèrent, et Molière eut l'occasion de redonner les jours suivants ses deux premières comédies-ballets, et de proposer la première version du *Tartuffe*.

L'Amour médecin ? « Un petit impromptu, dont le roi a voulu se faire un divertissement », dit Molière à son lecteur : une commande pour les quatre jours de fête dont le roi régala la cour, à Versailles, en septembre 1665.

Molière fut encore sollicité pour trois spectacles à l'occasion des fêtes brillantes données à Saint-Germain-en-Laye, en décembre 1666 et janvier 1667. On donna le grand *Ballet des Muses,* à 14 entrées, dansé aussi par le roi. Relisons l'argument du ballet : « Les Muses charmées de la glorieuse réputation de notre monarque et du soin que Sa Majesté prend de faire refleurir tous les arts dans l'étendue de son empire, quittent le Parnasse pour venir à sa cour » ; Mnémosyne elle-même, la mère des Muses, qui ne trouve rien d'égal « à cet auguste prince » dans l'Antiquité, se déplace pour voir le monarque ! Et la mère et les filles vont chanter à l'envi « le plus sage et le plus grand des princes », qui réunit en ses provinces « la gloire, les vertus, l'abondance et les arts ». Mnémosyne :

> Vivant sous sa conduite,
> Muses, dans vos concerts,
> Chantez ce qu'il a fait, chantez ce qu'il médite,
> Et portez-en le bruit au bout de l'univers.
> Dans ce récit charmant faites sans cesse entendre
> À l'empire français ce qu'il doit espérer,
> Au monde entier ce qu'il doit admirer,
> Aux rois ce qu'ils doivent apprendre.

Et les Muses de reprendre en chœur :

> Rien n'est si doux que de vivre
> À la cour de LOUIS, le modèle des rois[2].

Autre « agréable et pompeuse fête », préparée « avec la magnificence digne du plus grand monarque du monde[3] » : *Le Grand Divertissement royal de Versailles* de juillet 1668, pour lequel Molière composa les vers de la pastorale mise en musique par Lully et son *George Dandin*. La *Relation*, si précise et intelligente qu'en fit l'historien et critique d'art André Félibien[4] est significative aussi à cet égard. La paix acquise en Europe, le roi « résolut de faire une fête dans les jardins de Versailles, où, parmi les plaisirs que l'on trouve dans un séjour si délicieux, l'esprit fût encore touché de ces beautés surprenantes et extraordinaires dont ce grand prince sait si bien assaisonner tous ses divertissements[5] ». Après avoir dû prendre les armes pour soutenir ses droits, le monarque fait goûter à son peuple les

---

[2] *Dialogue de Mnémosyne et des Muses*, qui précède la première entrée.

[3] C'est toujours la *Gazette* qui parle, avec le ton de la presse officielle.

[4] Publiée en 1668. Texte au t. VI des G.E.F., pp. 614-640.

[5] P. 615.

délices de la paix et offre à sa cour les dons de la fête ; et Félibien de conclure : « ainsi l'on voit que Sa Majesté fait toutes ses actions avec une grandeur égale, et que, soit dans la paix, soit dans la guerre, Elle est partout inimitable[6] ».

Bref, jusqu'en 1673, Molière prêta son concours à des fêtes royales toutes ordonnées à l'adoration du Roi Soleil, commanditaire et objet de la fête. Tout comme *Le Bourgeois gentilhomme* (octobre 1670), *Monsieur de Pourceaugnac* (octobre 1669) fut donné à Chambord « pour le divertissement du roi ». Saint-Germain-en-Laye servit de cadre au *Divertissement royal* (février 1670), pour lequel Molière écrivit *Les Amants magnifiques,* et au *Ballet des ballets* (décembre 1671), dont la trame dramatique était fournie par *La Comtesse d'Escarbagnas* et une pastorale perdue – deux pièces commandées à Molière. Et si *Le Malade imaginaire* ne fut pas représenté à la cour du vivant de Molière – fâché avec Lully, ayant demandé à un musicien rival d'écrire la musique, Molière pouvait-il vraiment croire que sa comédie-ballet paraîtrait à la cour ? –, le spectacle semble bien avoir été conçu à l'origine pour un divertissement royal ; le livret de 1673, qui donne le Prologue initialement composé, le grand Prologue « dans sa splendeur » certainement représenté tel quel au théâtre du Palais-Royal, s'ouvre par ces propos :

> Après les glorieuses fatigues et les exploits victorieux de notre auguste monarque, il est bien juste que tous ceux qui se mêlent d'écrire travaillent ou à ses louanges ou à son divertissement. C'est ce qu'ici l'on a voulu faire, et ce prologue est un essai des louanges de ce grand prince, qui donne entrée à la comédie du *Malade imaginaire,* dont le projet a été fait pour le délasser de ses nobles travaux.

Louis XIV ne fut donc pas un roi sans divertissement...

Les implications politiques des fêtes royales ont été bien éclairées par une série de travaux parus dans ces vingt-cinq dernières années.

Le premier cercle touché est celui de la cour, de cette noblesse que le roi a la volonté de domestiquer et qui, souvent oisive, a besoin d'être divertie, éblouie, charmée. Mais le royal et magnifique ordonnateur des fêtes veille à ce que celles-ci représentent, donnent en

---

[6] P. 639.

représentation le roi, sa grandeur et sa gloire, les valeurs qui servent d'assise à l'ordre du royaume. Les fêtes concourent à l'exaltation de la grandeur du monarque et de la monarchie. La représentation transforme la force en puissance, en pouvoir et valorise la puissance en état légitime et obligatoire, en le justifiant, selon Louis Marin[7]. Tous les arts, en particulier ceux du spectacle, doivent rendre perceptible l'unique pouvoir du roi ; les fêtes royales, dont le monarque se faisait le principal organisateur – le machiniste, comme dit Jean-Marie Apostolidès[8] –, mais dont il était aussi le principal destinataire et souvent le héros, à la faveur de quelque déguisement mythologique ou fabuleux, sont intimement liées à l'exercice du pouvoir. Et la comédie-ballet de Molière, enchâssée dans les fêtes royales, s'est trouvée longtemps un genre adéquat à cette expression du pouvoir royal[9].

Au-delà du cercle de la cour, charmée et touchée par des plaisirs dont la portée idéologique est grande, cette propagande par le spectacle atteint les peuples, « nos sujets » comme l'écrit le roi, « allant dans le sens d'une reprise en main du pays par le roi[10] ». Elle conforte enfin la position internationale de la monarchie française, les fastes de la fête royale étant également destinés à éblouir les ambassadeurs de toute l'Europe. Oui, le divertissement est bien la politique qui se poursuit dans un autre registre[11] !

Les thuriféraires – journalistes, auteurs des livrets ou des relations – ne manquent pas de signaler que le divertissement s'inscrit en contrepoint des nobles travaux qu'implique la charge royale : le gouvernement des peuples, la guerre. La fête royale est liée à la paix, à la joie, aux plaisirs.

Les saisons ramènent chaque année les mêmes occasions de plaisirs. La période du carnaval, entendue en un sens large – pratiquement de l'Épiphanie au carême – autorise toutes les réjouissances. *Le Mariage forcé,* ballet du roi, fut dansé au Louvre en cette période ; *Le Ballet*

---

[7] *Le Portrait du roi*, 1981.

[8] *Le Roi-machine. Spectacle et politique au temps de Louis XIV*, 1981.

[9] Jean-Pierre Néraudau, *L'Olympe du Roi-Soleil. Mythologie et idéologie royale au Grand Siècle*, 1986.

[10] Marie-Christine Moine, *Les Fêtes à la cour du Roi-soleil*, 1984.

[11] Formule de Louis Marin, *Le Portrait du roi, op. cit.*, p. 241.

des Muses également, qui fut dansé à Saint-Germain-en-Laye, entrecoupé de trois spectacles dus à Molière. *Le Divertissement royal,* dit Robinet,

> Dont la cour fait son carnaval,
> Est un ballet en comédie [...] ;

la comédie est celle des *Amants magnifiques.* Sur un autre versant de l'année, à l'automne, les chasses royales sont l'occasion de fêtes. *Monsieur de Pourceaugnac* et *Le Bourgeois gentilhomme* se donnèrent au mois d'octobre, à Chambord.

L'histoire propose des célébrations. *Le Grand Divertissement royal de Versailles* fête la paix d'Aix-la-Chapelle et compense les réjouissances du carnaval supprimées à cause de la campagne militaire ; « le Roi ayant accordé la paix aux instances de ses alliés et aux vœux de toute l'Europe – explique Félibien dans sa *Relation*[12] –, et donné des marques d'une modération et d'une bonté sans exemple, même dans le plus fort de ses conquêtes, ne pensoit plus qu'à s'appliquer aux affaires de son royaume, lorsque, pour réparer en quelque sorte ce que la cour avoit perdu dans le carnaval pendant son absence, il résolut de faire une fête dans les jardins de Versailles... » Félibien passe évidemment sous silence ce que chacun savait : la fête était également destinée à honorer la Montespan. *Le Malade imaginaire* suit les exploits victorieux de la campagne de 1672.

Le roi, régalant la cour de ces somptueux divertissements, pouvait les dédier plus précisément à quelque femme. Si *Le Grand Divertissement royal de Versailles* était secrètement dédié à la Montespan, *Les Plaisirs de l'île enchantée,* conçus pour inaugurer avec éclat Versailles en faisant mieux que Foucquet à Vaux, sont une louange explicite à la jeune reine, tout en cachant une autre bénéficiaire, la première maîtresse du roi, Mademoiselle de La Vallière, qui a son appartement à Versailles. Plus tard dans le règne, la galanterie étant abandonnée, le roi commande *Le Ballet des ballets* en l'honneur de la seconde Madame, la princesse Palatine ; une fois de plus, les fêtes de Saint-Germain tombent dans la période de réjouissance d'avant le carême.

---

[12] *Op. cit.*, p. 614-615.

Simples occasions ? Non pas. L'esprit du carnaval marque les fêtes et les comédies-ballets de Molière qui y contribuent. Et l'on s'aperçoit que ces fêtes qui sont autant de « cadeaux », de « régales » comme on disait alors, pour la femme aimée, sont empreintes d'une idéologie de l'amour et du plaisir que Molière chante en plein accord avec son roi. Il faudra revenir sur ces questions.

Quoi qu'il en soit, ces fêtes de la joie, de la magnificence, de la dépense somptueuse, de la profusion, se déroulent dans une parfaite indifférence aux malheurs et à la misère des peuples. Dans son *Siècle de Louis XIV*[13], Voltaire – procédé malicieux bien dans son style ? Volonté de ne pas ternir l'image de cette époque ? – glisse *en note* un texte de Guy Patin qui, en 1662, oppose les réjouissances de la cour, où l'on ne laisse pas de danser le ballet, à la pauvreté ou à la famine qui règnent à Paris même et dans les provinces. Louis XIV et vingt millions de Français, comme dit Pierre Goubert... Les historiens modernes ont suffisamment insisté sur le décalage entre la cour et le pays réel. Les fêtes de cour oublient une réalité massive et singulièrement moins brillante. Ces fêtes du plaisir, de l'élégance et du luxe restent toujours à mettre en perspective, et leur éclat se ternit un peu quand on les rapproche des autres éléments singulièrement plus sombres du tableau général du règne de Louis XIV et de son gouvernement de la France.

Mais le roi, pour sa politique et pour ses plaisirs, veille à l'ordonnance des fêtes. Écrivains et artistes vivent du mécénat, singulièrement du mécénat royal ; tous doivent suivre la consigne donnée à La Fontaine par l'abbé de la Chambre, quand il reçut le fabuliste à l'Académie : « travailler pour la gloire du Prince, consacrer uniquement toutes ses veilles à son honneur, ne se proposer point d'autre but que l'éternité de son nom [...][14] ». Peintres, sculpteurs, décorateurs, ingénieurs, machinistes, jardiniers, artificiers, hydrauliciens, et bien sûr musiciens, maîtres de ballets, poètes et dramaturges font converger leur effort commun dans la préparation des fêtes.

---

[13] Chapitre XXV, « Anecdotes du règne de Louis XIV ».
[14] Cité par J.-M. Apostolidès, *Le Roi-machine..., op. cit.*, p. 27-8.

La volonté du maître est précise : il se soucie de tout, distribue les responsabilités et désire être servi à la hâte. Relisons encore Félibien à propos du *Grand Divertissement royal de Versailles* :

> Pour cet effet, voulant donner la comédie ensuite d'une collation, et le souper après la comédie qui fût suivi d'un bal et d'un feu d'artifice, il jeta les yeux sur les personnes qu'il jugea les plus capables pour disposer toutes les choses propres à cela. Il leur marqua lui-même les endroits où la disposition du lieu pouvoit par sa beauté naturelle contribuer davantage à leur décoration ; et parce que l'un des plus beaux ornements de cette maison est la quantité des eaux que l'art y a conduites, malgré la nature qui les lui avoit refusées, Sa Majesté leur ordonna de s'en servir, le plus qu'ils pourroient, à l'embellissement de ces lieux, et même leur ouvrit les moyens de les employer et d'en tirer les effets qu'elles peuvent faire[15].

Qu'une fête si pompeuse ait pu être réalisée en si peu de temps n'est pas la moindre des merveilles que propose le roi : la volonté royale fait des miracles. Miracle enfin de faire œuvrer, avec une telle rapidité, tant d'artistes :

> Mais comme il n'y a que le Roi qui puisse en si peu de temps mettre de grandes armées sur pied et faire des conquêtes avec cette rapidité que l'on a vue [...], aussi n'appartient-il qu'à ce grand prince de mettre ensemble avec la même promptitude autant de musiciens, de danseurs et de joueurs d'instruments, et tant de différentes beautés[16].

Voilà qui éclaire la participation de Molière aux divertissements royaux d'un jour assez net. Molière chantre de la gloire du roi, soutien de la monarchie ? Molière courtisan ? Assurément.

À peine arrivé à Paris avec sa troupe, Molière s'efforce de jouer devant le roi et sa cour ; on sait comment il gagna l'estime et l'approbation du roi, grâce à la petite farce du *Docteur amoureux*[17]. Le roi lui accorda la salle du Petit-Bourbon, puis, après la démolition

---

[15] *Op. cit.*, p. 615.

[16] *Ibid.*, p. 639.

[17] Voir *Farces du Grand Siècle. De Tabarin à Molière. Farces et petites comédies du XVIIe siècle*, p.p. Charles Mazouer, Livre de poche classique, 1992, p. 143-144.

de celle-ci, sa faveur lui obtint celle du Palais-Royal. Quelques mois plus tôt, en avril 1660, Molière avait repris la charge de tapissier du roi venue du père Poquelin, dont il s'était démis en 1643. Il la gardera jusqu'à sa mort et exercera effectivement son service de tapissier valet de chambre du roi – comprenons qu'il œuvrait à la décoration – à la cour. Mieux encore que par l'exercice de cette charge, Molière servira le roi en contribuant à ses divertissements. Le roi a apprécié le travail de Molière pour *Les Fâcheux,* à Vaux. La troupe sera invitée l'année suivante à la cour ; ce premier séjour fut suivi de nombreux autres, une cinquantaine. Et, au moins une fois chaque année jusqu'en 1671, la visite de la troupe à la cour est l'occasion de la création d'une comédie-ballet. La faveur du roi pour la troupe de Molière, devenue troupe du roi en août 1665, ne se sera pas démentie – invitations, gratifications et, plus important pour Molière, protection.

Dans ses comédies-ballets, Molière assume pleinement le service du roi.

Presque à chaque fois, il a suivi une commande royale et a dû travailler à la hâte[18]. Même pour *Les Fâcheux,* dont la commande venait de Foucquet, Molière attrape au vol – avec quelle rapidité et quelle habileté ! – une suggestion royale. Le *Menagiana* nous raconte qu'après avoir vu le spectacle, le roi désigna à Molière M. de Soyecourt, qui devait devenir grand-veneur de France, et lui dit : « Voilà un grand original que tu n'as pas encore copié » ; en vingt-quatre heures, Molière écrivit la scène du chasseur Dorante (II, 6), et la joua dès la représentation suivante. Quand il publie la pièce, il souligne assez lourdement, dans sa dédicace *Au roi,* que *Les Fâcheux*

---

[18] « Le moyen de m'en défendre, quand un roi me l'a commandé ? », dit Molière à propos d'un délai trop court, dans *L'Impromptu de Versailles* (scène 1). Et cette longue réplique, peu après : « Mon Dieu, Mademoiselle, les rois n'aiment rien tant qu'une prompte obéissance, et ne se plaisent point du tout à trouver des obstacles. Les choses ne sont bonnes que dans le temps qu'ils les souhaitent ; et leur en vouloir reculer le divertissement est en ôter pour eux toute la grâce. Ils veulent des plaisirs qui ne se fassent point attendre ; et les moins préparés leur sont toujours les plus agréables. Nous ne devons jamais nous regarder dans ce qu'ils désirent de nous : nous ne sommes que pour leur plaire ; et lorsqu'ils nous ordonnent quelque chose, c'est à nous à profiter vite de l'envie où ils sont. Il vaut mieux s'acquitter mal de ce qu'ils nous demandent que de ne s'en acquitter pas assez tôt ; et si l'on a la honte de n'avoir pas bien réussi, on a toujours la gloire d'avoir obéi vite à leurs commandements. »

ont dû aussi leur succès à l'ordre que Sa Majesté lui donna d'y ajouter un caractère de fâcheux, « dont Elle eut la bonté de m'ouvrir les idées Elle-même, et qui a été trouvé partout le plus beau morceau de l'ouvrage ». La suite du texte représente une offre de service des plus nettes, dans le même style hyperbolique qui était de rigueur :

> Il faut avouer, Sire, que je n'ai jamais rien fait avec tant de facilité, ni si promptement que cet endroit où Votre Majesté me commanda de travailler. J'avais une joie à lui obéir qui me valait bien mieux qu'Apollon et toutes les Muses ; et je conçois par là ce que je serais capable d'exécuter pour une comédie entière, si j'étais inspiré par de pareils commandements.

Selon son vœu, Molière ne va cesser d'être bousculé par les commandements royaux. *La Princesse d'Élide* passe brusquement du vers à la prose ; l'édition porte cet avis :

> Le dessein de l'auteur était de traiter ainsi toute la comédie. Mais un commandement du roi qui pressa cette affaire l'obligea d'achever tout le reste en prose, et de passer légèrement sur plusieurs scènes qu'il aurait étendues davantage s'il avait eu plus de loisir.

Au lecteur de *L'Amour médecin,* Molière annonce « un simple crayon, un petit impromptu », qui « est le plus précipité de tous ceux que Sa Majesté m'ait commandés » : la comédie a été proposée, faite, apprise et représentée en cinq jours. L'auteur du livret du *Grand Divertissement royal de Versailles,* qui se déclare l'ami de Molière, fait remarquer que « l'honneur d'obéir promptement au Roi » constitua une part du mérite de ce qu'il appelle « les impromptus de comédie[19] » – terme adéquat et souvent employé par Molière pour signifier la rapidité de la composition. De son côté, parlant de la pastorale en musique et de la comédie de *George Dandin* qui constituaient la partie théâtrale de ce divertissement, Félibien souligne aussi la bousculade imposée aux artistes : « Bien que la pièce qu'on représenta doive être considérée comme un impromptu et un de ces ouvrages où la nécessité de satisfaire sur le champ aux volontés du Roi ne donne pas toujours

---

[19] Édition Georges Couton des *Œuvres complètes* de Molière, 1971, t. II, p. 452.

le loisir d'y apporter la dernière main et d'en former les derniers traits
[...] »[20].

La trame des *Amants magnifiques* a été fournie à Molière par le roi :

> Sa Majesté a choisi pour sujet deux princes rivaux, qui, dans le champêtre séjour de la vallée de Tempé, où l'on doit célébrer la fête des jeux Pythiens, régalent à l'envi une jeune princesse et sa mère de toutes les galanteries dont ils se peuvent aviser[21].

Le Bourgeois gentilhomme, comédie et musique, a été voulu par le roi autour d'un ballet qui comprendrait des Turcs ; Molière, Lully et d'Arvieux (pour la vérité locale des manières et des habillements) s'exécutèrent et durent être prêts pour le séjour à Chambord. Dernière commande royale : des textes de théâtre – seule reste *La Comtesse d'Escarbagnas* – pour lier ensemble la série de divertissements donnés sous le titre de *Ballet des ballets*. Voici le début du livret de ce *Ballet* (le premier membre de phrase se trouvait déjà dans l'Avant-propos des *Amants magnifiques*) :

> Le Roi, qui ne veut que des choses extraordinaires dans tout ce qu'il entreprend, s'est proposé de donner un divertissement à MADAME [...], qui fût composé de tout ce que le théâtre peut avoir de plus beau ; et pour répondre à cette idée, SA MAJESTÉ a choisi tous les plus beaux endroits des divertissements qui se sont représentés devant Elle depuis plusieurs années, et ordonné à Molière de faire une comédie qui enchaînât tous ces beaux morceaux de musique et de danse [...][22].

Aussi Molière, avec les autres artistes nécessaires à l'entreprise de la comédie-ballet – car, comme il est dit à propos des *Amants magnifiques,* le roi désire des divertissements qui soient composés « de tous ceux que le théâtre peut fournir », – s'empresse-t-il, tout au long de sa carrière parisienne, de répondre aux commandes royales, pour divertir le monarque et servir ses desseins. Au Prologue de *L'Amour médecin,*

---

[20] *Relation, op. cit.*, p. 620.
[21] Avant-propos du livret du *Divertissement royal*, éd. Couton, t. II, p. 645.
[22] G.E.F., VIII, p. 599.

à la Comédie se joignent la Musique et le Ballet, qui chantent séparément puis ensemble :

> Unissons-nous tous trois d'une ardeur sans seconde,
> Pour donner du plaisir au plus grand roi du monde.

Lully entrelaçant les solos – les *récits* – de chaque allégorie de la reprise d'une ritournelle instrumentale qui impose un climat fait d'un mélange de détermination et de solennité, la mélodie des récits s'exalte pour chanter le « plus grand roi du monde » et débouche sur un trio qui, répétant les phrases du refrain, monte par paliers jusqu'à l'affirmation finale.

De la manière la plus explicite ou la plus transparente, les comédies-ballets chantent la louange du roi[23].

Aux deux intermèdes extrêmes de ses *Amants magnifiques,* Molière avait prévu de faire danser le roi ; on sait qu'il n'en fut rien et que désormais l'auguste monarque cessa d'être danseur et se contenta d'être spectateur des ballets. Les premier et sixième intermèdes sont conçus et construits pour amener, comme en une apothéose, le dieu Neptune dans un cas, le dieu Apollon dans l'autre – deux déguisements mythologiques courants à l'époque pour le roi et parfaitement transparents. Le chœur joyeux des Tritons entoure l'arrivée de Neptune. Molière avait même composé, selon la coutume, des vers d'application que le spectateur lisait dans le livret tout en regardant évoluer les danseurs, cinq strophes dithyrambiques sur Neptune-Louis XIV, redoutable dans sa puissance et sa colère, équitable dans son pouvoir, favorisant la paix et le commerce. La belle danse écrite par Lully, au rythme binaire, dans la tonalité solennelle de fa majeur, garde la dignité qui convient au royal danseur mais semble exiger aussi de lui, en sa deuxième section, plus bousculée, une technique plus brillante.

Quant au dernier intermède, qui est la solennité des jeux Pythiens, il est consacré tout entier, comme le demande la prêtresse dans son

---

[23] Laissons de côté les allusions que peuvent contenir les dialogues. Ainsi, Éraste remarque que le roi fait obéir (et il l'en approuve) les grands dans sa lutte contre les duels (*Les Fâcheux*, I, 6). On pense évidemment aux allusions du *Tartuffe* au « prince ennemi de la fraude » (acte V, scène dernière).

premier récit, à chanter le dieu, à chanter sa gloire et à l'honorer ; ce dieu plein de force, ce dieu plein d'appas désignait encore le roi qui devait le danser[24]. Les entrées des porteurs de haches, des voltigeurs, des esclaves, des hommes et des femmes armés préludent à la venue d'Apollon. À la sonnerie éclatante des trompettes que ponctuent les timbales, Apollon paraît, « précédé de six jeunes gens qui portent des lauriers entrelacés autour d'un bâton et un soleil d'or au-dessus, avec la devise royale en manière de trophée », tandis que le chœur admire en chantant son éclat, sa grâce, son port. Belle apothéose du Roi-Soleil sous les traits d'Apollon ! Les spectateurs, la France et le monde entier avaient compris le sens de cette prestation royale, que redit le premier vers d'application « pour le roi représentant le soleil » : « Je suis la source des clartés. » Cette apothéose s'épanouit en une danse en ré mineur, dont les deux sections sont très contrastées : après une première partie plus solennelle, la seconde bouscule les notes pointées en un tourbillon visant à mettre en valeur, encore plus que la danse de Neptune, la virtuosité du danseur qui devait donner sa personne et sa gloire en spectacle.

Dans le premier prologue mis en musique par Charpentier pour *Le Malade imaginaire* – le prologue « dans sa splendeur », comme l'écrira le musicien sur sa partition –, le roi n'aurait évidemment pas pu paraître en personne ; mais toute la dramaturgie de cette somptueuse *Églogue en musique et en danse* est orientée par la louange du roi. Bergers et bergères sont conviés à laisser là troupeaux et débats amoureux pour apprendre la nouvelle que Flore désire leur annoncer ; au milieu de l'impatience des bergers et après un silence qui s'impose (la musique, ses formules mélodiques et ses silences rendent cela sensible à l'oreille), Flore prend la parole, faisant passer pour l'occasion la musique du ré majeur au ré mineur :

> Vos vœux sont exaucés, LOUIS est de retour,
> Il ramène en ces lieux les plaisirs et l'amour,
> Et vous voyez finir vos mortelles alarmes.

---

[24] Voir J.-P. Néraudau, *L'Olympe du Roi-Soleil...*, op. cit., chapitre IV.

Comme pour Lully, tout le récitatif de Charpentier serait à analyser, tant la musique sert le vers. Éclate alors un beau chant d'allégresse, aux harmonies pleines, qui laisse place à une sorte d'intermède plus vif à C barré (« Que de plaisirs ! que de ris ! que de jeux ! »), avant de revenir à la joie tranquillement épanouie. Dès lors, le roi va être l'objet des chants des bergers, qui rivalisent entre eux à qui chantera le mieux sa gloire. Un air martial, un « combat », anime Tircis puis Dorilas à chanter les strophes les plus belles à la louange de Louis, mettant en valeur tour à tour le guerrier invincible et sa gloire quasi divine – le poète et le musicien s'exaltant dans la louange. Mais les chants des bergers doivent cesser ; seul Apollon et sa lyre seraient dignes de cette tâche : « Ne songez qu'à ses plaisirs », leur ordonne Pan. Néanmoins, avant de quitter la scène, les bergers entonnent, mêlés aux violons et à des entrées de danseurs, un dernier grand chœur en ré majeur :

> Joignons tous dans ces bois
> Nos flûtes et nos voix,
> Ce jour nous y convie ;
> Et faisons aux échos redire mille fois :
> « LOUIS est le plus grand des rois
> Heureux, heureux qui peut lui consacrer sa vie ! »

Dans une mélodie affirmative, de faible amplitude, où les voix se superposent exactement en un chant syllabique, on notera les jeux musicaux auxquels donne lieu le nom de LOUIS pour imiter l'écho : LOUIS – ♪♩. – est donné d'abord *forte*, répété en écho doucement, c'est-à-dire *piano*, puis repris encore en « subrecot », dit la partition manuscrite, c'est-à-dire *pianissimo*. Le jeu d'écho se trouve aussi à la mélodie des violons qui alternent avec les voix.

La danse et la musique se sont bien unies à la poésie pour proclamer que Louis est le plus grand des rois ! Tel fut le prologue de la dernière comédie-ballet et ultime pièce composée par Molière.

Dira-t-on qu'il s'agit simplement de la louange obligée ? Ce serait trop peu dire. Prenons garde à certains vers de ce grand prologue (qui n'est pas sans rapport avec ce qui va bientôt être le prologue d'opéra) ! Louis est de retour, « il ramène en ces lieux les plaisirs et l'amour », chante Flore. Au-delà de la glorification de la personne royale, Molière exalte une philosophie de l'amour et du plaisir qui a longtemps été conjointement celle du dramaturge Molière et celle du jeune roi.

Mieux : le roi se trouve érigé en garant d'un ordre que Molière voudrait voir solidement établi. La féerie pastorale instaure un climat de joie et suggère une leçon : il faudra que dans la réalité bourgeoise aussi la vie et l'amour triomphent des oppositions. De même que le monarque intervient à la fin du *Tartuffe* pour assurer le bonheur des amants que l'aveuglement des uns et la scélératesse des autres mettent en péril, de même l'évocation du roi l'institue comme caution et modèle d'un idéal qui est en grande partie celui de Molière, et comme juge privilégié des sots et des maniaques ridicules qui pensent le mettre en péril.

Loin de se contenter des flatteries qu'un artiste du XVIIe siècle ne pouvait s'abstenir d'adresser au prince, Molière, homme de cour aussi et chargé de divertir le prince, a ressenti très longtemps une connivence réelle et profonde avec lui. Les comédies-ballets sont le signe heureux et brillant de cet accord. Nicole Ferrier-Caverivière a trouvé de très jolies formules pour faire sentir la présence rayonnante du roi dans l'œuvre de Molière, en particulier dans les comédies-ballets tout entières orchestrées autour du roi : Molière a su adapter le genre au goût et au tempérament de Louis XIV, « et prouver à travers lui que son prince était un centre lumineux de puissance, de bonté et de splendeur d'où émanait et où convergeait tout le monde de la joie[25] ».

Service n'est donc pas servitude, comme une vision vaguement romantique voudrait le faire croire. Que Molière – qui avait besoin du roi, devait le flatter et le servir – ait parfois renâclé devant les commandes précipitées ne doit pas faire illusion ; Molière a aimé servir le roi en ses fêtes. Il s'est complu dans ce genre qui plaisait au prince ; non seulement inventer et améliorer cette nouvelle forme de spectacle a séduit l'artiste, mais il était artiste trop génial pour ne pas se rendre compte que la nouvelle forme venait à point pour compléter sa vision du monde, comme le montre parfaitement, mais un peu trop unilatéralement et systématiquement, Gérard Defaux[26]. Car Molière ne s'arrête pas de penser au seuil de ses comédies-ballets destinées

---

[25] *L'Image de Louis XIV dans la littérature française de 1660 à 1715*, 1981, p. 70. Voir aussi p. 169.

[26] *Molière ou les métamorphoses du comique...*, op. cit., 1980.

d'abord au roi. La connivence de pensée avec le roi représente une sorte de petit miracle ; mais ce serait singulièrement mépriser Molière que de se refuser à admettre que sa liberté d'artiste et de penseur demeure toujours, y compris dans les comédies-ballets. Dans ses comédies-ballets, Molière poursuit la même méditation que dans ses comédies récitées et dans ses farces ; les préoccupations et le regard sont les mêmes. Et quand il semble, à travers l'univers de la pastorale ou de la comédie héroïque dont l'élégance et la grâce l'ont certainement fasciné, exalter les valeurs nobles, il introduit toujours une distance – retrait ou dissonance comique – qui ouvre l'espace de la liberté critique. Selon la belle formule d'André Suarès[27], Molière a bien été « l'esprit le plus libre de son siècle », jugeant tout le monde, y compris les grandeurs d'établissement.

---

[27] *Âmes et visages. De Joinville à Sade*, 1989, p. 109.

2

Des châteaux au théâtre du Palais-Royal

Voulues par le roi, les comédies-ballets prirent place à l'origine dans les divertissements dont il régalait sa cour, au gré des séjours dans les diverses résidences royales. C'est-à-dire que les spectacles formaient un élément dans un ensemble souvent beaucoup plus vaste, dont le climat général ne manquait pas de rejaillir sur les comédies-ballets. Le spectateur moderne, qui se rend dans un théâtre pour voir la comédie des *Fâcheux* ou de *George Dandin,* n'a plus aucune idée du contexte dans lequel se déroulèrent ces comédies, ornées à l'époque de tous leurs agréments, à Vaux ou à Versailles. Gazettes, livrets, relations et gravures permettent de se faire une idée des fêtes royales à quoi contribuait le dramaturge. C'est leur ambiance qu'il faut essayer de ressusciter, si éphémère, et que Molière lui-même devra abandonner, sans doute avec une certaine nostalgie, dès qu'il voudra reprendre les mêmes spectacles dans son théâtre parisien.

Nombre de comédies-ballets furent données à l'intérieur des palais et résidences royales, et parmi un programme assez lâche de divertissements sur lesquels on est mal renseigné.

Le Mariage forcé, dansé et joué au Louvre, puis chez Monsieur, le frère du roi, s'intégrait dans les réjouissances d'avant carême – bals, ballets et autres mascarades. *L'Amour médecin* fut ordonné pour un déplacement de quelques jours à la cour : « Notre cour courut à Versailles / Pour y rire et faire gogailles », écrit Robinet dans sa lettre du 20 septembre 1665. La *Gazette,* sur un ton plus digne, indique que « la cour a été régalée par le Roi durant quatre jours, avec une magnificence singulière » ; on prit le divertissement de la chasse (nous sommes à la mi-septembre), « qui fut suivi d'une comédie entremêlée d'entrées de ballet, qui, pour n'avoir été concertée que peu de jours auparavant, ne laissa pas d'être trouvée fort agréable ». On peut pencher pour une représentation à l'intérieur ; il existait à Versailles une « salle de la comédie », comme l'atteste *L'Impromptu de Versailles.*

Le doute n'est plus permis, à cause des dates, pour *Le Ballet des Muses,* où trois pièces de Molière contribuaient aux entrées : ces fêtes, unifiées par le thème du *Ballet,* s'échelonnèrent de décembre 1666 à février 1667, donc à l'intérieur du château de Saint-Germain-en-Laye. On en pensera autant de celles qui se déroulèrent au même lieu et à des dates semblables : *Les Amants magnifiques* (février 1670, pour le carnaval) et *Le Ballet des ballets* (décembre 1671), conçu avec une sorte d'unité – celle d'une anthologie des meilleurs ballets, avec leurs machines – autour de *La Comtesse d'Escarbagnas* et de la pastorale perdue qu'avait composées Molière ; pour *Le Ballet des ballets,* voulu par le roi comme un « pompeux et magnifique assemblage de tant de choses différentes », le livret précise d'ailleurs que ce fut « le plus beau spectacle qui se soit encore vu pour la salle et le théâtre de Saint-Germain-en-Laye ».

Quant aux deux comédies-ballets créées à l'intérieur du château de Chambord – *Monsieur de Pourceaugnac* et *Le Bourgeois gentilhomme* –, elles le furent exactement à la même saison (octobre 1669 et octobre 1670), qui était celle de la chasse. Nouveau régale, « également galant et beau », dit Robinet de *Monsieur de Pourceaugnac* ; de son côté, la *Gazette* met en valeur la superbe décoration de la scène de cette comédie entremêlée d'entrées de ballet, qui vint augmenter le divertissement essentiel de la chasse. L'année suivante, mêmes parties de chasse et autres récréations royales (« [...] Le Roi va dans Chambor / Joyeusement prendre l'essor / Avec sa cour si florissante », rimaille Robinet), à quoi s'ajoute *Le Bourgeois gentilhomme.*

Nous n'en savons pas plus sur ces fêtes. Quelques autres, en revanche, sans doute parce qu'elles eurent plus d'éclat, nous sont infiniment mieux connues dans leur déroulement. Il s'agit toujours de fêtes de plein air données à la belle saison. Leur cadre, leur déroulement, la description du lieu théâtral permettent d'éclairer l'esthétique de la fête – de toutes les fêtes – et, par reflet, celle de la comédie-ballet qui s'y intègre.

Ces fêtes se déploient dans le cadre le plus séduisant que fournissent les parcs et les jardins.

Nicolas Foucquet, qui avait confié la reconstruction du château de Vaux-le-Vicomte à Le Vau, chargea Le Nôtre de l'aménagement des jardins. Le contrôleur général des jardins du roi (parallèlement occupé des jardins de Versailles) remodela le terrain par des terrasses, utilisant la déclivité, transformant la petite rivière en canal et usant des ressources de l'eau, mêlant la symétrie des masses à la fantaisie des détails ; bassins, parterres, cascade, grotte se succédaient, selon l'axe de l'allée centrale, tandis que le parc se peuplait de statues.

C'est à six heures du soir, alors que la fraîcheur songeait à s'épandre en cette journée de juillet, qu'arrivèrent le roi et sa suite. « On commença par la promenade », assure La Fontaine, qui fait la relation de cette soirée à Maucroix[1] ; et il ajoute : « toute la cour regarda les eaux avec grand plaisir »[2]. Eaux rafraîchissantes et rafraîchissante verdure, que La Fontaine, le protégé de Foucquet, sut chanter. Le jardin fournit encore son cadre à la comédie-ballet des *Fâcheux* et aux illuminations et feux d'artifice – ce que La Fontaine appelle le plaisir du feu.

Le roi voulut surpasser le surintendant dans une autre fête de plein air qui eût pour cadre les jardins de son château de Versailles ; le Versailles de cette époque, le premier Versailles, est celui des jardins – œuvre de Le Nôtre assurément, mais fruit aussi de la conception et de la volonté royales. Ces fêtes de 1664, *Les Plaisirs de l'île enchantée,* comme celles de 1668, mettront en valeur les jardins qui fournissent un cadre champêtre à tous les divertissements.

Les historiens[3] ont pu situer sur un plan des jardins de Versailles les divers emplacements des phases de la fête. La lice nécessaire à la première journée (7 mai) des *Plaisirs de l'île enchantée* était constituée par un rond où aboutissaient quatre grandes allées entre de hautes palissades de verdure ; ce rond était orné de portiques, de festons et de décorations peintes. La collation qui termina la journée se déroula à peu près au même endroit, les lumières tranchant heureusement dans la nuit avec la verdure des palissades. La seconde journée conduisit les

---

[1] La lettre de La Fontaine à Maucroix du 22 août 1661 est publiée dans G.E.F., III, p. 97-103.
[2] P. 98.
[3] Marie-Christine Moine, *Les, Fêtes à la cour....*, op. cit., 1984, p. 45-47. Voir aussi Sabine Du Crest, *Des fêtes à Versailles. Les divertissements de Louis XIV,* 1990.

spectateurs « dans un autre rond, environné de palissades comme le premier, et sur la même ligne, s'avançant toujours vers le lac où l'on feignoit que le palais d'Alcine étoit bâti[4] » ; c'est là, au Bosquet des Dômes, dit aussi de la Renommée, que se donna le plaisir de la comédie de *La Princesse d'Élide*. La dernière journée, organisée selon la même affabulation, fit progresser selon le même axe « vers le grand rond d'eau qui représentoit le lac sur lequel était autrefois bâti le palais d'Alcine[5] », c'est-à-dire le bassin d'Apollon. Mais les plaisirs durèrent encore plusieurs jours, faisant alterner exercices sportifs, visite de la ménagerie et théâtre, dans les jardins, plus près des bâtiments ou à l'intérieur même du château,

Quatre ans plus tard, les festivités du *Grand Divertissement royal de Versailles* utilisèrent les mêmes jardins enrichis, en quelque sorte mis en service pour l'occasion. Sur les six heures du soir – nous suivons ici la Relation de Félibien –, le roi, la reine et la cour sortirent du château « pour prendre le plaisir de la promenade », firent le tour des parterres, admirèrent les fontaines, les bassins, les sculptures et leurs jets d'eau. « Leurs Majestés allèrent ensuite chercher le frais dans ces bosquets si délicieux, où l'épaisseur des arbres empêche que le soleil ne se fasse sentir », se perdant dans le labyrinthe des allées avant de déboucher dans un cabinet de verdure merveilleusement aménagé, où fut servie la collation. Les personnes royales et la cour poursuivirent leur promenade, qui en calèche, qui en chaise à porteurs, qui en carrosse pour rallier, de l'autre côté de la grande allée royale, le carrefour où le sieur Vigarani avait disposé le lieu où allaient être donnés *George Dandin* et la pastorale en musique qui l'enchâssait. La comédie-ballet sera suivie d'un festin, d'un bal dans deux édifices octogones construits dans la verdure et somptueusement décorés, avant les illuminations finales. Il faut lire intégralement la Relation de Félibien pour imaginer la splendeur décorative qui illustra les jardins de Versailles à cette occasion. Comme si la nature, mais travaillée par la main des différents artistes, était elle aussi destinée à chanter la gloire du prince.

---

[4] *Relation officielle*, G.E.F., IV, p. 127.
[5] *Ibid.*, p. 220.

On l'aura remarqué : la fête royale se déploie dans un déroulement temporel, plus ou moins long, avec une succession de divertissements dont le programme revient souvent à l'identique ; il arrive même que les divertissements soient imbriqués dans une fiction qui fournit son thème à toutes les activités ainsi plus rationnellement liées ensemble.

La réception de Vaux voit se succéder « un souper magnifique, une excellente comédie, un ballet fort divertissant – en fait, *Les Fâcheux* firent de la comédie et du ballet une seule et même chose – et un feu », dit La Fontaine. Et le poète de passer au vers pour dire son admiration des exploits des artificiers qui firent partir en même temps mille fusées qui trouèrent la nuit et, se reflétant dans les bassins et les canaux, semblèrent combattre avec l'onde, au milieu des sifflements et du fracas. Surprise tandis qu'on se dirige vers le château pour une ultime collation : « en un moment le ciel fut obscurci d'une épouvantable nuée de fusées et de serpenteaux », laquelle creva bientôt en donnant l'impression que tous les astres étaient descendus sur terre !

En même temps que le livret et les relations des *Plaisirs de l'île enchantée*, il faudrait feuilleter les dessins réalisés par Israël Silvestre qui fixent, journée après journée, quelques étapes de ce long parcours temporel de la fête où le roi traita, nous dit-on, plus de six cents personnes. Le thème retenu par le duc de Saint-Aignan ? Il vient des chants VI à VIII de *l'Orlando furioso* de l'Arioste : la magicienne Alcine retient en son palais Roger et d'autres braves chevaliers qui, après beaucoup de temps consommé dans les délices, sont délivrés grâce à une bague passée au doigt de Roger et capable de dénouer ces enchantements. Ce programme permit un défilé somptueux – le roi et les grands du royaume figurant les différents chevaliers prisonniers d'Alcine – et une course de bague ; la nuit venant sur la première journée, les lumières entrèrent en action et une magnifique collation fut servie, non sans divers agréments pour l'accompagner : ballet des signes du zodiaque et des saisons qui présentèrent chacune leurs mets ; apparition de Pan et de Diane (Molière et Melle Béjart) portés sur une machine ingénieuse en apparence de montagne, qui dissimulait son fonctionnement. Est-il besoin de préciser que rien de tout cela ne se passait sans musique ?

Après la seconde journée dédiée à la pièce de Molière, la dernière mena à son achèvement la fable de l'Arioste. Malgré les précautions prises pour se renforcer sur son île, Alcine vit son palais détruit et réduit en cendre ; les différentes entrées du *Ballet du palais d'Alcine* firent danser des géants, des nains, des Maures et des démons chargés de la garde du palais, et même six chevaliers prisonniers du palais qui étaient empêchés de s'enfuir par des monstres. L'embrasement du palais – encore un feu d'artifice ! – constitua l'apothéose des trois journées. Lisons la relation officielle[6] :

> Il sembloit que le ciel, la terre et l'eau fussent tous en feu, et que la destruction du superbe palais d'Alcine, comme la liberté des chevaliers qu'elle y retenait en prison, ne se pût accomplir que par des prodiges et des miracles. La hauteur et le nombre des fusées volantes, celles qui rouloient sur le rivage, et celles qui ressortoient de l'eau après s'y être enfoncées, faisoient un spectacle si grand et si magnifique, que rien ne pouvoit mieux terminer les enchantements qu'un si beau feu d'artifice...

On serait bien tenté d'entrer dans le détail de cette relation, tant elle offre de matière à l'analyse ; les quelques indications qui viennent d'être données permettent toutefois de recréer l'atmosphère de la fête où s'inscrivit la comédie-ballet de *La Princesse d'Élide*.

Quant au *Grand Divertissement royal de Versailles,* en une soirée il propose les étapes attendues de la fête : la collation, le théâtre, le souper, le bal, les illuminations et le feu d'artifice. À lire la relation de Félibien, on a l'impression que les magiciens chargés de réaliser tous ces miracles s'étaient surpassés : effets architecturaux, richesse décorative, jeux des lumières et jeux des eaux, somptuosité du festin, avec la recherche de la surprise, de l'émerveillement, de la beauté. Félibien ne peut réfréner son enthousiasme. Décrivant l'édifice octogonal qui servit au souper extérieurement puis intérieurement, il remarque : « Si l'on fut surpris en voyant par dehors la beauté de ce lieu, on le fut encore davantage en voyant le dedans. Il étoit presque impossible de ne pas se persuader que ce ne fût un enchantement, tant il y paroissoit de choses qu'on croiroit ne se pouvoir faire que par magie[7] ». Et que dire des illuminations finales que Gissey – également chargé de la décoration du salon du souper et des costumes de la comédie – avait préparées ! Le château semble en feu, la grande allée

---

[6] G.E.F., IV, p. 227.
[7] G.E.F., VI, p. 625.

s'embrase, les fusées sortent des bassins mêmes – le feu faisant la guerre à l'eau. Comme La Fontaine, Félibien rêve sur ce mélange des éléments :

> Dans ces combats, accompagnés de bruits épouvantables, et d'un embrasement qu'on ne peut représenter, ces deux éléments étoient si étroitement mêlés ensemble qu'il étoit impossible de les distinguer : mille fusées qui s'élevoient en l'air, paroissoient comme des jets d'eau enflammés ; et l'eau qui bouillonnoit de toutes parts, ressembloit à des flots de feu, et à des flammes agitées[8].

Quelques planches de Le Pautre tentent de fixer les principales décorations ; « mais – conclut Félibien – ni les paroles, ni les figures ne sauroient bien représenter tout ce qui servit de divertissement dans ce grand jour de réjouissance[9]. »

« Tous les sens furent enchantés », affirme La Fontaine à propos du divertissement de Vaux. Certes, aux plaisirs visuels et auditifs s'ajoutent, grâce aux collations et soupers, ceux de l'odorat et du goût. Moins enthousiaste et plus acide, Voltaire note : « la plupart de ces solennités brillantes ne sont souvent que pour les yeux et les oreilles[10] ». Et les plaisirs de l'esprit ? C'était le rôle du théâtre. Mais comment Molière pouvait-il s'accorder à cette débauche spectaculaire, à cette profusion de sensations qui émerveillent plus qu'elles ne donnent à penser ? Aussi surprenant que cela puisse nous paraître, Molière accepta cet enchantement et s'en servit pour son projet artistique.

Puisqu'il est question ici de l'aspect spectaculaire, revenons une dernière fois aux relations, si précises, qui décrivent parfaitement la manière dont la scène et tout le spectacle théâtral s'enchâssent dans la fête.

« On avait dressé le théâtre au bas de l'allée des sapins », raconte La Fontaine, un bel endroit de ce parc de Vaux-le-Vicomte « si délectable » :

---

[8] *Ibid.*, p. 638.
[9] *Ibid.*, p. 640.
[10] Toujours dans son *Siècle de Louis XIV*, chapitre XXV.

> Au pied de ces sapins et sous la grille d'eau,
>   Parmi la fraîcheur agréable
> Des fontaines, des bois, de l'ombre et des zéphirs,
>   Furent préparés les plaisirs
>   Que l'on goûta cette soirée.
> De feuillages touffus la scène étoit parée,
>   Et de cent flambeaux éclairée[11].

Il ajoute que les décorations de ce théâtre tapissé de verdure étaient magnifiques et que tout se passa en musique. On remarquera au passage que la fiction des *Fâcheux* est censée se dérouler sous des arbres, dans un parc – « la décoration est de verdure », dit aussi le Registre de Mahelot et Laurent, pour les représentations à la Comédie-Française – ; et que la nuit tombe au cours de la pièce[12], au point qu'à la dernière scène Orphise arrive avec un flambeau. Étrange redoublement entre le temps et l'espace de la représentation du 17 août 1661 et ceux de l'action théâtrale fictive !

Le Prologue des *Fâcheux* offre un autre de ces passages de la réalité à la fiction, enrichi de surprises et de métamorphoses étonnantes. Pour commencer, écoutons Molière lui-même :

> D'abord que la toile fut levée, un des acteurs, comme vous pourriez dire moi, parut sur le théâtre en habit de ville, et, s'adressant au Roi avec le visage d'un homme surpris, fit des excuses en désordre sur ce qu'il se trouvait là seul, et manquait de temps et d'acteurs pour donner à Sa Majesté le divertissement qu'elle semblait attendre[13].

Feint embarras de l'acteur reconnaissable, car, au même moment, au milieu de vingt jets d'eau naturels, s'ouvrit une coquille d'où sortit la Béjart, en naïade. Mais, à ce point, il faut laisser la parole à La Fontaine, plus précis dans sa description :

>   D'abord aux yeux de l'assemblée
>   Parut un rocher si bien fait

---

[11] G.E.F., III, p. 99.
[12] Voir II, 1, v. 301.
[13] Adresse au lecteur des *Fâcheux*.

> Qu'on le crut rocher en effet
> Mais insensiblement se changeant en coquille,
> Il en sortit une Nymphe gentille,
> Qui ressembloit à la Béjart[14].

Celle-ci débita alors son prologue, « d'un air héroïque » selon Molière, commandant

> aux divinités qui lui sont soumises de sortir des marbres qui les enferment, et de contribuer de tout leur pouvoir au divertissement de Sa Majesté : aussitôt les Termes et les statues qui font partie de l'ornement du théâtre se meuvent, et il en sort, je ne sais comment, des Faunes et des Bacchantes, qui font l'une des entrées du ballet. C'est une fort plaisante chose que de voir accoucher un Terme, et danser l'enfant en venant au monde[15].

Comme le disent les vers de Pellisson pour le prologue, le roi – et le machiniste Torelli ! – peuvent faire que les Termes marchent et que les arbres parlent. Une partie des Dryades, Faunes et Satyres sortis des arbres et des Termes sont d'ailleurs entraînés par la Naïade pour devenir les acteurs de la comédie des *Fâcheux*, qui peut alors commencer par la plainte d'Éraste :

> Sous quel astre, bon Dieu, faut-il que je sois né,
> Pour être de Fâcheux toujours assassiné !

Lors de la seconde journée des *Plaisirs de l'île enchantée*, le 8 mai 1664, le rond entouré de palissades où devait être donnée *La Princesse d'Élide* fut rapidement couvert de toiles qui formaient une espèce de dôme, « pour défendre contre le vent le grand nombre de flambeaux et de bougies qui doivent éclairer le théâtre, dont la décoration était fort agréable[16] ». La *Gazette* précise que la comédie-ballet de Molière fut représentée à huit heures du soir : toujours un théâtre de verdure et un spectacle dans la nuit naissante. Mais elle ne donne guère

---

[14] G.E.F., III, p. 100.
[15] *Ibid.*
[16] Relation officielle, G.E.F., IV, p. 128.

davantage de renseignements sur la scène : on découvrit, apprend-elle à ses lecteurs, « un fort beau et vaste théâtre, éclairé de quantité de lustres[17] ». Le seul dessin d'Israël Silvestre consacré à *La Princesse d'Élide* montre que le metteur en scène s'est contenté d'encadrer la perspective de la grande allée avec deux grands trophées d'armes, mettant pour le reste en valeur les éléments du parc, les arbres mêmes.

Ce metteur en scène – le célèbre Vigarani – construira des décors beaucoup plus somptueux pour la fête de 1668[18]. Il faut quand même signaler sa réalisation de machiniste pour le sixième et dernier intermède de *La Princesse d'Élide*. Pendant que dansaient pasteurs et bergères, « il sortit de dessous le théâtre la machine d'un grand arbre chargé de seize faunes, dont les huit jouèrent de la flûte, et les autres du violon, avec un concert le plus agréable du monde », selon la didascalie. La machinerie emprunte encore au cadre sylvestre cet arbre peuplé de musiciens comme d'oiseaux !

On a peine à imaginer aujourd'hui « la grandeur et la magnificence » pour parler comme Félibien, qui fournit une description fouillée, avec les dimensions précises en toises – du théâtre où fut joué *George Dandin,* cette comédie réaliste et pour certains même amère, lors du *Grand Divertissement royal de Versailles* du 18 juillet 1668.

Félibien décrit d'abord la salle de théâtre érigée pour l'occasion, couverte de feuillée par dehors et par dedans parée de riches tapisseries. La salle était percée de deux grandes arcades ; du haut du plafond pendaient trente-deux chandeliers de cristal, portant chacun dix bougies de cire blanche. Autour de la salle, des sièges disposés en amphithéâtre pour plus de 1200 spectateurs ; plus près de la scène, un parterre meublé de bancs pour un plus grand nombre de spectateurs encore, étant laissée libre la place d'un haut dais réservé aux personnes royales, en son centre. De chaque côté du cadre de scène,

> il y avait deux grandes colonnes torses, de bronze et de lapis, environnées de branches et de feuilles de vigne d'or : elles étoient posées sur des piédestaux de marbre, et portoient une grande corniche, aussi de marbre,

---

[17] Cité dans G.E.F., IV, n. 5, p. 127.

[18] Voir les interventions de J. Vanuxem à la suite de l'exposé de J. Morel consacré à « Poésie, musique, spectacle : la structure de *La Princesse d'Élide* », *Marseille*, n° 95, 4ᵉ trimestre 1973, p. 217.

dans le milieu de laquelle on voyoit les armes du Roi sur un cartouche doré, accompagné de trophées ; l'architecture étoit d'ordre ionique[19].

Mais quand la toile du théâtre se leva, qui cachait la décoration de la scène, l'émerveillement redoubla et les yeux se crurent tout à fait trompés, car « l'on crut voir effectivement un jardin de beauté extraordinaire[20] » : illusion proprement baroque. Le décor donnait donc l'impression d'être un vrai jardin, avec une vaste perspective et un agencement complexe de l'espace du proche au lointain : l'entrée architecturale du jardin, avec ses corniches, ses Termes, ses piédestaux ; deux terrasses comme revêtues de marbre blanc, qui environnaient un long canal, avec des jets d'eau ; sur les terrasses surélevées, de chaque côté, une allée de grands arbres avec des cabinets de verdure d'architecture rustique ornés de bassins et de jets d'eau ; au lointain, à l'extrémité du canal, on voyait un superbe édifice en forme de dôme qui « étoit percé de trois grands portiques, au travers desquels on découvroit une grande étendue de pays[21] ». On ne sait exactement où s'arrêtaient les praticables et où commençaient les toiles peintes ; mais ce merveilleux décor en perspective était bien chargé de refléter le cadre même, réel, où se déroulait la fête. C'est dans ce décor illusionniste qu'après que fut servie une collation, on donna le théâtre – non pas directement *George Dandin,* mais le premier acte de la pastorale en musique qui enchâssait la comédie réaliste.

Vigarani n'en resta pas là. Une fois le troisième acte de *George Dandin* achevé,

> la décoration de théâtre se trouve changée en un instant, et l'on ne peut comprendre comment tant de véritables jets d'eau ne paroissent plus, ni par quel artifice, au lieu de ces cabinets et de ces allées, on ne découvre sur le théâtre que de grandes roches entremêlées d'arbres, où l'on voit plusieurs Bergers qui chantent et qui jouent de toutes sortes d'instruments[22].

---

[19] G.E.F., VI, p. 619.
[20] *Ibid.*
[21] *Ibid.,* p. 620.
[22] *Ibid.,* p. 622.

Une des cinq planches de Le Pautre (planche II : « Les *Fêtes de l'Amour et de Bacchus,* comédie en musique représentée dans le petit parc de Versailles ») rend justement compte de ce second décor, dans lequel se déroula la dernière partie de la pastorale en musique, dont Lully fit, en 1672, le troisième acte de son premier opéra, sous le même titre des *Fêtes de l'Amour et de Bacchus.* Vigarani s'y montra une dernière fois magicien en faisant avancer du fond du théâtre une machine – un rocher couvert d'arbres sur lequel était assise toute la troupe de Bacchus, composée de quarante satyres.

Bien que Molière, de son vivant, n'ait pu donner *Le Malade imaginaire* à la cour, comme il l'avait voulu, sa dernière comédie-ballet fut intégrée, au cours de l'été 1674, à des divertissements donnés par le roi à toute la cour, au retour de la conquête de la Franche-Comté, à Versailles.

Le 19 juillet, le roi se promena à la ménagerie, donna collation aux dames, puis monta en gondole sur le canal, accompagné de musiciens, goûtant la fraîcheur du soir et la musique qui seule interrompait – c'est encore Félibien qui l'écrit dans une autre relation[23] – « le silence de la nuit qui commençoit à paroître ». Arriva l'heure du plaisir théâtral. Or, le théâtre avait été construit devant la Grotte de Thétis, qui lui servait de fond, et servait même de décoration à la scène. Ce mélange de rocailles, de cascades éclairées par des bougies, d'éléments architecturaux, de statues et d'éclairage – Le Pautre en a laissé aussi une image –, s'il convenait au grand Prologue du *Malade imaginaire,* surprend singulièrement pour la comédie bourgeoise confinée dans la chambre d'un malade ! Autre exemple de ces contrastes pour nous étranges entre le cérémonial de cour, la beauté et le faste du cadre naturel retravaillé par les machinistes italiens, et le contenu du spectacle moliéresque fait de comédie bourgeoise, de réalisme cruel, et parfois de bouffonneries...

Toutes ces fêtes constituent une sorte de carrefour des arts et mettent en action une multitude d'artisans et d'artistes : « une infinité de gens nécessaires à la danse et à la comédie, et d'artisans de toutes sortes venus de Paris : si bien que cela paroissait une petite armée », dit la

---

[23] G.E.F., IX, p. 500.

Relation officielle des *Plaisirs de l'île enchantée*. Si on laisse de côté les promenades, collations et soupers, bals, illuminations et autres feux d'artifice – mais on a remarqué au passage que tous ces divertissements étaient également *mis en scène* – et si l'on se concentre sur les aspects proprement scéniques au sein desquels se tinrent les comédies-ballets de Molière, la liste est déjà longue – et souvent conservée dans les livrets – de celles et de ceux qui dansent (personnages de la cour et danseurs professionnels), jouent de la musique ou chantent, et jouent la comédie ; et doivent être retenus surtout ceux qui créent : versificateur et poète (les Pellisson, les Benserade, avant que Molière ne joue ce rôle), dramaturge, compositeur de musique, maître de ballets, machiniste, décorateur avec les dessinateurs, les peintres, les sculpteurs et la troupe des artisans qu'ils emploient. Dans le libelle que Sénecé publia contre Lully en 1668 (la fameuse *Lettre de Clément Marot écrite des champs Elysées*), sont énumérés ceux qui participaient d'ordinaire aux grands spectacles de cour : le musicien, le peintre des décors, le maître de danse, le machiniste, celui qui dessine les costumes, et la liste se clôt par le poète, « qui en était le nœud qui assemblait toutes les parties de l'âme qui les faisait mouvoir[24] ». Comme on désire qu'il en ait été ainsi de Molière !

De Beauchamp – musicien des *Fâcheux* et chorégraphe de toutes les comédies-ballets de Molière –, des compositeurs Lully et M.-A. Charpentier, il sera plus longuement question dans la suite. Mais il faut dire un mot ici des responsables de la scénographie.

Les magnifiques décorations et les machines surprenantes des *Fâcheux* furent l'œuvre du peintre Charles Le Brun, appelé par Foucquet pour la décoration du château de Vaux-le-Vicomte, et de l'Italien Giacomo Torelli, celui qu'on surnommait le « *gran stregone* » et que Mazarin avait fait venir de Venise où, comme décorateur et machiniste des opéras, il émerveillait les spectateurs du *Teatro Novissimo*. Observons en quels termes La Fontaine parle de leur œuvre pour la réalisation des *Fâcheux* :

---

[24] Cité par J. Vanuxem, « La Scénographie des fêtes de Louis XIV auxquelles Molière a participé », *XVIIe siècle*, 1973, n° 98-99, p. 77.

>Deux enchanteurs pleins de savoir
>Firent tant par leur imposture,
>Qu'on crut qu'ils avoient le pouvoir
>De commander à la nature[25].

On sait déjà de quelle esthétique relèvent la magie, l'illusion, la surprise...

Pour *Les Plaisirs de l'île enchantée,* puis pour le *Grand Divertissement royal de Versailles,* on fit appel à Carlo Vigarani (le gentilhomme modénois devint Charles en 1673, quand il reçut ses lettres de naturalité). Venu de Modène avec son père Gaspare et son frère Lodovico, il fut néanmoins le seul à s'établir en France. La *Gazette* du 21 mai 1664, qui rend compte des *Plaisirs de l'île enchantée,* se contente de louer le sieur Vigarani « qui par toutes les étonnantes machines qui servirent aux divertissements de ces trois journées, soutint si dignement sa qualité d'ingénieur du Roi[26] ». Nous avons vu quelle somptueuse architecture et quelle somptueuse scénographie il imagina pour la représentation de *George Dandin* et de la pastorale jointe. Le goût de la splendeur se retrouvera plus tard dans sa collaboration à la représentation des tragédies en musique de Lully.

Torelli et Vigarani illustrent le même univers artistique, celui du baroque. Les fêtes de Vaux et de Versailles furent des fêtes baroques : par le goût que manifestaient le roi et sa cour du spectacle et de la mise en scène d'eux-mêmes, de leur personne, de leur cadre, de leurs valeurs, s'offrant en quelque sorte le plaisir de se représenter ; par la volonté de la magnificence, de la somptuosité, de la profusion, de la richesse et de la beauté qui doivent surprendre, étonner, émerveiller ; par l'idée enfin que la puissance magique du machiniste est capable de bouleverser la nature, de lui imposer un ordre – rendant possible ce qui est normalement impossible, multipliant les métamorphoses, mêlant l'eau et le feu –, de faire tenir pour vrai ce qui n'est qu'artifice et illusion et d'enchanter l'œil et l'imagination de ces fugaces miracles. Le roi s'est complu en ces fêtes.

---

[25] G.E.F., III, p. 99.

[26] Cité dans G.E.F., IV, n. 5, p. 128.

Molière aussi. Il n'a cessé de travailler pour les divertissements royaux, se plaisant à leur climat de beauté, de luxe, de surprise ; et il dut être peiné de ne pas voir son *Malade imaginaire* donné d'abord à la cour, comme il l'avait voulu. Le genre même de la comédie-ballet enrichit le spectacle de la beauté, de la richesse et de la poésie tout irréelle qu'apportent la musique et la danse. N'est-ce pas Molière qui ouvre en habit de ville *Les Fâcheux,* faisant glisser le Prologue de la réalité à l'illusion théâtrale et aux métamorphoses proprement invraisemblables machinées par Torelli ? Ne s'est-il pas amusé et plu aux machines de Vigarani pour le dernier intermède de *La Princesse d'Élide* et pour l'apothéose de la pastorale qui clôt *George Dandin* – tous ornements qui éclairaient ses comédies d'une lumière particulière ? N'est-ce pas lui qui, antérieurement à la somptueuse tragédie-ballet de *Psyché,* fait usage des prestiges de la machinerie dans le premier intermède des *Amants magnifiques* – avec cette mer qui se calme et d'où s'élève une île –, avant d'ailleurs de dénoncer l'artifice du dramaturge, du metteur en scène et de leur ingénieur[27] ?

Justement, dira-t-on[28], le dramaturge eut pour rôle de lester de réalité la fantaisie baroque, et le souci de logique et d'unité que manifesta l'évolution du genre serait la marque d'une réaction classique contre les dérives de cette fantaisie baroque. Nous ne désirons pas entrer dans la discussion renouvelée et souvent assez vaine sur les concepts esthétiques de *baroque* et de *classique*. Mais tout notre effort prendra les choses exactement à l'inverse, et nous nous demanderons plutôt ce qu'ajoute à la pensée comique de Molière l'emploi des ornements musicaux et dansés. Ainsi du thème de l'illusion – l'illusion sur soi ou l'illusion sur le monde –, enrichi par la pratique de l'illusion théâtrale et la réflexion sur l'illusion théâtrale, avant d'être magnifiquement orchestré grâce aux intermèdes musicaux et dansés des comédies-ballets.

Que si cette combinaison d'une comédie réaliste, cruelle, peuplée de figures ridicules, sordides ou grotesques, avec une bordure pastorale et galante, le tout étant représenté dans le cadre majestueux et somptueux de la cour, nous choque, nous pouvons déjà nous dire qu'elle n'était

---

[27] En IV, 3, par la bouche du trompeur Anaxarque.
[28] C'est le point de vue de J.-P. Néraudau, *L'Olympe du Roi-Soleil...*, op. cit., p. 86.

pas insolite au XVIIe siècle[29], et que rien n'interdit de qualifier ce contraste, dont il faudra mesurer toutes les implications, de baroque !

La fête de cour est éphémère – caractère éminemment baroque... Le parfum s'en évapore avec le jour revenu, après l'évanouissement de toutes les profusions et de toutes les magnificences. Mais Molière ne pensait pas que sa contribution personnelle à la fête ne pût pas survivre. Après avoir servi le roi en ses châteaux, et quelques grands dans des visites à leurs résidences, il désira donner ses comédies-ballets au public du Palais-Royal. Mise à part la *Pastorale comique* (il ne reste que le *libretto* de cette sorte d'opéra bouffe), *Les Amants magnifiques* (trop onéreux à monter, ils ne seront repris à Paris qu'en 1688, par la troupe de l'Hôtel de Guénégaud) et la pastorale écrite pour *Le Ballet des ballets* (perdue), tous les spectacles de cour, toutes ces comédies-ballets furent rejoués à la ville.

Le merveilleux et précieux Registre de La Grange – le titre exact du manuscrit rédigé au jour le jour par le comédien et ami de Molière est le suivant : *Extraict Des Receptes Et des affaires de La Comedie Depuis Pasques de L'année 1659, apartenant au S[r] de La Grange, L'un des Comediens du Roy*[30] – a déjà été bien exploité par les historiens du théâtre pour mesurer le succès des différentes comédies-ballets à Paris. Certaines, comme *Le Mariage forcé* ou *La Princesse d'Élide*, ne restèrent guère à l'affiche ; d'autres, comme *Le Sicilien*, eurent un succès plus durable. *L'Amour médecin*, *George Dandin*, *Monsieur de Pourceaugnac* ou *Le Bourgeois gentilhomme* connurent la faveur continue du public. On relèvera le triomphe durable des *Fâcheux* du vivant de Molière ; ils furent joués 106 fois, jusqu'au 4 octobre 1672.

Et, le plus souvent, les Parisiens bénéficièrent des mêmes ornements chorégraphiques et musicaux qui furent proposés au roi et à la cour.

Dès l'Illustre Théâtre, Molière veille à recruter dans sa troupe musiciens et danseurs : le 31 octobre 1643, il engage quatre joueurs

---

[29] Voir R. Isay, « Molière revuiste », art. cit., 2e partie, juin 1948, p. 241.

[30] *Le Registre de La Grange, 1659-1685*, fac-similé, index et notice de B. E. Young et G. Ph. Young, 2 vol., 1947 (réimpr. 1977) ; fac-similé, notes et index de S. Chevalley, 1973.

d'instruments pour la comédie ou les répétitions de ballets ; le 28 juin 1644, il engage le danseur Daniel Mallet, qui pouvait probablement aussi jouer la comédie[31]. Pour la carrière parisienne d'après 1659, le Registre de La Grange renseigne bien : il est parsemé d'indications de frais pour la musique et la danse. Dépense pour le clavecin, le hautbois, les violons, la ritournelle, la symphonie, les voix, les musiciens et musiciennes ; frais pour les ballets, pour les danseurs et les petits danseurs – le chorégraphe attitré de Molière, Pierre Beauchamp, étant plusieurs fois cité. D'ailleurs, indépendamment même des comédies-ballets, Molière pouvait utiliser la musique pendant la représentation théâtrale.

En juillet 1671, lors de la préparation de *Psyché* qui va être donnée au Palais-Royal, La Grange note qu'on entreprend des travaux pour développer la machinerie et les décorations ; c'est là aussi qu'il précise que jusqu'à cette date les chanteurs chantaient dans des loges grillées et treillissées. Molière a toujours voulu que ses pièces à grand spectacle créées à la cour fussent aussi proposées dans son théâtre.

On verra plus tard les circonstances de la guerre qui naquit entre lui et Lully. Molière et Lully avaient contribué, précisément avec les comédies-ballets, à l'engouement des publics pour les ouvrages ornés de musique ; ils auraient donc décidé de racheter ensemble le privilège de l'opéra. Non seulement Lully racheta seul et pour lui seul ce privilège, mais il voulut empêcher les autres théâtres d'introduire la musique sur la scène. Molière déposa une plainte au Parlement et s'adressa au roi, qui modifia ce que le monopole de Lully avait d'excessif, mais maintint la limitation des effectifs musicaux (six chanteurs et douze instrumentistes). Molière donna cependant assez somptueusement sa dernière comédie-ballet du *Malade imaginaire* ; mais deux ans plus tard, Molière étant mort, Lully revenait à la charge, réduisant encore les possibilités musicales (deux chanteurs et six violons). La comédie-ballet allait laisser la place à l'opéra.

Le Registre de La Grange, qui mentionne les frais extraordinaires, et les indications de Robinet permettent souvent de préciser les comédies-ballets qui bénéficièrent ou non de leurs ornements à Paris.

---

[31] M. Jurgens et E. Maxfield-Miller, *Cent ans de recherches sur Molière, sur sa famille et sur les comédiens de sa troupe*, 1963, p. 233 et 241.

« Payé les frais pour les habits de ballet », et encore « Payé les frais du ballet », note La Grange lors de la création parisienne des *Fâcheux* (à partir du 4 novembre 1662). *Le Mariage forcé* est d'abord donné « avec le ballet et les ornements » ; les frais sont importants et comprennent les sommes déboursées pour les douze violons, pour « ritournelle et clavessin », les hautbois, les danseurs... (15 février 1664). Au moment de la création de *La Princesse d'Élide,* La Grange a payé pour la troupe d'autres frais, « plusieurs frais extraordinaires » (9 novembre 1664).

Pour *Le Sicilien,* Robinet précise que Molière y joignit aussi des entrées comme dans le ballet dansé devant le roi (*Lettre en vers à Madame* du 12 juin 1667). Parlant de *Monsieur de Pourceaugnac,* il en loue le « sujet follet / De comédie et de ballet » (*Lettre à Madame* du 23 novembre 1669). En ce qui concerne *Le Bourgeois gentilhomme* (*Lettre en vers à Monsieur* du 22 novembre 1670), il précise que le spectacle a été représenté à Paris à l'identique de la cour, « presque tout comme

> A Chambor et dans Saint-Germain
> L'a vu notre grand Souverain,
> Mêmes avecques des entrées
> De ballet des mieux préparées,
> D'harmonieux et grands concerts
> Et tous les ornements divers...

Il est vrai qu'on voit mal ces trois comédies-ballets privées de leurs ornements, si indispensables et si imbriqués dans les pièces. *La Comtesse d'Escarbagnas* ne fut pas donnée à Paris avec la pastorale enchâssée qui servait de cadre à l'anthologie des intermèdes choisis par le roi ; Molière y enchâssa son *Mariage forcé* : « *Le Mariage forcé* qui a été joué avec *La Comtesse d'Escarbagnas* a été accompagné d'ornements dont M. Charpentier a fait la musique et M. de Beauchamp les ballets, M. Baraillon les habits et M. de Villiers avait emploi dans la musique des intermèdes », indique La Grange en août 1672. Comme spectacles enchâssés, Molière prendra ensuite sa comédie-ballet de *L'Amour médecin* (avec la musique de Lully ?), puis *Le Fin Lourdaud*.

À la relâche de Pâques 1673, après la mort de Molière, La Grange fait le bilan des dépenses pour *Le Malade imaginaire* :

> Les frais de ladite pièce du *Malade imaginaire* ont été grands à cause du prologue et des intermèdes, remplis de danse, musique et ustensiles, et se sont montés à deux mille quatre cents livres.
> Les frais journaliers ont été grands à cause de douze violons à 3 livres, douze danseurs à 5 livres 120 sols, 3 symphonistes à 3 livres, 7 musiciens ou musiciennes dont il y en a deux à 11 livres, les autres à 5 livres 10 sols. Récompense à M. de Beauchamp pour les ballets, à M. Charpentier pour la musique, une part à M. Baraillon pour les habits. Ainsi lesdits frais se sont montés par jour à 250 livres.

Ainsi, la plupart des comédies-ballets, des *Fâcheux* au *Bourgeois gentilhomme,* en passant par *Monsieur de Pourceaugnac,* gardèrent leurs ornements ; et *Le Malade imaginaire* fut créé à Paris avec les siens.

Les frais entraînés pour la réalisation des agréments expliquent qu'ils puissent disparaître ; c'est probablement le cas pour la reprise du *Mariage forcé,* que Molière remania en un acte, en 1668. On pourrait d'abord accepter la même explication pour *George Dandin* qui, selon l'hypothèse la plus vraisemblable, a été dépouillé à Paris de la pastorale en musique qui l'enrobait à Versailles ; mais avec cette suppression, d'ailleurs rendue invisible tant la jonction dramaturgique était superficielle entre la pastorale et la comédie, le spectacle changeait de sens. Molière avait-il une autre intention à Paris ? Avait-il conscience de s'adresser à deux publics différents – celui de la cour et celui de la ville ?

3

Les deux publics

La règle des règles étant de plaire, les comédies-ballets présentent une singularité : originellement composées pour la cour et destinées à lui plaire, les mêmes pièces, ornées des mêmes agréments, devaient aussi, dans l'intention de Molière, plaire ensuite à son publie de la ville. La cour et la ville : c'est ce que nous appelons les deux publics des comédies-ballets. Non sans prudence, car les positions de la critique sont fort variables sur ce point. Ou elle ne se pose pas la question et parle d'une manière générale du public de Molière, comme si le dramaturge avait eu un auditoire uniforme et homogène pendant sa carrière parisienne. Ou, à l'inverse, elle établit des distinctions qui peuvent être fondées, mais qui finissent par fausser également les perspectives en morcelant à outrance des éléments du public qui étaient unis non seulement dans la jouissance du plaisir théâtral, mais aussi par les aspirations sociales et par le goût. Le modèle de ces distinctions a été fourni par Grimarest, qui prétendait que Molière s'adressait à trois publics différents : la cour, qui se régalait des spectacles et des beaux sentiments offerts par les comédies-ballets ; les connaisseurs – la bourgeoisie cultivée – qui appréciaient les grandes comédies ; et le peuple qui se contentait de la farce. Tout cela, à commencer par l'idée que le dramaturge visait tantôt une partie du publie de la même salle, tantôt une autre, est assez parfaitement faux.

Il reste une préoccupation fondamentale, dont ne s'embarrassent guère certains historiens de la littérature : un dramaturge qui doit faire vivre sa troupe et son théâtre ne lance pas une bouteille à la mer en escomptant la bienveillance du hasard et l'équité de la postérité ; *hic et nunc,* Molière cherche la faveur du roi et des grands – qui signifie invitations, protection, gratifications – et les applaudissements des habitués de son théâtre du Palais-Royal – qui signifient que le bon La Grange pourra inscrire sur son Registre un chiffre de recettes suffisant pour payer les dettes et distribuer à chaque comédien une part confortable. Le lien est constant, vital entre l'œuvre théâtrale et son, ou ses publics.

Mais comment apprécier, avec la justesse et la finesse nécessaires, les publics de Molière ? Sur quoi se fonder pour parler de leur effectif, de leur composition sociale, de leurs goûts ? Relativement aisée en ce qui concerne les spectacles contemporains – pour l'établissement des données, sinon pour leur interprétation –, la sociologie du public semble une entreprise quasi désespérée pour le théâtre d'il y a trois siècles ; les éléments statistiques et économiques font trop souvent défaut. Trois grands livres, parus à peu près de vingt ans en vingt ans et apportant chacun un progrès considérable sur le précédent, se sont essayés à cerner le public de théâtre des XVIIe et XVIIIe siècles : ceux de Pierre Mélèse, de John Lough et d'Henri Lagrave[1] ; ils restent une référence pour qui ne veut pas trop errer en la matière. Mais les travaux des historiens de la civilisation du XVIIe siècle complètent utilement ceux des historiens du théâtre.

Voyons donc ce que nous apprennent les uns et les autres pour Molière. Ce sera le prélude à une enquête menée à partir des œuvres elles-mêmes sur l'image qu'elles donnent des groupes sociaux. Alors seulement nous risquerons d'être en mesure de proposer quelques conclusions sur l'attitude de Molière à l'égard des publics de ses comédies-ballets.

Car nous distinguerons toujours deux publics, celui des résidences royales et celui du théâtre parisien du Palais-Royal, – deux publics qui étaient concrètement différents, rassemblés en deux lieux fort distincts et dans des conditions de réception fort éloignées, comme nous avons pu déjà le voir à propos des fêtes royales. Est-il besoin de dire que ces deux publics entretiennent un courant d'échanges constants quant aux valeurs et aux goûts, qu'ils se recoupent dans certains de leurs éléments, qu'ils réagissent l'un sur l'autre ? D'une certaine manière, Molière n'a-t-il pas voulu parfois les unir ? En un mot, les rapproche-

---

[1] Pierre Mélèse, *Le Théâtre et le public à Paris sous Louis XIV (1659-1715)*, 1934 ; John Lough, *Paris Theatre Audiences in the Seventeenth and Eighteenth Centuries*, 1957 ; Henri Lagrave, *Le Théâtre et le public à Paris de 1715 à 1750*, 1972.

ments entre ces deux publics sont aussi nécessaires que nous paraît indispensable leur distinction.

Quand il crée ses comédies-ballets à Versailles, à Saint-Germain-en-Laye ou à Chambord, Molière s'adresse à un public fermé : la cour, et elle seule. Ce qui se produisit lors du *Grand Divertissement royal de Versailles,* en 1668, semble exceptionnel (mais non dénué d'intentions politiques de la part du roi) et dut donner l'occasion de bousculades : le roi, nous dit Félibien, commanda « au marquis de Gêvres, capitaine de ses gardes, de faire ouvrir toutes les portes, afin qu'il n'y eût personne qui ne prît part au divertissement[2] » ; on estime qu'une foule de trois mille personnes fut rassemblée dans le parc. En règle générale, le populaire n'est pas admis à ces fêtes. Mais le caractère fermé n'empêche pas le nombre : six cents courtisans, spectateurs et acteurs participent aux *Plaisirs de l'île enchantée* de 1664. Des fêtes moins fastueuses connurent sans doute une cour moins nombreuse.

Autour de Sa Majesté domine la famille royale. Puis les pairs et autres ducs précédant les personnages à haute fonction : officiers de la couronne, ministres et secrétaires d'État, pour lesquels le roi récompense davantage le mérite – témoin Colbert – que la haute naissance. « C'est donc un club strictement délimité que ce noyau incontesté de noblesse de cour[3] », écrit François Bluche. Mais toute une noblesse est attirée à la cour, soumise à une stricte étiquette, gravitant autour du Roi-Soleil, attendant de lui faveur ou disgrâce : cette noblesse que le monarque a mise au pas, attirée et divertie, qu'il a su aussi mettre au service de l'État.

Cette caste de privilégiés reste persuadée non seulement de sa supériorité naturelle dans la société d'ordres d'ancien régime, mais de la supériorité de ses valeurs, de ses comportements et de ses goûts. Elle partage aussi les valeurs et les normes que le roi, à travers l'aristocratie, veut diffuser dans la nation. Les historiens ont noté à quel point la cour a joué un rôle civilisateur : l'honnête homme est un produit de la cour. Et de la cour à la ville – c'est-à-dire à Paris –, la symbiose s'établit aisément : la robe et la finance rejoignent la

---

[2] G.E.F., VI, p. 616.

[3] Voir François Bluche, *La Vie quotidienne au temps de Louis XIV,* 1984, chapitre I, p. 22.

noblesse d'épée, certains bourgeois aspirent à la noblesse et les modèles de la cour se répandent jusque dans la bourgeoisie.

Si la configuration du public de cour – la première cour de Louis XIV, jeune, joyeuse et galante – nous apparaît un peu plus nettement, comment appréhender celle du public du théâtre du Palais-Royal ?

Une première remarque s'impose : relativement restreint, le public des théâtres parisiens est un public hiérarchisé, distribué dans la salle selon sa fortune.

On retrouve la noblesse dans les loges, éventuellement à l'amphithéâtre, et bien sûr sur la scène – ou disait alors : sur le théâtre. On se rappelle le début des *Fâcheux,* où Éraste, qui est marquis, raconte comment le spectacle est soudain troublé par l'arrivée sur le théâtre d'un « homme à grands canons », homme « du bel air » qui perturbe grossièrement la représentation par ses allées et venues, ses réflexions faites à haute voix, son insolence à l'égard du parterre[4]. Il s'agit certainement d'un de ces jeunes nobles qui, comme le marquis de *La Critique de L'École des Femmes*[5], jugera et condamnera le spectacle qu'il ne se sera pas donner la peine d'écouter ! De ces « marquis de Mascarille » contre lesquels s'indigne le chevalier Dorante :

> J'enrage de voir de ces gens qui se traduisent en ridicules, malgré leur qualité ; de ces gens qui décident toujours et parlent hardiment de toutes choses, sans s'y connaître ; qui dans une comédie se récrieront aux méchants endroits, et ne branleront pas à ceux qui sont bons ; qui voyant un tableau, ou écoutant un concert de musique, blâment de même et louent tout à contresens, prennent par où ils peuvent les termes de l'art qu'ils attrapent, et ne manquent jamais de les estropier, et de les mettre hors de place. Eh, morbleu ! Messieurs, taisez-vous, quand Dieu ne vous a pas donné la connaissance d'une chose ; n'apprêtez point à rire à ceux qui vous entendent parler, et songez qu'en ne disant mot, on croira peut-être que vous êtes d'habiles gens[6].

---

[4] *Les Fâcheux*, I, 1, v. 13-64.
[5] Scène 5.
[6] *Ibid.*

Est-ce à dire que les nobles ajoutent tous l'incompétence à l'insolence ? Non pas. L'Éraste des *Fâcheux* et le chevalier Dorante lui-même[7] en sont la preuve ; ils ne font pas partie de cette « douzaine de messieurs qui déshonorent les gens de cour par leurs manières extravagantes et font croire parmi le peuple que nous leur ressemblons tous[8] ». La cour n'est pas dépourvue de lumières. Et Molière, par la voix de Dorante, de se lancer dans un éloge du jugement des courtisans contre celui des pédants. Sachez, est-il répliqué au poète Lysidas,

> que les courtisans ont d'aussi bons yeux que d'autres [...] ; que la grande épreuve de toutes vos comédies, c'est le jugement de la cour ; que c'est son goût qu'il faut étudier pour trouver l'art de réussir ; qu'il n'y a point de lieu où les décisions soient si justes ; et sans mettre en ligne de compte tous les gens savants qui y sont, que, du simple bon sens naturel et du commerce de tout le beau monde, on s'y fait une manière d'esprit, qui sans comparaison juge plus finement des choses que tout le savoir enrouillé des pédants[9].

Cette tirade reste à méditer et en dit long sur la confiance que Molière fait à l'avis de la noblesse, qu'il joue devant elle dans les résidences royales ou qu'elle vienne dans son théâtre.

Les nobles affectaient de mépriser le parterre pour l'accès duquel le billet était le moins cher, puisque les spectateurs y restaient debout, agglutinés devant la scène. Qui compose le parterre ? Le menu peuple est très minoritaire : quelques clercs, quelques employés de boutique, des laquais ; les travailleurs manuels ne peuvent se payer la place au parterre. En fait, le public de Molière n'est guère un public populaire et son parterre est constitué d'un grand nombre de bourgeois – petite bourgeoisie d'artisans ou de marchands, et moyenne bourgeoisie des gens de justice et de tous ceux que nous rangerions aujourd'hui parmi les professions libérales. De même qu'il faisait confiance au jugement des courtisans, Molière s'en remettait aussi – malgré une certaine

---

[7] C'est un « honnête homme de cour », dont le maintien est ainsi défini dans *L'Impromptu de Versailles* (scène 1) : « un air posé, un ton de voix naturel », évitant de gesticuler.
[8] *La Critique de l'École des femmes*, scène 5.
[9] Scène 6.

contradiction ! – au « sens commun » du parterre, sur la composition duquel il nous renseigne. Toujours sur le ton du donneur de leçons indigné, Dorante s'adresse au Marquis :

> Apprends, Marquis, je te prie, et les autres aussi, que le bon sens n'a point de place déterminée à la comédie ; que la différence du demi-louis d'or et de la pièce de quinze sols ne fait rien du tout au bon goût ; que debout ou assis, on peut donner un mauvais jugement ; et qu'enfin, à le prendre en général, je me fierais assez à l'approbation du parterre, par la raison qu'entre ceux qui le composent, il y en a plusieurs qui sont capables de juger d'une pièce selon les règles, et que les autres en jugent par la bonne façon d'en juger, qui est de se laisser prendre aux choses, et de n'avoir ni prévention aveugle, ni complaisance affectée, ni délicatesse ridicule[10].

Malgré l'importance du parterre où s'affirment le goût et les valeurs propres à la bourgeoisie, qui rejoignent souvent le bon sens populaire, le poids de l'aristocratie demeure considérable dans le public du théâtre.

Qu'en déduire ? Sur la portée sociologique du théâtre de Molière on a à peu près tout soutenu, et son contraire. En particulier les comédies-ballets, parce qu'elles sont à l'origine un spectacle de cour, donnent lieu à des appréciations divergentes, fondées parfois sur des prémisses discutables, comme celles-ci : le roi et la cour n'auraient apprécié que les pièces sérieuses et galantes, nullement le comique de farce ; la cour n'aurait retenu des comédies-ballets que les agréments musicaux et dansés, nullement la comédie parlée, à l'inverse du public parisien... Dans son désir de plaire au roi et à la cour, Molière s'est-il fait le chantre de l'ordre monarchique, contribuant à la diffusion des normes idéologiques imposées à tous ? Contestataire et subversif dans ses grandes comédies, Molière a-t-il perdu toute vertu critique dans ce théâtre spectaculaire des comédies-ballets ? Mais d'autres lecteurs, attentifs à l'audace de certains jugements formulés à l'encontre de la noblesse dans les comédies-ballets, mettent en valeur le courage du bourgeois Molière, critique de l'univers noble qu'il est contraint de servir, et montrent sa chance d'avoir été soutenu par le roi...

---

[10] *La Critique de l'École des femmes*, scène 5.

Sans renoncer aux renseignements de la sociologie des publics, il convient de choisir un autre biais pour essayer de résoudre de telles questions. Nous nous proposons de faire retour à l'interprétation des œuvres théâtrales : miroirs de la société, elles proposent une certaine vision de l'univers social du temps et nous renseignent plus sûrement sur l'avis de Molière que des considérations générales et inévitablement superficielles sur ces publics. Revenons aux faits esthétiques.

Certaines comédies-ballets reflètent l'univers noble, d'autres le milieu bourgeois, d'autres enfin organisent la confrontation des deux mondes sociaux. Dans chaque cas, Molière propose un éclairage fort contrasté, faisant saillir lumière et ombres.

Dès sa première comédie-ballet des *Fâcheux*, Molière met en scène des nobles, autour de ces amants qui ont besoin de trois actes pour se rejoindre. Éraste est marquis, régulièrement apostrophé avec son titre ; Orphise est personne de cour, qu'obsèdent les provinciales[11]. À l'intention du public courtisan, Molière multiplie les allusions à sa réalité : au roi, aux solliciteurs, au duel[12] réprimé par le monarque ; écoutons cette déclaration de loyalisme monarchique faite par Éraste :

> Un duel met les gens en mauvaise posture,
> Et notre roi n'est pas un monarque en peinture :
> Il sait faire obéir les plus grands de l'État,
> Et je trouve qu'il fait en digne potentat.
> Quand il faut le servir, j'ai du cœur pour le faire ;
> Mais je ne m'en sens point quand il faut lui déplaire ;
> Je me fais de son ordre une suprême loi[13].

Nous sommes encore chez des nobles dans *Le Sicilien* ; s'y affrontent Dom Pèdre, gentilhomme de Sicile, et Adraste, jeune gentilhomme français. Dans cette fantaisie sicilienne, les allusions à la réalité de la cour de France sont rares ; mais on notera qu'Adraste a gardé une habitude noble : celle de faire chanter des musiciens, de donner des sérénades pour sa belle.

---

[11] Voir II, 3, v. 371-372.
[12] Voir III, 2 à 4.
[13] I, 6, v. 279-285.

Homme de cour, le marquis Éraste a servi avec son épée :

> Mais on m'a vu soldat avant que courtisan ;
> J'ai servi quatorze ans...[14]

Sa bravoure n'est plus à démontrer, et il en donne un beau témoignage au moment du dénouement : de manière chevaleresque, pressé par « un point d'honneur », il défend l'épée à la main Damis, celui-là même qui vient de décider sa mort. Trait de générosité qui passe même celui de Dom Juan, puisque, se portant à leur secours, le grand seigneur méchant homme ignore qu'il défend ceux qui le poursuivent à outrance. Une autre qualité est attachée aux courtisans : la galanterie. Éraste comme Adraste expriment leur amour avec élégance, raffinement. Dans une question d'amour de tonalité précieuse, Éraste tranche même avec beaucoup d'esprit : « Le jaloux aime plus, et l'autre aime bien mieux[15] », prononce-t-il pour se débarrasser de deux fâcheux.

Éraste et Adraste sont des héros sympathiques, à qui le dénouement donne raison et apporte le bonheur. La louange de l'univers noble serait-elle sans nuance ? Non. Le galant Adraste n'est guère embarrassé d'honneur quand il trompe Dom Pèdre par un déguisement[16], et sa délicatesse n'est pas parfaite à l'égard d'Isidore. Dom Pèdre, quant à lui, tombe dans le défaut si commun chez Molière de vouloir posséder tyranniquement un cœur qui reste froid pour lui. Si Éraste fournit une illustration favorable du monde de la cour, il est constamment gêné par des fâcheux qui sont aussi des nobles – et qui se livrent à des occupations nobles : la danse, la chasse, le duel –, mais qui sont critiqués pour leur incapacité à sortir de leur préoccupation maniaque et à se rendre aimables à autrui en évitant de l'importuner de soi et de ses préoccupations.

Deux comédies-ballets somptueuses poussent la représentation du monde noble à l'idéalisation, dans une transposition esthétique qui

---

[14] I, 6, v. 274-275.

[15] II, 4, v. 466.

[16] Les jeunes premiers qui, sans être nobles, sont imprégnés du comportement noble, n'hésiteront pas davantage devant les impostures et les tromperies – pour la bonne cause, certes.

devait combler la cour : *La Princesse d'Élide* et *Les Amants magnifiques*[17]. Dans l'un et l'autre cas, nous sommes transportés chez des princes, en une Grèce de rêve ; « La scène est en Thessalie, dans la délicieuse vallée de Tempé », précise la didascalie initiale des *Amants magnifiques*. La scène se charge de refléter en l'idéalisant le divertissement aulique et son cadre. Ces personnages extraordinaires vivent une existence occupée uniquement des divertissements et de l'amour.

Le prince d'Élide, qui est « d'humeur galante et magnifique », organise des chasses et d'autres jeux pour permettre à quelques prétendants de se mettre en valeur et de plaire à sa fille. Chasse au sanglier, course de chars préparées dans un appareil magnifique ponctuent le déroulement des jours en spectacles pompeux.

La fête se déploie encore plus merveilleusement dans la seconde pièce où les princes magnifiques « régalent à l'envi une jeune princesse et sa mère de toutes les galanteries dont ils se peuvent aviser » – selon l'argument voulu par Louis XIV lui-même. Molière porte sur la scène l'habitude royale et noble des cadeaux, des régales comme on disait alors ; et les intermèdes en donnent justement le spectacle, à un double public : à la princesse Aristione et à sa fille, qui en sont les destinataires dans la comédie-ballet ; et au public courtisan de Saint-Germain-en-Laye à qui le roi offrait le divertissement des *Amants magnifiques*. Au point que le texte de la comédie paraîtrait d'abord comme une simple trame destinée à relier ensemble les intermèdes. « On enchaîne pour nous ici tant de divertissements les uns aux autres – constate Aristione[18] – que toutes nos heures sont retenues, et nous n'avons aucun moment à perdre, si nous voulons les goûter tous ». Et tous sont nobles, beaux, grands, majestueux : « admirable », « rien de plus beau », « rien de plus galant ou de mieux entendu », s'exclame-t-on.

Mais la grande affaire reste l'amour. À cet égard, les pastorales, qui constituent certains divertissements, ont un peu la même fonction que la comédie-ballet : elles proposent aussi un univers de rêve, idyllique, dans lequel se projette aussi la cour et au sein duquel s'expriment et

---

[17] Voir A. Couprie, *De Corneille à La Bruyère : images de la cour*, 1984, chapitre V, p. 382-488.
[18] II, 5.

les soucis et les nuances de la passion amoureuse. La pastorale et la comédie galante, mondes idéaux, auront permis à Molière non seulement de chanter l'amour, mais d'en éclairer des finesses que la comédie bourgeoise lui interdisait pratiquement d'aborder.

Tout dans *La Princesse d'Élide* doit assurer le triomphe de l'amour[19], même si, comme nous le verrons plus tard, le chemin est long pour la princesse jusqu'à l'abandon au sentiment qui l'a surprise. Avant Marivaux, Molière aura varié les jeux de l'amour propre et de l'amour, de la dissimulation à soi-même et de l'aveu en d'exquises broderies. Si la princesse d'Élide ne veut aimer, le général Sostrate des *Amants magnifiques,* pourvu de tous mérites mais de rang inférieur, s'est persuadé qu'il ne peut aimer Ériphile, et Ériphile qu'elle ne peut épouser un amant de rang inférieur. Épreuves de l'amour romanesque, que le *Don Sanche d'Aragon* de Corneille avait déjà montrées, avant que se réalise l'harmonie heureuse voulue par la providence.

Dans ce tableau du monde princier, la cour avait de quoi se complaire. Molière se serait-il contenté de flatter son public de cour, et d'admirer béatement cet univers du divertissement somptueux, du loisir doré, des plaisirs et des raffinements de l'amour ? On se doute que non !

Les merveilleux régales ne sont pas du goût de tous. La princesse d'Élide leur préfère la chasse. Sostrate s'y ennuie et recherche surtout la solitude. « Secrète mélancolie », « humeur sombre » dues à ses amours malheureuses ? Il déclare n'avoir pas grande curiosité pour de tels spectacles[20]. Ce retrait frappe d'emblée tous les divertissements à venir d'une sorte de nullité ; le regard de Sostrate confère à leur magnificence froideur et vanité. Par là déjà, Molière introduit la distance et une certaine critique du divertissement de cour. Au reste, comme son amant, Ériphile recherche la solitude. Et les amants magnifiques, sources de ces plaisirs, sont dégradés par Molière. Il fait d'eux des courtisans assez vils, qui n'hésitent pas à se payer les services d'un astrologue qui les bernera, et seront finalement éconduits ; ils font penser aux petits marquis du *Misanthrope,* dansant

---

[19] Voir I, 1, v. 20 et II, 1, v. 366 (ce vers est d'ailleurs le dernier vers écrit par Molière avant qu'il ne passe à la prose !).
[20] I, 1.

mécaniquement leur pas de deux dans le registre de la flatterie ou dans celui de la rage d'être évincés.

Un autre recul critique, plus radical encore, est apporté par un personnage comique essentiel dans chaque pièce, dont le rôle était tenu par Molière, celui du plaisant de cour : Moron dans *La Princesse d'Élide,* Clitidas, dans une version moins appuyée, pour *Les Amants magnifiques.* Leur langage et leur comportement introduisent une dissonance burlesque propre à mettre en cause ou à relativiser singulièrement l'univers noble et ses valeurs.

La figure burlesque de Moron, sur laquelle nous aurons à revenir, détonne dans le monde des princes aux sentiments nobles et aux mœurs galantes. Étalant sans vergogne sa lâcheté, Moron se montre aussi bien rustique en amour, ravageant les conventions raffinées de la pastorale et de l'amour galant. Clitidas n'hésite pas non plus à avouer « un peu de poltronnerie ».

Mais on aurait tort de penser que leurs incongruités et leurs inconvenances de langage ont pour seul effet de glorifier, par contraste, l'élégance des nobles – comme c'est le cas pour le grossier valet de chiens Lyciscas, dans le premier intermède de *La Princesse d'Élide.* Car, auxiliaires actifs des amours des princes et des princesses, ils font triompher une conception du sentiment amoureux infiniment plus authentique – qui est celle de Molière. Avec amusement, Moron approuve la conduite amoureuse d'Euryale et en constate les progrès ; mais il introduit au moins la distance de l'humour à l'égard de tous ces marivaudages où s'empêtrent les princes, ces complications artificielles qui ne font l'amour ni plus beau ni plus heureux. Quant à Clitidas, loin de prendre au sérieux les réticences de Sostrate en amour, il lui conseille la hardiesse, l'aveu simple et sans détour, celui qui libère, fait revenir au réel et au possible. Il accouchera d'ailleurs la vérité des deux cœurs, préparant leur union et leur bonheur.

D'autres comédies-ballets présentent crûment à la cour le spectacle de l'univers bourgeois, non peut-être sans quelque échappée du côté de l'idéal noble. C'est le cas de *L'Amour médecin* et du *Malade imaginaire.*

Petitesse et égoïsme des pères[21]. Sganarelle déclare ingénument vouloir garder pour lui son bien et sa fille[22] ; sa tendresse bêtifiante et sa crédulité aveugle autorisent une mascarade, dont il est la victime épanouie. Que de pères taillés sur ce patron dans le théâtre de Molière, et dans ses comédies-ballets ! De l'Oronte de *Monsieur de Pourceaugnac*, insoucieux du bonheur de sa fille et qui désire avant tout un gendre riche, jusqu'aux grands maniaques, dont le vice ou la folie empoisonnent les sources mêmes de la paternité. Monsieur Jourdain n'agréera pour gendre qu'un noble, Argan un médecin ou un apothicaire, voulant mettre dans sa famille, comme il le dit avec un mot terrible, les gens dont il a besoin[23]. Apparemment, les tromperies bouffonnes et farcesques dont sont punis les pères égoïstes purent plaire à la cour.

La cour n'était pas rebutée non plus par les détails du réalisme le plus clair, le plus mesquin ou le plus sordide. Avec des jetons, Argan occupe toute une scène à vérifier les comptes de son apothicaire, n'épargnant aucune précision sur la composition et les effets des clystères, médecines purgatives et autres juleps. La chambre du malade est sordide et nauséabonde. Apothicaires et médecins y défilent, comme ils défilaient, avec des masques permettant de reconnaître les grands médecins de la cour, dans *L'Amour médecin* et comme ils défilent dans *Monsieur de Pourceaugnac*. La cour puisait-elle dans ces spectacles la conscience satisfaite de son élégance à elle, opposée à la médiocrité bourgeoise ?

Il est tout de même remarquable que de telles comédies laissent passer l'idée d'une certaine élégance.

L'amoureux Cléante du *Malade imaginaire* en est un bon exemple. Il n'est dit nulle part qu'il soit noble. Mais écoutons Angélique parler de lui[24] ! Il s'est fait connaître par une action chevaleresque, généreuse, accomplie avec bonne grâce et digne d'un honnête homme ; il est bien fait de sa personne et ses discours comme ses actions « ont

---

[21] Voir Charles Mazouer, *Le Personnage du naïf dans le théâtre comique du Moyen Age à Marivaux*, 1979, p. 182-188.

[22] *L'Amour médecin*, I, 5.

[23] *Le Malade imaginaire*, III, 3.

[24] I, 4.

quelque chose de noble ». L'amoureuse ne se fait pas illusion : son amoureux a toutes ces qualités ; et quel contraste procure son élégance face aux pédants mécaniques et grossiers que sont les Diafoirus ! Comme à la cour, Cléante se sert de l'opéra, de la pastorale pour dire, pour chanter avec passion et beauté ses sentiments amoureux[25]. Ce jeune homme sent sa cour.

Et il est précédé de toute une lignée de frères dans les comédies-ballets (mais aussi ailleurs) : le Clitandre de *L'Amour médecin*, l'Éraste de *Monsieur de Pourceaugnac*, le Cléonte du *Bourgeois gentilhomme*, sans être des gentilshommes, ont imprégné leur conduite de l'idéal galant et mondain ; et l'on sent que cette génération, dépourvue de la noblesse du sang, risque d'accéder au rang des nobles par le biais des charges et des offices[26]. Ces jeunes gens ont acquis l'aisance, les habitudes (ils donnent des sérénades), les vertus aussi issues des modèles de cour. On observera qu'ils font triompher leur amour avec la complicité et l'aide des valets et des servantes, gens du peuple.

Restent les comédies-ballets, fort intéressantes pour apprécier l'image de la société que renvoie le théâtre aux différents publics, qui organisent la confrontation des deux univers bourgeois et noble. À des titres divers, *Le Mariage forcé, George Dandin, Monsieur de Pourceaugnac, Le Bourgeois gentilhomme* et *La Comtesse d'Escarbagnas* entrent dans cette catégorie.

Dans les milieux de bourgeoisie ou de petite noblesse provinciale où il s'introduit, le noble, l'homme de qualité, l'homme de cour fait briller l'élégance de ses manières.

Angélique, la fille des Sotenville, devenue par contrainte la femme du paysan George Dandin, devait être séduite par les manières de l'homme de cour Clitandre. Le damoiseau lui écrit-il ?

---

[25] II, 5.

[26] Les ancêtres de Cléonte, qui affirme tout net qu'il n'est point gentilhomme et qui se montre scandalisé par l'imposture de ceux qui usurpent une généalogie noble, ont déjà tenu des charges honorables, et lui-même s'est acquis « dans les armes l'honneur de six ans de service » (III, 12). Les nobles de la pièce estiment Cléonte : Dorante le tient pour « un galant homme et qui mérite qu'on s'intéresse pour lui » ; Dorimène en fait beaucoup de cas (V, 2).

Ah ! Claudine, que ce billet s'explique d'une façon galante ! Que dans tous leurs discours et dans toutes leurs actions les gens de cour ont un air agréable ! Et qu'est-ce que c'est auprès d'eux que nos gens de province[27] ?

Et comme le vicomte Clitandre fait élégamment et spirituellement l'amour – au sens du XVIIe siècle – à Angélique[28] ! On pense immédiatement à un autre vicomte, l'amant de Julie dans *La Comtesse d'Escarbagnas*. Il nourrit pour la jeune fille une passion « sérieuse », mais dans son dialogue avec elle, il cherche l'esprit, la beauté, la poésie[29]. En retard au rendez-vous, il trouve « une excuse galante » : « nous savons bien – lui fait remarquer Julie – que vous ne manquerez jamais d'esprit pour donner de belles couleurs aux fautes que vous pourrez faire. » Il a composé un sonnet galant sur la souffrance d'avoir à dissimuler son véritable amour et à en feindre un autre, qu'il lit à Julie, mais répugne à lui laisser par écrit, avec la retenue de l'amateur noble qui fait des vers (ceux-ci sont de couleur mondaine, avec les antithèses et excès précieux) mais ne veut pas passer pour poète. L'arrivée brutale de la comtesse d'Escarbagnas accusera le contraste !

L'aisance du comte Dorante est extraordinaire, qui prétend passer de la chambre du roi à la demeure du bourgeois Jourdain, son « cher ami », l'homme au monde qu'il estime le plus[30]. Comme il empaume le bourgeois – « c'est un vrai enjôleux », rage Madame Jourdain – et parvient, loin de rembourser ses dettes, à en faire de nouvelles ! En homme de cour, il sait comment fêter et séduire une femme, par des présents, des sérénades (ou en entend une en I, 2), des feux d'artifice, des repas (on se met à table en cadence et en musique, à la première scène de l'acte IV), des ballets (*Le Ballet des nations* sera donné après la comédie) – ce que l'on appelait alors des cadeaux ; la profusion des dépenses engage doucement la femme choisie. Dorimène est également enveloppée par le beau langage insinuant de Dorante.

---

[27] *George Dandin*, II, 3.
[28] *George Dandin*, III, 5.
[29] *La Comtesse d'Escarbagnas*, I, 1.
[30] *Le Bourgeois gentilhomme*, III, 4.

Une manière de glorifier l'élégance du vrai noble, de l'homme de cour, consiste à montrer la maladresse, le ridicule et les échecs de ceux qui veulent se hausser au niveau des belles manières de la cour[31].

Reprenant le personnage du hobereau ridicule que Raymond Poisson avait remis à la mode avec son *Baron de la Crasse*[32], Molière vise deux publics : le public de cour est ravi de se moquer de la petite noblesse de province ou de ces nobles de récente fabrique ; le public de la capitale, tout en riant de nobles ridicules, est flatté dans son particularisme parisien[33].

Molière discrédite absolument les Sotenville : à la vanité et à la morgue insupportables de ces nobliaux infatués d'une noblesse de campagne fort dérisoire, il ajoute la bêtise et l'aveuglement devant les impostures d'Angélique et de Cléante. Encore les beaux-parents de George Dandin sont-ils de vrais nobles. Ce n'est pas le cas de Monsieur de Pourceaugnac. Le Limousin roturier a étudié le droit et acquis la noblesse de robe comme avocat ; sa noblesse n'est pas de race. D'ailleurs, son nom, sa mine, son accoutrement, ses manières, sa lâcheté, ses avanies au long de la comédie dégradent le prétentieux, qui est persuadé que le roi sera ravi de le voir faire sa cour au Louvre.

Quant à la comtesse d'Escarbagnas, autre spécimen de ces provinciales « aux personnes de cour fâcheuses animales[34] », avec son titre de comtesse à Angoulême qui a encore moins de valeur que celui de baron dont se flatte Monsieur de Sotenville, elle marque un « perpétuel entêtement de qualité », renforcé par un séjour à Paris, où elle a pu approcher – dit-elle – l'air de la cour. Mais ses prétentions au bel air ne sont qu'un rêve ; tout le comique du rôle tient dans ce décalage entre le rêve entretenu et la réalité, beaucoup plus misérable et sordide. Après avoir accepté les dons d'un de ses soupirants, le receveur des tailles Harpin (un officier des finances), elle doit bien consentir à

---

[31] Voir A. Couprie, *De Corneille à La Bruyère...*, op. cit., p. 409 sq.

[32] *Le Baron de la Crasse et L'Après-soupé des auberges, comédies*, éd. Charles Mazouer, Société des Textes Français Modernes, 1987.

[33] Voir les analyses de *George Dandin*, de *Monsieur de Pourceaugnac* et de *La Comtesse d'Escarbagnas* dans Ch. Mazouer, *Le Personnage du naïf...*, op. cit., 1979, p. 188-194.

[34] *Les Fâcheux*, II, 3, v. 372.

épouser l'autre, le conseiller Tibaudier (simple officier de justice), passablement burlesque dans sa cour mais utile pour ses biens.

Cette comtesse fait déjà partie des singes de cour. D'autres personnages lui ressemblent, mais ils partent de plus bas dans leur aspiration à la noblesse. Il n'y a pas lieu de parler du Sganarelle du *Mariage forcé,* dont le mariage avec la jeune Dorimène s'explique par le seul désir, dépourvu de toute ambition sociale. Et l'on n'a pas à insister sur le paysan George Dandin, qui paye chèrement la vanité d'avoir épousé une demoiselle, d'avoir voulu s'élever au-dessus de sa condition en s'alliant à la maison d'un gentilhomme ; Monsieur de la Dandinière n'a jamais cherché à imiter l'air de la cour ni à se changer.

En revanche, Monsieur Jourdain veut devenir autre[35]. Fils de marchand, issu de bonne bourgeoisie, il enrage de n'être pas né comte ou marquis ; refusant son origine et méprisant son train de vie bourgeois, il s'est mis dans la tête de hanter la noblesse et de se changer en homme de qualité. Et c'est là son erreur : on ne devient pas gentilhomme en singeant les seuls comportements extérieurs de la noblesse. Jourdain se déguise mais ne se change pas. Il n'aura jamais la race, l'élégance innée ; sa nature même répugne aux belles manières et à la culture qui est l'apanage de la caste. La leçon du *Bourgeois gentilhomme* ravissait sans doute le public de cour : la noblesse ne s'acquiert pas.

Mais cette noblesse de cour est-elle si estimable ? À la cour, écrira plus tard La Bruyère[36], « l'on se dit des injures plus poliment et en meilleurs termes ; l'on n'y blesse point la pureté de la langue » ; « tous les dehors du vice y sont spécieux ; mais le fond, encore une fois, y est le même que dans les conditions les plus ravalées ; tout le bas, tout le faible et tout l'indigne s'y trouvent. » En termes moins durs, Molière a fait comprendre cet écart, chez les nobles, entre l'élégance des apparences et des manières et la vilenie morale.

Dans *Le Mariage forcé,* le seigneur Alcandre est-il un gentilhomme appauvri ou un homme de rien ? Son fils Alcidas, « qui se mêle de porter l'épée » et voudrait régler le différend par un duel, agit-il en fils de noble ou en simple bretteur, en « brave » comme dit le livret ? On

---

[35] Ch. Mazouer, *Le Personnage du naïf...*, *op. cit.*, 1979, p. 229-232.
[36] *Les Caractères, Des grands,* 53.

peut hésiter. En tout cas, la famille compte bien, à l'instar de la noblesse ruinée, réparer sa situation en faisant épouser à la fille de la maison, la « jeune coquette » Dorimène, le riche bourgeois Sganarelle. Mariage forcé, on le sait ; mais la violence, exercée sur Sganarelle verbalement on par de très réels coups de bâton, est toujours dissimulée sous un langage courtois ou doucereux. Les liens du *Mariage forcé* avec *George Dandin* sont au reste patents : qu'on pense à la rapacité des pères qui se servent d'un riche mariage pour relever leur situation, on aux aspirations de leurs filles à la vie galante, avec le mépris le plus profond pour la fidélité dans le mariage.

Le galant Clitandre, vrai gentilhomme, mène tranquillement une aventure adultère avec la femme de George Dandin. On serait tenté d'être plus indulgent pour le Vicomte de *La Comtesse d'Escarbagnas* ; n'oublions pas cependant qu'il joue une comédie assez sévère à la comtesse, feignant de l'aimer, feignant de lui offrir des régals qui sont destinés en réalité à Julie. On aura reconnu ici des éléments de la situation de Dorante et de Dorimène dans *Le Bourgeois gentilhomme* ; à cette différence près que le trompeur de Monsieur Jourdain est un véritable escroc, empruntant au Bourgeois sans jamais rembourser, lui faisant payer tous les cadeaux destinés à la jeune marquise et les présentant à celle-ci comme des effets de sa magnificence et de son amour à lui, Dorante. Tout son jeu, si parfaitement visible sur la scène en III, 16 et en IV, 1, consiste à se poser en intermédiaire entre le Bourgeois et la marquise et à empêcher à tout prix que la relation s'établisse. L'escroquerie de Dorante est d'ailleurs solidement fondée sur la naïveté de Monsieur Jourdain : grâce au jeu et aux tromperies de Dorante, Jourdain peut croire qu'il est en train de devenir le gentilhomme qu'il désire être. Là où d'autres se contentaient de tromper, et souvent pour faire revenir la dupe à une décision de bon sens, le gentilhomme Dorante vole.

Dans ces conditions, il est bien difficile de formuler des jugements unilatéraux sur les intentions de Molière à l'égard de ses publics.

À l'égard de la cour, nous avons constaté plus d'un contraste. Avec la musique et la danse, si appréciées à la cour, les comédies-ballets ont indéniablement cherché à plaire ; et elles ont plu, au moins au roi qui les fit redonner plusieurs fois à la cour. Plus important : Molière a été fasciné par la cour, par son élégance[37], par le goût mondain et galant qui lui était propre et qu'elle imposait à l'ensemble de la civilisation. Il a glorifié la cour, ses divertissements et ses plaisirs raffinés, son art de vivre hédoniste ; il en a donne un reflet brillant. Il a même profité des divertissements auliques pour donner libre cours à son goût pour la préciosité, voire pour la pastorale, pour le raffinement de ce que nous appelons depuis le marivaudage. D'une manière plus facile, il a cherché à plaire au public noble en ridiculisant hobereaux et bourgeois aspirant à la noblesse et en le confirmant dans la conscience satisfaite de sa supériorité naturelle – pâle satisfaction imaginaire pour une classe qui constate son déclin économique et politique devant une bourgeoisie qui s'infiltre, quoi qu'elle en ait, dans ses rangs... Au passage, si les courtisans préféraient peut-être le miroir complaisant et idéalisé que leur tendaient *La Princesse d'Élide* ou *Les Amants magnifiques* (Grimarest note que grâce à la première de ces pièces, qui suivit *Le Mariage forcé*, « le courtisan chagrin » se réconcilia avec Molière ; et il est dit de la seconde que le courtisan « est très touché par ces sortes de spectacles[38] »), force leur fut de considérer les tableaux réalistes et les bouffonneries énormes que leur proposait aussi Molière ; mais la médiocrité bourgeoise fait ressortir l'élégance noble, et l'on sait que la cour[39] savourait la farce grossière et les facéties burlesques – comme des animaux cocasses dans un cadre élégant, note Raymond Isay[40].

« La cour a quelques ridicules, j'en demeure d'accord », avoue le chevalier Dorante[41]. Assurément ; et bien pire. Que valent ses belles apparences ? Par la voix des plaisants de cour, Molière y soupçonne le vide, l'artifice – bref, une certaine inauthenticité. Plus gravement, quand les nobles s'inscrivent dans une intrigue réaliste, l'image qu'ils donnent d'eux peut être donteuse, voire franchement condamnable.

---

[37] Voir J. Truchet, « Molière ou l'élégance », *L'Art du théâtre. Mélanges en hommage à Robert Garapon*, 1992, p. 189-197.

[38] Cité dans G. Mongrédien, *Recueil des textes et des documents du 17ᵉ siècle relatifs à Molière*, 1965 (2ᵉ éd. 1973), à la date de ces pièces.

[39] Quoi qu'en pense Grimarest, qui affirme que *Monsieur de Pourceaugnac* est plutôt un « divertissement au goût du peuple ».

[40] « Molière revuiste », art. cit.

[41] *La Critique de L'École des femmes*, scène 6.

Quand, à Chambord, le roi et la cour s'esclaffaient au *Bourgeois gentilhomme*, le plaisir de voir glorifier l'élégance et la civilisation du monde noble et ridiculiser la platitude et la maladresse bourgeoises[42] dut bien s'accompagner chez certains d'un sourire crispé en constatant que la séduction du noble va de pair avec son amoralisme. Molière le contemplateur, attiré par l'élégance de la cour et de la noblesse, en a aussi percé les défauts et les vices, sans prudence excessive, malgré le conseil qu'il met dans la bouche de Moron : « on doit regarder comme l'on parle aux grands[43] ». Nous n'acceptons pas l'idée d'un Molière servile qui aurait abandonné tout jugement critique dans ses comédies-ballets. Il prendrait plutôt à son compte les propos que le Clitidas des *Amants magnifiques* s'adresse à lui-même :

> Je vous l'ai dit plusieurs fois, vous vous émancipez trop, et vous prenez de certaines libertés qui vous joueront un mauvais tour : je vous en avertis ; vous verrez qu'un de ces jours on vous donnera du pied au cul, et qu'on vous chassera comme un faquin[44].

À l'égard de la ville – où, rappelons-le, l'aristocrate et le bourgeois se retrouvent dans le même théâtre –, il est net que Molière a voulu que les mêmes pièces « qui ont été faites pour les plaisirs du Roy » (comme dit La Grange) donnassent aussi du plaisir à Paris. Se faisait-il illusion ?

La Princesse d'Élide est jouée au Palais-Royal du 11 novembre 1664 au 4 janvier 1665, les frais notés par La Grange étant ceux des intermèdes ; cette comédie-ballet ne sera jamais reprise. Reflet à la fois exact et idéalisé du monde princier, parut-elle trop froide et distante au public parisien, ne fit-elle pas rêver les bourgeois du parterre ? Quant aux *Amants magnifiques,* autre tableau d'une cour princière, Molière ne songea même pas à les monter à Paris ; il ne les publia pas non plus. La fantaisie du *Sicilien*, qui nous paraît si charmante, eut encore moins de succès à Paris : si l'on compte les deux reprises uniques de 1669 et de 1671, à peine vingt représentations au total, groupées pour

---

[42] Odette de Mourgues, « *Le Bourgeois gentilhomme* as a criticism of civilization », [in] *Molière : stage and study. Essays in honour of W.G. Moore*, 1973, p. 170-184.
[43] *La Princesse d'Élide*, I, 2, v. 247.
[44] I, 2.

l'essentiel en juin et juillet 1667. Noble sicilien jaloux et galant gentilhomme français ne firent pas recette. Avec son paysan enrichi, ses hobereaux et son galant de cour, *George Dandin,* rendu plus âpre par la disparition de la pastorale, connut un succès nettement supérieur, mais point triomphal. À côté de cela, on a déjà dit l'énorme succès des *Fâcheux* à la ville : peut-être parce que cette chorégraphie plaisante est solidement ancrée dans la réalité, même si elle concerne presque exclusivement la noblesse.

Il est de fait que la plupart des comédies-ballets trouvent leur cadre dans la bourgeoisie parisienne, et c'est à celles-là que la public fit fête, à *L'Amour médecin,* à *Monsieur de Pourceaugnac* et surtout au *Bourgeois gentilhomme.* Si la noblesse n'y donnait pas toujours d'elle une image brillante – de quoi satisfaire encore le parterre parisien, peut-être, en lui montrant des nobles de cour malhonnêtes et des nobles ridicules de province –, Molière mettait surtout en valeur les petitesses et les tares de ladite bourgeoisie. Nous ne tenterons pas d'expliquer le plaisir que les spectateurs du parterre prenaient à voir ridiculiser sur scène les défauts des leurs, et nous resterons au seuil des mystères de la *catharsis* comique.

Tout bien considéré, l'idée force qui s'impose est celle de l'extraordinaire liberté de Molière à l'égard de ses deux publics. La vision qu'il propose est toujours double, contrastée, résultant d'une mise à distance par l'humour et la satire joyeuse. Molière a vu les tares de la noblesse comme les vices de la bourgeoisie. Séduit par l'idéal élégant et galant de la noblesse qu'il a contribué, comme d'autres dramaturges[45], à diffuser, il en marqua les limites, comme il a souligné la vulgarité bourgeoise[46], n'hésitant pas, pour constituer son propre idéal, à puiser dans des valeurs proprement populaires.

La règle des règles était de plaire ? Artiste réfléchi et pleinement conscient de sa vision, Molière n'aura jamais été serf de ses publics.

---

[45] Voir les travaux de Jean Duvignaud, *Sociologie du théâtre. Essai sur les ombres collectives,* 2ᵉ éd. 1973 ; et *L'Acteur. Esquisse d'une sociologie du comédien,* 1965.

[46] Voir Paul Bénichou, *Morales du Grand Siècle,* 1948.

4

LA DIVERSITÉ DES FORMULES

Nous avons parlé jusqu'ici tout uniment du genre de la comédie-ballet, comme si toutes les pièces que la postérité nomme ainsi étaient conçues suivant le même patron. Il n'en est rien. Les occasions et la pression des circonstances, les tâtonnements et les progrès dans un genre qui, ne l'oublions pas, a été créé par lui, la place qu'acceptent ou s'arrogent les musiciens, le goût aussi d'essayer d'autres formes esthétiques aboutissent à une variété certaine parmi les comédies-ballets de Molière. Donnons une idée de cette diversité du genre que nul principe strict d'évolution ne semble régir.

Comédie-ballet peut ne pas paraître le terme le plus adéquat pour désigner ce type de spectacle ; il conviendrait bien aux *Fâcheux*, qui se contentent d'entremêler des entrées de ballets – de simples danses – à l'action de la comédie. Mais il faut savoir que le ballet de cour comprenait des passages musicaux, comme les « récits », et que Lully y avait même introduit des dialogues ; les comédies-ballets de Molière suivront l'exemple et développeront, à côté des entrées de danseurs, les éléments chantés et instrumentaux. À partir du *Mariage forcé,* les pièces de ce type constituent un théâtre à la fois musical et dansé.

Quoi qu'il en soit, le sous-titre de *comédie-ballet,* qui est systématique dans l'édition de 1734, est rarissime du vivant de Molière. Quand Molière édite ses pièces, il les appelle tout simplement des comédies ; le seul *Bourgeois gentilhomme* est qualifié, dans le livret imprimé et dans la première édition de la pièce, de *comédie-ballet,* parce que la comédie proprement dite y est suivie d'un ballet, *Le Ballet des nations,* que regardent les personnages de la comédie. Le sous-titre de *comédie-ballet* sera aussitôt abandonné pour *Le Malade imaginaire*.

Les livrets et les gazettes essayent diverses appellations, qui ne manquent pas de faire réfléchir sur la nature exacte des spectacles.

Ballard publie le livret du *Mariage forcé* en trois actes comme « Ballet du roi » et parle bientôt de « cette comédie-mascarade ». La relation officielle des *Plaisirs de l'île enchantée* annonce une « comédie mêlée de danse et de musique » ; le livret précise que la comédie « est encore augmentée par des concerts, des récits et des entrées de ballet qui entrent bien dans le sujet et le rendent fort agréable ». La Relation de Marigny indique, à propos de cette *Princesse d'Élide*, que « toute la pièce était mêlée de danses et de concerts des plus belles voix du monde » ; et le titre de l'édition de 1682 précise : « comédie galante mêlée de musique et d'entrées de ballet ». Désormais, pour ces comédies qui donnent « lieu aux beautés de la musique et de la danse » (c'est ainsi qu'est présenté *Le Sicilien*), les termes sont fixés : la comédie est mêlée (ou entremêlée) de musique et de danse (ou d'entrées de ballet) ; on retrouve cette formulation jusqu'au *Malade imaginaire*. Signalons – parce qu'il pointe vers les problèmes d'équilibre interne de ce spectacle – que le livret des *Amants magnifiques* est publié sous ce titre : *Le Divertissement royal meslé de comedie, de musique, et d'entrée(s) de ballet* ; on voit quelle est la part réservée à la comédie !

Ces précisions données, l'usage admis et la commodité nous autorisent à employer le terme générique de *comédie-ballet*.

Comment nos comédies-ballets sont-elles inscrites dans le divertissement royal ? La plupart se présentent comme un spectacle autonome, qui prend place à côté d'autres plaisirs – promenade, bal, ballets, collation, feu d'artifice, autres représentations théâtrales... Aucun lien nécessaire ne rattache *Les Fâcheux, Le Mariage forcé, L'Amour médecin, George Dandin, Monsieur de Pourceaugnac, Les Amants magnifiques* ou *Le Bourgeois gentilhomme* au programme des réjouissances.

En étudiant le contexte aulique des comédies-ballets, nous avons signalé que certaines fêtes comportaient une sorte de programme thématique qui organisait et amenait les différents divertissements. Le livret de la fête des *Plaisirs de l'île enchantée* prend soin de rattacher la comédie-ballet de Molière au thème de la seconde journée : pressés par la magicienne Alcine qui les retient dans l'île enchantée, Roger et les autres guerriers sont censés divertir la reine par des courses, puis par une comédie ; lisons la suite :

> Ces chevaliers lui donnent donc le plaisir de la comédie. Comme ils avoient entrepris les courses sous le nom des jeux pythiens, et armés à la grecque, ils ne sortent point de leur premier dessein lorsque la scène est en Élide[1].

Voilà *La Princesse d'Élide* située, même si c'est un peu lâchement.

La structure enchâssante peut être plus rigoureuse. C'est ce qui se produisit pour la *Pastorale comique* et *Le Sicilien*, qui constituaient respectivement la troisième et la quatorzième entrée du grand *Ballet des Muses* de 1666 et 1667. On notera que cette pratique était connue : un an plus tôt, pour les divertissements de cour du carnaval de 1665, le roi avait fait concerter à la hâte une mascarade de dix entrées, intitulée *La Réception faite par un gentilhomme de campagne à une compagnie choisie à sa mode, qui le vient visiter* : à la fin de la huitième entrée, les comédiens de l'Hôtel de Bourgogne – les grands rivaux de Molière – donnèrent *L'Après-soupé de l'auberge* de Raymond Poisson[2]. Pour le *Ballet des Muses*, écoutons le rapport de la *Gazette* : le 14 et le 16 février 1667, « le ballet fut encore dansé, avec deux nouvelles entrées de Turcs et de Mores, qui ont paru des mieux concertées : la dernière étant accompagnée d'une comédie française, aussi des plus divertissantes[3] ». Il s'agit bien du *Sicilien*, monté *in extremis* dans un ensemble qui présente beaucoup de souplesse. Mais il fallait néanmoins assurer la continuité thématique, avec la trame des Muses venues à la cour du Grand Roi. De même que la *Pastorale comique* devait honorer Thalie, la muse de la comédie, de même *Le Sicilien* était une pièce de l'ensemble ; le livret l'exprime ainsi :

> Après tant de nations différentes que les Muses ont fait paraître dans les assemblages divers dont elles avaient composé le divertissement qu'elles donnent au Roi, il manquait à faire voir des Turcs et des Maures, et c'est ce qu'elles s'avisent à faire dans cette dernière entrée, où elles mêlent

---

[1] G.E.F., IV, p. 237.

[2] Voir notre édition du *Baron de la Crasse* et de *L'Après-soupé des auberges, op. cit.*, 1987.

[3] G.E.F., VI, p. 208.

une petite comédie pour donner lieu aux beautés de la musique et de la danse, par où elles veulent finir.

A l'inverse, pourrait-on dire, la comédie de Molière peut être chargée de lier plusieurs divertissements et devenir le cadre enchâssant. D'une certaine manière, cette tendance se dessine déjà, nous verrons pourquoi, dans *Les Amants magnifiques*. Mais la formule est nettement caractérisée avec *La Comtesse d'Escarbagnas* et la pastorale, perdue, que Molière composa pour le *Ballet des ballets* de 1671-1672. Le roi voulait offrir une anthologie des plus beaux passages des ballets des années précédentes ; ces morceaux choisis étant tous extraits de la tragédie-ballet de *Psyché* ou des comédies-ballets de Molière et de Lully, le roi fit naturellement appel à Molière. Voici le texte introductif du livret :

> Sa Majesté a choisi tous les plus beaux endroits des divertissements qui se sont représentés devant Elle depuis plusieurs années, et ordonné à Molière de faire une comédie qui enchaînât tous ces beaux morceaux de musique et de danse, afin que ce pompeux et magnifique assemblage de tant de choses différentes puisse fournir le plus beau Spectacle...[4]

Faute de renseignements suffisants fournis par le livret, on a du mal à rétablir exactement l'assemblage de ce festival composite à la gloire des intermèdes de la comédie-ballet ; après le Prologue, venaient sept actes, chacun suivi d'un divertissement en musique et en danse emprunté aux spectacles passés. En contradiction parfois avec les hypothèses généralement admises par les érudits, nous nous représentons ainsi le déroulement du spectacle :

1. Des extraits des *Amants magnifiques* (premier intermède) et de *Psyché* (prologue) constituaient le Prologue.

2. Ce que le livret appelle le « premier acte de la comédie » était constitué par les scènes 1 à 8 de *La Comtesse d'Escarbagnas*. Depuis la scène 1, le jeune Vicomte amoureux a annoncé qu'il allait disposer tout son monde au divertissement promis (divertissement qu'il feint

---

[4] G.E.F., VIII, p. 599.

d'offrir à la comtesse d'Escarbagnas, qu'il feint d'aimer). À la scène 4, il prévient que « la comédie sera bientôt prête ». À la scène 5, nouvelle allusion à « ma musique et ma comédie, avec mes entrées de ballet ». À la scène 7, les personnages de *La Comtesse d'Escarbagnas* se placent vraisemblablement sur les côtés de la scène, laissant l'espace d'une scène sur la scène pour les comédiens, chanteurs et musiciens qui vont faire du théâtre dans le théâtre[5] ; le Vicomte annonce que la comédie qu'ils vont voir « n'a été faite que pour lier ensemble les différents morceaux de musique, et de danse, dont on a voulu composer ce divertissement ». Cette comédie n'est autre que la pastorale composée par Molière et perdue. La compagnie s'assoit, les violons préludent, un acteur commence à parler quand, scène 8, Monsieur Harpin fait irruption ; tout s'arrête. L'esclandre du receveur des tailles achevée et le trouble-fête parti, on attend la suite du spectacle : « prêtons silence à la comédie ».

3. Peuvent se dérouler alors, en alternance avec les extraits de ballets – tirés de *Psyché* (premier intermède), de la *Pastorale comique* (scène 2), de *George Dandin* (troisième intermède : le combat de l'Amour et de Bacchus), de la *Pastorale comique* (scène 15) et de *Psyché* (second intermède) à nouveau, du *Bourgeois gentilhomme* (la cérémonie turque), du *Ballet des Nations* (troisième et quatrième entrées, des Italiens et des Espagnols) – les cinq actes de la pastorale préparée par le Vicomte.

4. C'est alors que nous plaçons pour notre part ce que les éditeurs de *La Comtesse d'Escarbagnas* appellent la scène dernière : l'arrivée de Jeannot porteur d'un billet qui permet au Vicomte de lever le masque et met un point final à l'action de la petite pièce. La difficulté de notre hypothèse est que cette scène est bien courte pour constituer ce que le livret appelle le « septième et dernier acte » du *Ballet des ballets*...

---

[5] Voir Georges Forestier, *Le Théâtre dans le théâtre sur la scène française du XVIIe siècle*, 1981.

5. La dernière réplique de *La Comtesse d'Escarbagnas* demande à ce qu'on puisse voir « le reste du spectacle », c'est-à-dire le septième et dernier intermède constitué par un autre extrait de *Psyché* (dernier intermède).

Quoi qu'il en soit de nos hypothèses sur l'endroit exact des sutures, on voit le principe : la comédie de *La Comtesse d'Escarbagnas* enchâssait une pastorale, qui enchâssait elle-même des intermèdes de ballets ; le dialogue de *La Comtesse d'Escarbagnas* constituait bien la trame d'une sorte de très grande comédie-ballet.

Quant il reprit *La Comtesse d'Escarbagnas* au Palais-Royal, Molière ne pouvait évidemment y insérer sa pastorale accompagnée de tous les divertissements de Lully dansés et chantés à Saint-Germain-en-Laye. Mais il tint à y intercaler surtout de ses anciennes comédies-ballets, dotées évidemment de leurs propres intermèdes : nous l'avons vu, *Le Mariage forcé*, avec la nouvelle musique de Charpentier[6], constitua d'abord le spectacle enchâssé, du 8 juillet au 7 août 1672 ; puis ce furent *L'Amour médecin* (en octobre), *Le Fin Lourdaud*, et, juste après la mort de Molière, *Les Fâcheux* (février 1673).

Sur la nature des ornements, sur leur liaison avec le reste de la comédie et sur les effets de leur présence, nous reviendrons longuement dans les deuxième et troisième parties de cet ouvrage. La tâche essentielle reste ici d'apprécier, à l'intérieur de chaque comédie-ballet, la place et l'importance relative des éléments musicaux et chorégraphiques par rapport à la comédie proprement dite - bref, l'équilibre esthétique de ce mélange nouveau pour les théâtres. On peut laisser de côté le premier essai : *Les Fâcheux,* après chaque acte, n'utilisent que les entrées de ballet, et les intermèdes dansés sur la musique de Beauchamp (2+4+2 entrées) sont de longueur fort discrète.

Dès *Le Mariage forcé* – dans les trois actes du ballet original –, des éléments importants du programme musical sont mis en œuvre : l'ouverture instrumentale qui fait portique à toutes les comédies-ballets,

---

[6] Il est très difficile de distribuer dans *Le Mariage forcé* les numéros de musique que conçervent les manuscrits de Charpentier ; les musicologues les plus savants – Catherine Cessac, John S. Powell – ne sont pas d'accord.

le « récit » accompagné d'une ritournelle, les danses qui soutiennent les évolutions des baladins. D'autres s'ajouteront : duo et trio, chœurs divers... Mais le dialogue comique, le parlé l'emportent en importance. Dès *Le Mariage forcé* également est perceptible le souci, qui ne sera pas toujours celui de Molière, de ne pas trop rejeter les intermèdes à la fin des actes, et de ne pas les constituer en entités, liées certes à l'intrigue générale, mais relativement autonomes ; au contraire, le dramaturge s'efforce de placer la musique et la danse dans la continuité de l'intrigue, sur un plan unique, dirait-on. Des scènes parlées succèdent à des scènes musicales ou dansées, aux actes II et III.

À la vérité, il n'y a pas d'intermèdes dans *Le Mariage forcé*, mais s'intercalent naturellement des passages chantés et des entrées de ballet. C'est ce qui se produit aussi pour les deuxième et troisième entractes (terme employé par Molière) de *L'Amour médecin*, après I, 6, où Champagne, envoyé pour cela, va chercher les médecins en dansant, et en II, 7, où l'Opérateur répond à Sganarelle en chantant avant de faire danser ses valets. C'est parfaitement le cas dans *Le Sicilien* – la plus exquise peut-être des comédies-ballets de Molière –, où l'on ne trouve qu'une suite de vingt scènes ; simplement trois de ces scènes sont en grande partie ou totalement musicales ou dansées : la scène 3, « chantée par trois musiciens » ; la scène 8, dans laquelle Hali chante « et les esclaves dansent dans les intervalles de son chant » ; la scène dernière, où « plusieurs Maures font une danse entre eux, par où finit la comédie ». *Monsieur de Pourceaugnac* reprendra enfin le même procédé, en I, 10 et 11 (avec les médecins grotesques suivis des matassins), en II, 11 (avec les avocats et les procureurs) et en III, 8 (avec les masques qui envahissent la scène).

Il est curieux de constater que, dans ces quatre pièces, l'équilibre s'établit en faveur de la comédie, primordiale, les parties chantées et dansées demeurant relativement modestes. Le prologue et la dernière scène de *L'Amour médecin*, qui se répondent parfaitement puisqu'y apparaissent les mêmes allégories de la Comédie, de la Musique et du Ballet, sont fort brefs. *Monsieur de Pourceaugnac* est un peu alourdi par la sérénade d'ouverture, suivie d'entrées de ballet assez peu nécessaires. Mais Thalie reste prééminente.

Cette tendance, qui convient bien à notre goût, mais qui devait moins agréer à Lully, à Molière et à leurs contemporains, n'est pas celle qui l'emporte dans les comédies-ballets. Au contraire, dès *La*

Princesse d'Élide, Molière et Lully vont marquer une nette préférence pour le développement des intermèdes – c'est d'ailleurs là qu'apparaît pour la première fois l'appellation d'*intermède.*

Après l'ouverture instrumentale, *La Princesse d'Élide* comporte six de ces intermèdes, et les quatre premiers sont constitués de deux scènes. Ce dernier fait signale la volonté d'organiser dramaturgiquement l'intermède, avec une continuité, un conflit, éventuellement un événement ; dans l'édition, le texte du deuxième intermède est même précédé d'un long argument ! Autre observation : une continuité est établie entre les intermèdes 2, 3 et 4, qui, tout en restant en lien avec la comédie, constituent un plan particulier, celui des amours de Moron – amours malheureuses et burlesques avec sa Philis ; parallèlement à la comédie galante qui traite de la délicate passion entre le prince d'Ithaque et la princesse d'Élide, le plaisant et la suivante de celle-ci nous entraînent, avec la succession des intermèdes, à l'étage au-dessous, dans une ambiance de pastorale parodiée. Non seulement l'intermède se structure, mais il se lie, par-dessus les actes de la comédie, aux autres intermèdes. Nous aurons l'occasion de revenir sur ces différents aspects.

George Dandin représente une sorte d'aboutissement de cette formule. Le gazetier Robinet se contente de remarquer que la comédie du *Mari confondu* (sujet « archicomique », dit-il – ce qui nous donne une précieuse indication sur le décalage entre notre réception de *George Dandin* et celle des contemporains de Molière !)

> Étoit aussi par-ci par-là
> De beaux pas de ballet mêlée,
> Qui plurent fort à l'assemblée,
> Ainsi que de divins concerts
> Et des plus mélodieux airs
> Le tout du sieur *Lulli-Baptiste.*

La *Gazette* est moins superficielle et pose le problème en parlant de cette « comédie, qui étoit mêlée dans les entr'actes d'une espèce d'autre comédie en musique et de ballets ». Les intermèdes se sont accrus et constitués en ensemble ; Lully a écrit ici avec Molière une pastorale en quatre actes qui enchâssait complètement *George Dandin* et qui, proposant chacune de ses séquences après un acte de la comédie réaliste, donnait au spectacle une structure d'ensemble sur laquelle il faudra méditer. Bref, les intermèdes à eux seuls sont devenus « comédie en musique[7] ». D'un côté la prose pour les malheurs comiques de George Dandin ; de l'autre « les vers qui se chantent entre les actes de la comédie » et qui touchent ou expriment tendrement les passions, dit Félibien. Bergères galantes, bergers longtemps désespérés mais qui gagnent l'amour : la pastorale, inégalement développée dans chaque entracte, faisant la part plus belle à la musique qu'à la danse, débouche dans la joie. Rupture des plans, comme le signale justement Félibien : il semble « que ce soit deux comédies que l'on joue en même temps, dont l'une soit en prose et l'autre en vers[8]... ».

Dans ce spectacle, la comédie en prose garde sa force, malgré l'importance des intermèdes devenus pratiquement une autre pièce. L'équilibre a tendance à s'inverser, au détriment de la comédie proprement dite, dans *Les Amants magnifiques*. Les contemporains ne donnent d'ailleurs pas ce nom au spectacle et l'appellent *divertissement* ou *divertissement royal*, sensibles qu'ils sont surtout au faste et à la magnificence des intermèdes. Au point, nous l'avons vu, que Robinet hésite : s'agit-il d'un « ballet en comédie » ou d'une « comédie en ballet » ? L'intrigue imaginée par Molière ne serait-elle là que pour fournir un prétexte au déploiement des divertissements ? Pour organiser et amener une série de six spectacles ? La princesse Aristione, par la réflexion qu'elle fait juste avant le troisième intermède, semblerait le signifier :

> On enchaîne pour nous ici tant de divertissements les uns aux autres, que toutes nos heures sont retenues, et nous n'avons aucun moment à perdre, si nous voulons les goûter tous. Entrons vite dans le bois, et voyons ce qui nous y attend ; ce lieu est le plus beau du monde, prenons vite nos places[9].

Les actes sont courts ; l'acte III ne comporte même qu'une seule scène ! En revanche, les intermèdes, si variés – scène mythologique,

---

[7] « Notre nation n'est guère faite à la comédie en musique, et je ne puis répondre comme cette nouveauté-ci réussira », remarque le livret. Encore quelques années et le succès de la tragédie lyrique donnera une réponse !

[8] G.E.F., VI, p. 621.

[9] *Les Amants magnifiques*, II, 5.

pantomimes, « petite comédie en musique », c'est-à-dire encore une pastorale, statues dansantes, cérémonie des jeux Pythiens – reçoivent souvent des développements considérables. Par parenthèse, on remarquera que le responsable du spectacle – nous sommes toujours persuadé qu'il s'agit de Molière ! – a parfaitement équilibré les intermèdes : les deux grands portiques d'entrée et de sortie où le roi devait danser sous la figure d'un dieu ; au centre (troisième intermède), la longue et souvent belle pastorale en musique ; les autres intermèdes, des danses, sont infiniment plus courts, et l'on remarquera que les pantomimes des intermèdes 2 et 5 sont symétriques. L'ensemble du spectacle des *Amants magnifiques* présente donc équilibre interne, cohérence et un sens assez profond qui n'est donné que par le dialogue parlé ; mais la part des divertissements écrase celle de la comédie.

À sa manière, est-ce que la *Pastorale comique,* donnée dans le *Ballet des Muses,* ne représente pas l'aboutissement ultime d'une tendance ou d'une tentation des trois artistes œuvrant ensemble aux comédies-ballets : celle du passage à l'opéra-comique ? Il est assez difficile de se faire une idée de ce spectacle dont le texte n'a été ni conservé ni publié ; le livret donne seul un résumé insuffisant et quelques extraits, à quoi correspond la partition de Lully. Les quinze scènes de cette pièce comique comportaient certainement des passages parlés et dialogués, mais on se demande si la comédie n'a pas perdu son rôle recteur, organisateur, comme soubassement des divertissements ; on a l'impression de lire un *libretto* d'opéra bouffe. Si la *Pastorale comique* était encore une comédie-ballet, elle marquait en tout cas une limite du genre ; Molière ne fera plus de tentative dans cette direction.

Nommé par Molière lui-même « comédie-ballet », *Le Bourgeois gentilhomme* représente quant à lui une somme et une apothéose du genre. Tous les agréments de la musique et de la danse y sont comme récapitulés avec une maîtrise époustouflante : chansons, sérénades, actions dansées, cérémonie burlesque se succèdent et jamais les ornements n'ont été si heureusement intégrés, si naturels et si nécessaires. Pas d'intermèdes séparés ; la musique et la danse vont de soi dans la continuité de la comédie. Celle-ci demeure la base du spectacle que viennent enrichir le musicien et le chorégraphe : c'est bien l'illusion ridicule d'un bourgeois persuadé de pouvoir accéder à la noblesse qui est donnée à voir ; et sa chimère ressort mieux de nous être montrée sous les espèces de la musique et de la danse. Molière, Lully et Beauchamp maîtrisent pleinement ici l'esthétique de la comédie-ballet.

Pourtant, à relire la partition avec le texte, surtout si l'on n'omet pas les six entrées du *Ballet des nations* – « la comédie finit par un petit ballet qui avait été préparé », indique la didascalie qui suit la dernière réplique de Covielle –, on est étonné de l'importance relative des ornements. La part de la musique et de la danse semble excessive ; de fait, le minutage des enregistrements est révélateur : le dialogue en musique de l'acte I dure près de quinze minutes, la cérémonie turque de l'acte IV autant, et le *Ballet des nations* plus de quarante minutes... La tendance au développement des intermèdes, voire à leur hypertrophie, que nous avons repérée depuis *La Princesse d'Élide,* culmine ici, même si elle ne lèse pas la comédie.

Molière a sans doute recherché un meilleur équilibre des volumes avec son nouveau musicien pour *Le Malade imaginaire,* qui revient, si l'on met à part le petit opéra impromptu du deuxième acte, aux intermèdes séparés en prologue et à la fin des actes. On a besoin de soixante-cinq minutes pour jouer la partition de Charpentier, dont près d'une demi-heure pour la grande églogue en musique et en danse ; et Molière a si bien désiré ce Prologue que, devant renoncer à jouer le spectacle devant le roi, il le garda pour son théâtre !

Molière a donc voulu enrichir son théâtre des ornements. Mises à part les comédies de combat, les comédies où le sérieux des problèmes posés accepte la vision comique mais serait antinomique avec la fantaisie qu'apportent la musique et la danse[10], il a pensé que toutes les sortes de sujets et toutes les formes de comédies pouvaient s'accommoder du genre nouveau.

Les Fâcheux nous introduisent dans l'univers des nobles, parmi leurs occupations et leurs préoccupations, leurs loisirs et leurs amours. Plus encore *La Princesse d'Élide* et *Les Amants magnifiques,* dont les héros sont des princes ou des grands, et qui se haussent souvent au ton

---

[10] Il est par exemple significatif que Molière n'ait pas pensé *L'Avare* sous forme de comédie-ballet, alors qu'une génération plus tard, Regnard le fera, dans une petite comédie proche par le thème, *La Sérénade* (voir *Attendez-moi sous l'orme, La Sérénade et Le Bal, comédies,* éd. Ch. Mazouer, « Textes Littéraires Français », 1991).

héroïque. De ce côté galant de la comédie-ballet, on rapproche aisément l'univers pastoral des divertissements – véritable rêve des courtisans –, qu'il soit pris au sérieux ou parodié constamment comme dans la *Pastorale comique.*

De l'autre côté, franchement comique, la comédie-ballet prête sa fantaisie à des pièces qui peignent la réalité bourgeoise comme *Le Mariage forcé, L'Amour médecin, Monsieur de Pourceaugnac, Le Bourgeois gentilhomme, Le Malade imaginaire* ; ou à la réalité campagnarde ou provinciale, comme *George Dandin* et *La Comtesse d'Escarbagnas.* Et l'on serait en peine de classer *Le Sicilien,* dont la réalité sicilienne dégage un léger parfum de fantaisie !

Farce, fantaisie poétique, comédies galantes ou héroïques, croquis de mœurs, comédies de mœurs ou de caractère – pour savoir ce qu'il faut penser de ces dernières divisions, il suffit de relire le titre de l'ouvrage de La Bruyère : *Les Caractères ou les mœurs de ce siècle !* –, toutes ces formes, qu'elles soient ou non en cinq actes, sont proposées à la collaboration du musicien et du chorégraphe. Comme le laisse soupçonner le Prologue de *L'Amour médecin,* la Comédie, la Musique et le Ballet ont dû parfois entrer dans la querelle avant de s'unir harmonieusement !

Deux conclusions semblent ainsi se dégager des analyses précédentes : une tendance à l'excroissance des intermèdes est nette, dont on ne peut rendre responsable le seul Lully ; le dialogue conflictuel entre les arts de la comédie, de la musique et de la danse aboutit à une grande variété des formules de la comédie-ballet.

Le constat de la diversité laisse toujours un peu insatisfait. Comme on voudrait voir se dessiner une évolution, avec sa logique ! Comme on aimerait parler de la croissance organique du genre de la comédie-ballet !

Henry Prunières, qui a édité la musique de Lully à partir de 1931, affirme avec force que la comédie-ballet s'est développée sans logique ; la variété des structures, la variété de la musique répondaient aux exigences des circonstances extérieures. Au demeurant, il distingue deux sortes de comédies-ballets : *La Princesse d'Élide* et *Les Amants magnifiques,* qui, par *Psyché,* mèneraient vers l'opéra ; *Le Mariage forcé, L'Amour médecin, Le Sicilien, Monsieur de Pourceaugnac* et *Le Bourgeois gentilhomme* qui amènent plutôt l'opéra-comique[11].

La même année, Friedrich Böttger[12], analysant la même musique, reconnaît le poids des circonstances extérieures et refuse l'idée d'un développement en ligne droite du genre de la comédie-ballet. Il pense néanmoins que Molière, transformant en projet artistique des données extérieures, a parcouru finalement toutes les étapes possibles, du drame parlé à une forme très proche de l'opéra-comique.

Loin s'en faut en effet qu'on puisse dessiner un développement rectiligne ! Il suffit de réintroduire la chronologie pour s'apercevoir que si des évolutions et des continuités se dessinent, si telle formule se précise, tel type d'intermède se perfectionne, il n'est pas sûr du tout que chaque comédie-ballet marque un progrès sur la précédente. Pour prendre un seul exemple dans un domaine sensible, celui de l'articulation des différents éléments qui composent la comédie-ballet, de leur unité esthétique, il semble évident que les trois ballets des *Fâcheux* de 1661 sont en fin de compte mieux justifiés que le premier intermède du *Malade imaginaire* de 1673.

En fait, répondant à des sollicitations impromptues et diverses, tributaire aussi de ses musiciens, Molière a essayé avec eux des formules différentes, autant par goût que par nécessité, perfectionnant ici, semblant revenir en arrière là. Sans avoir en vue un idéal unique de la comédie-ballet qu'il se serait efforcé d'atteindre, il a été conscient d'avoir à mettre au point une sorte de stylistique élémentaire du genre ; et il s'y employa très tôt. En la matière, diversité resterait une devise aussi pour Molière.

---

[11] L'introduction de l'édition de Lully est reprise dans *La Revue de France* (« Les Comédies-ballets de Molière et de Lully », t. V, 15 septembre 1931, p. 297-319).

[12] *Die « Comédie-ballet » von Molière-Lully*, dissertation de 1931, reprise en 1979, *op. cit.*

Premier intermède

TERPSICHORE

> « Mais la danse est si importante pour la comédie... » (Lope de Vega, *Art nouveau de faire les comédies*)

Unir intimement les entrées de ballet à la comédie : telle est l'ambition affichée par le dramaturge dans l'avant-propos de ses *Fâcheux*. On ne saurait trop insister sur le rôle fondamental de la danse, en particulier dans la genèse du genre de la comédie-ballet. Dans sa synthèse créatrice, Molière s'est emparé et enrichi du ballet de cour.

Mais qu'était ce ballet, qui a diverti les cours pendant un siècle ?

À la cour de France, le ballet s'impose dès la fin du XVIe siècle. C'est une « danse figurée à évolutions concertées accompagnée d'une musique appropriée, souvent soutenue par un thème poétique, mythologique ou héroïque, interprétée par des danseurs de qualité dans un climat de faste inhabituel[1] ». Avec son *Ballet comique de la reine* de 1581, Baldassare de Belgiojoso, dit Beaujoyeux, passe pour le premier créateur conscient d'un genre qui cherche à mêler « harmonieusement des éléments de tous les arts, et qui, soutenu par l'allégorie, parvient à exprimer des notions philosophiques et morales et devient un instrument de stabilité politique[2] ». Margaret McGowan a analysé précisément la thématique des ballets de cour jusqu'en 1643 : ballets d'inspiration mythologique ou romanesque, ballets burlesques chers à Henri IV mais aussi – on le sait moins – à Louis XIII ; ballets politiques – Richelieu ne négligera pas le parti qu'on en peut tirer – qui développaient le culte du roi et aidaient à la propagande monarchique.

Après les troubles de la Fronde, le ballet de cour s'épanouit à nouveau, sous l'impulsion du jeune roi, admirable danseur, et pour lui complaire. La bouffonnerie reste fréquente, mais moins grossière que

---

[1] Marie-Françoise Christout, *Histoire du ballet*, 1966 (2e éd. 1975), p. 11.
[2] Margaret McGowan, *L'Art du ballet de cour en France. 1581-1643*, 1963 (1978).

naguère, de même que la tendance politique avec les louanges au prince ; mais – indique Marie-Françoise Christout, dans une étude qui prend la suite de celle de M. McGowan[3] – la galanterie prend la première place. Le ballet de cour gagne en cohérence ; la chorégraphie, jusqu'ici assez simple pour que le roi et les grands de la cour puissent briller dans le ballet, tend à devenir plus complexe, mettant en relief la participation des danseurs professionnels, des « baladins » (le terme deviendra péjoratif), qui se mêlent aux personnages de la cour et laissent pressentir que le ballet deviendra exclusivement leur affaire. De 1660 à 1672, le ballet de cour connaît un éclat exceptionnel ; le faste y triomphe, en particulier dans les costumes et dans les décors. On a vu dans quelles conditions Molière participa à la réalisation de ce monde de rêve que furent les ballets. A partir de 1670, le roi cessa de danser ; et deux ou trois ans plus tard, le nouveau genre de l'opéra allait supplanter le ballet de cour, qui connut cependant un certain regain à la fin du siècle.

Le XVIIe siècle a élaboré une poétique du ballet ; ses théoriciens sont des ecclésiastiques ou des religieux, jésuites en particulier : tels l'abbé de Marolles, le Père Claude-François Ménestrier, l'abbé Michel de Pure, plus tard le Père Lejay, compilateur à l'esprit encyclopédique et systématique[4].

L'essentiel d'un ballet est constitué par la succession des entrées, où les danseurs, maîtres de leur corps, de leurs pas et des figures qu'ils font ensemble, viennent représenter leur personnage en une scène dansée. « Les ballets sont des comédies muettes », écrit un anonyme en 1641 ; et il ajoute : « les récits séparent les actes, et les entrées des danseurs sont autant de scènes[5] ». Ces « récits » sont des morceaux

---

[3] *Le Ballet de cour de Louis XIV (1643-1672). Mises en scène*, 1967.

[4] Michel de Marolles, *Suite des Mémoires...*, 1657 (9e discours : *Du ballet*) ; Michel de Pure, *Idée des spectacles anciens et nouveaux*, 1668 ; Claude-François Ménestrier : *L'Autel de Lyon consacré à Louis Auguste [...], ballet*, 1658 (p. 50-56 : *Remarques pour la conduite des ballets*) ; *Des ballets anciens et modernes selon les règles du théâtre*, 1682 ; le P. Lejay, *Biblioteca rhetorum praecepta et exempla complectens quae ad poeticam facultatem pertinent*, 1725 (p. 523-538 du t. II : *Liber de choreis dramaticis, vulgo Les Ballets*).

[5] Cité par Marcel Paquot, « La Manière de composer les ballets de cour d'après les premiers théoriciens français », *C.A.I.E.F.*, n° 9, juin 1957, p. 196.

chantés par une voix ; à l'ouverture du ballet et au début de chaque entrée, ils sont nécessaires pour chanter ce qui ne peut se dire avec la danse, et pour informer sur l'action. La musique, qui devait s'ajuster au style des entrées, joue donc un rôle considérable dans le ballet : ouverture instrumentale, passages symphoniques, mélodie et accompagnement des récits, et surtout airs de danse pour les entrées muettes des danseurs (une sorte de marche accompagnait l'arrivée des danseurs, avant la musique qui scandait leurs évolutions). La cohésion entre la musique et la danse était d'autant plus facilement réalisée que le même artiste écrivait souvent la musique et réglait la chorégraphie.

S'il est une idée esthétique constamment reprise, c'est celle de l'imitation – idée ou ne peut plus classique ! – : « *Ad imitationem tota dirigitur chorea* », ne cesse de répéter le P. Lejay. Tout doit imiter dans un ballet : décors, costumes, objets, mais surtout les gestes et mouvements du corps ; et on doit pouvoir tout imiter : au premier chef les sentiments et les passions, mais aussi tel type social, tel personnage mythologique, tel élément naturel (on trouve des indications pour imiter, par la danse, les vents ...). Pour paraphraser le P. Ménestrier, les mouvements des danseurs expriment la nature des choses et les habitudes de l'âme ; le ballet est bien une représentation muette, « où les gestes et les mouvements signifient ce qu'on pourrait exprimer par des paroles[6] ». D'ailleurs, quand le ballet d'action aura supplanté le ballet de cour, la même idée fondamentale demeurera – qui court depuis Plutarque et sa défense de la danse comme *pictura loquens* dans la culture occidentale ! – : la danse exprime, peint, retrace en action[7].

Il n'échappe nullement aux théoriciens que, par les mouvements réglés et rythmés, l'imitation conquiert la beauté, c'est-à-dire l'harmonie et la grâce, Certains vont même plus loin, tel le Père Marin Mersenne[8], qui avait lu Platon. Dieu n'est-il pas « le grand maître du ballet que dansent toutes les créatures par des pas et des mouvements

---

[6] Michel de Pure, *Idée des spectacles anciens et nouveaux*, 1668, p. 210.

[7] Voir de Cahusac, *La Danse ancienne et moderne, ou Traité historique de la danse,* 1754 ; ou Noverre, *Lettres sur la danse et sur les ballets,* 1760 (on lit ici, p. 18 : « Le ballet est [...] une peinture vivante des passions, des mœurs, des usages, des cérémonies et du *costume* de tous les peuples de la terre. »).

[8] Dans le *Traité de la voix et des chants*, qui fait partie de sa somme de 1636 : *Harmonie universelle contenant la théorie et la pratique de la musique.*

qui sont si bien réglés » ? Contempler l'univers est donc déjà s'élever à son auteur. Mais le danseur, participant au jeu réglé du ballet, ou le chorégraphe qui régit le ballet, ou le spectateur du monde réglé qu'est le ballet, perfectionnent sans doute leur âme dans la recherche d'une harmonie qui est au moins un pâle reflet de l'universelle harmonie.

Nous ne sommes pas si loin de Molière : qu'on relise la discussion que le maître à danser du *Bourgeois gentilhomme* mène avec le maître de musique (I, 2) ! En tout cas, c'est avec cet ensemble d'idées théoriques qu'était conçu et pratiqué le ballet de cour que Molière transporta dans la comédie. Sans doute le dramaturge regrettait-il que les spectacles de ballets donnassent trop au divertissement des oreilles et des yeux et trop peu au plaisir de l'esprit, que seule la parole humaine peut satisfaire.

L'histoire du ballet de cour l'aura laissé transparaître : la danse tient une place considérable dans la civilisation de ce siècle.

À vrai dire, dès le début du XVIe siècle, Baldassare Castiglione[9] avait fait de la danse un élément essentiel de la formation de son gentilhomme, la danse permettant au courtisan de déployer des qualités physiques et de développer en lui la grâce du maintien et des mouvements. Cet idéal se diffusa en Europe. Et l'on sait à quel point le *Cortegiano* influença les théoriciens français qui, à partir de 1630, commencèrent à réfléchir sur l'honnête homme ; comme l'homme de cour, l'honnête homme développe en lui beauté et agilité. Sait-on bien qu'un maître à danser formait tous les enfants qui fréquentaient les collèges, en particulier ceux des jésuites, à l'assurance et à la grâce du maintien ? Philippe Beaussant a raison de mettre en valeur l'importance de la danse, qui modela les hommes du XVIIe siècle : leur manière d'être, « de se mouvoir, de se présenter, leurs gestes et leurs attitudes ne se comprennent que si nous nous rappelons que leur corps fut modelé par l'étude et la pratique quotidienne de la danse[10] ». Le bourgeois Jourdain n'a pas bénéficié de cette discipline, et sa balourdise pataude dans le menuet – danse imposée par la cour – signale burlesquement son éloignement de la grâce des gentilshommes !

---

[9] Son *Libro del cortegiano* date de 1528.
[10] *Versailles, Opéra*, 1981, p. 34.

Louis XIV avait reçu une formation en musique et en danse. Son goût, son talent, sa volonté plus politique de montrer sa santé, son adresse, de faire briller son éclat de monarque l'amenèrent à multiplier les ballets, où lui-même dansait. Mais les grands aussi aimaient à se donner en spectacle dans les ballets. Il suffit de feuilleter les livrets édités à l'occasion de la représentation des comédies-ballets de Molière pour dresser une liste copieuse des nobles qui, entourant Louis XIV, prenaient la peine de répéter et se mêlaient aux baladins pour briller dans les ballets. Le roi dansa dans *Le Mariage forcé*, dans *Le Sicilien* (avec Mademoiselle de La Vallière) ; il devait danser – et avec quel éclat ! – dans *Les Amants magnifiques*. Il avait à peine 32 ans quand il cessa de danser, pour des raisons diverses et qui durent se conjuguer : l'âge, le souci de sa dignité, les injonctions de l'Église, la charge des affaires, la moindre nécessité politique, désormais, de ses apparitions dans les ballets, la moindre vogue du genre...

En tout cas, il avait favorisé ce plaisir du ballet. Si Lully devint le familier du roi, c'est par la danse. Son plus récent biographe[11] y insiste : l'Italien fut d'abord danseur, baladin, homme de la scène ; et il écrivit d'abord de la musique pour faire mouvoir et danser les corps. Sa célébrité vient pour commencer de sa participation aux ballets de cour, qu'il fit évoluer ; c'est lui par exemple qui introduisit des scènes chantées dans le ballet de cour de *L'Amour malade,* en 1657, tendant à donner une idée de ce que sera la comédie-ballet moliéresque.

Louis XIV a aussi, et très tôt au début de son règne personnel, légiféré sur la danse. Pour pallier l'abâtardissement que les amateurs amenaient dans cet art, pour le rétablir « dans sa perfection », il établit, par lettres patentes enregistrées en 1662, « une académie royale de danse composée des treize plus expérimentés dudit art ». Il vaut la peine de relire les attendus de cette décision, tout à fait explicites :

> Bien que l'art de la danse ait toujours été reconnu l'un des plus honnêtes et des plus nécessaires à former le corps et lui donner les premières et plus naturelles dispositions à toutes sortes d'exercices du corps, et entre autres à ceux des armes, et par conséquent à l'un des plus avantageux et des plus utiles à notre noblesse et autres qui ont l'honneur de nous

---

[11] Philippe Beaussant, *Lully ou Le musicien du Soleil*, 1992.

approcher, non seulement en temps de guerre dans nos armées, mais même en temps de paix dans nos ballets...

Par ce biais aussi d'une académie, la danse va devenir une affaire de professionnels.

L'un des maîtres les plus célèbres de cette académie, dont il sera le directeur, est Pierre Beauchamp (on trouve aussi, dès le XVIIe siècle, l'orthographe *Beauchamps*), maître à danser du roi. Beauchamp, né en 1636, appartient à une illustre dynastie de violonistes et de danseurs, attachée à la musique royale depuis la fin du XVIe siècle ; il fut lui-même éduqué dans les deux arts et l'on sait que, pour *Les Fâcheux*, il composa aussi la musique (il l'a également dirigée – on disait « battue » – le jour de la représentation). Ce danseur virtuose[12], spécialiste des cabrioles et du tourbillon, participa à tous les grands ballets de cour ; il les créa avec Lully, qui apparaît à la cour peu après lui. Signalons qu'à partir de 1669, Beauchamp est employé aussi par les jésuites pour faire la chorégraphie et la musique des ballets de collège. Chorégraphe et danseur des ballets de cour, Beauchamp créa également la chorégraphie des opéras de Lully et y dansa, avant de se retirer en 1687.

C'est ce Beauchamp, de surcroît amateur de peinture, qui fut le chorégraphe de toutes les comédies-ballets de Molière (auquel il serait allié par les Mazuel), des *Fâcheux* jusqu'au *Malade imaginaire*. Leur collaboration dut s'harmoniser au fil des années. Dans l'avant-propos des *Fâcheux*, Molière se plaint que tout cela – c'est-à-dire l'ensemble constitué par la comédie et le ballet – n'ait pas été « réglé entièrement par une même tête » ; le dramaturge veillera ensuite lui-même à la bonne synthèse artistique.

Beauchamp développa et codifia la danse ; Rameau le crédite de l'invention des cinq positions classiques. Il semble qu'il fut indélicatement devancé par son élève Feuillet pour la publication d'une notation

---

[12] Voir les travaux de Régine Astier : (sous le nom de Régine Kunzle), « Pierre Beauchamp, the illustrious unknown choreographer », *Dance Scope*, n° 1, 1974-1975, p. 31-44 ; et « Pierre Beauchamps et les "Ballets de collège" », *La Recherche en danse*, n° 2, 1983, p. 45-51.

des positions, figures et pas[13]. Un volume comme la *Chorégraphie* de Feuillet aide à se faire une idée de la technique de Beauchamp et de ses contemporains. Les chorégraphes et danseurs modernes qui veulent faire revivre la danse du XVIIe siècle – comme Francine Lancelot avec sa compagnie des « Ris et Danceries » – s'en servent pour ressusciter le style probable de l'époque.

Tous les historiens de la danse[14] signalent la grande évolution : depuis le début du XVIIe siècle, on est passé d'une conception planimétrique, horizontale et géométrique où, vus de haut, les danseurs tracent surtout des chemins et des figures sur le sol, à une conception plus stéréométrique, verticale, où les danseurs, vus de face sur une scène, mettent davantage en valeur le mouvement des pieds et des genoux, les attitudes du corps, les cabrioles et les sauts – bref, puisent aux ressources de la danse haute. Pas et figures enchaînés de la sorte permettent de donner à la danse toute sa force expressive. Francine Lancelot pense que la mesure, l'équilibre et la régularité restent les valeurs essentielles de la danse de cette époque, qui demande au danseur, plus que de la virtuosité, une grande maîtrise dans l'harmonie du corps et la construction de l'espace.

Tel était le style de la danse et des danseurs qui intervinrent dans les comédies-ballets de Molière.

Molière a-t-il appris à danser au collège de Clermont ? Y a-t-il assisté aux ballets qu'on faisait danser aux élèves entre les actes des tragédies ? Dès 1604, on trouve des ballets chez les jésuites, qui sont persuadés qu'à l'instar de la pratique du théâtre, celle de la danse apporte l'aisance – une « hardiesse honnête », disent les bons Pères, qui veillent à ce que les livrets soient tout à fait édifiants[15]. Nous

---

[13] Feuillet, *Chorégraphie ou L'Art de décrire la dance par caractères, figures et signes démonstratifs...*, 1701. Voir Francine Lancelot, « Écriture de la danse : le système Feuillet », *Ethnologie française*, 1971, n° 1, p. 29-58.

[14] Depuis André Levinson, « Notes sur le ballet au XVIIe siècle. Les danseurs de Lully », *Revue musicale*, janvier 1925, p. 44-55. Voir aussi M.-F. Christout, *Le Merveilleux et le « théâtre du silence » en France à partir du XVIIe siècle*, 1965.

[15] Raymond Lebègue, « Les Ballets des jésuites », *Revue des cours et conférences*, 37e année, 2e série, année 1935-1936, p. 127-139, 209-222 et 321-330.

n'avons aucun certitude là-dessus ; mais le fait est que Molière savait danser, dansa et partagea le goût de ses contemporains pour la danse.

En 1655, à Montpellier, devant Conti, il dansa le personnage d'un poète dans le *Ballet des incompatibles* ; dans la liste des danseurs, à côté du sieur Molière, on trouve le sieur Béjart, Joseph Béjart. De longue date, les acteurs de la troupe de Molière furent capables de danser ; la Du Parc, la de Brie, Armande Béjart avaient ce talent. Absent de Paris de 1645 à 1658, Molière n'a pu suivre directement l'évolution du ballet de cour ; mais on dansait aussi des ballets en province, et s'y reflétait le goût de la cour. Il dut être ravi, pour *Les Fâcheux,* d'avoir à intégrer des ballets dans sa comédie ! La fréquentation de Lully fit le reste ; toute l'expérience artistique du récent ballet de cour était mise à son service et au service du nouveau genre de la comédie-ballet.

Ici et là, les comédies-ballets ouvrent quelques aperçus sur la technique ou sur la signification de la danse, commentant en quelque sorte de manière théorique la pratique de cet art.

Un des fâcheux, Lysandre, tient à chanter au malheureux Éraste la courante qu'il vient de composer ; mais il n'arrête pas là :

> Les pas que j'en ai faits n'ont pas moins d'agrément.
> Et surtout la figure a merveilleuse grâce[16].

Et chantant, parlant et dansant tout ensemble – Molière aurait peut-être représenté ce Lysandre –, Lysandre fait tenir à Éraste le rôle du partenaire féminin, en commentant les figures et les pas.

Ayant contemplé la danse de la princesse d'Élide, Euryale en décrit avec enthousiasme la puissance expressive et émotive[17] :

> Elle a fait éclater ensuite une disposition toute divine, et ses pieds amoureux, sur l'émail d'un tendre gazon, traçaient d'aimables caractères qui m'enlevaient hors de moi-même, et m'attachaient par des nœuds invincibles aux doux et justes mouvements dont tout son corps suivait les mouvements de l'harmonie.

---

[16] *Les Fâcheux*, I, 3, v. 190-191.
[17] *La Princesse d'Élide*, III, 2.

Car la danse est capable de traduire le sens d'une chanson ; en des vers malheureusement assez mièvres (que Benserade parodia en remplaçant *chansons* par *chaussons*), un chœur du troisième intermède des *Amants magnifiques* le dit :

> Mêlez vos pas à nos sons,
> Et tracez sur les herbettes
> L'image de nos chansons.

Nous retrouvons cette idée de la danse apte à imiter et à exprimer les sentiments humains dans le cinquième intermède de la même comédie-ballet ; il est écrit que les quatre pantomimes « ajustent leurs gestes et leurs pas aux inquiétudes de la jeune princesse ».

Que Molière n'ait, au demeurant, rien ignoré des théories concernant la portée morale et sociale de la musique et de la danse, le débat déjà mentionné du *Bourgeois gentilhomme* (I, 2) le montre. « Sans la danse, un homme ne saurait rien faire », affirme le maître à danser ; toute erreur dans la conduite privée ou dans le gouvernement de l'État n'est-elle pas une sorte de faux pas ? Le jeu avec la métaphore va loin...

En analysant les intermèdes, nous aurons l'occasion de revenir sur les types de danse et sur le style des intermèdes dansés que Molière, Lully et Beauchamp confièrent aux grands seigneurs et aux professionnels dont les noms hantent les livrets – les Dolivet, Des-Airs, Noblet, et autres de Lorge –, qui, aux côtés de Beauchamp et de Lully lui-même, entraînaient avec leur technique de baladins les amateurs de la cour. Les danses furent de toutes les sortes, bouffonnes ou poétiques, tendres, galantes ou satiriques, joyeuses ou rêveuses, réalistes ou allégoriques. Mais toutes ne participaient-elles pas du même esprit de la danse qui, par le rythme, le pas, le geste et la figure réglés, soucieux d'harmonie et de beauté (même quand ils représentent la lourdeur et la laideur !), allège la vie et nous fait accéder à la poésie du mouvement ?

Et cet esprit de la danse, le dramaturge l'avait déjà attrapé dans ses comédies – dans son dialogue, le jeu des personnages, les structures chorégraphiques, comme nous le verrons plus en détail. L'acteur Jacques Copeau, qui parlait d'or, explique joliment que la musique et la danse habitent secrètement les comédies de Molière, qu'elles y sont embusquées et attendent d'être admises[18] ; elles le seront à partir des *Fâcheux*. Et s'avance alors la théorie des comédies-ballets.

Serge Lifar voulait que Molière eût été *choréauteur*[19]. Il le serait en plus d'un sens : non seulement parce qu'il gardait finalement la haute main sur la chorégraphie des intermèdes que sa comédie reliait entre eux ; mais aussi parce qu'il unissait et enveloppait dans le même esprit de la danse la comédie et ses ornements.

---

[18] *Registres II. Molière*, éd. A. Cabanis, 1976, p. 94.
[19] « Molière choréauteur », *R.H.T.*, 1951-II, p. 127-132.

II

LES ORNEMENTS

Chez le roi, pour qui elles furent conçues, mais le plus souvent aussi à la ville où Molière tint à les présenter, les comédies-ballets se présentèrent avec leurs parties musicales et dansées – « avec les ornements », dit Molière dans l'avis *Au lecteur* de *L'Amour médecin* que nous avons cité d'entrée. *Ornement* est bien le seul mot employé par le dramaturge pour désigner toutes les formes d'intermède ; les contemporains parlaient encore d'*agréments*. Le vocabulaire trahit bien l'idée admise que l'essentiel dans la comédie-ballet reste la comédie, le dialogue théâtral ; le musicien et le chorégraphe *ornent* le spectacle théâtral, l'*agrémentent*. Mais qu'on ne s'y trompe pas ! Sensible à la beauté de la musique et à l'adresse des danseurs, nul plus que Molière n'a été soucieux de la qualité intrinsèque des ornements. En outre, les ornements ajoutent à ces sortes d'ouvrages des grâces – ce sont les propres termes de Molière – « dont ils ont toutes les peines du monde à se passer » : sans ses ornements, une comédie-ballet est mutilée ; elle devient autre et peut changer de sens.

Voilà défini l'objet des deux dernières parties de notre travail

Pour le présent, il convient de prendre au sérieux et d'étudier pour eux-mêmes ces ornements qui utilisent tour à tour ou conjuguent harmonieusement les ressources de la parole, de la musique et de la danse. L'ornement se fait le plus souvent intermède construit, ensemble esthétique et significatif limité et relativement autonome. À prendre en compte la construction des intermèdes, leur écriture, leur partie musicale et leurs danses, on est séduit par leur variété, leur richesse, leur beauté souvent. Nous en donnerons une idée en nous arrêtant sur la constitution des intermèdes, sur les sentiments qu'ils font naître, sur leur lien avec le reste de la comédie. Simple contribution à une esthétique de l'intermède.

5

POÉTIQUE DE L'INTERMÈDE

L'intermède se déploie d'abord dans un espace ; sur la scène, il est censé occuper un lieu fictif qui est le même que celui de la comédie ou qui entre en concurrence avec lui. À cet égard, Molière propose plusieurs solutions.

La plus simple, et la plus fréquemment mise en œuvre, consiste à faire jouer les ornements ou intermèdes structurés dans le même espace fictif que la comédie. Dans *Les Fâcheux,* les importuns qui dansent succèdent sans solution de continuité aux importuns qui participent au dialogue, dans le même lieu fictif (probablement le décor unique qui sert depuis le Prologue, où paraissent les créatures mythologiques des bois) ; Éraste leur victime demeure le plus souvent présent. Le Sganarelle du *Mariage forcé* consulte les Bohémiennes comme il vient de consulter les deux savants, au même endroit ; la consultation du magicien, qui constitue une autre entrée, unifie également l'espace de l'ornement et celui de la comédie. Les mêmes lieux rassemblent donc les héros de la comédie et les personnages des intermèdes, irréels par nature ou qui acquièrent un statut de fantaisie du fait qu'ils chantent ou dansent au lieu de parler.

Tous les intermèdes de *La Princesse d'Élide* se jouent au même lieu que le reste de la comédie galante, sauf le premier ; mais on voit ici, avec le personnage de l'Aurore, des valets de chiens qui s'éveillent avant la chasse, c'est-à-dire des personnages de même nature que ceux de la comédie et qui paraissent dans un lieu voisin du leur. De la même manière, le premier intermède du *Malade imaginaire* nécessite un changement de décor[1], mais le nouveau décor mime une réalité contiguë : nous passons à l'extérieur de la maison d'Argan et voyons

---

[1] « Le théâtre change et représente une ville », dit la dernière didascalie de l'acte I.

Polichinelle donner, ou vouloir donner une sérénade à sa maîtresse Toinette. La plupart des divertissements de *L'Amour médecin,* du *Sicilien,* de *Monsieur de Pourceaugnac* et du *Bourgeois gentilhomme* se donnent au même lieu, dans le même décor que la comédie, et souvent avec les personnages de celle-ci. Même *George Dandin* fait d'abord alterner au même lieu, et dans un décor de jardin magnifique qui convient mieux à la pastorale qu'à la comédie réaliste, la pastorale et l'histoire du riche et malheureux paysan ; seul le dernier acte de la pastorale en musique aura droit, une fois la comédie achevée, à un changement de décor, d'ailleurs agrémenté, nous l'avons vu, des prestiges de la machinerie.

Les grands prologues mythologiques réclament un ailleurs[2] qui s'impose sur la scène pendant leur déroulement. C'est le cas du premier intermède des *Amants magnifiques,* à la louange de Neptune-Louis XIV, dans une fastueuse décoration marine, avec ses rochers et ses Tritons, ses Amours montés sur des dauphins, son dieu Éole transporté sur un petit nuage, et bientôt une île s'élevant sur la mer calmée et les pêcheurs sortant du fond de la mer. La décoration de la grande *Églogue en musique et en danse* qui ouvre *Le Malade imaginaire* « représente un lieu champêtre fort agréable » ; la scénographie en fut infiniment plus sobre. Même si faunes, bergers et bergères sont censés sortir pour se préparer à jouer eux-mêmes la comédie du *Malade imaginaire,* il faut que le lieu change et devienne d'une nature autre, mimant une chambre de malade au XVIIe siècle.

Dans ce dernier cas, les lieux fictifs respectifs de l'intermède et de la comédie se succèdent sur la scène du théâtre qu'ils occupent exclusivement l'un après l'autre. Faire cohabiter les deux dans le même espace scénique représente une solution beaucoup plus séduisante sur le plan du spectacle : théâtre sur le théâtre qui a pour effet de répartir les personnages en deux catégories distinctes. Les personnages de la comédie deviennent, pendant le déroulement de l'intermède, les spectateurs des personnages de l'intermède. L'ébauche du procédé se trouve déjà dans *Le Mariage forcé,* en I, 2. Selon le livret, Sgana-

---

[2] En quel lieu situer le minuscule Prologue de *L'Amour médecin,* avec ses trois allégories de la Comédie, de la Musique et du Ballet ? Dans aucun lieu spécial. D'ailleurs quand elles réapparaissent, à la dernière scène de la comédie, elles sont intégrées au lieu de celle-ci par le biais du divertissement offert par Clitandre.

relle se plaint « d'une pesanteur de tête épouvantable, et se mettant en un coin du théâtre pour dormir, il voit en songe une femme » qui représente la Beauté ; le récit de la Beauté et les deux entrées qui suivent constituent bien une sorte de spectacle pour le rêveur qui, relégué à un coin de la scène mais restant sur la scène, se retire pour faire place à un spectacle intérieur au spectacle.

Les divertissements destinés à célébrer la joie des noces conclues ou à conclure illustrent parfaitement le procédé, dès la mascarade finale du *Mariage forcé* (III, 4). Un concert de voix et une ronde de danseurs (*L'Amour médecin*), un divertissement de masques (*Monsieur de Pourceaugnac*) font des personnages de la comédie réunis sur la scène les premiers spectateurs de l'intermède.

Il en va de même pour les intermèdes qui constituent autant de spectacles que se donne tel personnage ou qu'on offre en cadeau, en régale à des dames ; d'une manière ou d'une autre est précisée la présence du ou des personnages spectateurs pendant le déroulement de l'intermède. La Princesse écoute les bergères chanter avant de les interrompre (*La Princesse d'Élide*, IV, 6). Le Sénateur fait répéter devant lui une mascarade destinée au peuple, dont il veut absolument que Dom Pèdre soit aussi le spectateur (*Le Sicilien*, scènes 19 et 20). Dans *Les Amants magnifiques*, si l'on met à part la solennité des jeux Pythiens (sixième intermède), deux intermèdes (les deuxième et cinquième) sont des spectacles de pantomime proposés à Ériphile par sa confidente, et trois (les premier, troisième et quatrième) sont des galanteries dont les princes magnifiques régalent les princesses ; avant l'intermède, et après, quelque réflexion souligne le statut de spectatrices des femmes ; « prenons vite nos places », dit par exemple Aristione (II, 5) – ce qui laisse à penser que la scène de théâtre devait montrer des frontières matérielles entre l'espace réservé aux nouveaux spectateurs et l'espace (une estrade ?) où se déroulait l'intermède. Dans le luxe scénographique des *Amants magnifiques,* le metteur en scène ménagea des changements de lieux qui permirent d'autres décors : pour le troisième intermède, on se rend dans un bois et le théâtre devient une forêt ; pour le quatrième, « le théâtre représente une grotte, où les princesses vont se promener » ; pour le sixième, la solennité des jeux Pythiens, « le théâtre est une grande salle, en manière d'amphithéâtre ». Vertige du théâtre même construit sur le théâtre[3] !

Bref, dans tous ces exemples comme à la fin du *Bourgeois gentilhomme* – où Son Altesse Turque et tous les autres personnages de la comédie s'installent pour assister au *Ballet des nations* préparé par Dorante et joignent sans doute leurs applaudissements à ceux des personnages dudit ballet à la sixième entrée –, comme dans *La Comtesse d'Escarbagnas* – où l'on prend place assise pour assister au divertissement préparé par le Vicomte (une pastorale entremêlée de ballets) –, comme dans le second intermède du *Malade imaginaire* – où Béralde et Argan assistent à un spectacle de Mores –, Molière a établi sur la scène une rupture des plans scéniques à la faveur de la mise en espace de l'intermède.

De cela, le dernier intermède du *Malade imaginaire* constitue un aboutissement génial : la rupture est effacée par la métamorphose de la chambre d'Argan en salle de Faculté et par la métamorphose conjointe des acteurs de la comédie en acteurs de l'intermède. Sous nos yeux, les tapissiers disposent la salle – c'est la première entrée de l'intermède. De celui-ci les acteurs seront d'abord les comédiens retenus par Béralde, qui vont parodier la réception d'un médecin. Mais, dans ce jeu de carnaval, Argan, en « habit décent », tiendra le rôle essentiel du *Bachelierus* – « je veux que mon frère y fasse le premier personnage », dit Béralde ; et Béralde ajoute de surcroît : « nous y pouvons aussi prendre chacun un personnage, et nous donner ainsi la comédie les uns aux autres[4] ». Dès lors, les personnages de la comédie

---

[3] Molière a parfois approfondi le vertige de ce que les modernes appellent la mise en abyme. Ainsi dans la scène 5 du troisième intermède des *Amants magnifiques*, où « trois *petites* Dryades et trois *petits* (c'est moi qui souligne) Faunes font paraître, dans l'enfoncement du théâtre, tout ce qui se passe sur le devant » – c'est-à-dire qu'ils imitent et parodient vraisemblablement, sur une estrade placée au fond du théâtre, les danses que présentent Faunes et Dryades de taille normale sur le devant de la scène, laquelle est regardée par les princesses, que regardent les spectateurs réels des *Amants magnifiques*... Un autre enchâssement vertigineux est proposé dans le *Ballet des nations* : les spectateurs du *Bourgeois gentilhomme* regardent les personnages de la pièce, qui regardent le *Ballet* ; mais les deux premières entrées du *Ballet* montrent... des spectateurs du futur ballet, qui réclament des livrets, avant les trois entrées des Espagnols, des Italiens et des Français.

[4] III, 14.

du *Malade imaginaire* ne sont plus guère les spectateurs de l'intermède ; ils entrent dans l'espace fictif de l'intermède – dans le jeu de la folie d'Argan. C'est du coup l'espace de la comédie bourgeoise qui se trouve comme aboli, envahi par celui de l'intermède[5].

Dans l'espace de l'intermède, sont mis en œuvre trois langages : le verbe, le langage chorégraphique et le langage musical. L'intermède fait parfois une place aux répliques parlées ; mais la parole y est essentiellement parole poétique destinée à être mise en musique pour devenir chant. Le langage chorégraphique des pas, des postures et des mouvements s'ajuste au style et au rythme des airs musicaux qui engendrent et soutiennent les danses. Quant aux formes musicales, elles présentent une variété extrême, cherchant à produire leur effet par le seul prestige des instruments – dans les ouvertures, les ritournelles et autres « symphonies » –, prêtant des airs aux danseurs qui, en retour, complètent on modifient la signification de la danse, s'alliant enfin, en une merveilleuse alchimie, avec les mots et les voix humaines pour produire la palette des récitatifs et des airs, duos, trios, petits et grands chœurs. Comme le dit le maître de musique du *Bourgeois gentilhomme*, « lorsque la danse sera mêlée avec la musique, cela fera plus d'effet encore[6]... » La combinaison des trois langages vise bien à mettre en mouvement la sensibilité des spectateurs.

Il ne saurait être question de produire une analyse abstraite des éléments de ces trois langages, qui apparaîtront d'ailleurs au fil de remarques esthétiques. Puisque l'intermède est toujours théâtre, le meilleur biais nous semble de partir des personnages qui dansent et qui chantent, et d'apprécier les formes chorégraphiques et musicales qui les constituent.

C'est un véritable petit monde qui défile sur la scène, lointain ou plus proche de la réalité du spectateur. Car qui ne peut s'animer et se faire danseur ? Qui ne peut trouver une voix ? Les dieux et les déesses comme les personnages humains de la vie quotidienne ; les person-

---

[5] Sur ce point comme sur d'autres, *Le Bourgeois gentilhomme* annonce *Le Malade imagitaire* ; mais la cérémonie turque se déroule tout au long avec un spectateur – Dorante –, et s'achève avec l'arrivée d'un autre – Madame Jourdain : le plan des spectateurs reste parfaitement maintenu.

[6] II, 1.

nages allégoriques comme les personnages de la pastorale ou de la *commedia dell'arte*. Dryades, faunes et satyres sortent des arbres et des Termes ; même les statues s'animent !

Rien de plus froid que des personnages allégoriques ; les artistes de la comédie-ballet savent pourtant leur donner vie. Au Prologue de *L'Amour médecin,* la Comédie, la Musique et le Ballet, qui s'entraînent à l'union et à la louange royale, n'ont rien qui puissent toucher dans leurs récits et leur trio ; mais Lully encadre et entrelace ceux-ci de ritournelles instrumentales en ré mineur, qui colorent la solennité et la tempèrent en douceur et en plaisir. De manière analogue, précédant le récit de la Beauté du *Mariage forcé* (I, 2) – langoureux air de cour –, l'ambiance de rêve, plaintive et douce, est introduite par une ritournelle en sol mineur. La musique rend pressante, péremptoire même l'invitation à l'amour que chante l'Aurore (*La Princesse d'Élide*, scène 1 du premier intermède), dont la voix parcourt une neuvième sur un rythme obstinément pointé. C'est ce qu'elles chantent qui importe pour ces allégories. D'autres dansent et doivent toucher par le caractère de leur danse : air heurté avec ses déplacements d'accents sensibles pour la Jalousie, les Chagrins et les Soupçons (*Le Mariage forcé*, I, 2, première entrée) ; élégante chaconne (la même constitue l'ouverture) pour les Jeux, les Ris et les Plaisirs, à la fin de *L'Amour médecin*.

Le panthéon antique fournit des dieux à l'intermède. Nous avons déjà précisément évoqué les deux intermèdes extrêmes des *Amants magnifiques,* à la louange du roi : le premier, où, dans l'attente de Neptune, Éole, les Tritons et les Amours chantent une musique assez froide, un peu fade ; l'autre, où dans l'attente d'Apollon, la Prêtresse et les voix des Grecques préludent avec une joie discrète aux exercices gymniques. C'est dans un tout autre registre qu'interviennent Bacchus et sa troupe (dernier acte de la pastorale qui enchâsse *George Dandin*). Après les chants à la gloire de l'Amour, où dominait la tonalité de sol mineur, s'affirme le sol majeur, celui de la joie sans réticence que proclame « fièrement » le premier air de basse d'un suivant du dieu de l'ivresse ; les chœurs et les danses de la troupe illustrent la même idée que « des âmes les plus sombres / Bacchus chasse le souci » (air chanté par une basse profonde). On ne sait d'où sortent les démons évoqués par le magicien du *Mariage forcé* – arrière-monde païen ou enfer chrétien – ; leur danse très vive les fait en tout cas plus burlesques qu'effrayants (II, 3, quatrième entrée).

Ornements et intermèdes empruntent une part considérable de leurs personnages au monde conventionnel de la pastorale. Sous la houlette débonnaire de Pan ou de Flore, parmi les naïades et les sylvains, les dryades, les nymphes, les faunes et autres satyres, paraissent bergères et bergers, innombrables. On n'en finit pas de faire l'inventaire des Philis, Tircis, Clymène (ou Climène), Iris, Lycas, Filène (ou Philène), Coridon, Cloris, Lycaste, Ménandre, Daphnis ou Dorilas... Tout ce petit monde, comme il se doit, ne se préoccupe que des choses de l'amour et se distribue en fonction de l'amour : vieux pasteurs amoureux et ridicules ; jeunes bergers souffrant de la froideur de leur belle, adonnés aux plaintes et prêts à mourir ; jeunes bergers indifférents aux peines amoureuses et joviaux ; froides bergères ou bergères qui n'osent se laisser aller à l'amour. Seule l'obligation de louer le roi peut distraire un instant les bergers de leurs chants amoureux ! On connaît la célèbre réplique du maître à danser de Monsieur Jourdain :

> Lorsqu'on a des personnes à faire parler en musique, il faut bien que, pour la vraisemblance, on donne dans la bergerie. Le chant a été de tout temps affecté aux bergers ; et il n'est guère naturel en dialogue que des princes ou des bourgeois chantent leurs passions[7].

Les musiciens et la musicienne prennent donc les personnages de bergers pour chanter leur dialogue (que le Bourgeois trouve « bien troussé »), comme le faisaient les trois musiciens d'Hali (*Le Sicilien*, scène 3). Et c'est « sous le nom d'un berger » que le Cléante du *Malade imaginaire* « explique à sa maîtresse son amour », avant que, sous le masque nécessaire de Philis et de Tircis, Cléante et Angélique chantent leur amour, dans ce joyau de « petit opéra impromptu » donné au nez et à la barbe d'Argan et des Diafoirus (II, 5).

L'intermède pastoral, porteur d'une pensée spécifique, créateur d'un climat si particulier dans le spectacle, a trop d'importance pour ne pas être traité un peu en détail ; il nous faudra y revenir plus loin.

On peut rapprocher de la convention pastorale une autre convention théâtrale, dont la place dans l'intermède reste infiniment plus marginale : celle de la *commedia dell'arte* et de ses types. Hommage de

---

[7] *Le Bourgeois gentilhomme*, I, 2.

Lully à la tradition théâtrale de son pays, ou hommage de Molière à des acteurs qui partageaient son théâtre et dont l'art le fascinait ? Les deux probablement, sans compter le plaisir que ressentaient les spectateurs à retrouver dans la comédie-ballet des personnages qui avaient plu et plaisaient dans les ballets de cour. Plusieurs Trivelins et plusieurs Scaramouches servent de valets à l'Opérateur de *L'Amour médecin* et « se réjouissent en dansant » (II, 7) ; ce sont encore des Scaramouches et des Trivelins qui sont chargés de danser une réjouissance italienne à la quatrième entrée du *Ballet des nations*. Grâce au livret de *Monsieur de Pourceaugnac*, on sait que, parmi les masques qui envahissent le théâtre à la dernière scène, se trouvent deux Scaramouches, deux Pantalons et deux Docteurs, participant au chœur et dansant sans doute aussi. On n'oubliera pas le Polichinelle du *Malade imaginaire* (premier intermède), que Molière se contenta de faire parler ; ce n'est qu'en 1674 que fut introduite la sérénade « *Notte e dì v'amo e v'adoro* » – non seulement la musique de Charpentier ne rend point alors le personnage ridicule, mais elle est souvent poignante avec son sol mineur, ses girations dans les hauteurs, autour du fa dièse, la note sensible, ou son passage à l'ut mineur –, à quoi répondait une vieille en se moquant[8].

C'est enfin la diversité des personnages empruntés à la vie quotidienne, à la réalité familière ou plus exotique, qui envahissent la scène de l'intermède.

Paraissent des représentants des diverses nations [9]. Trois entrées du *Ballet des nations* voudraient donner une image des Espagnols[10] (amoureux plutôt alambiqués), des Italiens (avant la danse des Scaramouches, Trivelins et autre Arlequin, le musicien chante l'amour sur une musique terriblement ornée et travaillée), et des Français (ils dansent un élégant menuet, avant de chanter une pastorale assez fade), par les danses et surtout par la mélodie et les paroles des chants, composées dans les différentes langues nationales. Avec leurs

---

[8] On ne sait trop où ranger les matassins (*Monsieur de Pourceaugnac*, I, 10), danseurs armés et bouffons qui dérivent des Saliens antiques.

[9] Voir Marcel Paquot, *Les Étrangers dans les divertissements de la cour de Beaujoyeux à Molière (1581-1673)...*, 1932.

[10] Dès *Le Mariage forcé*, on trouve un concert espagnol, suivi d'une entrée de quatre Espagnols (III, 4).

hallebardes, les Suisses chassent les masques importuns à la fin des *Fâcheux*, comme ils séparent les combattants pour terminer l'ouverture de *Monsieur de Pourceaugnac*. Égyptiens et Égyptiennes – on nommait souvent ainsi les Bohémiens – viennent de plus loin. Deux Égyptiennes disent la bonne aventure à Sganarelle (*Le Mariage forcé*, II, 3). Ces personnages sont surtout chargés de chanter l'amour : invitation pressante à l'amour et louange du plaisir qui couronnent *Monsieur de Pourceaugnac* ; semblable injonction adressée à la jeunesse (« Profitez du printemps... ») au second intermède du *Malade imaginaire*. Dans ce dernier cas, la troupe d'Égyptiens que Béralde a amenée à Argan pour qu'il se divertisse de leurs « danses mêlées de chansons », puis des tours qu'ils font réaliser à leur singes, s'est vêtue d'habits de Mores. Le Sénateur du *Sicilien*, pour sa mascarade finale (scènes 19 et 20), fait aussi danser des Maures.

De Turc à Maure, il n'y a qu'un rapide voyage en Méditerranée ! Hali, le valet d'Adraste, porte un nom d'origine nord-africaine[11] ; malgré son imposture devant Dom Pèdre (« *Star bon Turca* »), son sabir n'a rien de turc[12]. La grande turquerie est à venir, à l'acte IV du *Bourgeois gentilhomme*, dans ce fameux divertissement voulu par le roi en manière de dérision à la suite de l'ambassade de Soliman Aga, l'envoyé du Sultan à la cour de France[13]. Informés par le chevalier d'Arvieux du cérémonial des derviches et des différents traits de la couleur locale, Lully et Molière s'amusèrent à cette énorme bouffonnerie ; le Mufti, ses Dervis et autres Turcs dansants, poussés à la charge burlesque, couronnaient la tradition comique des turqueries de ballet. À côté, les quatre Biscayens et les quatre sauvages de *Monsieur de*

---

[11] Guy Turbet-Delof, « Mélanges barbaresques » (*Revue d'histoire et de civilisation du Maghreb*, octobre 1973, n° 10, p. 81-86).

[12] *Le Sicilien*, scène 8.

[13] Cette cérémonie burlesque a fait l'objet de nombreuses études, parmi lesquelles : Albert Vandal, « Molière et le cérémonial turc à la cour de Louis XIV » (*Revue d'art dramatique*, XI, juillet-septembre 1888, p. 65-80) ; Pierre Martino, « La Cérémonie turque du *Bourgeois gentilhomme* » (*R.H.L.F.*, 1911, p. 37-60) ; A. Ayda, « Molière et l'envoyé de la Sublime porte » (*C.A.I.E.F.*, n° 9, juin 1957, p. 103-115) ; C.D. Rouillard, « The Background of the turkish ceremony in Moliere's *Le Bourgeois gentilhomme* » (*University of Toronto quaterly*, n° 1, octobre 1969, p. 33-52) ; et les travaux de Françoise Karro.

Pourceaugnac – le livret signale ces masques parmi les danseurs de III, 8 – devaient faire plus pâle figure, malgré les airs dansés : une danse en do majeur, éclatante, rythmée, bousculée presque ; et une bourrée dans la tonalité victorieuse de ré majeur, un peu plus lourde mais également entraînante.

Les autres personnages des intermèdes, plus familiers, n'avaient qu'un bon à faire pour passer de la vie à la scène, se revêtant, dès lors qu'ils devenaient personnages de ballet chantant et dansant, d'une fantaisie un peu irréelle.

De ceux-ci, l'intermède cherche à montrer tel trait du comportement : *Les Fâcheux* font danser des curieux (ballet du premier acte) ; *Le Mariage forcé* quatre Plaisants et Goguenards (I, 2) et quatre Galants qui cajolent la femme imposée à Sganarelle (III, 4).

Mais la plupart des danseurs et des chanteurs représentent un état, une fonction ou un métier. Passons vite sur les magiciens. En désespoir de cause, Sganarelle en consulte un (*Le Mariage forcé*, II, 3) , et le personnage était conventionnel dans l'univers de la pastorale (*Pastorale comique*, scène 2). Des esclaves dansent dans les intervalles du chant d'Hali (*Le Sicilien*, scène 8), et défilent au sixième intermède des *Amants magnifiques*. Cet intermède propose d'ailleurs divers autres personnages qu'on ne voit qu'à cet endroit, parce qu'ils sont nécessaires au déroulement des jeux Pythiens : six hommes portant des haches, six voltigeurs, quatre hommes et quatre femmes armés à la grecque.

Le cadre de verdure des *Fâcheux* autorise sans doute l'apparition d'un jardinier, de joueurs de mail et de boule, voire de petits frondeurs, mais amène plus curieusement les petits métiers de savetier et de ravaudeurs. La comédie galante ou la pastorale nous valent quelques paysans qui se battent (*Pastorale comique*, scène 8) – plus réalistes donc, en contrepoint aux conventionnels « bergers et bergères galantes », comme ils sont désignés dans la pastorale qui encadre *George Dandin* –, ou des chasseurs et des valets de chiens (*La Princesse d'Élide*, premier et deuxième intermèdes) ; des bateliers (pastorale de *George Dandin*) aussi, et des pêcheurs (*Les Amants magnifiques*, premier intermède). Pour faire bonne mesure, signalons les cuisiniers du *Bourgeois gentilhomme,* les archers du guet et les tapissiers du *Malade imaginaire* (premier et troisième intermèdes).

Molière et Lully[14] n'ont pas hésité à transformer en danseurs et en chanteurs des personnages sociaux de tout autre importance : gens de justice et membres de la Faculté. Pas plus que les archers du guet vénaux du *Malade imaginaire,* l'avocat qui traîne sur chaque mot et celui qui bredouille parce qu'il chante à toute vitesse ne rehaussent l'image de la justice, dont on voit d'autres serviteurs, deux procureurs et deux sergents, danser *(Monsieur de Pourceaugnac,* II, 11). Plus continûment encore, Molière a manifesté la volonté de transformer les médecins en masques de carnaval. Avant l'apothéose du dernier intermède du *Malade imaginaire,* avec son défilé de médecins, de chirurgiens, d'apothicaires et autres porteurs de seringues, les médecins, parce qu'on les fait danser *(L'Amour médecin,* premier entracte), ou parce qu'ils fournissent des masques grotesques aux musiciens *(Monsieur de Pourceaugnac,* I, 10 et 11), sont devenus les acteurs d'une momerie plaisante. Quoi qu'ils en aient, adjoignons à ces messieurs de la Faculté l'Opérateur de *L'Amour médecin* et ses valets (II, 7) !

Ce dénombrement révèle pour finir une intéressante surprise ; deviennent personnages de l'intermède des types issus de la vie du spectacle et du théâtre. Du côté du public, on trouve des curieux de spectacle (ouverture de *Monsieur de Pourceaugnac*), toute une brochette de spectateurs de ballets – gens de bel air, couple de vieux bourgeois babillards, Gascon, Suisse et divers importuns *(Ballet des nations,* première et deuxième entrées). Du côté des artistes, viennent les danseurs et les musiciens. Le premier intermède du *Bourgeois gentilhomme* est constitué par la présentation de quatre danseurs , des pantomimes forment deux intermèdes des *Amants magnifiques* (le second et le cinquième). *Le Bourgeois gentilhomme* fait encore place aux musiciens : l'élève musicien compose sous nos yeux une sérénade, à l'ouverture, dont il donne bientôt une version définitive ; mais ce sont encore des musiciens qui donnent le Dialogue en musique ou les chansons à boire, de même qu'ils sont engagés dans *Le Sicilien* (scène 3) ou dans *Monsieur de Pourceaugnac* (ouverture). On peut assimiler

---

[14] Avant de collaborer avec Molière, Lully fut, ne l'oublions pas, l'auteur du *Ballet de la raillerie* (carnaval de 1659), où les danseurs imitaient et caricaturaient toutes sortes de types de la réalité.

aux professionnels du spectacle les masques de carnaval attirés par le bruit des noces de Monsieur de Pourceaugnac – masques « de toutes les manières, dont les uns occupent plusieurs balcons, et les autres sont dans la place, qui, par plusieurs chansons et diverses danses et jeux, cherchent à se donner des plaisirs innocents[15] ».

Dénombrer et désigner les personnages de l'intermède constitue une tâche indispensable mais insuffisante : ces êtres de théâtre n'existent que par l'utilisation qu'ils font de leur corps dans la danse ou par le sens de ce qu'ils chantent. Commençons par les éléments stylistiques de la danse.

Comme le dit joliment Philippe Beaussant, dans le ballet c'est la musique qui mène la danse. Tout y est réalisé *en cadence* (les didascalies des intermèdes emploient à l'envi cette expression), et c'est la musique qui donne la cadence, le rythme. Or, en la matière, le ballet de cour avait des traditions et des stéréotypes[16] ; ainsi les paysans dansaient plutôt sur une bourrée ou sur un rondeau, tandis que bergers ou gentilshommes étaient soutenus par une gavotte ou un menuet.

Dans les ballets et dans les comédies-ballets, Lully a élargi et assoupli l'éventail des airs à danser, puisant dans le répertoire codifié[17] ou imaginant des airs originaux. On trouve dans les partitions de nos comédies-ballets l'assez grave sarabande, la courante qui s'est ralentie au cours du XVIIe siècle, l'aristocratique menuet que Lully a imposé à la cour, la gavotte vive et variée, la bourrée, la chaconne venue d'Espagne, la rapide gaillarde, la canarie voisine, elle aussi venue d'Espagne... Pour se faire une idée de la maîtrise de Lully en la matière, il faut relire la partition du premier intermède du

---

[15] *Monsieur de Pourceaugnac*, III, 8.

[16] Voir L. de La Laurencie, *Les Créateurs de l'opéra français,* nouvelle éd. 1930, et Catherine Massip, « Quelques aspects sociaux et politiques du ballet de cour sous Louis XIV » (*La Musique et le rite sacré et profane,* vol. I, 1986, p. 37-40) – qui ne sont pas exactement d'accord.

[17] M. Ellis, « Inventory of the dances of Jean-Baptiste Lully » (*Recherches sur la musique...,* IX, 1969, p. 21-55). Voir aussi des dictionnaires ou des répertoires comme J. Baril, *Dictionnaire de danse* (1964), Pierre Conté, *Danses anciennes de cour et de théâtre. Éléments de composition* (1974), ou le *Dictionnaire du Grand Siècle* (sous la direction de F. Bluche, 1990) à l'article « danses », p. 447 – qui décrivent les danses de l'époque.

Bourgeois gentilhomme, où le musicien affiche précisément cette virtuosité ; « voici – annonce le maître à danser – un petit essai des plus beaux mouvements et des plus belles attitudes dont une danse puisse être variée ». S'enchaînent alors, dans la même tonalité de sol mineur, une suite de danses de rythme et de style contrastés, notées *Gravement, Plus vite, Gravement : mouvement de sarabande, Bourrée, Gaillarde* et *Canarie*. Et tous les autres airs à danser inventés restent à analyser. Quoi qu'il en soit, chaque air à danser a un style dont la signification esthétique s'impose au danseur.

Nous avons déjà noté qu'il n'est pas très facile pour les modernes de se faire une idée de la chorégraphie précise qui s'ajustait aux airs : pas employés, posture, mouvements des bras et des mains – tout ce que le corps du danseur dessine dans l'espace. Ni non plus des figures que construisaient ensemble les danseurs, puisque, comme nous l'avons vu, ils sont souvent en groupe, par nombre pair. Très exceptionnellement, le fâcheux Lysandre tient à nous expliquer la figure de sa courante (celle-là même qu'avait composée Lully, alors que toute la musique des *Fâcheux* est due à Beauchamp), exécutée par un couple sur les pas glissés en diagonale ; il entraîne Éraste dans la danse :

> Tiens, l'homme passe ainsi ; puis la femme repasse ;
> Ensemble ; puis on quitte, et la femme vient là.
> Vois-tu ce petit trait de feinte que voilà ?
> Ce fleuret ? ces coupés courant après la belle ?
> Dos à dos ; face à face, en se pressant sur elle[18].

Les gravures qui représentent des personnages de ballets ne saisissent pas le mouvement, mais une seule attitude ; les personnages donnent d'ailleurs souvent l'impression d'être surpris dans une marche plutôt que dans une danse. On peut observer cependant quelques positions et on est frappé par la précision, la finesse, l'élégance des gestes, par le contrôle aussi des jambes et des pieds, des bras et des mains, du visage, qu'exerce le danseur sur lui-même. Ce qui est naturel, la danse visant justement à la mise en forme esthétique du mouvement.

---

[18] *Les Fâcheux*, I, 3, v. 192-196.

Il faut croire toutefois que les intermèdes dansés de nos comédies-ballets étaient souvent fort animés, que les gestes, les positions, les mimiques, le maniement des accessoires débordaient la froideur d'un code étriqué pour donner à la danse – toujours dans une forme réglée, assurément – une puissance imitative ou expressive plus considérable. « *Motus gestusque corporis* » : tels sont les éléments propres du ballet, souligne le P. Lejay, dont nous avons déjà évoqué le *Liber de choreis dramaticis*. Écoutons encore le bon Père :

> *Verum non sufficit motus illos ac gestus esse compositos elegantes atque concinnos, qui placere oculis possint ; nam nisi significent aliquid, quod imitando assequantur, saltationis inanis ac vacuae speciem dabunt...*[19]

Alors que nous lisons la désignation des personnages, les spectateurs de la comédie-ballet voyaient des danseurs, dotés de leur costume et de leurs attributs, et se lançant dans la danse. Éditions et livrets laissent à penser que les recherches d'une chorégraphie imitative étaient inventives. Une limite sérieuse cependant à cette affirmation : certains airs de danse suggèrent une chorégraphie et une gestuelle fort retenues. Avant de rêver sur les danseurs, il est vraiment indispensable d'écouter la musique !

Disons d'abord un mot des costumes, à propos desquels éditions et livrets sont peu prolixes ; les collections de dessins et d'aquarelles comme celle de Daniel Rabel et de son atelier pour les ballets de l'époque Louis XIII, ou les nombreux projets de costumes laissés par le dessinateur Henri de Gissey, qui, lorsqu'il prêta son concours aux fêtes royales et donc aux comédies-ballets, s'inspira des inventions de Rabel[20], aident à se faire une idée de la manière dont étaient vêtus les danseurs des ballets et des comédies-ballets. Il suffit de feuilleter les dessins et gravures conservés au Cabinet des Estampes de la Bibliothèque nationale[21], ou le beau catalogue des dessins originaux de

---

[19] P. 535-536 de sa *Bibliotheca rhetorum praecepta et exempla complectens...*, 1725.

[20] Voir Margaret McGowan, « Théâtre œuvre composite : le jeu du fantasque dans le ballet de cour » (*Le Théâtre face à l'invention : allégories, merveilleux, fantasque*, 1989, p. 52-53).

[21] Voir Henri Bouchot, *Catalogue des dessins relatifs à l'histoire du théâtre...*, 1896.

Rabel récemment découverts[22], pour être frappé par le contraste entre des costumes fantaisistes jusqu'au grotesque, et des costumes d'une richesse exubérante ; pour sa part, Gissey recherchait, dit-on, à la fois la convenance et l'élégance, que les costumes vêtent des dieux et des héros, des personnages du quotidien ou des personnages burlesques[23].

À côté de l'imitation de la réalité (un chasseur est muni de son cor de chasse et d'une pique), la part de la stylisation et de la fantaisie devait être importante, ainsi que le poids des traditions iconographiques (sylvains et faunes sont ornés de « bouquetterie », de branchages, par exemple). Pour *Le Mariage forcé* (quelques dessins se rapportent à cette comédie-ballet), le costume des Chagrins, du Magicien ou des personnages du charivari grotesque échappent à tout modèle réel ; seul l'habit des Espagnols peut partir de la réalité. Loret nous dit que les Égyptiennes parurent assez charmantes « avec leur atour et leurs mantes » ; notre sensibilité moderne imaginerait autre chose que le charme pour caractériser ces personnages de Bohémiennes ! Les danseurs du Sénateur *(Le Sicilien,* scène 19), vêtus en Maures, portent des « habits merveilleux ». Tant le costume cherche à briller par sa richesse. Par le dictionnaire de Furetière, nous connaissons le costume fantaisiste et convenu de ces bouffons que sont devenus les matassins (huit matassins interviennent dans *Monsieur de Pourceaugnac*, I, 11) : ils étaient « vêtus de petits corselets avec des morions dorés, des sonnettes aux jambes, avec l'épée et le bouclier à la main ». On sait – pour prendre un dernier exemple éclatant – le souci de couleur locale qui présida aux costumes de la cérémonie turque du *Bourgeois gentilhomme* (« Je fus chargé de tout ce qui regardait les habillements et les manières des Turcs », affirme le chevalier d'Arvieux dans ses *Mémoires*) ; mais il est évident que les tailleurs durent exagérer la bizarrerie de ces vêtements exotiques. Songeons seulement au turban de cérémonie du Mufti, d'une taille démesurée et garni de plusieurs rangs de bougies allumées, ou aux bonnets pointus des derviches, eux aussi garnis de bougies allumées !

---

[22] *The court Ballet of Louis XIII. A collection of working designs for costumes (1615-1633)*, texte by Margaret McGowan, 1987.

[23] Voir *Dictionnaire du Grand Siècle, op. cit.*, 1990 (« Gissey ») ; et M.H. Davies, « Molière divertisseur du roi » (*P.F.S.C.L.*, vol. XVIII, 1991, n° 34, p. 65-83).

Ainsi costumés, les danseurs se mettaient donc en mouvement. Encore une fois, nombre d'entrées, du fait de l'air de danse, invitaient les personnages dansants – même s'ils étaient ridicules, même si la situation impliquait exubérance et drôlerie – à une chorégraphie et à une gestuelle discrètes et strictement réglées ; même les valets de chiens dansent avec « justesse et disposition[24] ». Mais nous nous intéresserons ici aux danses plus animées et plus expressives, qui mettent en jeu toutes les ressources corporelles des danseurs.

Les airs écrits par Beauchamp pour les joueurs de mail, les joueurs de boule ou les Suisses des *Fâcheux* aident nettement les danseurs, par leur dynamisme, à figurer les actions auxquelles s'adonnent de tels personnages, qui devaient se servir des attributs de leur rôle. Les Galants qui cajolent la femme de Sganarelle, à la fin du *Mariage forcé*, ornent certainement leur gavotte et leur bourrée d'une gestuelle et d'une mimique précises ; et il est explicitement mentionné, dans le livret de la même comédie-ballet, que les démons, qui dansent leur entrée sur un air très vif, bousculé de quelques doubles croches, répondent par signes à Sganarelle qui les interroge et sortent en lui faisant les cornes. Un des airs imitatifs les plus jolis de Lully est sans doute celui qui soutient, dans *L'Amour médecin* (premier entracte), la danse de Champagne, au cours de laquelle le valet affolé frappe successivement aux portes de plusieurs médecins ; deux phrases musicales répétées, multipliant les incursions dans les tons voisins du fondamental ré mineur, animées d'un rythme imitatif, saccadé et obstiné (sur quoi le danseur n'avait pas de mal à faire le geste de frapper aux portes) accompagnent parfaitement ses actions et ses gestes. On peut penser que M.-A. Charpentier avait en vue le même genre d'effet quand il composa pour les tapissiers qui décorent la salle et disposent les bancs (troisième intermède du *Malade imaginaire*) un air allègre, mais agrémenté de ruptures dans le flux rythmique : un clou qu'on enfonce ? Un banc qu'on pose bruyamment ?

La mimique accompagnait la gestuelle. Qu'on en juge par cette description du jeu de Lully en Mufti du *Bourgeois gentilhomme* (pour cette cérémonie turque, il faut lire le texte de 1682 du quatrième intermède, beaucoup plus riche) ! Le Mufti fait

---

[24] *La Princesse d'Élide*, premier intermède.

une invocation burlesque, fronçant le sourcil, et ouvrant la bouche, sans dire mot ; puis parlant avec véhémence, tantôt radoucissant sa voix, tantôt la poussant d'un enthousiasme à faire trembler, en se poussant les côtes avec les mains, comme pour faire sortir ses paroles, frappant quelquefois avec les mains sur l'Alcoran, et tournant les feuillets avec précipitation, et finit enfin en levant les bras, et criant à haute voix : *Hou.*

Il est vrai qu'au cours de cette cérémonie, le signor Chiacheron (Lully s'était déjà fait appeler ainsi dans *Monsieur de Pourceaugnac*) est à la fois danseur et chanteur, mais aussi, à son habitude, excellent acteur et excellent mime.

Certaines scènes des intermèdes appellent une *actio* particulièrement développée. Quand Moron et le satyre se disputent (*La Princesse d'Élide*, troisième intermède, scène 2), ils en viennent aux coups de poing et les violons reprennent un air qui stylise plaisamment ce pugilat. Comme si la musique et la danse récupéraient la violence brutale et lui donnaient une forme plaisante. Voyez les deux dernières entrées qui suivent la sérénade d'ouverture de *Monsieur de Pourceaugnac*. Les curieux de spectacle s'y chamaillent d'abord sur un air vif en sol majeur ; mais la danse n'a rien de désarticulé : avec les gestes des danseurs, certainement, cela fit un « assez agréable combat », dit le livret. Et sur le même rythme à trois temps, mais en passant au sol mineur, les combattants dansent leur réconciliation de manière plus calme et plus lente. M.-A. Charpentier sut briller aussi dans ce genre de scène ; dans le premier intermède du *Malade imaginaire,* les archers dansants appliquent en cadence plaisante et régulière des croquignoles et des coups de bâton au malheureux Polichinelle.

D'autres cas sont plus particuliers en ce qui concerne l'*actio* des danseurs. Nous pensons aux entrées des porteurs de haches et des voltigeurs dans le dernier intermède des *Amants magnifiques* ; les danseurs doivent ici montrer leur force, leur agilité aux exercices gymniques et acrobatiques. Ils « font entre eux une danse ornée de toutes les attitudes que peuvent exprimer des gens qui étudient leur force », nous dit-on des porteurs de haches ; quant aux voltigeurs, ils font paraître leur adresse sur des chevaux de bois en cadence – la voltige consistant pour le cavalier à faire des exercices d'agilité sur le cheval. Nous pensons aussi aux entrées des danseurs qui représentent des personnages de la *commedia dell'arte*[25]. On imagine danses et postures plaisantes des Trivelins et des Scaramouches de *L'Amour médecin* (II, 7), sur une musique dans l'ensemble fort régulière. Plus mystérieusement, dans la quatrième entrée du *Ballet des nations,* les Scaramouches, les Trivelins et l'Arlequin – le grand Dominique Biancolelli dansait ici en personne – « représentent une nuit à la manière des comédiens italiens, en cadence ». Lully a écrit deux airs pour eux. L'un brillant, sorte de marche où des *gruppetti* de doubles croches précèdent et accentuent le temps fort, devait accompagner leur entrée en scène. L'autre est une belle chaconne en sol majeur, assez lente, au balancement régulier ; c'est là que les cinq danseurs composaient ensemble quelque figure où leurs postures pouvaient faire songer à la nuit et au sommeil.

Il arrive enfin que les danseurs, au lieu d'imiter des actions, évoquent et suggèrent des sentiments. Deux entrées successives du *Mariage forcé* jouent sur le contraste. Une danse lente et passablement désarticulée en mineur soutient la prestation de la Jalousie, des Chagrins et autres Soupçons, et doit inquiéter ; le passage au majeur, au rapide C barré, introduit une atmosphère railleuse, voire bouffonne pour l'entrée des Plaisants et des Goguenards.

Proche du danseur, le pantomime est également capable de tout imiter et de tout suggérer. On confia deux intermèdes des *Amants magnifiques* à des pantomimes, ainsi définis : « ce sont des personnes qui, par leurs pas, leurs gestes et leurs mouvements, expriment aux yeux toutes choses » (I, 5). Leur prestation du cinquième intermède est particulièrement intéressante ; puisqu'ils sont adroits à exprimer si bien toutes les passions, ils « ajustent leurs gestes et leurs pas aux inquiétudes de la jeune Princesse ». On ne sait rien de leur pantomime, mais les deux airs de Lully permettent d'en deviner la trame temporelle. Le premier air, lent, en sol mineur, s'ajuste à la tristesse. Partant de la tonique, la première phrase descend aussitôt d'une sixte pour se poser sur le si bécarre altéré ; elle remonte ensuite pour s'arrêter sur fa dièse : l'effet vient de l'harmonie, qui oppose la couleur modale du sol mineur à celle du sol majeur. Puis vient une grande pause, de plus de

---

[25] Ils étaient traditionnels dans les ballets de cour. Voir Charles Mazouer, « Les Comédiens italiens dans les ballets au temps de Mazarin » (*La France et l'Italie au temps de Mazarin*, 1986, p. 319-329).

quatre mesures. D'ailleurs, les séquences suivantes, avec des changements de mesure, seront également coupées de mesures silencieuses. Manière de marquer la compassion pour la douleur de la princesse, de l'inviter aussi à la dépasser. Car, de douloureuse qu'elle était d'abord, la musique se fait plus enjouée, se concluant – cela est courant, mais reste significatif – sur l'accord de sol majeur. Le deuxième air est d'ailleurs carrément entraînant.

Au total, eu égard à cette convention fondamentale qui veut que le ballet stylise la réalité, en donne une image transfigurée, la danse, capable tour à tour d'imiter des actions et de suggérer des sentiments, caractérise assez bien toutes les silhouettes dansantes, qui expriment autant grâce à la musique des airs qu'à leur costume, à leurs pas et aux mouvements de tout leur corps.

Nous pourrons être beaucoup plus rapide sur la stylistique musicale.
Depuis longtemps les musicologues ont analysé les formes musicales employées par Lully et Charpentier dans les comédies-ballets[26]. L'habileté acquise par Lully dans le ballet de cour passa à la comédie-ballet, et celle-ci servit à son tour de laboratoire pour la future tragédie lyrique. Nous avons parlé des airs de danse et nous aurons à revenir sur les ouvertures et sur leur importance pour le climat des comédies-ballets. Au demeurant, la comédie-ballet, beaucoup plus qu'aux éléments orchestraux, fait la part royale aux éléments vocaux. On sait comment Lully a rendu plus malléable, plus dramatique le récitatif ou *récit* – la déclamation du chanteur soutenue par la musique devenant parfois un véritable air. Pour les airs des solistes (encadrés ou non de ritournelles instrumentales), il diversifia le registre des voix et la couleur des sentiments ; il les combina souvent pour constituer des dialogues en musique, au cours desquels les deux voix ou les trois

---

[26] Voici quelques titres : L. de La Laurencie, *Lully*, 1911 ; J. Tiersot, *La Musique dans la comédie de Molière*, s.d. (1921) ; F. Böttger, *Die « Comédie-ballet » von Molière-Lully, op. cit.*, 1931 (en particulier le chapitre III) ; Cl. Crussard, *Un Musicien français oublié. Marc-Antoine Charpentier (1634-1704)*, 1945 ; Manfred F. Bukofzer, *La Musique baroque (1600-1750). De Monteverdi à Bach*, 1947 (traduit en 1982) ; J. Eppelsheim, *Das Orchester in den Werken Jean-Baptiste Lullys*, 1961 ; Norbert Dufourcq, « Les Fêtes de Versailles. La musique » (*XVIIe siècle*, 1973, n° 98-99, p. 67-75) ; James R. Anthony, *French Baroque Music from Beaujoyeulx to Rameau*, 1974 (traduit en 1981).

voix se rejoignent. Dans les scènes d'ensemble, les chœurs font leur apparition, voire les doubles chœurs qui permettent des effets de masse et de contraste.

Que la musique suggère plus fortement le sens des paroles mises dans la bouche du chanteur, qu'elle aide à décrire telle situation, qu'elle aide à peindre le personnage qui fait sien le chant, et émeuve puissamment, ou fasse rire, cela ne nécessite pas de démonstration. Au demeurant, le chapitre suivant développera quelques-unes des émotions que provoque le musicien, seul ou allié au poète.

Veut-on immédiatement une rapide illustration de la capacité du chant à caractériser une situation ? Qu'on se reporte à la première entrée du *Ballet des nations,* à ce merveilleux « Dialogue des gens qui en musique demandent des livres ». Tous les personnages, distribués en quatre voix, chantent d'abord la même demande (« À moi, Monsieur, à moi de grâce, à moi, Monsieur : / Un livre s'il vous plaît, à votre serviteur »), mais les voix étant décalées, se groupant ou se séparant dans un vif contrepoint qui rend parfaitement sensible la confusion. Dans le dialogue proprement dit qui vient ensuite, chaque personnage de spectateur intervient à son tour, l'un bousculant l'autre, les paroles, la mélodie, la longueur de la phrase musicale s'essayant à caractériser chaque spectateur du futur ballet. Admirable vignette, pleine de vérité !

Mais tenons-nous aux stricts éléments d'une poétique du chant. En rappelant pour commencer que le chanteur porte un costume, comme le danseur, que, comme lui, il est acteur – avec ce que cela implique d'*actio* : mouvements, gestes, mimiques. Au chapitre de son *Traité du récitatif* (1707) qu'il consacre au chant, Grimarest parle de l'acteur qui chante : il « a la voix, le geste et le sentiment pour exprimer la passion ».

Pour faire sens et exprimer, le chanteur mêle la musique à la parole. Cette union implique un effort double et réciproque du poète et du musicien : le poète écrit pour la musique et le musicien s'ajuste aux vers du poète.

« La musique donne plus de force aux vers que la déclamation, quand ces vers sont propres à être mis en musique », affirme l'abbé Du Bos, dans ses *Réflexions critiques sur la poésie et la peinture* de

1719[27]. Il faudrait quelque jour étudier Molière parolier de Lully et de Charpentier. Le grand écrivain de théâtre ne se déroba pas à la plus humble tâche de fournir des paroles à ses musiciens ; l'immense majorité des vers des intermèdes furent composés par lui. Ce faisant, il était affronté aux problèmes d'écriture que son adversaire Pierre Perrin, le fondateur de l'opéra français, détaillait dans l'avant-propos de son *Recueil de paroles de musique,* achevé avant 1669 et resté manuscrit jusqu'à ces dernières années[28]. Avant de proposer un certain nombre de textes de chansons, de paroles à boire, de sérénades, de récits, d'airs, de dialogues, etc., Perrin expose ses principes pour composer un texte qui s'ajuste avec la musique. Il examine tour à tour les sujets, les personnages et la pensée, puis l'expression par les figures, la structure de la phrase et du vers, enfin la quantité des syllabes et la rime.

On pourrait trouver là les catégories d'une étude poussée des vers de Molière ; contentons-nous de quelques réflexions et de quelques illustrations. L'impression générale est que le parolier a dû prendre grand plaisir à trouver des vers pour ses musiciens. Pour le poète, les intermèdes constituent une sorte de laboratoire où il put tout essayer. Il prêta des mots à toutes sortes de personnages : allégories qui débitent des pensées abstraites, Égyptiens qui invitent à l'amour et au plaisir, bergers et bergères qui chantent la douleur de l'amour, personnages ridicules. Il utilisa tous les genres : chanson, chansonnette, air de soliste, dialogue dramatique. La phrase et le vers se moulent aux sentiments exprimés. La versification s'assouplit, tente tous les types de vers – de 2, 3, 4, 5, 6, 7, 8, 9[29], 10 ou 12 syllabes, avec un goût pour l'impair (l'heptasyllabe est particulièrement fréquent dans la pastorale) que les musiciens aiment à musiquer –, imaginant toutes les combinaisons strophiques possibles ; charme des vers mêlées ! Et cette phrase rythmée, chantante, dont on fait crédit même à sa prose

---

[27] Première partie, section 47 (« Quels vers sont les plus propres à être mis en musique »).

[28] Publié par Louis E. Auld dans la Part III de son « *Lyric art* » *of Pierre Perrin, Founder of French Opéra,* 1986.

[29] Assez rares. Voir la *Pastorale comique,* scène 15 : « Croyez-moi, hâtons-nous, ma Sylvie, / Usons bien des moments précieux... », avec la succession régulière des mesures ternaires.

dramatique, s'épanouit pleinement ici ; bien avant la rime, la musique est dans le mot. Des exemples ? Qu'on examine cette invitation à l'amour, qui distribue ses injonctions et ses apostrophes en des mètres divers, mais toujours courts, enchâssant l'évocation de la jeunesse dans le plus court :

> Profitez du printemps
> De vos beaux ans,
> Aimable jeunesse ;
> Profitez du printemps
> De vos beaux ans,
> Donnez-vous à la tendresse[30].

L'amour bien sûr – Du Bos remarque que les vers qui contiennent des sentiments sont les plus propres à être mis en musique – est le sujet de beaux vers, sur tous les registres. Celui de la chansonnette[31], de facture assez simplette avec son alternance de vers de 5 et de 7 syllabes :

> L'autre jour d'Annette
> J'entendis la voix,
> Qui sur la musette
> Chantoit dans nos bois :
> « Amour, que sous ton empire
> On souffre de maux cuisants !
> Je le puis bien dire,
> Puisque je le sens. »

Ou celui de la plainte douloureuse pour laquelle Molière inventa des vers extraordinairement musicaux, où tous les mots chantent. Ici, elle s'exhale dans la régularité du quatrain d'hexasyllabes, fluide malgré les coupures de l'exclamation et de l'interrogation :

> Ah ! mortelles douleurs !
> Qu'ai-je plus à prétendre ?

---

[30] *Le Malade imaginaire*, deuxième intermède, refrain de la Première Femme More.

[31] Chantée par Climène et Cloris juste après l'ouverture de la pastorale qui précède *George Dandin*.

> Coulez, coulez, mes pleurs :
> Je n'en puis trop répandre[32].

Là, deux strophes d'une structure plus complexe, enrichies de figures du discours, tirent beaucoup d'effet de la variation des mètres comme des recherches sonores :

> Si du triste récit de mon inquiétude
> Je trouble le repos de votre solitude,
>   Rochers, ne soyez point fâchés.
> Quand vous saurez l'excès de mes peines secrètes,
>   Tout rochers que vous êtes,
>   Vous en serez touchés.
>
> Les oiseaux réjouis, dès que le jour s'avance,
> Recommencent leurs chants dans ces vastes forêts ;
>   Et moi j'y recommence
> Mes soupirs languissants et mes tristes regrets[33].

Veut-on la dérision après le sérieux ? Écoutons les magiciens se moquer d'un vieux et laid berger amoureux, jouant sur le *o* puis sur le *i* :

>   Ah ! qu'il est beau,
>   Le jouvenceau !
> Ah ! qu'il est beau ! ah ! qu'il est beau !
> Qu'il va faire mourir de belles !
> Auprès de lui les plus cruelles
> Ne pourront tenir dans leur peau.
>   Ah ! qu'il est beau !
>   Le jouvenceau !
> Ah ! qu'il est beau ! ah ! qu'il est beau !
>   Ho, ho, ho, ho, ho, ho.

---

[32] Plainte de Cloris, après le premier acte de *George Dandin*.
[33] *Le Sicilien*, scène 3, Premier et Deuxième Musiciens.

> Qu'il est joli,
> Gentil, poli !
> Qu'il est joli ! qu'il est joli !
> Est-il des yeux qu'il ne ravisse ?
> Il passe en beauté feu Narcisse,
> Qui fut un blondin accompli.
> Qu'il est joli,
> Gentil, poli !
> Qu'il est joli ! qu'il est joli !
> Hi, hi, hi, hi, hi, hi[34] !

Goûtons pour finir la plaisanterie de l'Opérateur de *L'Amour médecin* (II, 7), qui fait brusquement suivre l'éloge de ses remèdes en amples alexandrins d'une cascade de maladies qui forment autant de vers minuscules – jeu rythmique ici :

> Mon remède guérit, par sa rare excellence,
> Plus de maux qu'on n'en peut nombrer dans tout un an :
> La gale,
> La rogne,
> La tigne,
> La fièvre,
> La peste,
> La goutte,
> Vérole,
> Descente,
> Rougeole.
> O grande puissance de l'orviétan !

Inversement, si le poète prête beaucoup au musicien, le musicien se soumet aux intentions du poète. La musique doit s'ajuster le plus exactement possible aux mots et au sens des mots, aux passions qu'ils expriment, recommande Grimarest, qui voyait en Lully un modèle de cette exigence[35]. Mais, quelque trois années avant la parution du

---

[34] La *Pastorale comique*, scène 2.

[35] « Il faut, Monsieur, que l'air soit accommodé aux paroles », dit le maître de musique du *Bourgeois gentilhomme* (I, 2) en défendant la musique... de Lully, que le musicien vient de chanter devant Monsieur Jourdain.

Traité du récitatif, le *Journal de Trévoux* de 1704 loue Charpentier, l'autre musicien de Molière, d'avoir « possédé au suprême degré l'art de joindre aux paroles les tons les plus convenables et de toucher ». Étant sauve la possibilité de décalages voulus (une belle musique sur des paroles volontairement ridicules), les musiciens mettent effectivement les ressources si variées de leur langage au service du poète. Même les paroles les plus froides doivent trouver un complément musical significatif et agréable ; à plus forte raison l'art du musicien déploiera sa force expressive pour peindre les sentiments.

Et l'on pourrait reprendre les musiques qui furent composées sur les textes que nous venons de citer ! On vérifierait alors l'extrême attention des musiciens à la prosodie et à la versification (accents, coupes, pauses, utilisation des *e* muets, qui ne sont rien moins que muets pour le musicien, respect des enjambements), à la syntaxe du discours, à sa signification, aux sentiments, à la personnalité fictive du personnage incarné par le chanteur et au contexte de son chant. Tout est soigneusement traduit en notes, dans le langage spécifique de la musique. Aux musiciens de choisir le registre des voix, de varier les *tempi* (Lully change constamment de mesure) et les rythmes (les fameux rythmes pointés, qu'on croirait caractéristiques de l'écriture de Lully, alternant avec des notes égales), de combiner les lignes mélodiques dans la ou les tonalités choisies, avec les inquiétantes altérations, de les dessiner dans leur trajet selon les intentions expressives... Que l'on n'aille pas dire que le jeune Charpentier manquait de maîtrise en la matière ! Sur des ensembles limités – le petit opéra impromptu de II, 5 –, ou très vastes – la grande *Églogue* qui constitue le Prologue –, le musicien du *Malade imaginaire*[36] sert le poète avec un égal génie.

Une poétique de l'intermède ne serait pas tout à fait complète si l'on ne mentionnait pas ce que nous appelons sa dramaturgie.

Les ornements peuvent intervenir de manière très brève – une ritournelle, une chanson, quelques pas de danse –, mais aussi prendre une ampleur considérable – le *Ballet des nations* est un ballet complet

---

[36] Voir Charles Mazouer, « Molière et Marc-Antoine Charpentier », *C.A.I.E.F.*, 1989, p. 152-154.

et la pastorale en musique qui enchâsse *George Dandin* se développe en quatre actes. Leur place aussi peut varier, Molière ayant cherché parfois à intégrer les ornements avec souplesse et naturel au sein de la comédie. Mais d'ordinaire, ils achèvent et encadrent les différents actes – la dénomination d'*intermèdes*, qui apparut avec *La Princesse d'Élide*, s'impose très généralement, pour désigner les agréments de musique et de danse, sauf dans *L'Amour médecin* où le terme d'*entractes* concerne exclusivement des entrées du ballet. Les ornements sont conçus comme des ensembles esthétiques unifiés et structurés, comme des ensembles proprement dramatiques. C'est pourquoi nous sommes fondé à parler de dramaturgie de l'intermède. Que la même trame coure sur plusieurs intermèdes (*La Princesse d'Élide*) ou unifie la totalité du divertissement musical et dansé (*George Dandin*) renforce le point de vue.

En quelque sorte, l'intermède cherche à développer sa propre fable, sa propre histoire, avec une tension et une fin. Dans *La Princesse d'Élide*, Molière soumet chaque épisode des aventures de « l'agréable Moron » au principe de la succession de scènes, avec la survenue de personnages nouveaux. Les grandes pastorales – celle qui encadre *George Dandin* et l'*Églogue* qui ouvre *Le Malade imaginaire* – dramatisent évidemment une histoire, avec ses personnages nombreux, contrastés (et que le musicien, avec le chant, cherche à caractériser), ses péripéties, son heureux dénouement. Le troisième intermède – central – des *Amants magnifiques* en raconte une semblable, en un prologue et cinq scènes, à partir des amours difficiles entre Tircis et Caliste ; véritable « petite comédie en musique ». Le *Ballet des nations* présente la structure d'un spectacle achevé : deux entrées peignent la cohue des spectateurs ; trois autres forment le spectacle intérieur des différentes nations ; la dernière fait se rejoindre les deux plans du spectacle des nations et des spectateurs de ce spectacle. Les grandes cérémonies burlesques organisent évidemment le temps et donnent à ces intermèdes une structure quasi dramatique ; on retrouve sans peine des phases identiques dans la mascarade qui fait de Monsieur Jourdain un Mamamouchi et dans celle qui fait d'Argan un médecin (entrée solennelle, mise en place des décors et des acteurs, interrogatoire et épreuves du candidat, apothéose comique). Le dernier intermède des *Amants magnifiques* donne le spectacle d'une cérémonie sérieuse. Plus directement théâtral, le premier intermède du *Malade imaginaire*, montrant les aventures nocturnes de Polichinelle amoureux, avec l'intervention malheureuse pour lui des archers du guet, forme à lui seul une excellente petite farce[37] avec son intrigue élémentaire.

En l'occurrence, le maître mot des trois artistes qui collaborent à l'intermède est celui de dynamisme. Comme librettiste, Molière s'efforce d'insuffler une tension ; quand aucune fable un peu consistante n'est possible, il faut au moins mettre en conflit des personnages ou des groupes de personnages. Des bergers amoureux ont à faire à des bergères indifférentes ; un berger langoureux doit répliquer à un berger jovial. Ce dynamisme est au cœur de l'ornement. On comprend ainsi le combat poétique – renouvelé à sa manière de la IIIe *Bucolique* de Virgile – qui oppose Tircis et Dorilas dans l'*Églogue* du *Malade imaginaire,* accompagné des évolutions contrastées des deux groupes de danseurs partisans de chaque berger ; ou l'extraordinaire combat des deux chœurs de l'Amour et de Bacchus, dans le dernier divertissement de *George Dandin,* qui se clôt par un double chœur de réconciliation.

Le maniement des formes nourrit ce dynamisme. L'idée de faire alterner le parlé et le chanté est assez naturelle ; on la trouve dès *Le Mariage forcé* (dialogue du magicien et de Sganarelle) et *La Princesse d'Élide* (la scène 2 du premier intermède oppose le fainéant Lycaste, qui parle, aux valets de chiens, qui chantent derechef pour le forcer à se lever) ; elle sera encore dans le premier intermède du *Malade imaginaire* (dialogue de Polichinelle avec le chœur des archers). Parfaitement originale l'idée de faire alterner, dans le même intermède[38], Polichinelle qui parle avec la mélodie des violons ! « Paix là, taisez-vous, violons », demande-t-il en vain ; les violons lui répliquent par morceaux de phrases qui, mis bout à bout, forment exactement une mélodie complète. Alternance du parlé et du chanté, du parlé et de la musique instrumentale, alternance des airs et des chœurs, alternance des formes musicales et des danses : le librettiste, le musicien et le chorégraphe donnent une vie extraordinaire aux intermèdes. À cet égard, Charpentier, plus soumis à Molière ou moins complaisant à

---

[37] Xavier de Courville, « Sur un intermède de Molière », *Revue musicale,* 1925, p. 157-164.

[38] Du moins dans sa première version, jouée du vivant de Molière (voir John S. Powell, « L'Aspect protéiforme du Premier intermède du *Malade imaginaire* », *Bulletin de la Société M.-A. Charpentier,* juillet 1991, n° 5, p. 1-14).

soi-même que Lully, renouvelle sensiblement la dramaturgie de l'intermède ; là où Lully développe à satiété, de manière parfois un peu lourde, ses choix et ses idées, Charpentier est plus discret, plus souple, introduisant une alternance plus rapide et donc une vie plus grande. Mais on peut dire de tous les deux ce qu'on dit, dans leur ordre, d'un Mozart ou d'un Verdi : par leur souci de la caractérisation des personnages, par leur sens de la situation, du mouvement, de la vie, ils ont écrit pour Molière une belle musique dramatique.

6

CLIMATS

Une appréhension plus juste de la poétique de l'intermède donne évidemment un relief saisissant à ces ornements ; le lecteur, qui feuilletait avec ennui les pages des livrets et se faisait une pâle image de leur réalisation, voit maintenant s'animer sur la scène tout un univers coloré, varié, émouvant ou drôle.

On désirerait faire miroiter toutes les facettes de ce kaléidoscope théâtral, parcourir longuement les partitions de Lully et de Charpentier – puisqu'elles nous restent seules, et non la notation des danses –, et détailler toutes leurs beautés. Il faut toutefois modérer ce désir. D'un côté, nous maîtrisons trop peu l'art de l'analyse musicale pour rendre pleine justice aux pages instrumentales ou vocales de ces grands musiciens[1]. De l'autre, consacrer des développements trop longs aux

---

[1] Les musicologues proposent de ces analyses. Aux références de la n. 26, p. 125, on ajoutera les suivantes – anciennes ou plus récentes : H. Prunières, *Lully,* 2ᵉ éd. 1927 ; L. de La Laurencie, *Les Créateurs de l'opéra français,* 1930 ; les notices de H. Prunières qui accompagnent les 3 vol. de son édition des partitions des comédies-ballets, 1931-1938 (la notice sur *George Dandin* a été publiée dans *La Revue musicale,* 1934, p. 27-33) ; E. Borrel, *Jean-Baptiste Lully,* 1949 ; D. Fricke, « Molières *Bourgeois gentilhomme* als "dialogue en musique" » (*Molière,* éd. R. Baader, 1980, p. 459-500) ; Ph. Beaussant, « Le « bien dire » et le « bien chanter » chez Lully et Charpentier » (*Avant-scène Opéra,* n° 68, octobre 1984) ; D. Fricke, « *Le Bourgeois gentilhomme* im Französischunterricht : Die Comédie-Ballet Molières und Lullys als Einführung in die Literatur der französischen Klassik » (*Die Neueren Sprachen,* 83, 6 (1984), p. 603-629) ; J. Duron, « L'Orchestre de M.-A. Charpentier » (*Revue de musicologie,* 1986, n° 1, p. 23-65) ; H. Schneider, dans le Catalogue de l'exposition *Lully Musicien Soleil,* 1987, p. 42 sq. ; C. Cessac, *Marc-Antoine Charpentier,* 1988 ; D. Launay, « Les Airs italiens et français dans les ballets et comédies-ballets » (*Jean-Baptiste Lully,* p. p. J. de La Gorce et H. Schneider, 1990) ; L. Auld, « Une rivalité sournoise : Molière contre Pierre Perrin » et H. Schneider, « Die Serenade im *Bourgeois gentilhomme* » (p. 123-137 et p. 139-162 de *Le « Bourgeois gentilhomme ». Problèmes de la comédie-ballet,* 1991) ; Ph. Beaussant, *Lully ou Le Musicien du Soleil,* 1992.

ornements fausserait l'idée équilibrée que nous voulons donner de ces passages, qui restent justement de simples ornements de la comédie moliéresque.

Ainsi, nous avons choisi de ne donner qu'un aperçu de la richesse des ornements par le biais de leur pouvoir expressif et émotif. Tout spectateur peut partager les sentiments exprimés par Euryale dans *La Princesse d'Élide*. Après avoir entendu chanter et vu danser la Princesse, il s'écrie, transporté : « les sons merveilleux qu'elle formait passaient jusqu'au fond de mon âme, et tenaient tous mes sens dans un ravissement à ne pouvoir en revenir » ; et des pas et des figures de la danse de la jeune fille, il ajoute qu'ils l'enlevaient hors de lui-même[2]. Quelles grandes émotions visent donc à susciter les ornements des comédies-ballets ? Dans quels climats baignent-ils ?

Le spectateur d'une comédie-ballet est d'abord l'auditeur d'une ouverture instrumentale : « l'ouverture se fait par un grand concert d'instruments » (livret de *Monsieur de Pourceaugnac*) ; « l'ouverture se fait par un grand assemblage d'instruments » (livret du *Bourgeois gentilhomme*). Cette richesse sonore vise au plaisir, s'empare de l'auditeur et le transporte d'emblée ailleurs. Il est indispensable que « le théâtre s'ouvre à l'agréable bruit de quantités d'instruments[3] » ; le portique de l'ouverture crée d'abord un climat, instaure une ambiance préalable. L'ouverture lullyste reste évidemment sans rapport avec le prélude des opéras wagnériens, chargé d'introduire les thèmes dominants de l'œuvre à venir. Mais on aurait tort de ne voir dans l'ouverture des comédies-ballets qu'un élément décoratif. En réalité, elle arrache le spectateur à la platitude ou à la gravité de la vie quotidienne pour l'introduire, par son charme tour à tour solennel et enjoué, dans un autre univers, un peu invraisemblable, irréel, fantaisiste, joyeux. Le rôle de l'ouverture s'avère bien capital : par le plaisir des sons, elle nous fait passer du réel à la poésie.

Sans en être le créateur, Lully a néanmoins fixé l'ouverture dite « à la française », avec sa coupe classique – un mouvement lent, majestueux, homophonique, au rythme souligné, suivi, en complet contraste,

---

[2] III, 2.
[3] *Les Amants magnifiques*, argument du premier intermède.

d'une section légère et vive, d'écriture fuguée ; une dernière séquence peut faire réapparaître l'ambiance du départ –, avec son trajet harmonique de la tonique à la dominante et de la dominante à la tonique, sur laquelle tout le morceau trouve son assise finale.

Les pages d'ouverture écrites pour les comédies-ballets illustrent parfaitement cette technique, faisant se succéder le panneau solennel, éclatant de sérieux, et le panneau joyeux où la verve du musicien se donne libre cours : bousculade rythmique, jeu de cache-cache du fugato de voix en voix, étourdissante mobilité tonale, exaltation mélodique, comme si le dynamisme de cette musique la poussait à détruire constamment son équilibre en de nouveaux départs, jusqu'à l'accord parfait conclusif.

Les ouvertures des comédies-ballets ne sont pas exactement interchangeables ! À preuve déjà celle de *L'Amour médecin* qui, au lieu de suivre la facture ordinaire, est une grande chaconne en sol majeur, où le dynamisme de l'écriture reste dans les limites d'une grâce élégante qui n'est pas sans faire songer à Haendel ; elle introduit sans rupture à l'entrée des allégories du Prologue. L'ouverture du spectacle de *George Dandin* nous fait-elle déjà goûter l'atmosphère de fêtes galantes à la Watteau qui serait celle de toute la pastorale en musique enchâssant *George Dandin,* comme le veut Henry Prunières ? En tout cas, avec sa marche initiale rigoureusement soulignée par les notes pointées, puis son versant en fugato où la musique se fait insaisissable comme une eau qui court, elle remplit discrètement et parfaitement sa fonction d'introduction à la bergerie idyllique. *Monsieur de Pourceaugnac* ne propose pas une ouverture moins séduisante, bien que dans un climat fort différent : nulle ouverture n'est plus allante, plus brillante. Son sol mineur n'y fait rien ; le dynamisme s'impose dès le premier mouvement, mais trouve son apothéose dans la course-poursuite fuguée à 6/8, au rythme haletant, qui l'achève. C'est bien toute l'atmosphère de joie triomphante de *Monsieur de Pourceaugnac* qui trouve là sa première expression dans la musique pure.

Marc-Antoine Charpentier manifesta une égale maîtrise de l'ouverture à la française. La grande ouverture en fa majeur écrite pour *La Comtesse d'Escarbagnas* brille de toutes sortes de jeux avec les tonalités, singulièrement dans la partie rapide à trois temps, où l'écriture fuguée et l'instabilité tonale donnent l'impression d'un mouvement perpétuel. Celle du *Malade imaginaire,* écrite dans l'éclatant et victorieux ré majeur, tour à tour martiale et d'une exaltation prolixe, annonce justement le grand Prologue dédié à la louange du roi.

Pour assumer une fonction générale vis-à-vis du spectateur qu'elle conduit au royaume de la fantaisie, l'ouverture n'est donc pas dépourvue de tout lien avec la suite du spectacle.

On pourrait dire que la musique de l'ouverture contribue aussi à la création de cette ambiance de beauté réglée, d'élégance qui marque la totalité du spectacle. Mais, dans leur diversité, les ornements de la comédie-ballet sont aptes à suggérer – comme le faisait auparavant la diversité des ballets de cour – toute une gamme de climats, de la froideur solennelle à la gaieté la plus débridée, en passant par l'émotion la plus poignante et l'humour malicieux. Dans les développements qui viennent, nous nous contenterons d'apprécier la palette émotive offerte par la pastorale et, en opposition, de mettre en valeur les ornements et intermèdes comiques.

Nous n'envisageons pas ici la signification de la pastorale, avec son *aura* mythique dans l'imaginaire de l'Occident ou sa portée politique dans la culture aulique sous Louis XIV[4] ; nous cherchons à apprécier esthétiquement les scènes de bergers qui ornent si souvent les comédies-ballets. Car, des *Fâcheux* au *Malade imaginaire,* en passant par *La Princesse d'Élide,* la *Pastorale comique, Le Sicilien, George Dandin, Les Amants magnifiques* et *Le Bourgeois gentilhomme,* Molière et ses musiciens ont sacrifié avec constance aux conventions du genre pastoral pour nourrir les intermèdes et autres ornements. Les oripeaux de ces bergeries, qui enchantaient sans doute les spectateurs du XVIIe siècle, nous paraissent bien désuets et nous laisseraient froids. Il vaut pourtant la peine d'écouter bergers et bergères – de les écouter

---

[4] Voir quelques travaux récents : Helen M. C. Purkis, « Le Chant pastoral chez Molière » (*C.A.I.E.F.,* 1976, n° 28, p. 133-144) ; J. Morel, « Le Modèle pastoral et Molière » (article de 1980 repris dans ses *Agréables Mensonges,* 1991, p. 315-326) ; Fanny Népote-Desmarres, « Molière auteur pastoral ? Aperçu sur quelques rapports avec la politique de Louis XIV » (*Littératures classiques,* janvier 1989, n° 11, p. 245-257).

chanter puisque le chant leur est affecté de tout temps[5] –, en oubliant les conventions ; ils nous touchent alors.

> On ne sent ici que l'amour,
> Ce n'est que d'amour qu'on y chante,

annonce la nymphe de la vallée de Tempé qui ouvre la « petite comédie en musique » enchâssée au cœur même des *Amants magnifiques*[6]. Mais il est plus d'une manière de sentir et de chanter l'amour.

C'est d'abord la souffrance, celle du berger amoureux face à une indifférente. « Viens, Tircis », dit la bergère Philis à son berger langoureux ; « laissons-les aller, et me dis un peu ton martyre de la façon que tu sais faire ». Elle prend plaisir à la plainte ; et le spectateur pense comme elle (au-delà de l'imperceptible raillerie de la fille indifférente, il faut voir aussi, dans la déclaration, cette idée si profonde que la musique est capable de transmuer la souffrance en beauté) : « l'on écoute volontiers les amants, lorsqu'ils se plaignent aussi agréablement qu'il fait[7] ».

Dans la scène de petite comédie préparée par les musiciens d'Hali[8], on entend d'abord « deux bergers amoureux, tous remplis de langueur, qui, sur le bémol, viennent séparément faire leurs plaintes dans un bois, puis se découvrent l'un à l'autre la cruauté de leurs maîtresses[9]. » Avec ses deux lignes de violon, la ritournelle en la mineur introduit à la plainte du premier, Tirsis. Sa mélodie s'élève difficilement (« Si du triste récit de mon inquiétude »), insiste sur *triste*, sur *inquiétude*, qui amène le sol dièse, la note sensible ; la voix se fera plus haletante ensuite (« Quand vous saurez l'excès de mes peines secrètes »), descendant une octave entière pour chanter la souffrance profonde et cachée. Une autre tonalité mineur, celle de mi, soutient la plainte du second berger, Filène, également chantée par une voix de

---

[5] Les satyres, qui appartiennent au même univers conventionnel, ne sauraient eux non plus « parler d'autre façon » (voir la réflexion de Moron dans *La Princesse d'Élide*, troisième intermède, scène 2).

[6] Troisième intermède.

[7] *La Princesse d'Élide*, quatrième intermède, scène 1.

[8] *Le Sicilien*, scène 3.

[9] Scène 2.

taille, après une courte ritournelle ; le vers « Mes soupirs languissants et mes tristes regrets » fait s'exalter la voix, mais dans la douleur des altérations, selon un rythme souvent crispé. C'est naturellement que les deux voix dialoguent ensuite dans une plainte amébée et se joignent pour déplorer cette « loi trop inhumaine » de l'ingratitude de leurs bergères.

D'autres airs méritent une analyse détaillée, qui émeuvent par l'expression de la souffrance.

> Je languis nuit et jour, et mon mal est extrême,
> Depuis qu'à vos rigueurs vos beaux yeux m'ont soumis,

chante l'élève du maître de musique[10]. La version définitive de cet air si court (un quatrain) en ré mineur est d'une grande beauté, avec déjà ce départ sur la quarte descendante, qui installe la peine :

« Hélas ! », répète la voix sur des intervalles de quarte ou de tierce mineures descendantes, aboutissant au si bécarre altéré. Mais il faut écouter aussi la musique écrite par Charpentier pour les plaintes des bergers Tircis et Dorilas[11] : quatre ou cinq répliques chantées suffisent à imposer la supplication haletante, langoureuse des amoureux ; et l'écriture musicale permet même de distinguer Tircis (une voix de haute-contre) de Dorilas (voix de taille), plus souffrant, plus brisé.

La souffrance n'est pas réservée aux bergers qui se heurtent à l'indifférence de leur belle ; les bergères aussi apprennent que sous l'empire de l'amour « on souffre des maux cuisants[12] ».

Devant l'inéluctable – la mort du berger qu'elle a tué par son indifférence –, Cloris « veut faire une plainte en musique[13] » (« Ah !

---

[10] *Le Bourgeois gentilhomme*, I, 2.

[11] *Le Malade imaginaire*, « Églogue en musique et en danse », deuxième scène avant la première entrée de ballet.

[12] *Chansonnette* qui ouvre la pastorale et prélude à *George Dandin*.

[13] Après l'acte I de *George Dandin*.

mortelles douleurs ! »), regrettant à présent que la tyrannie de l'honneur l'ait empêchée de répondre à la passion de son amant. Les lignes mélodiques des violons entrelacent leur plaintif ut mineur aux refrains désespérés de la bergère ; les deux couplets, où Cloris se repent de sa conduite passée, exacerbent le reproche, en particulier le premier, où la mélodie plus chaotique, plus brisée, s'épanouit en un sanglot que souligne le sol mineur (« J'ai réduit mon amant à sortir de la vie »).

Le troisième intermède des *Amants magnifiques* présente une situation moins grave, mais des sentiments identiques. Caliste, qui a attendu d'être seule pour épancher sa peine[14], se révolte contre l'honneur qui empêche les filles d'avouer leur amour et les oblige à se montrer insensibles aux garçons :

> Ah ! que sur notre cœur
> La sévère loi de l'honneur
> Prend un cruel empire !

Depuis la « ritournelle pour les flûtes » – le timbre de cet instrument est parfaitement approprié au climat doux et souffrant qu'il s'agit de créer –, le ré mineur baigne toute la scène ; cette ritournelle sera reprise à l'identique, enchantant et calmant la plainte jusqu'à ce que Caliste s'endorme. Mais auparavant, les arbres et les oiseaux auront entendu une longue déploration, avec ses altérations, ses exaltations et ses crispations passagères : rigoureux honneur, impitoyable contrainte qui brident les cœurs enflammés ! Heureux animaux, heureux oiseaux qui peuvent suivre librement « les doux emportements » de leur cœurs amoureux !

Il faut mentionner ici la scène suivante où les trois bergers s'approchent de Caliste endormie sur la gazon[15] : on y trouve le plus beau passage de la partie musicale de tout l'intermède. La douce ritournelle pour les flûtes mérite d'être intégralement transcrite ici, avec ses deux voix quittant rarement la tierce avant de se rejoindre à l'unisson :

---

[14] Scène 3.
[15] Scène 4.

Mais le trio qui suit :

> Dormez, dormez, beaux yeux, adorables vainqueurs,
> Et goûtez le repos que vous ôtez aux cœurs,

le mériterait aussi. Variant légèrement cette mélodie en ut mineur et en enrichissant bien sûr l'harmonie, les trois voix masculines la redisent, comme retenant leur souffle devant la beauté endormie, pourtant si cruelle. Les musicologues nous apprennent que nous avons là une imitation du trio du sommeil de l'*Orfeo* de Rossi ; le trio de Lully et sa ritournelle annoncent en tout cas les « sommeils » de la future tragédie lyrique.

Les bergères souffrent de ne pouvoir se laisser aller à l'amour ; les bergers souffrent de l'indifférence plus affectée que réelle des bergères : l'obstacle reste en quelque sorte intérieur. Mais quand Cléante et Angélique sont obligés de s'expliquer leurs sentiments en public sous le masque de berger et de bergère[16], ils transposent dans la pastorale leur situation de la comédie bourgeoise : à des amoureux qui n'ont pas eu l'occasion de s'avouer leur amour, le père impose un ordre douloureux en destinant sa fille à un autre prétendant. La souffrance est autre, et elle est double : les amants ne sont pas sûrs explicitement l'un de l'autre, et déjà leur vital amour est traversé.

---

[16] *Le Malade imaginaire*, II, 5.

Développant d'abord, par la parole, la fiction qui permet d'introduire le petit opéra, Cléante explique que le berger (lui-même) « jette de douloureux regards sur celle qu'il adore ; et son respect, et la présence de son père l'empêchent de lui rien dire que des yeux ». Mais la musique va permettre aux amoureux de dialoguer, de se communiquer leur amour – cela se voit ailleurs dans les comédies-ballets[17]. Lisons la dernière phrase prononcée par Cléante avant qu'il ne passe au chant sous le nom de Tircis et ne s'adresse à Angélique nommée Philis ; il s'agit toujours de lui-même sous la fiction du berger, et d'Angélique :

> Mais enfin il force toute contrainte, et le transport de son amour l'oblige à lui parler ainsi.

L'amour est trop fort, il doit s'exprimer ; mais il s'exprime par le chant : la passion quitte la prose, elle se fait aria, musique.

Le duo qui suit est une petite merveille : la ligne mélodique tombe brutalement pour suivre le désespoir de Cléante-Tircis, se fait enveloppante puis s'élargit en deux coups d'aile quand Angélique-Philis prélude à sa déclaration et chante son aveu d'amour ; le rythme brisé et la multiplication des altérations disent la tristesse, à quoi s'opposent des rythmes équilibrés et jubilants, des tonalités éclatantes pour chanter la certitude réciproque d'être aimé. Et l'inquiétude revient, à la pensée du rival : la mesure change, le chant se coupe de quelques silences, le rythme se fait plus haletant, plus brutal, la mélodie plus plaintive, avant la triple affirmation de la jeune fille décidée à ne pas se soumettre à la volonté paternelle (« plutôt mourir »), sur la tonique. D'emblée, Charpentier s'élève aussi haut que Lully, et renouvelle même, ici encore, la stylistique de la pastorale.

Faut-il toujours prendre au tragique la douleur des bergers et des bergères, si émouvante dans ces passages ? Certainement pas. Molière et ses musiciens sont des artistes assez fins pour donner aux amours des bergers d'autres couleurs, d'autres nuances par une série de jeux subtils d'opposition.

---

[17] La musique conduit les amants l'un vers l'autre ! On pense à Mozart : « *Vielleicht führt mich der Ton zu ihr* », chante Tamino qui cherche à rejoindre Pamina, à l'acte I de *La Flûte enchantée*.

La plainte des garçons nous émeut ? Paraissent aussitôt d'autres bergers, dont la jovialité se garde bien de souffrir de l'indifférence des filles. Les deux premiers musiciens d'Hali, langoureux, chantent sur le bémol ; mais « là-dessus vient un berger joyeux, avec un bécarre admirable, qui se moque de leur faiblesse[18] ». Brutalement, sans aucune transition, on passe du la mineur au la majeur ;

> Pauvres amants, quelle erreur
> D'adorer des inhumaines ![19]

Finies les plaintes ! La ligne mélodique est assurée, éclatante ; le rythme forcé, agrémenté de plaisantes bousculades. L'effet est encore renforcé par la deuxième strophe, qui n'est autre qu'un double de la mélodie précédente, rempli de doubles croches, de triolets de croches, de notes de passage, – toute une exaltation de fioritures qui s'oppose au pur chant de désespoir.

Si, dans le troisième intermède des *Amants magnifiques* (scène 2), Lycaste et Ménandre moulent d'abord leurs questions au souffrant Tircis sur le sol mineur douloureux – avec une légère moquerie (« Hé quoi ! toujours languissant, sombre et triste ? ») –, ils vont bientôt unir leurs efforts pour tirer leur camarade de son indéfectible mélancolie. En face de la complaisance au malheur (« Je ne guérirai qu'à ma mort »), des injonctions optimistes dans leur mélodie en majeur, dans leur rythme qui se voudrait entraînant. Du coup, la souffrance se trouve contredite et d'une certaine manière relativisée.

Mais, avant la consolation énergique de ses compagnons joviaux, le berger amoureux connaît l'indifférence de la bergère aimée, à laquelle sa brûlante et désespérante passion se heurte. Le dramaturge et le musicien pensent en dialogue, dramatiquement, en tableau contrasté.

Toute la « Scène en musique » qui précède le premier acte de *George Dandin* joue sur le contraste entre les supplications brûlantes et bientôt désespérées des uns et la froideur railleuse des belles inhumaines – avec les oppositions d'écriture musicale attendues : le mineur, les chromatismes descendants, les altérations, les silences, d'un

---

[18] *Le Sicilien*, scène 2.
[19] Scène 3.

côté ; le majeur affirmé, avec ses cadences parfaites, un rythme plus allègre, parfois sautillant, de l'autre. Assez fins apparaissent les procédés musicaux de la raillerie du groupe des deux filles dans cette scène. Ici (« Ce n'est pas une nouvelle, / Tu me l'as dit mille fois ») elles gardent le sol mineur, comme pour parodier la tonalité plaintive des amants ; là (« Berger, ne t'en plains donc pas ») les deux voix féminines concluent une série de reparties en un fa majeur enjoué, à la tierce et chacune glissant comme de petits rires malicieux le monnayage voulu sous la valeur longue de l'autre, avant de se retrouver à l'unisson sur la tonique. Impitoyablement éconduits, les deux bergers n'ont d'autre choix que la mort ; mais cette grave décision est encadrée d'une ritournelle qui vient ponctuer avec un délicat humour ces poses qui paraissent convenues. C'est bien ainsi que les contemporains interprétaient la scène, puisque le livret indique à la suite : « ces deux bergers s'en vont désespérés, suivant la coutume des anciens amants qui se désespéroient de peu de chose... »

Est visible là derrière la volonté de mettre à distance le monde pastoral, d'en souligner, plus ou moins légèrement, les excès et les ridicules. Cette volonté s'affichait de la manière la plus nette dans certains intermèdes de *La Princesse d'Élide,* les troisième et quatrième, où des personnages conventionnels de la pastorale étaient confrontés à Moron, personnage populaire et rustique, de surcroît plaisant de la Princesse – c'est-à-dire dont le rôle est de faire rire de tout. Examinons la confrontation de Tircis, traditionnel berger amoureux, et de Moron[20]. Tircis chante deux airs en ré mineur, à notre avis très émouvants (des musicologues y retrouvent le style expressif italien et pensent que Lully parodie quelque peu la musique italienne), poignants même. Mais il a comme auditeurs d'une part la froide Philis, d'autre part le rustre Moron, dont le commentaire en prose parlée introduit une nette rupture : « Morbleu ! que n'ai-je de la voix ! », regrette le jaloux. La beauté de la plainte de Tircis tombe à plat. Pis encore : Moron veut l'imiter et donne sa chanson. Mais si la musique, *non seulement ne comporte rien de comique, mais est assez touchante,* les vers introduisent un décalage burlesque, qui produit la dénonciation

---

[20] Scènes 1 et 2 du quatrième intermède.

parodique de la poésie pastorale. Voici ce plaisant sixain d'hexasyllabes – forme déjà peu adaptée :

> Ton extrême rigueur
> S'acharne sur mon cœur.
> Ah ! Philis, je trépasse ;
> Daigne me secourir :
> En seras-tu plus grasse
> De m'avoir fait mourir ?

Au demeurant, la traditionnelle pastorale comportait ses propres personnages ridicules, en décalage légèrement parodique, tel le satyre, dont la maladresse et l'échec auprès des bergères détonnent. Molière et Lully, tant dans *La Princesse d'Élide* (scène 2 du troisième intermède) que dans *Les Amants magnifiques*, où les faunes et les dryades finissent par une « danse agréable » (scène 5 du troisième intermède), ne poussent jamais le personnage au burlesque. En revanche, la *Pastorale comique* affiche dans son titre la volonté de dérision avec les deux riches et vieux pasteurs rivaux, Lycas et Filène : cérémonie magique où Lycas compte sur les magiciens pour être rendu plus séduisant (scène 2) ; conflit qui dégénère en pugilat entre les deux amoureux ridicules (scène 7) ; désespoir des pasteurs rebutés (scène 13). Le comique réside d'ailleurs plus dans les situations que dans la musique elle-même.

En somme, le poète et ses musiciens auront essayé tous les éclairages sur l'inévitable pastorale si exclusivement occupée de l'amour, faisant ressortir ici la gravité poignante des souffrances de l'amour, soulignant là avec un fin humour le caractère excessif et convenu de sa thématique, allant ailleurs jusqu'à en donner une vision parodique.

De toutes les manières, qu'elle soit prise au sérieux ou non, la souffrance n'a jamais le dernier mot dans la pastorale : les bergères accueillent finalement l'amour et acceptent les amoureux transis. La pastorale invite inlassablement à l'amour, au plaisir et chante la joie de l'amour. La leçon hédoniste est universelle.

Clymène et Philis s'interrogent : que croire de l'amour ? Leurs voix se joignent bientôt pour chanter :

> Aimons, c'est le vrai moyen
> De savoir ce qu'on en doit croire[21].

Et les voix d'entrelacer un contrepoint, de se séparer dans des figures de symétrie, de se poursuivre pour se rejoindre finalement.

> Aimez, aimables bergères :
> Nos cœurs sont faits pour aimer[22],

chante le chœur final, en dansant. Les Égyptiennes font souvent leur entrée pour inviter les filles à soulager le martyre des pauvres cœurs ; dans cet air, une Égyptienne chante les paroles d'un garçon amoureux à sa Sylvie :

> Ne cherchons tous les jours qu'à nous plaire,
> Soyons-y l'un et l'autre empressés ;
> Du plaisir faisons notre affaire[23].

« Nos beaux jours ne reviennent jamais », proclame le dernier vers : *carpe diem* répètent ces Bohémiennes disciples d'Épicure[24]. Comme la Philis de *La Princesse d'Élide,* comme les indifférentes Cloris et Climène de la pastorale de *George Dandin,* la Caliste de celle des *Amants magnifiques* sera pitoyable à son amoureux, s'exposera à l'amour, donnera son cœur. Le « Dialogue en musique » du *Bourgeois gentilhomme,* après avoir récapitulé les attitudes opposées que toute pastorale illustre vis-à-vis de l'amour, fait conclure au trio – toujours avec ces légers décalages du contrepoint qui préparent mieux la réunion des voix :

---

[21] *La Princesse d'Élide*, cinquième intermède.

[22] *Ibid.*, sixième intermède.

[23] *Pastorale comique*, scène 15.

[24] Les Égyptiens et Égyptiennes s'introduisent naturellement dans la pastorale ; mais on les trouve dans d'autres intermèdes, chantant la même sagesse : « La grande affaire est le plaisir », « Aimons jusqu'au trépas » (*Monsieur de Pourceaugnac*, III, 8) ; « Profitez du printemps / De vos beaux ans, / Aimable jeunesse : / Profitez du printemps / De vos beaux ans, / Donnez-vous à la tendresse » (*Le Malade imaginaire,* second intermède).

> À des ardeurs si belles
> Laissons-nous enflammer :
> Ah ! qu'il est doux d'aimer,
> Quand deux cœurs sont fidèles[25] !

Comment prendrait-on tout à fait au sérieux le désir de mort des amants éconduits ? Même s'ils se jettent dans la rivière, les bateliers les repêcheront[26] ! La pastorale tourne toujours à la joie. Les danses et les chœurs brillent alors en apothéose. Comme il est dit à la fin de la *Pastorale comique,* au son des gnacares (ou nacaires : sortes de petites timbales), des guitares et autres castagnettes, les personnages qui chantent et dansent alors ne cherchent que la joie.

Cette joie, le grand divertissement qui suit *George Dandin* – véritable final d'opéra – en allonge surabondamment les manifestations. La réjouissance des bergers se fait d'abord dans une atmosphère de galanterie et d'élégance ; il n'empêche que Lully calcule savamment la progression des effets musicaux, passant des voix seules avec leur ritournelle, au duo puis au chœur à quatre voix qui fait éclater le « Chantons tous de l'Amour le pouvoir adorable ». Mais l'arrivée de Bacchus et de sa troupe – belle idée dramatique ! – va imposer une joie plus débridée : le plaisir de boire contre le plaisir d'aimer, toujours teinté de quelque souffrance. Et la lutte se fait chœur contre chœur, les danseurs de chaque camp menant les chanteurs. Les voix s'enchevêtrent ; et quel art du contrepoint pour maîtriser pareillement toutes les voix et donner une si juste idée de la confusion ! Finalement réconciliées et réunies, les huit voix additionnent leur masse en un imposant double chœur syllabique, où les parties se distribuent la tâche, s'arrêtent, repartent en canon avant de se cumuler. Quelle somptueuse réjouissance !

---

[25] Cf., encore et toujours, les derniers vers chantés en chœur par bergers et bergères du troisième intermède des *Amants magnifiques* :
> « Cette ardeur de plaisirs suivie,
> De tous nos jours fait d'éternels printemps :
> Jouissons, jouissons des plaisirs innocents
> Dont les feux de l'amour savent charmer nos sens. »

[26] Pastorale de *George Dandin.*

Dans ces intermèdes dédiés à la pastorale, plusieurs formes du plaisir comique apparaissent, de l'humour souriant au burlesque parodique. Les autres ornements des comédies-ballets qu'il nous reste à envisager témoignent tous d'une recherche délibérée du comique ; ils sont conçus pour faire rire les spectateurs et les mettre en joie.

Avant d'examiner les ornements comiques, signalons un problème qui se pose du fait de la nature composite de l'ornement, constitué de mots, de musique et de danses – lesquels éléments d'ailleurs sont mis en œuvre par un professionnel du spectacle (acteur, chanteur, danseur) représentant un personnage fictif dans une situation théâtrale donnée. Dans ces conditions, il faudrait se demander quel élément seul, ou quels éléments combinés peuvent engendrer le rire. Si l'on a l'habitude de repérer le comique de gestes, le comique verbal, le comique de caractère ou le comique de situation – pour reprendre des catégories bien classiques –, qu'est-ce exactement qu'une danse comique ? Qu'est-ce exactement que le comique musical ?

Le ballet de cour faisait grand usage de personnages et d'entrées burlesques, que Lully récupérera au profit des intermèdes bouffons de la comédie-ballet moliéresque. Dans cette tradition, il n'est pas sûr que la musique de l'air à danser joue un rôle comique essentiel. Les airs à danser composés pour des entrées de personnages amusants ou ridicules ne semblent pas toujours différer grandement par la coupe et par le style des autres. Des recherches rythmiques, toutefois, ou le choix d'un *tempo*, pourraient provoquer un effet comique ; le musicien accentuera par exemple le déhanchement, l'impression de boiterie d'un rythme pointé pour soutenir la danse de tel groupe de faunes ou de tel groupe de personnages ridicules, en opposition avec les danses plus sérieuses des bergers.

Les costumes et les accessoires des danseurs jouaient un rôle beaucoup plus assuré. Qu'on songe seulement aux grandes cérémonies burlesques de nos comédies-ballets : les costumes turcs outrés, ou les vêtements professionnels du corps médical se transfonnent dans ces intermèdes en déguisements plaisants de carnaval.

Enfin, et surtout, c'est à la mimique et à la gestuelle des danseurs que les intermèdes doivent leur saveur comique. Même dans une entrée burlesque, la danse reste soumise aux pas réglés et réguliers ; mais la chorégraphie peut déjà se faire plus osée, plus inventive et plus spectaculaire, cherchant à se libérer de la norme par quelques inventions surprenantes et cocasses. Le danseur peut aussi, par la mimique et la gestuelle, rechercher l'imitation simiesque, la stylisation et la déformation caricaturale des gestes et des postures. On trouve là matière à toute une invention chorégraphique dont le musicien Lully – lui-même excellent danseur et acteur – s'était fait une spécialité en réglant avec Beauchamp les intermèdes bouffons[27].

De cela, on a un témoignage très précis pour le cas particulier des danseurs qui représentaient des comédiens italiens de la *commedia dell'arte*. Si l'on n'avait que la mention du livret pour le deuxième entracte de *L'Amour médecin* (« Plusieurs Trivelins et plusieurs Scaramouches [...] se réjouissent en dansant »), on ne serait guère avancé. Mais on sait que de tels personnages étaient traditionnels dans le ballet[28], avec leurs pas, leurs déplacements, leurs postures, leurs gestes, leurs mimiques. Et il faut croire qu'une sorte de style de danse et de jeu propre à ceux qui représentaient des types italiens s'était établi dans les ballets, mêlant chorégraphie et pantomime comique : le traité bilingue publié en 1716 par G. Lambranzi, sous le double titre *Nuova e curiosa scuola de'balli teatrali* et *Neue und curieuse theatralische Tantz-Schul*[29], définit, à l'aide de nombreuses planches, des pas, des attitudes et des figures grotesques pour ceux qui avaient à danser un Scaramouche, un Arlequin ou un autre personnage italien. L'entracte de *L'Amour médecin* déployait certainement cette chorégraphie et ce jeu comiques.

Mais la musique ? La musique passant pour n'avoir pas de signifié – remarque Rémy Landy, dans un article très fin et très précieux[30] –, on se demande si le discours musical peut faire rire, et comment. Peut-on se référer à un « code comique de la musique » ?

Il n'est pas douteux que tant le style *buffo* italien que le style bouffe français, que Lully contribua largement à créer, présentent un certain

---

[27] Voir : A. Levinson, « Notes sur le ballet au XVIIe siècle. Les danseurs de Lully » (*La Revue musicale*, janvier 1925, p. 46-47) ; Ph. Beaussant, *Lully ou Le Musicien du Soleil*, *op. cit.*, 1922, chapitres IV et VI.

[28] Voir Ch. Mazouer, « Les comédiens italiens dans les ballets au temps de Mazarin » (*La France et l'Italie au temps de Mazarin*, 1986, p. 319-329).

[29] Nürnberg, 1716 (repris à Leipzig en 1975).

[30] R. Landy, « Quelques aspects du burlesque en musique » (*Burlesque et formes parodiques*, 1987, p. 283-291).

nombre de procédés à l'effet comique assuré. L'instrumentation intervient assurément. Quand le livret du *Bourgeois gentilhomme* parle de « plusieurs instruments à la turquesque », on comprend que la grosse caisse, les cymbales et autres triangles donnaient une couleur orientale, exotique, vite bouffonne – il en sera encore ainsi chez Mozart ! Utiliser des mortiers d'apothicaire comme instruments de musique est une idée plaisante – et d'esprit tout carnavalesque – de Charpentier pour la cérémonie du *Malade imaginaire*. Comme les flûtes créent la douceur pastorale, de tels instruments installent l'euphorie et le comique. Le *tempo* – nous reparlerons de l'air de vitesse – et la rythmique – contre-temps, syncopes déhanchées – sont également aptes à provoquer le rire. La ligne mélodique se charge d'une intention identique, soit que la même note se répète inlassablement, soit qu'un grand intervalle surprenant intervienne, soit que la mélodie parcoure en montant ou en descendant tous les degrés de la gamme.

L'appréciation du comique harmonique tient beaucoup à la connaissance des normes de l'époque ; leur transgression fait rire le connaisseur. Une grande partie du sel de la scène musicale d'ouverture du *Bourgeois gentilhomme*, où l'élève compose sous nos yeux, essayant, raturant, chantant avant de noter, vient des fautes proprement musicales (prosodie mal respectée, écarts trop considérables) qu'il commet devant nous[31]. Quand Charpentier refit une musique pour *Le Mariage forcé*, il composa entre autres un trio bouffe « La, la, la, la, bonjour », où les trois compagnons chanteurs débitent des propos ridicules, agrémentés de cris de chats, de chiens et d'ânes. La mise en musique de « Oh ! le joli concert et la belle harmonie ! » illustre bien le présent propos : avec une solennité ironique et bouffonne, les voix passent de l'accord parfait de ré a celui de mi (accords harmoniques de climat presque religieux), avant de se défaire et de se laisser glisser chacune dans une vertigineuse descente chromatique qui aboutit au la mineur du morceau[32].

---

[31] Voir Louis Auld, « Lully's comic art » (*Jean-Baptiste Lully, op. cit.*, 1990, p. 17-30).

[32] Voir Ch. Mazouer, « Molière et Marc-Antoine Charpentier » (art. cit. de 1989, p. 154-155) ; on trouvera là d'autres éléments du comique musical de Charpentier.

Catherine Cessac fait d'ailleurs remarquer[33] qu'on retrouve dans ce trio des procédés expressifs, comme les enchaînements de septièmes ou les basses chromatiques, qui viennent de la musique italienne et que le compositeur tourne ici en dérision. Le comique musical est parfois un comique de parodie, que seuls les initiés peuvent saisir[34].

Dans le chant, le comique proprement musical se lie à celui des mots, le soutenant, l'amplifiant ou le redoublant par ses procédés. Prenons ici un seul exemple : celui du refrain chanté par Hali à la face de Dom Pèdre et pour écarter ses soupçons, « *Chiribirida ouch alla !* » – en langage « franc », dit le livret, mais où l'on reconnaît vite un jargon à base d'italien[35]. Le comique est donc d'abord proprement verbal. Mais la musique intervient avec son langage : la mélodie descend, degré par degré (et chaque degré est répété dans les trois temps de chaque mesure) d'une dixième ; cadence pour retrouver la dominante : nous sommes exactement au milieu du refrain ; et la voix repart en sens inverse, grimpant toute la gamme de do jusqu'au repos final sur la tonique !

Et, pas plus que dans le cas de la danse il ne fallait oublier le danseur, il ne faut ici oublier le chanteur. Son timbre de voix, naturel ou travesti, peut être un instrument comique ; selon la partition, Lully et Gaye qui tenaient les parties des deux musiciens grotesques de *Monsieur de Pourceaugnac* (I, 10) durent utiliser leur voix de fausset. Comique assuré et pur burlesque vocal ! Ne parlons pas de l'intonation, mais rappelons que le chanteur est aussi un mime, maître de son visage, un acteur maître de son corps ; et qu'il est finalement tributaire d'un contexte dramatique, d'une situation qui peut déterminer l'aspect comique de la musique ou du chant qui y participe.

---

[33] *Marc-Antoine Charpentier, op. cit.*, 1988, chapitre III.

[34] John S. Powell a ainsi montré, pour *Le Sicilien* (« La *Sérénade* pour *Le Sicilien* de M.-A. Charpentier et le crépuscule de la comédie-ballet », *Revue de musicologie*, t. 77, n° 1, 1991, p. 88-96) que, dans sa réfection de 1695, le second musicien de Molière avait repris et parodié la version primitive de Lully.

[35] *Le Sicilien*, scène 8. – On trouvera une analyse du comique musical turc dans Thomas Betzwieser, « Die Türkenszenen in *Le Sicilien* und *Le Bourgeois gentilhomme* im Kontext der Türkenoper und des musikalischen Exotismus » (*Jean-Baptiste Lully, op. cit.*, 1990, p. 53-63).

Ces quelques remarques générales sur la difficile question du comique musical suffisent ; mais il était indispensable de s'interroger un peu sur les formes et les moyens de la *vis comica* des ornements. Ces formes et ces moyens – voilà l'essentiel – sont au service d'une intention et s'attachent à créer, à travers l'humour, la raillerie, la satire caricaturale ou la dérision burlesque, un climat de gaieté qui rejoint, comme nous le verrons dans la troisième partie de ce travail, le regard que Molière porte sur la vie.

Les ornements, pourrait-on dire déjà, c'est la vie dansée et chantée, c'est la vie quotidienne rendue plus joyeuse.

Que quatre garçons tailleurs[36] s'emparent du corps de Monsieur Jourdain, lui arrachent son haut de chausse et sa camisole avant de lui mettre son habit neuf, « le tout en cadence de toute la symphonie », débarrasse le maladroit personnage, entraîné dans le rythme régulier et assez solennel d'une danse en si bémol, d'un peu de sa balourdise, comme si son rêve commençait de s'accomplir ; mais nous sourions aussi de le voir pris dans cette cérémonie qui l'ébahit et le ravit, et nous nous demandons même si Molière n'est pas en train de se moquer, au-delà de son bourgeois, de toutes ces cérémonies dans lesquelles se complaît la noblesse... Mais qu'importe ! Tout cela est enveloppé et entraîné dans la danse, dans la vive gavotte qui termine l'acte.

Un peu plus loin, l'intermède des cuisiniers (les airs de leurs danses n'ont pas subsisté) transforment le repas en une fête[37]. Les chansons à boire qui viennent peu après[38] confirment ce choix de la gaieté, rendu plus urgent par l'évocation de la mort (« Quand on a passé l'onde noire ») ; la deuxième chanson surtout, qui est la plus belle et celle que préférait Lully, souligne l'injonction pressante (« Buvons », « Profitons de la vie »), ce *carpe diem,* en particulier par les entrées des trois voix en canon, dans une pseudo-fugue, sur les deux derniers vers.

L'ivresse fait oublier la gravité de la mort. D'autres peurs s'emparent de l'homme, qu'un récit ou qu'une entrée de ballet exorcisent

---

[36] *Le Bourgeois gentilhomme*, II, 5.

[37] *Le Bourgeois gentilhomme*, III, 16.

[38] IV, 1.

par le comique. Voyez le malheureux Sganarelle du *Mariage forcé* ! Le tracas de son mariage transforme son sommeil en cauchemar ; mais comment prendre au sérieux ses craintes et ses soupçons jaloux quand ils s'incarnent en danseurs qui se livrent à une danse régulièrement bousculée et passablement burlesque[39] ? Sganarelle est bien le seul à prendre au sérieux le magicien qu'il va consulter[40]. Le récit du magicien (premier témoignage du style bouffe français, selon H. Prunières), qui est en fait un dialogue où le magicien chante tandis que Sganarelle effrayé répond en parlant par un ou deux mots, n'est pas pris au sérieux par Lully. Mélodie sautillante sur des paroles graves, descente de la ligne mélodique d'une dixième, puis encore d'une quarte sur « mes charmes profonds », chromatismes trop soulignés pour être inquiétants, dernier saut de la voix de basse : autant de procédés qui rendent plaisant le personnage du magicien. Quant aux démons finalement évoqués, ils agrémentent leur danse du signe des cornes – celui qui symbolise le cocuage[41] ! Autant que de ces figures surnaturelles, nous rions de la naïveté de Sganarelle.

Pour ses noces forcées, Sganarelle doit apprendre à danser. On lui montre une courante[42]. Les airs n'ont rien de comique, mais l'était à coup sûr la grâce balourde de l'élève. De la même manière, le charmant menuet du *Bourgeois gentilhomme,* composé d'abord par Lully pour *Les Amants magnifiques,* est dansé de manière lourde et saccadée par le maladroit Jourdain et lui fournit l'occasion de dissonances de tenue qui soulignent la vanité de ses prétentions[43] ; le Bourgeois ne sait pas maîtriser son corps, lui donner une forme et de l'élégance.

L'intermède transforme la vie en spectacle comique. Dans un groupe de valets de chiens, l'un d'eux préfère le sommeil aux appels de l'Aurore et de la chasse[44] : voilà de quoi amener esthétiquement une petite scène d'inspiration réaliste, et la rendre amusante. Aux valets

---

[39] I, 2, première entrée.

[40] II, 3.

[41] II, 3, quatrième entrée.

[42] III, 3, cinquième entrée.

[43] II, 1.

[44] *La Princesse d'Élide*, premier intermède, scène 2.

courageux de chanter, leurs trois voix se relayant ou se rejoignant en trio pour faire lever leur tardif compagnon, multipliant les appels calqués sur la quinte du cor de chasse ; au fainéant Lyciscas la pesanteur de la prose, pour dire son mécontentement et son incœrcible envie de retourner au sommeil. Ailleurs, l'intermède se moquera d'un vieil amoureux, le laid et ridicule Polichinelle[45]. Les violons malicieux d'abord l'empêchent de chanter une sérénade sous le balcon de sa tigresse , et quand il a fait taire l'impertinente harmonie et qu'il prélude déjà sur son luth, c'est le chœur des archers du guet qui s'en prend au fanfaron, le menace de la prison, avant de dépouiller et de gratifier de croquignoles et de coups de bâton le malheureux, mort de peur. Ce chœur d'archers qui anime le dialogue avec un Polichinelle réduit à la parole est un modèle de précision et de vie.

L'intermède comique s'en prend souvent à des personnages plus sérieux, plus inquiétants, dont les défauts et les vices font l'objet d'une satire plus acerbe.

C'est le cas des gens de justice dans *Monsieur de Pourceaugnac* (II, 11). Les avocats chantent, annonce-t-on au provincial de Limoges. « La polygamie est un cas pendable », affirme la premier ; mais comment ! La voix de basse traînante prononce une syllabe par ronde, lesquelles rondes descendent consciencieusement, degré par degré, une quinte, avant de la remonter. Son collègue aboutit à la même conclusion sur la polygamie, mais après un flot de paroles, en particulier une énumération copieuse de noms de législateurs et de glossateurs. Et sur quelle musique ! Le chant de cette voix de dessus est également syllabique, mais chaque syllabe est chantée pendant la valeur d'une croche. En somme, le second avocat va huit fois plus vite que le premier, en une mélodie giratoire. Restait à superposer les deux voix ; tandis que la voix de dessus, dans une énumération des peuples policés encore plus bousculée par l'apparition de doubles croches, reprend un air de vitesse, la voix de basse débite la même phrase avec des rondes qui constituent une basse harmonique à l'autre chanteur. À peine trois pages de musique, mais une verve à la Rossini.

Ce n'est pas tout pour cet intermède, car si les avocats chantent, les procureurs et les sergents dansent une entrée. Au-delà des travers

---

[45] *Le Malade imaginaire*, premier intermède.

professionnels des avocats, c'est toute la justice qui devient objet de divertissement, que l'intermède transforme au fond en mascarade de carnaval.

La raillerie revêt une portée infiniment plus grave quand les intermèdes s'en prennent aux médecins et à la médecine.

Cela commence avec *L'Amour médecin*, où les médecins introduits par Champagne entrent sur scène en dansant (premier entracte). La solennité de l'air en ré mineur se défait vite et le rythme pointé, les constants changements de mesure invitent les danseurs à un jeu et à une chorégraphie bouffonne, parodiant les cérémonies auxquelles se livrent dans la réalité ces inquiétants personnages. Ainsi discrédités par avance, les Tomès, Des Fonandrès, Macroton et autres Bahys de la comédie parlée inquiètent moins.

À la fin de l'acte suivant (II, 7), la médecine officielle est épargnée et c'est un charlatan, un opérateur qui vient chanter la puissance de ses drogues. Son air, encore confié à une basse (Lully se sert beaucoup de la basse pour faire rire) est un autre spécimen du style bouffe. La vantardise du personnage s'étale d'abord dans une section grandiloquente ; la mélodie s'y présente noblement, par nappes et par paliers, coupée de valeurs longues et de pauses, et exalte l'alexandrin. Puis survient brutalement une série de croches, dans une mesure à 3/8, pour que l'Opérateur débite à toute vitesse la liste des maladies qu'il sait guérir ; nous retrouvons le comique musical d'énumération. Enfin, revenant au style du début, l'Opérateur s'émerveille de son orviétan (« O grande puissance de l'orviétan ! »), accordant à ce *O* répété une durée de plus en plus longue.

Dans *Monsieur de Pourceaugnac,* on retrouve deux musiciens italiens travestis en médecins grotesques (I, 10 et 11). L'édition de 1734 signale un jeu de théâtre plaisant au moment des salutations : en chantant « *Bon dì* » (d'abord sur un ronde suivie d'une blanche ; puis sur une série de noires quatre fois plus rapides), Lully et Gaye s'asseyaient puis se levaient sans fin, comme Monsieur de Pourceaugnac, en d'interminables salutations. Mais le chant qui suit n'a aucun caractère grotesque ; il exprime même une philosophie du rire. Quant à la scène suivante (I, 11), elle fait des médecins et de l'apothicaire des personnages dansants qui persécutent le provincial ; mais ce qui est cauchemar pour Monsieur de Pourceaugnac est farandole plaisante pour le spectateur.

La tradition de la satire antimédicale exploitée par Molière rencontrait donc la thématique du ballet de cour comique illustré par Lully ; tout le monde sait qu'en 1657 Lully donna pour le carnaval, dans la grande salle du Louvre, un *Amor malato,* ballet bouffe qui est presque une petite farce ; dans la cinquième entrée, onze docteurs reçoivent un candidat docteur en ânerie qui soutient des thèses plaisantes dédiées à Scaramouche... Nous ne sommes pas loin de la cérémonie burlesque qui clôt *Le Malade imaginaire.*

La dernière pièce de Molière dévoile parfaitement l'intention profonde de l'intermède de médecins : à la faveur du carnaval, les médecins accèdent définitivement à la fantaisie. Le troisième intermède est « une cérémonie burlesque » qui transforme en rire la solennité d'une intronisation, qui tourne en dérision non seulement la réception du nouveau docteur, mais tout le savoir médical et souligne les vices profonds des médecins, chirurgiens, apothicaires et autres porteurs de seringue.

Malgré son absence totale de comique musical, la marche carrée, solennelle, en fa majeur qui accompagne l'entrée de la Faculté invite pourtant déjà à envisager d'un regard goguenard tout ce qui va suivre. On a tout dit de l'extraordinaire dialogue parlé en latin macaronique, si drôle par sa fantaisie de langue et si acerbe par ce qu'il révèle de la médecine. Mais on ne remarque pas assez les interventions de la musique. Chaque strophe du *Praeses* est ponctuée d'une ritournelle instrumentale de mélodie à peine variée ; ce sont autant de commentaires légers, humoristiques que les violons et les flûtes se permettent malicieusement après l'effrayant sérieux de l'orateur. Quant au chœur syllabique « *Bene, bene, bene, bene respondere* », répété en version courte ou longue après chaque réponse du *Bachelierus*, il est enjoué, sautillant dans ses applaudissements, portant plaisamment aux nues les réponses stupides d'Argan. Remise du bonnet de docteur, révérences du corps des docteurs assemblés au nouveau docteur : tout se fait en danse, dans la cadence fantaisiste de l'entrée de ballet. La joie est portée à son comble par le grand chœur « *Vivat* », à cinq parties vocales, ponctué du son des mortiers d'apothicaire accordés comme des timbales (deux portées leur sont réservées sur la partition !). Le do majeur éclatant n'empêche pas les finesses et les malices de l'écriture : au sautillement régulier et burlesque des applaudissements chantés dans le refrain syllabique réplique une ritournelle instrumentale, dans laquelle l'orchestre donne l'impression de se ruer, avec les coups de mortier ; ici Charpentier s'amuse à doubler la durée de la première syllabe de *Vivat* là (« *Et seignet et tuat* ») il entrelace en un plaisant contrepoint les voix groupées par deux ou par trois.

Pendant plus de vingt minutes, l'écrivain, le musicien et le chorégraphe donnent ainsi un pur plaisir euphorique.

Il est à noter que cette cérémonie burlesque place le héros comique de la comédie parlée en son centre ; autant que la médecine, sont tournées en farce la naïveté d'Argan, sa folie de croire qu'on peut ainsi devenir médecin et calmer ses angoisses. De la même manière, la cérémonie turque du *Bourgeois gentilhomme* faisait déjà rire de la naïveté et de la folie de Monsieur Jourdain. Tant on a l'impression, qu'à certains égards, le chef-d'œuvre de la collaboration entre Molière et Charpentier reprend le chef-d'œuvre de la collaboration entre Molière et Lully.

Une différence, toutefois, et d'importance pour le climat respectif des deux cérémonies burlesques : celle du *Malade imaginaire* impose sa fantaisie joyeuse à l'issue d'une comédie sous le rire de laquelle rôde la plus profonde des angoisses, l'angoisse de la mort ; celle du *Bourgeois gentilhomme* s'épanouit dans le rêve illusoire, mais dépourvu de toute gravité, du Bourgeois. Il revenait à Lully – artisan d'un charivari grotesque dès *Le Mariage forcé*[46], artisan et acteur de la scène chantée par deux médecins grotesques dans *Monsieur de Pourceaugnac*[47] – d'imaginer cette pure efflorescence du burlesque qu'est la cérémonie turque. Avec un plaisir visible et une complaisance aussi, que la discrétion et la finesse de Charpentier révéleront après coup, le signor Chiachiarone, qui se promeut Mufti, multiplie les inventions comiques de cette autre parodie d'intronisation.

Qu'admirer davantage dans ce quart d'heure de divertissement exubérant ?

L'intermède se veut cérémonie, avec un apparat, des rites qui donnent l'impression de la solennité réglée. La marche initiale, en sol mineur (cette tonalité va persister au long de l'intermède ; l'accord de sol serait-il celui des Turcs ?), par sa carrure, son assise, impose cette

---

[46] III, 3, septième entrée.
[47] I, 10 et 11.

solennité brillante, renforcée par les figurants qui font les porteurs de tapis et par le luxe des costumes que revêtent les Turcs dansants, les Turcs musiciens, le Mufti et les quatre derviches qui forment sa suite. Giourdina, habillé à la turque, est amené, éloigné, mis à genoux sous le Coran, revêtu de son turban, muni de son sabre ; il faut lui donner les apparences d'un grave cérémonial, qui l'épouvante même.

Mais Jourdain est le seul à prendre au sérieux la cérémonie, aveugle à son aspect dérisoire qui éclate partout. Ce Mufti qui « chante gravement » commence par se livrer à une invocation grotesque « avec des contorsions et des grimaces, levant le menton, et remuant les mains contre sa tête, comme si c'était des ailes ». Plus loin, au nom de Giourdina, le Mufti saute en l'air. La dernière invocation – la dernière pitrerie de Lully – a lieu en présence de Giourdina ; nous avons cité longuement ce texte de 1682 au chapitre précédent[48]. Pantomime, mimiques, intonations, jeu avec le costume délirant aussi : admirable travail d'acteur comique, qui tourne la cérémonie en dérision.

Reste la musique, c'est-à-dire le dialogue chanté et les interventions chorales. La musique en elle-même n'a pas besoin d'être constamment comique : à lui seul le langage turc – en fait, non un galimatias, mais le sabir méditerranéen composite qu'on appelait « langage franc » –, dont des traces apparaissent dans des comédies de l'époque et déjà dans *Le Sicilien* de Molière, procure un plaisir comique.

Mais écoutons-la entrer en action, faisant d'emblée de ce rite une bouffonnerie. Les Turcs, pour honorer leur Mufti, se prosternent jusqu'à terre, en chantant *Alli*, puis se relèvent, en chantant *Alla* : mécanique des postures reprises, que le chœur à quatre voix souligne en répétant six fois l'invocation sur le simple accord parfait de sol majeur. Le Mufti les interroge-t-il sur la religion du postulant (*pagana, luterana, puritana...*), ils répondent « non » (*Ioc*) en chœur, formant le même accord parfait de sol majeur, ou « oui » (*Hey valla*), en faisant se succéder, par sept fois, l'accord parfait de sol, celui de ré et celui de do en position fondamentale :

---

[48] Voir *supra*, p. 122-123.

La ligne mélodique du Mufti se contente de faire la basse continue sous celle des violons. On retrouvera l'intervalle mélodique obstiné de seconde

dans d'autres réponses des Turcs. Quand le Mufti est satisfait, il chante et danse sur « *Ha la ba, ba la chou, ba la ba, ba la ba, ba la ba* » : un charabia pareillement expressif reçoit une mélodie (si l'on peut dire !) adaptée, reprenant sur le même rythme obstiné les mêmes notes ou des notes très proches – le tout répété par le chœur dansant des Turcs.

Les mêmes procédés comiques (pauvreté mélodique, répétitions) se retrouvent dans le dialogue qui se fait en présence de Giourdina placé en homme pupitre, par terre. Les airs de danse qui s'entremêlent sont toujours brillants, avec quelques contretemps à effet burlesque.

Que la cérémonie se termine par des coups de bâton donnés en cadence au nouveau Mamamouchi, que le Mufti, fatigué de ses gesticulations et autres pitreries, se retire appuyé sur ses Derviches, voilà qui souligne le côté dérisoire et parodique de l'anoblissement, auquel Monsieur Jourdain reste aveugle.

Qu'il s'agisse des intermèdes de pastorale, qui préfiguraient l'opéra, ou des intermèdes comiques, qui annonçaient l'opéra bouffe, la diversité des climats converge vers l'affirmation de la joie – joie de l'amour, victoire des forces de la vie contre les rigidités, celles de l'amour propre et de l'égoïsme en particulier, qu'achève de bousculer la fantaisie endiablée de la danse et de la musique. L'intermède comique administre une potion d'allégresse : « *Noi vi faremo ridere / Col nostro canto harmonico* », chante Lully déguisé en médecin grotesque[49]. Place aux chansons, danses et jeux qui ne cherchent qu'à donner « des plaisirs innocents[50] » ! Place à la joie de l'amour vainqueur ! « Et que nos violons viennent nous réjouir[51] » !

---

[49] *Monsieur de Pourceaugnac*, I, 10.
[50] *Monsieur de Pourceaugnac*, didascalie de III, 8.
[51] *Les Fâcheux*, III, 6, v. 822.

7

« NE FAIRE QU'UNE SEULE CHOSE DU BALLET ET DE LA COMÉDIE »

Les ornements font rire, charment, émeuvent – plaisent, en un mot – par les grâces unies de la poésie, de la musique et de la danse. Tout le problème pour Molière était de réaliser l'heureuse intégration de ces ornements dans la comédie, de concilier harmonieusement l'apport et la richesse des agréments musicaux et dansés avec le déploiement de la comédie qui se récitait. Comment unir, puisqu'elles ont décidé de collaborer pour le plaisir des spectateurs, la comédie, la musique et la danse ? Quelle vraisemblance esthétique donner à leur union ?

La comédie-ballet est de ces spectacles où l'esprit, l'oreille et les yeux trouvent de quoi se divertir agréablement[1]. Une fois encore, retenons le témoignage de Félibien, spectateur averti et sensible de la comédie-ballet donnée lors du *Grand Divertissement royal de Versailles* de 1668, où précisément l'entrelacement des actes de la pastorale en musique à *George Dandin* pouvait faire difficulté. La pièce, dit-il,

> est composée de parties si diversifiées et si agréables qu'on peut dire qu'il n'en a guère paru sur le théâtre de plus capable de satisfaire tout ensemble l'oreille et les yeux des spectateurs. La prose, dont on s'est servi, est un langage très-propre pour l'action qu'on représente ; et les vers qui se chantent entre les actes de la comédie conviennent si bien au sujet et expriment si tendrement les passions dont ceux qui les récitent doivent être émus, qu'il n'y a jamais rien eu de plus touchant[2].

---

[1] Le P. Ménestrier (*Des ballets anciens et modernes selon les règles du théâtre*, 1682, p. 1) dit cela des ballets mêmes.

[2] G.E.F., t. VI, p. 620-621.

N'allons pas croire qu'à l'une – la comédie – soit réservé de satisfaire l'esprit, et aux autres le charme plus sensuel de l'ouïe et de la vue ! Chargée de l'observation et de la critique des mœurs, la comédie donne à penser ; et, comme le note Félibien, la prose est le langage des personnes agissant sur la scène, dans l'action théâtrale. Bergers et bergères dansants « occupent les yeux tandis que la musique occupe les oreilles », dit le livret à propos d'un passage du troisième intermède pastoral. Mais la danse et la musique signifient aussi et charment l'esprit ; Félibien le signale à la louange de Lully. Les danses ? « Il n'y a point de pas qui ne marque l'action que les danseurs doivent faire, et dont les gestes ne soient autant de paroles qui se fassent entendre[3] ». La musique ? « Si l'on regarde la musique, il n'y a rien qui n'exprime parfaitement toutes les passions et qui ne ravisse l'esprit des auditeurs[4] ».

Mais ces parties « si diversifiées et si agréables » – la prose et le vers, la parole et le chant, la marche et la danse – sont-elles seulement juxtaposées, selon une esthétique baroque qui se plaît à la fois à la profusion et aux contrastes, ou vraiment articulées en un tout ? Les dialogues en musique, les ballets jouent-ils seulement un rôle décoratif ou sont-ils vraiment liés au sujet de la comédie ?

Tel fut le défi esthétique posé à Molière, dès *Les Fâcheux*. Luimême nous explique comment, sous la pression d'une contrainte purement pratique et circonstancielle, il fallut mêler à sa comédie le ballet prévu par ailleurs ; le petit nombre des danseurs disponibles les empêchant de donner à la suite toutes les entrées de ballet (il leur fallait changer de costume pour les différentes entrées), on décida de jeter les entrées de ballet dans les entractes de la comédie. Le genre de la comédie-ballet naquit ainsi d'une manière absolument fortuite, et Molière formulait d'emblée le problème des intermèdes, ici de simples entrées de ballet :

> ... pour ne point rompre aussi le fil de la pièce par ces manières d'intermèdes, on s'avisa de les coudre du mieux que l'on put, et de ne faire qu'une seule chose du ballet et de la comédie[5].

---

[3] *Ibid.*, p. 624.

[4] *Ibid.*

[5] Avertissement au lecteur des *Fâcheux*.

Et l'idéal de la comédie-ballet est posé : faire entrer naturellement le ballet dans la comédie. Plus riches seront les ornements, plus difficile s'avérera la réalisation de l'unité. Quand le roi désire qu'une comédie-ballet exploite toutes les richesses possibles du spectacle théâtral et fournit pour cela le thème général des *Amants magnifiques*, il reste à la réalisation de Molière l'essentiel : « embrasser cette vaste idée et enchaîner ensemble tant de choses diverses[6] ».

C'est à cette question de l'unité des comédies-ballets qu'il nous faut consacrer les pages qui viennent[7].

Avant d'examiner comment les ornements sont cousus au sujet, il n'est pas inintéressant de réfléchir un peu sur le texte même des comédies de Molière : on découvre dans le dialogue et dans les situations des affinités avec la matière artistique des ornements. À chacun des arts est laissé sa spécificité et, pour Molière même, leur hétérogénéité quant à la matière et aux formes d'expression fait la richesse des comédies-ballets. Pourtant, tout se passe comme si, dès la comédie récitée, une correspondance secrète se tissait entre les arts qui contribuent à l'ensemble, comme si la comédie lançait déjà des appels en direction de la musique et de la danse. Le grand Jacques Copeau, qui fit passer le texte de Molière par sa voix et par son corps, dit admirablement cela[8]. Dans ce théâtre, la parole s'apprête à devenir chant et l'action touche à la danse ; la musique et la danse sont « embusquées » dans la prose de Molière qu'elles habitent secrètement – « cette extraordinaire prose de théâtre, travaillée par toutes sortes de rythmes qui exigent de l'interprète une certaine diction et certains mouvements. » S'il en est bien ainsi, la comédie-ballet trouve déjà un facteur d'unité sous-jacent.

Il ne faudrait pas trop presser ce genre d'observation, en particulier pour les rapports entre la prose de Molière et le chant. Que cette prose (la plupart des comédies-ballets sont écrites en prose) soit travaillée par

---

[6] *Avant-propos* des *Amants magnifiques*.

[7] La question ne semble avoir vraiment intéressé jusqu'ici que des musicologues. Le thème de l'unité est central dans l'étude de F. Böttger, en 1931 ; voir aussi Louis E. Auld, *The Unity of Molière's comedy-ballets : a study of their structure, meanings and values*, 1968 (résumé de cette thèse dans *D.A.I.*, vol. XXIX, n° 11, may 1969, 3997 A).

[8] Textes publiés dans *Registres II. Molière*, éd. cit., 1976, p. 94 et 95.

des rythmes et ornée de jeux sonores, c'est une évidence ; et il n'est pas besoin de faire appel, comme on le fait inlassablement et exclusivement, aux fameux vers blancs du *Sicilien*. Telle est la condition de toute bonne prose de théâtre ; disons-la musicale si l'on veut. Mais le rapport avec la musique reste très général et plutôt métaphorique. Et la prose du dialogue reste prose parlée – surtout chez Molière qui opposait une diction naturelle à la déclamation emphatique de ses rivaux de l'Hôtel de Bourgogne ; prose parlée, et non pas chant, lequel est tout autre chose. Avec toutes les qualités musicales qu'on accordera à une belle langue de théâtre, celle-ci se suffit à elle-même et n'implique pas, de soi, d'être complétée par des ornements musicaux.

Cela dit, le passage de la parole au chant peut s'ouvrir aisément. Il arriva à Molière de souligner tel de ces passages, donnant ainsi une justification naturelle à l'intrusion du chant dans la comédie parlée. Proposons deux exemples, qui obéissent à des nécessités d'ordre différent.

Dans *Monsieur de Pourceaugnac*, Sbrigani conduit le provincial de Limoges chez deux avocats, voici comment il prévient sa dupe :

> [...] j'ai auparavant à vous avertir de n'être point surpris de leur manière de parler : ils ont contracté du barreau certaine habitude de déclamation qui fait que l'on dirait qu'ils chantent ; et vous prendrez pour musique tout ce qu'ils vous diront[9].

La transition est aisée de la parole déclamée au chant ; et rappelant cela, Molière réalise une parfaite couture entre la scène parlée et le dialogue bouffe qui suit.

L'autre exemple concerne le chant qui exprime l'amour. Molière raille gentiment l'habitude qu'ont les bergers de chanter leur passion, car il la trouve peu vraisemblable. Pourtant, cela lui permet déjà de justifier le passage à la musique de telle sérénade intercalée dans son dialogue, et d'amener naturellement toutes les bergeries musicales des intermèdes. Plus profondément, ne retrouve-t-on pas l'idée, déjà touchée, que le chant est peut-être le plus apte à déclamer la passion ? La dernière déclaration d'amour du théâtre de Molière se fait en

---

[9] II, 10.

musique : Cléante et Angélique sont assurément contraints par la situation de passer par le biais de la bergerie musicale ; mais leur amour ne trouve-t-il pas là sa plus belle expression ? Et, du coup, le passage du langage parlé au chant, de la comédie à l'ornement, s'avère nécessaire et leur union fondée.

L'affinité paraît beaucoup plus nette et le rapprochement plus convaincant entre le dialogue scénique et la danse – nous disons *dialogue scénique,* car il ne s'agit pas seulement des échanges de répliques, mais aussi du jeu des comédiens qui parcourent l'espace, et plus généralement de la configuration de l'action dramatique qui entraîne les uns et les autres. Initié au jeu réglé de la *commedia dell'arte,* Molière a introduit dans son théâtre un souci de la cadence qui rappelle et postule la chorégraphie[10]. La pulsion rythmique qui anime ce théâtre fait évidemment davantage penser à la danse qu'à la musique.

C'est Robert Garapon qui a mis en valeur les formes stylistiques du ballet de paroles (à deux, trois ou quatre interlocuteurs) comme exemples de la répétition, procédé majeur de la fantaisie verbale[11]. Dans la même ligne, Gabriel Conesa élargit l'analyse de ces effets de stylisation que produisent les ballets de paroles[12]. Pour sa part, J. Copeau remarquait[13] que c'est une nécessité physique pour le comédien, dans Molière, d'être un danseur ; cette danse, qui est dans le texte, constitue comme une sorte de reflet de l'intermède dansé et musical proprement dit des comédies-ballets. Comme la stylistique du dialogue théâtral et l'analyse du jeu de l'acteur, l'étude dramaturgique repère de ces scènes ou de ces suites de scènes qui font inévitablement penser à la danse ; s'y manifeste cette tendance de Molière, qui triomphera encore dans ses dernières pièces[14], à donner à la comédie

---

[10] G. Attinger, *L'Esprit de la commedia dell'arte dans le théâtre français*, 1950.

[11] R. Garapon, *La Fantaisie verbale et le comique dans le théâtre français du Moyen Âge à la fin du XVIIe siècle*, 1957, p. 236-241.

[12] *Le Dialogue moliéresque. Étude stylistique et dramaturgique*, 1983, en particulier p. 238-254 ; voir aussi, du même, « Molière et l'héritage du jeu comique italien » (*L'Art du théâtre. Mélanges en hommage à Robert Garapon*, 1992, p. 177-187).

[13] En publiant sa mise en scène des *Fourberies de Scapin*, 1951.

[14] R. Garapon, *Le Dernier Molière. Des Fourberies de Scapin au Malade imaginaire*, 1977.

l'allure d'un ballet. Et Robert McBride, après avoir signalé l'importance de cette clé[15] pour l'analyse du théâtre de Molière, vient de montrer plus amplement[16] combien la comédie et le ballet sont en relation naturelle, au point qu'il présente et interprète ses personnages comiques à travers les figures du ballet.

On pense bien que les comédies-ballets, plus encore que toutes les autres œuvres, sont des comédies dansées et dansantes – selon une autre heureuse formule de R. Isay.

Plutôt que de donner un panorama complet de cette sorte de contagion chorégraphique qui touche les comédies-ballets[17], nous préférons mettre en valeur certaines comédies-ballets où l'idée et les figures de la danse sont à ce point sensibles dans la comédie elle-même que les entrées de ballet y arrivent comme un couronnement naturel.

Pour commencer, la comédie des *Fâcheux*, qui accueillit fortuitement des entrées de ballet, ne les réclamait-elle pas ? La figure de la comédie est un grand pas de deux entre les amants Éraste et Orphise, mais qui ne pourra jamais se déployer car l'espace est saturé par le défilé des fâcheux, des autres danseurs qui tourbillonnent sans cesse autour d'Éraste ; le mouvement d'Éraste vers Orphise est constamment entravé, arrêté, empêché par les importuns, jusqu'au guet-apens final qui, par la mort d'Éraste, risquerait de faire cesser tout mouvement. C'est un ballet de fâcheux qui s'interpose entre les amoureux. Sans rupture, aux fâcheux qui parlent succèdent des fâcheux qui dansent

---

[15] « Ballet : a neglegted key to Molière's Theatre » (*Dance Research*, vol. II, n° 1, Spring 1984, p. 3-18).

[16] Voir son *Triomph of Ballet in Molière's theatre*, 1992.

[17] Nous renvoyons aux autres travaux suivants : R. Isay, « Molière revuiste », art. cit. de 1948 ; Ch. Dédéyan, « La structure de la comédie-ballet dans *La Princesse d'Élide et L'Amour médecin* » (*I.L.*, 1954-4, p. 127-132) ; J. Copeau, *Registres II. Molière*, op. cit. de 1976 ; R. Garapon, *Le Dernier Molière*, op. cit. de 1977 ; R. McBride, « The triomph of ballet in *Le Bourgeois gentilhomme* » (*Form and meaning : aesthetic coherence in seventeenth-century French drama. Mélanges Barnwell*, 1982, p. 127-141) ; J. Daugherty, « Structures chorégraphiques dans *Le Bourgeois gentilhomme* de Molière » (*French Studies in Southern Africa*, n° 13, 1984, p. 12-26) ; K. Elstob, « The love doctor does not dance with his father-in-law. An analysis of comedic and balletic elements in Molière's *L'Amour médecin* » (*Papers on French Seventeenth Century Literature*, vol. XV, 1988, n° 28, p. 131-148).

réellement à la fin des actes. On ne pouvait pas mieux poser l'unité esthétique du genre nouveau de la comédie-ballet !

De même qu'Éraste, au sens propre, est entraîné dans la danse du fâcheux Lysandre[18], de même le Sganarelle du *Mariage forcé*[19] finit par être happé dans la danse. Échappé de la consultation de ces raides et mécaniques danseurs que sont les pédants Pancrace et Marphurius[20], il doit subir la violence d'Alcantor et d'Alcidas (le nom du père et du fils ne danse-t-il pas autour de la syllabe initiale ?) ; le rapport des forces dans le dialogue et la configuration de celui-ci font encore penser à la stylisation de la danse. C'est sans surprise qu'on verra Sganarelle apprendre, balourdement, la courante ; et sa mésaventure s'achève naturellement en un ballet de galants qui dansent à la faveur des réjouissances nuptiales en entraînant la femme de Sganarelle, qu'ils caressent, et aussi le malheureux destiné au cocuage. La comédie débouche dans la danse et, comme le remarque si finement J. Copeau, le ballet devient véritablement dramatique ; la comédie et le ballet ont tendance à ne faire plus qu'un.

Prenons encore l'exemple de *Monsieur de Pourceaugnac*, où toute la comédie peut se lire comme un grand ballet qui se danse autour d'une victime ahurie, prise en charge, bousculée, bernée, livrée à des persécuteurs, avant d'être expulsée de la scène où la danse joyeuse règne alors sans partage. On évoquera en particulier les scènes 5 à 8 de l'acte II, où un ballet effarant, inscrit dans la suite même des répliques, se joue devant Monsieur de Pourceaugnac : successivement font leur entrée Oronte, Julie, Lucette, Nérine et jusqu'à leurs petits enfants supposés ! On pense aussi à une sorte de danse du scalp, surtout avec le cauchemar médical infligé au provincial ! Ces médecins qui s'emparent de son pouls et de sa personne, cet apothicaire qui le poursuit de son clystère : tout cela se termine évidemment par la danse de l'apothicaire, des musiciens déguisés en médecins et des matassins

---

[18] *Les Fâcheux*, I, 3.

[19] Voir aussi Ch. Mazouer, « *Le Mariage forcé* de Molière, Lully et Beauchamp : esthétique de la comédie-ballet », *Dramaturgies. Langages dramatiques. Mélanges pour Jacques Scherer*, 1986, p. 95.

[20] *Le Mariage forcé*, III, 2 et 3.

à l'entour de Pourceaugnac – ces danseurs le poursuivant, « tous une seringue à la main »[21].

Veut-on se limiter à une séquence dramatique plus restreinte ? Qu'on analyse en détail l'acte premier de *L'Amour médecin* ! Les trois premières scènes relèvent de la chorégraphie, avec trois séries de figures différentes : le ballet des conseillers éconduits par Sganarelle (scène 1) ; la danse du père inquiet autour de sa fille muette (scène 2) ; le dialogue stylisé où Sganarelle refuse d'entendre parler du mariage de sa fille (scène 3). Les deux scènes suivantes marquent une pause et le rythme n'est plus ici celui de la danse : la prose rationnelle domine et les personnages s'expliquent (Lisette et Lucinde de leur côté, scène 4 ; Sganarelle du sien, scène 5). Mais on revient à la danse avec la dernière scène de l'acte, à la faveur du mensonge de Lisette ; et là encore importe autant la stylistique des répliques que le jeu des comédiens et leur proxémique. On ne s'étonnera pas que le premier entracte fasse passer la suite de l'action de la pièce – aller chercher des médecins et les introduire chez Sganarelle – par la danse ; la danse était présente dès le début.

On pourrait enfin vérifier cette union de la comédie et de la danse dans le traitement de tel personnage ou de tel groupe de personnages. Voyez tous les spécialistes qui offrent leur service à Monsieur Jourdain ; ne font-ils pas toutes sortes de figures autour de leur bonne vache à lait ? Le maître de musique et le maître de danse, qui vont ensemble ; le maître d'armes et le maître de philosophie, qui arrivent ensuite et forment le beau pugilat que l'on sait[22]... Ces dialogues sont des chorégraphies élégantes ou burlesques, et ils nous font trouver naturel que les tailleurs ou les cuisiniers dansent.

Voyez surtout les médecins. Dans *L'Amour médecin,* Molière les introduit d'abord en danseurs, les quatre acteurs (quatre : comme un groupe de danseurs) qui parlent dans les actes suivants tiendront forcément de la danse dans leur dialogue. C'est l'inverse dans *Le Malade imaginaire* : les Diafoirus, Fleurant, Purgon sont d'abord transformés en caricatures mécaniques et stylisés par la comédie ; un

---

[21] I, 11.
[22] *Le Bourgeois gentilhomme*, II, 3.

pas de plus, si l'on peut dire, et les voilà devenus danseurs dans la cérémonie burlesque.

C'est assez prouver : Molière a toujours su réaliser cette communion entre l'esprit de la comédie et l'esprit de la danse, facteur essentiel de l'unité esthétique des comédies-ballets.

Il faut maintenant envisager l'enchaînement des ornements de musique et de danse, leur couture à la comédie. Dès l'origine, Molière voulait qu'ils ne rompissent pas le fil de la comédie, mais qu'ils y entrassent naturellement et fussent bien cousus à son sujet. Cet idéal a-t-il été atteint ? Quant à leur contenu, quels rapports entretiennent les intermèdes et autres ornements avec la trame de la comédie ? Comment sont-ils précisément cousus à la comédie ? Nous n'envisageons pas ici les effets de sens engendrés par les ornements sur la comédie (enrichissement dans la continuité, contrepoint, contrastes voulus...), mais seulement la question dramaturgique, technique de leur insertion et de leur inscription dans l'action de la comédie. Sans souci strict de la chronologie, présentons les solutions trouvées par Molière, en allant vers celles qui correspondent le mieux à son idéal d'unité.

Il va de soi que jamais un intermède ne se présente détaché de la comédie ; sa présence est toujours justifiée, même s'il paraît fort étranger à l'intrigue de la comédie.

Tel est, presque inévitablement, le cas des prologues, qui mettent en scène naïade, dryades et faunes, bergers et bergères pour chanter la louange du roi et dédier le spectacle à sa gloire – sans aucun rapport avec l'intrigue de la comédie réaliste qui suit. Et dans *Les Fâcheux,* et dans *Le Malade imaginaire* – les deux comédies-ballets extrêmes de sa carrière ! –, Molière a trouvé un biais, sans doute passablement artificiel, pour dissimuler la rupture : les personnages du prologue sont censés devenir les acteurs de la comédie qui suit. La naïade du prologue récitée de Pellisson emmène avec elle « pour la comédie » une partie de ses gens ; faunes, bergers et bergères de la grande Églogue en musique et en danse de Charpentier, après avoir terminé leur danse, vont se préparer pour la comédie. La solution de continuité demeure entre la comédie de *L'Amour médecin* et son prologue ; mais on remarquera que les trois allégories qui y paraissent reviennent à la dernière scène du spectacle, pour participer aux réjouissances du dénouement.

En ce qui concerne *George Dandin,* c'est la totalité de la grande pastorale en musique et en danse enchâssant la comédie du mari confondu qui se déploie en dehors d'elle, dans un autre univers ; il semble que ce soit deux pièces de théâtre qu'on joue ensemble, remarque déjà Félibien, lors de la représentation de juillet 1668. Molière dut avoir aussi ce sentiment puisqu'il redonna la comédie seule à Paris. Mais à Versailles, devant le roi, il fallut lier les deux éléments, non sans conséquences profondes, nous le verrons ultérieurement. Les points de suture, visibles dans le livret, se font par le personnage de George Dandin. La mal marié paraît d'abord seul sur la scène, rêvant à son malheur conjugal ; il est alors interrompu et bousculé loin de la scène par quatre bergers. Molière ne ménagera aucune transition entre la fin des séquences de la pastorale et le début des actes de la comédie. En revanche, par le même moyen que celui du début, la continuité sera assurée après chacun des actes de la comédie : Dandin, « dans un chagrin assez puissant », est interrompu par une bergère qui lui impose le récit du désespoir des deux bergers, avant de le quitter en colère (fin de l'acte I) ; la même bergère vient l'interrompre dans sa douleur par la suite du récit des deux bergers (fin de l'acte II) ; diverti du suicide par un ami qui lui conseille de noyer plutôt son chagrin dans le vin, Dandin rencontre une dernière fois sur son chemin la foule des bergers et doit bien être forcé d'assister, d'un coin du théâtre, à leurs manifestations de joie (fin de l'acte III). Ainsi sont mis en contact, de force dirait-on, le paysan de la réalité et les bergers de la pastorale irréelle (ils ont d'ailleurs le dernier mot dans le spectacle), qui poursuivent séparément deux intrigues divergentes.

Sans faire la part aussi considérable à son musicien, il arriva encore une fois à Molière de faire place à un intermède qui est un petit chef-d'œuvre de verve comique en soi, mais qui reste rigoureusement extérieur ; il s'agit du premier intermède du *Malade imaginaire,* celui des aventures amoureuses nocturnes de Polichinelle. Avec beaucoup de désinvolture, Molière s'efforce seulement de donner à ce personnage une sorte de lien vraisemblable avec Toinette : celle-ci signale à sa maîtresse, comme messager possible, « le vieux usurier Polichinelle, mon amant », qu'elle enverra quérir, dit-elle, le lendemain[23]. Sur ce,

---

[23] I, 8.

Toinette et Angélique quittent la scène, le décor change, l'intermède se déroule en parenthèse dans l'action, puis le décor initial revient. Aucune unité avec la comédie.

Nombre d'intermèdes constituent des spectacles que se donnent les personnages de la comédie, des petits spectacles intérieurs. Leur sujet propre est en décalage avec celui de la comédie, mais ils sont fermement arrimés à celle-ci en tant que divertissements nécessaires aux héros.

Le somptueux programme chorégraphique et musical des *Amants magnifiques* – et ce depuis le premier intermède, qui est la première des galanteries offertes aux princesses – est pour l'essentiel une suite de spectacles que les amants magnifiques, Iphicrate et Timoclès, prévoient tour à tour à l'intention d'Aristione et de sa fille Ériphile, ou que Climène, sa confidente, propose à Ériphile. Et d'ordinaire, la couture est visible juste avant et juste après le déroulement de l'intermède, lequel est annoncé et introduit à la fin d'un acte, puis commenté au tout début de l'acte suivant de la comédie. Le Dorante du *Bourgeois gentilhomme* a prévu de longue main un ballet à l'intention de Dorimène, le *Ballet des nations* ; il sera finalement donné devant tous les personnages de la comédie, au premier rang desquels trône son Altesse Turque, le bourgeois devenu gentilhomme. Le Vicomte a également prévu un très long divertissement à donner chez la comtesse d'Escarbagnas ; et il est d'autant plus nettement attaché à la pièce cadre qu'on nous le montre d'abord interrompu.

Une place naturelle pour le divertissement que regardent les personnages de la pièce est le moment qui marque le dénouement de l'intrigue amoureuse : il fête le triomphe de l'amour. « Vous allez voir l'allégresse publique se répandre jusques ici », dit-on pour annoncer le « spectacle » du sixième intermède de *La Princesse d'Élide*[24]. Clitandre a amené un notaire, mais aussi « des voix et des instruments pour célébrer la fête et pour nous réjouir[25] ». La mascarade du Sénateur devra chasser l'amertume de Dom Pèdre et fêter la victoire que les amoureux ont remportée sur lui ; « je ne veux point au-

---

[24] V, 4.
[25] *L'Amour médecin*, III, 7.

jourd'hui d'autres affaires que de plaisir », affirme le magistrat[26]. En attendant le notaire, Éraste fait entrer les masques de carnaval qui dédient leurs jeux et leurs danses de plaisir non aux noces de Monsieur de Pourceaugnac mais à celles des jeunes gens[27]. La fête des jeux Pythiens marque aussi l'accord amoureux de Sostrate et d'Ériphile ; « allons-y de ce pas, et couronnons par ce pompeux spectacle cette merveilleuse journée[28] ». Encore une fois, tous ces spectacles sont naturellement et bien accrochés à la comédie, mais leur déroulement intrinsèque se situe sur un autre plan.

La joie des noces est une manière d'assurer l'unité du divertissement avec le plan de la comédie. Il est d'autres procédés équivalents.

Un amoureux, surtout si sa passion est entravée par le tuteur ou le père de la belle, donne une sérénade pour lui faire connaître ses sentiments. Ainsi est justifiée la scène 3 du *Sicilien*. Pour Adraste, donner une sérénade, c'est dire à Isidore qu'il l'aime ; si la musique – merveilleux truchement pour l'amour ! – fait paraître cette belle à sa fenêtre, ce sera le signe qu'elle répond à l'amour d'Adraste. Et Hali de mettre littéralement en scène les trois musiciens et leur dialogue, comme une petite pièce de théâtre, avec l'espace scénique, l'éclairage et les différents spectateurs, ceux qui offrent la sérénade et ceux vers qui elle va (hélas ! au lieu d'Isidore, qui a trouvé la musique admirable, c'est le jaloux Dom Pèdre qui sort, en robe de chambre et en bonnet de nuit !) :

> Voici, tout juste, un lieu propre à servir de scène ; et voilà deux flambeaux pour éclairer la comédie[29].

Ainsi est également justifiée l'ouverture de *Monsieur de Pourceaugnac*, où Éraste paraît en conduisant « un grand concert de voix et d'instruments, pour une sérénade » ; l'édition de 1682 ajoute même

---

[26] *Le Sicilien*, scène 19.
[27] *Monsieur de Pourceaugnac*, III, 7.
[28] *Les Amants magnifiques*, V, 4.
[29] *Le Sicilien*, scène 2.

une réplique parlée d'Éraste[30], qui assujettit encore mieux la sérénade à la comédie et à son intrigue. Les paroles chantées par les musiciens, « faites sur le sujet de la comédie » et exprimant, sans les nommer, les sentiments des deux amants contrariés par la volonté paternelle, puis les différentes entrées de ballet qui suivent la sérénade[31] représentent un message, une communication entre les amoureux ; et ici, Julie peut descendre de chez elle à l'insu de son père et rencontrer Éraste[32].

La musique, la danse, avec leur vertu apaisante, soulagent le chagrin ou la mélancolie. Tel personnage de la comédie y aura recours, donnant du coup un ancrage vraisemblable au divertissement.

« O vous, admirables personnes, qui par la douceur de vos chants avez l'art d'adoucir les plus fâcheuses inquiétudes, approchez-vous d'ici, de grâce, et tâchez de charmer avec votre musique le chagrin où je suis[33] », demande la Princesse aux deux bergères ; d'où un cinquième intermède parfaitement enchâssé dans la scène, car l'héroïne interrompt, en reprenant la parole, les chanteurs qui n'ont pu calmer son inquiétude. Une autre princesse, Ériphile, enchante ses pensées d'inquiétude par les habiles évolutions des pantomimes[34]. De la sérénade qui doit toucher Isidore, Adraste attend aussi qu'elle l'entretienne lui-même « dans une douce rêverie[35] ».

De tout temps, la musique est connue pour pacifier les troubles de l'esprit[36] ; c'est ce genre de traitement que le premier médecin prescrit à l'intention de Monsieur de Pourceaugnac[37]. Peuvent donc entrer les deux musiciens italiens revêtus en médecins grotesques, qui veulent guérir ce prétendu mélancolique avec leur musique hilarante.

---

[30] « Suivez les ordres que j'ai donnés pour la sérénade ; pour moi, je me retire et ne veux point paraître ici. » 1734 va encore plus loin : cette réplique adressée aux musiciens devient la scène 1 de l'acte I, la sérénade la scène 2 ; et le dialogue avec Julie constitue la scène 3, toutes les autres scènes de l'acte étant décalées.

[31] Mal rattachées à la sérénade ; de surcroît les indications de l'édition originale, de l'édition de 1734 et de la partition de Lully ne concordent pas exactement.

[32] I, 1.

[33] *La Princesse d'Élide*, IV, 6.

[34] *Les Amants magnifiques*, IV, 5, introduisant au cinquième intermède.

[35] *Le Sicilien*, scène 2.

[36] *L'Amour médecin*, III, 7.

[37] *Monsieur de Pourceaugnac*, I, 8.

Comique en moins, à son frère le malade imaginaire, Béralde propose un traitement du même ordre, de danses mêlées de chansons, « qui dissipera votre chagrin, et vous rendra l'âme mieux disposée aux choses que nous avons à dire »[38]. Et les deux frères s'installent pour ce spectacle qui constitue un intermède rigoureusement cousu à la comédie[39].

Au fil des exemples, on s'aperçoit que les intermèdes, avec leur affabulation propre, extérieure à celle de la comédie, trouvent une place de plus en plus nécessaire à l'intérieur de la comédie ; une vraisemblance de plus en plus assurée les intègre au tout unifié de la comédie-ballet. On peut voir l'aboutissement de cette tendance dans le premier acte du *Bourgeois gentilhomme,* si orné de musique et de danse. L'air pour la sérénade, le dialogue en musique, la démonstration des danseurs constituent bien un spectacle pour Monsieur Jourdain et ses maîtres de musique et de danse, et ils créent des univers esthétiques seconds par rapport à l'univers de la comédie réaliste ; mais comment pourrait-on s'en passer ? Entrés au service du Bourgeois, les maîtres sont bien obligés de fournir des illustrations de leurs talents : « voulez-vous voir nos deux affaires ? », demandent-ils[40]. Et leur client, qui leur est « une douce rente », est avide de ces créations artistiques qui l'élèvent au rang de gentilhomme. Bref, le divertissement est en passe de devenir nécessaire autant au développement des caractères que de l'action.

Mais un dernier pas reste à franchir, par lequel le plan de l'intermède coïncidera avec le plan de la comédie. Alors, ce qui se chante et ce qui se danse, les scènes en musique qui se déploient, tout cela gardera un caractère d'irréalité fantaisiste inséparable du ballet et de la musique, mais restera au même niveau que l'intrigue de la comédie, dans une continuité exacte. L'intermède aura rejoint la comédie.

Sur cette voie, *La Princesse d'Élide* représente une double tentative fort intéressante.

---

[38] *Le Malade imaginaire*, II, 9.

[39] Départ : « et cela vaudra bien une ordonnance de Monsieur Purgon. Allons » (II, 9) ; à la fin : « Hé bien ! mon frère, qu'en dites-vous ? cela ne vaut-il pas bien une prise de casse ? » (III, 1).

[40] I, 2.

Considérons le premier interrnède. Tandis que l'Aurore chante son récit (lever du jour tout à la gloire de l'amour), quatre valets de chiens couchés sur l'herbe se réveillent ; « pour la chasse ordonnée il faut préparer tout », chantent-ils. Et déjà des cors et trompes de chasse se font entendre dans le lointain. Malgré la présence de l'Aurore, l'intermède garde une forte tonalité réaliste et constitue le premier tableau de cette journée dont la comédie galante va faire le récit ; il en pose l'atmosphère et en peint les premiers moments : « cette chasse qui se préparait ainsi était celle d'un prince d'Élide... », note le début de l'argument du premier acte. Le premier intermède et la comédie s'inscrivent tous deux dans la même continuité temporelle.

Les intermèdes 2, 3, 4 et 5 aboutissent d'une manière différente à un effet de continuité du même ordre. C'est que Moron, le plaisant de la Princesse, et Philis, sa suivante, personnages de la comédie, sont aussi des personnages de l'interrnède. Euryale ayant quitté Moron dans la comédie (I, 4), celui-ci déclare – et c'est l'intermède sans aucune solution de continuité : « Jusqu'au revoir. Pour moi, je reste ici [...] »[41]. Ce sont donc les personnages qui assurent la liaison ; Moron et Philis ont leur fonction dans la comédie galante, mais l'intermède dramatise leurs amours, par quoi ils se trouvent mêlés à des personnages typiques de l'univers de la pastorale, berger, bergère ou satyre (rôles tenus par des chanteurs). Intrigue secondaire, au niveau des inférieurs, mais qui assure le lien d'unité avec le plan de la comédie,

Nous arrivons dès lors aux intermèdes qui sont dans la plus essentielle continuité avec la comédie, car ils font pleinement partie de son intrigue et se situent sur le même plan du récit théâtral. Dès *Les Fâcheux*, Molière avait entrevu cet idéal, bien que toutes les entrées de ballet ne lui semblent pas s'intégrer aussi naturellement dans sa comédie. Il est vrai qu'on voit mal la logique vraisemblable qui lie par exemple les entrées des petits frondeurs, des savetiers et savetières entre elles et avec l'intrigue de la comédie... Il reste qu'Éraste, héros et victime de la comédie, est aussi victime dans les intermèdes ; ce sont toujours des fâcheux qui l'obligent à se retirer, tournent autour de lui, l'arrêtent pour le faire entrer dans leurs préoccupations. À cet

---

[41] Couture identique pour les deux autres intermèdes : « Philis, demeure ici » (début du troisième intermède) ; « Viens, Tircis, laissons-les aller... » (début du quatrième intermède).

égard, une des entrées de ballet les mieux venues est celle des joueurs de boule qui l'arrêtent pour mesurer un coup dont ils sont en dispute[42] ; la continuité est parfaite, dans le registre de la danse, avec la situation comique de la scène précédente (II, 4), où le fâcheux Orante prenait ainsi à partie Éraste :

> En un mot, vous serez notre arbitre :
> Et ce sont deux moments qu'il vous faut nous donner[43].

Les intermèdes, tout en restant secondaires, inessentiels et détachables, forment une sorte de suite de l'intrigue et Éraste, qui est dans les intermèdes, considère du même œil les fâcheux qui parlent et ceux qui dansent ; s'étant à peine débarrassé des Curieux danseurs, il ouvre l'acte II par cette réflexion :

> Mes Fâcheux à la fin se sont-ils écartés ?
> Je pense qu'il en pleut ici de tous côtés[44].

Ce principe de continuité de l'intrigue, établi dès la première comédie-ballet, est mis en œuvre de manière beaucoup plus consciente et beaucoup plus profonde dans *Le Mariage forcé,* où tous les passages chantés et toutes les entrées de ballet s'inscrivent dans la logique de l'intrigue principale de la comédie, sans rupture de celle-ci[45]. Des contrastes demeurent ; certaines entrées ont la couleur du rêve, d'autres du réalisme le plus net, d'autres enfin celle de ces zones mitoyennes où l'on peut rencontrer un magicien capable d'évoquer des démons. Mais les ornements marquent autant d'étapes dans la progression de l'action dramatique. Sganarelle rêve (c'est plutôt un cauchemar), consulte sur son mariage et doit s'y résigner : nous ne quittons pas la comédie. Et le héros comique est amené à dialoguer véritablement avec les chanteurs : Sganarelle répond au magicien qui chante et les démons

---

[42] Première entrée du ballet qui suit le second acte.
[43] V. 392-393.
[44] II, 1, v. 293-294.
[45] Voir Ch. Mazouer, « *Le Mariage forcé* de Molière, Lully et Beauchamp... », art. cit., 1986, p. 93-95.

qui dansent lui répondent par signes qu'il sera cocu. Ce mélange du parlé et du chanté réalise l'unité des arts.

L'Amour médecin, Le Sicilien et *Monsieur de Pourceaugnac* amplifient cette cohérence dramatique entre les ornements et la comédie récitée. On remarquera surtout – c'est l'originalité du *Sicilien* de ce point de vue – que l'intermède tend à devenir moins fixe, à quitter sa place habituelle à la fin des actes et à se déployer ailleurs dans l'acte ; signe d'une mobilité, d'une souplesse, par lesquelles il s'ajuste et s'unit plus étroitement au dialogue comique. Il ne faut pas oublier que *Le Sicilien* est une comédie-ballet exactement contemporaine de la *Pastorale comique* qui, pour autant que nous renseignent seuls un mince livret et la partition de Lully, mêle complètement les scènes parlées et les scènes chantées.

Pure comédie-ballet reste *L'Amour médecin,* mais où les ornements de la fin des actes et des entractes font partie de l'intrigue, servent même à la conclure (Clitandre profite de la danse finale des Jeux, des Ris et des Plaisirs pour enlever Lucinde à la barbe de son père), où les scènes qui font intervenir le chant gardent les acteurs, et qui parlent. Aussi nécessaires à l'intrigue s'avèrent les scènes chantées et dansées du *Sicilien*. Pour faire savoir à Isidore qu'Adraste l'aime, mais pour essayer de dissimuler ce message à Dom Pèdre qui est présent, Hali mêle le chant sérieux, le chant bouffon et la danse des esclaves dans l'intervalle du chant. Lucide, le tuteur finit par répliquer en parodiant le chant d'Hali, et il repasse à la prose parlée et au dialogue[46]. On retrouve les mêmes procédés et on ferait les mêmes remarques à propos des ornements de *Monsieur de Pourceaugnac* ; qu'il s'agisse de la « curation » des médecins (I, 10 et 11) ou de la consultation des avocats (II, 11), elles font partie intégrante des aventures du provincial.

Le Bourgeois gentilhomme et *Le Malade imaginaire* apportent-ils quelque chose de neuf à la réalisation de l'unité recherchée dans les comédies-ballets ? On retrouve dans *Le Bourgeois gentilhomme* ce souci de lier les ornements à l'action, de les multiplier au cours de l'acte en les intégrant simplement à la trame. De l'élève qui compose son air devant nous en attendant l'arrivée du Bourgeois à la danse des cuisiniers qui dressent la table et font ainsi le troisième intermède,

---

[46] Scène 8.

Lully ne cesse de glisser sa musique et ses danses dans le dialogue théâtral, de les fondre en lui[47]. Charpentier ne le suit guère dans cette voie. Le seul passage musical intégré à une scène est le petit opéra impromptu chanté par Cléante et Angélique, qui occupe néanmoins une place centrale dans l'intrigue amoureuse (et se situe au milieu de la comédie-ballet), puisque, aux vu et su de tous, les amoureux parviennent à se déclarer leur amour et à le conforter contre les oppositions.

La nouveauté des deux dernières grandes comédies-ballets est ailleurs, dans le déploiement et la signification des deux grandes cérémonies burlesques. L'exubérance et la bouffonnerie scéniques, chorégraphiques et musicales, loin d'y être superfétatoires, marquent au contraire l'achèvement de cette union du drame et de l'ornement qui se rejoignent ici pleinement et très profondément. Étapes indispensables à l'action – en ce sens que le mariage des jeunes gens n'est possible (c'est surtout vrai pour *Le Bourgeois gentilhomme*) qu'à la condition que les pères satisfassent leur besoin de noblesse ou de médecine –, les deux cérémonies sont encore plus indispensables pour éclairer le caractère des héros comiques, qu'elles achèvent de peindre. Si Monsieur Jourdain ne devenait pas Mamamouchi, si Argan ne devenait pas médecin, dans une cérémonie fantaisiste où, acteurs, ils se soumettent à un rite parodié sous le regard des autres, des personnages sains, voire avec leur complicité active, Molière n'aurait pu montrer l'épanouissement de leur illusion en folie.

Comment pouvait-il mieux réaliser l'unité entre les deux plans de la comédie et de ses ornements ? Par les ornements de plus en plus intégrés à la trame, la comédie devient un peu dansée et musicale ; et de leur côté, les ornements deviennent véritablement dramatiques.

Les arts de la musique, de la danse et de la comédie s'appellent secrètement, disions-nous, oui, ils se répondent et se complètent dans la comédie-ballet. Leur composition esthétique ne va pas sans difficultés et l'idéal d'unité naturelle entre les ornements et la comédie, perçu et suivi d'emblée par Molière, ne fut pas atteint tout d'un coup. Au gré des circonstances, de ce que lui proposait (ou lui imposait)

---

[47] Dès *Les Fâcheux*, il écrivait une courante qui faisait une scène ornée de danse au sein de la comédie (I, 3)...

Lully, au prix d'essais, de tâtonnements, mais sans qu'on puisse tracer les trop belles lignes d'un développement et d'un progrès organiques, Molière a pu se rapprocher de son idéal, voire l'atteindre par les procédés que nous avons vus. Ici, la cohésion interne des intermèdes laisse à désirer, là le lien entre l'intermède et la comédie reste des plus factices – jusque dans *Le Malade imaginaire,* qui marque une sorte de recul, pour la réalisation de l'unité d'ensemble, par rapport au *Bourgeois gentilhomme* ! Mais Molière, inlassablement, a recherché un lien naturel, un rapprochement justifié, une union profonde, nécessaire, en attirant les ornements dans le plan de la comédie.

C'est dire s'il avait raison – également dès *Les Fâcheux* – de réclamer que tout fût réglé par une même tête dans la comédie-ballet. Comment réaliser autrement l'unité souhaitée ? Et cette tête ne pouvait être que celle du dramaturge, qui pensait la totalité du spectacle et l'intégration des ornements en fonction de sa progression et de sa signification dramatiques d'ensemble.

DEUXIÈME INTERMÈDE

EUTERPE

Écoutez si vous trouverez l'air à votre goût. *Hem, hem. La, la, la, la, la.* La brutalité de la saison a furieusement outragé la délicatesse de ma voix ; mais il n'importe, c'est à la cavalière[1].

Mascarille s'excuse plaisamment, mais c'est Molière qui, dans ce premier rôle devant le public parisien, chantait sur la scène. Ce ne sera pas la dernière fois : après l'impromptu de Mascarille, on aura la courante de Lysandre[2], la chanson de Moron[3], la vieille chanson du roi Henri chantée par Alceste[4], celle de Sganarelle[5], les répliques en récitatif de Lycas[6], les deux couplets parodiques et rageurs de Dom Pèdre[7], la chanson de Monsieur Jourdain[8]... Les partitions montrent que la voix de Molière évoluait dans le registre de nos modernes barytons. Au demeurant, le passage n'est-il pas naturel et aisé de la déclamation de l'acteur au chant véritable ? S'il faut en croire l'anecdote rapportée par l'abbé Du Bos dans ses *Réflexions critiques sur la poésie et sur la peinture*, Molière aurait imaginé des notes pour marquer les tons à prendre en déclamant ses rôles[9].

C'est que l'atavisme joua chez Molière en faveur de la musique[10]. Son grand-père Jean Pocquelin avait épousé en secondes noces une Agnès Mazuel qui appartenait à une ancienne famille de musiciens —

---

[1] *Les Précieuses ridicules*, scène 9.

[2] *Les Fâcheux*, I, 3.

[3] *La Princesse d'Élide*, scène 2 du quatrième intermède.

[4] *Le Misanthrope*, I, 2.

[5] *Le Médecin malgré lui*, I, 5.

[6] *La Pastorale comique*, scène 3.

[7] *Le Sicilien*, scène 8.

[8] *Le Bourgeois gentilhomme*, I, 2.

[9] Voir Ch. Mazouer, « Molière et la voix de l'acteur », *Littératures classiques*, n° 12, janvier 1990, p. 264.

[10] Voir déjà, sur le sujet : R. Brancour, « Molière et la musique » (*Rivista musicale italiana*, XV (1937), p. 446-459) et Évelyne B. Lance, « Molière the Musician : A Tercentenary View » (*The Music Review*, t. XXV, août 1974, p. 120-130).

une véritable dynastie de joueurs d'instruments et de violonistes : treize en trois générations, dont neuf violons du roi ! Guillaume Mazuel, le bisaïeul de Molière, devint « violon du roi » en 1612 ; Michel Mazuel reçut en 1654 un brevet de « compositeur de la musique des 24 violons de la Chambre ». Ce cousin assez lointain de Molière dut participer à l'orchestre lors de la représentation des comédies-ballets[11], voire le diriger ! La famille, le collège de Clermont aussi, ont sans doute entretenu et développé l'aptitude du jeune Molière à la musique et au chant.

Capable lui-même de chanter, Molière exigea la pareille de ses comédiens ; La Thorillière chanta dans le rôle d'Hali, Armande Béjart et La Grange furent capables de chanter le petit opéra impromptu du *Malade imaginaire*[12]. Et, dès ses débuts au théâtre, Molière prévoit des musiciens pour agrémenter les représentations théâtrales : en octobre 1643, il engage quatre « joueurs d'instruments » pour servir les comédiens de L'Illustre Théâtre pendant trois ans. Dès *Les Précieuses ridicules,* lui-même fait une place au chant dans ses comédies. La création des comédies-ballets et leur représentation au Palais-Royal entraînèrent évidemment nombre de mentions du Registre de La Grange concernant les instruments, les musiciens et les chanteurs qui collaborèrent au spectacle. Instrumentistes et chanteurs se tenaient en retrait ou se dérobaient même à la vue des spectateurs. C'est ce que nous apprend une note rédigée par La Grange en juillet 1671, à propos de *Psyché,* où les chanteurs parurent pour la première fois sur la scène :

> Jusques Icy les Musiciens et Musiciennes n'auroient point voulu parroistre en public. Ils chantoient à la Comedie dans des loges grillées et treillissées. Mais on surmonta cet obstacle et avec quelque legere despance on trouva des personnes qui Chanterent sur le Theatre a Visage descouvert habillées comme des Comediens[13]...

---

[11] Par exemple, le livret des *Plaisirs de l'île enchantée*, celui du *Grand Divertissement royal de Versailles* et celui de *Psyché* le mentionnent explicitement (*Mazuel* ou *Masvel*).

[12] Respectivement, *Le Sicilien*, scène 8 et *Le Malade imaginaire*, II, 5.

[13] P. 125-126.

Jusqu'à cette date, les chanteurs dissimulés devaient être doublés sur la scène par des acteurs muets. Il n'en allait pas ainsi lors des représentations données à la cour ; devant le roi, Melle Hilaire, MM. d'Estival, Blondel, Gaye et Chiachiarone (Lully lui-même) paraissaient en personne à la vue de tous.

Étant donné le talent, la formation et le goût musical de Molière, on ne sera pas étonné que ce théâtre musical que sont les comédies-ballets reflète ici ou là les conceptions de son temps sur la musique.

Si Molière a pu travailler avec des musiciens à la création des comédies-ballets, c'est par la volonté expresse du roi et grâce à lui ; comme l'écrit Marcelle Benoit[14], la cour reste l'alliée de l'artiste. Formé à la musique (il a appris le luth, la guitare, le clavecin et l'épinette), Louis XIV, qui avait le goût bon, favorisa la musique : « amateur éclairé, connaisseur, arbitre, promoteur des courants nouveaux, propagateur, mécène : son zèle à la cause musicale ne se démentira jamais », dit encore la même historienne[15]. La musique du roi, chargée des célébrations, divertissements et spectacles de cour, regroupait des professionnels ainsi consacrés – officiers ou simples musiciens ordinaires –, qui servaient à la Chapelle, à la Chambre ou à l'Écurie ; ils étaient en service commandé, au service du roi et de la gloire de la monarchie. Ce sont eux qui assuraient la partie musicale des comédies-ballets données à la cour.

Mais on fait de la musique ailleurs, à la ville. Les grands et les nobles ont aussi des musiciens et donnent des concerts en leur hôtel. La Grande Mademoiselle entretenait des instrumentistes auprès de qui le violoniste Lully compléta sa formation musicale et, jusqu'en 1688, Charpentier composa pour l'ensemble des musiciens et chanteurs de l'hôtel de Melle de Guise, qui le logeait. Monsieur Jourdain se doit de suivre l'exemple des gens de qualité : une personne magnifique et qui a de l'inclination pour les belles choses donne « un concert de musique chez soi tous les mercredis ou tous les jeudis », assure le maître de

---

[14] *Versailles et les musiciens du roi (1661-1733). Étude institutionnelle et sociale,* 1971. – Voir aussi Robert M. Isherwood, *Mucic in the service of the king France in the Seventeenth Century,* 1973, et H. Schneider, « Die Funktion des Divertissement und des Ballet de cour in der höfischen Ideologie » (*La Musique et le rite sacré et profane,* vol. II, 1986, p. 433-463).

[15] *Op. cit.,* p. 29.

musique du *Bourgeois gentilhomme* ; et il précise l'effectif des voix et des instruments :

> Il vous faudra trois voix : un dessus, une haute-contre, et une basse, qui seront accompagnées d'une basse de viole, d'un théorbe, et d'un clavecin pour les basses continues, avec deux dessus de violon pour jouer les ritournelles[16].

Molière glissa ainsi des allusions à la technique musicale dans son dialogue. Une autre se trouvait dans *Le Sicilien*, où Hali oppose un chant « sur le bémol » à un autre, joyeux, « avec un bécarre admirable » ; de cette manière, il signale le passage du mode mineur, avec son aura de langueur ou de tristesse, au mode majeur, adapté à l'allégresse[17].

Cette scène du *Sicilien* rappelle d'ailleurs la double finalité de la musique : exprimer les passions de celui qui chante, émouvoir celles de celui qui écoute. D'un côté, les bergers confient au chant la langueur ou la joie dont ils sont remplis ; de l'autre, les auditeurs Adraste et Hali comptent sur le chant pour les maintenir dans l'allégresse ou dans une douce rêverie. La fin de la musique est « de plaire et d'émouvoir en nous des passions variées », rappelle Descartes[18]. Elle y parvient en imitant la nature, en particulier la réalité morale des passions[19] – comme la danse et les autres arts dans l'esthétique classique. Le langage imitatif de la musique, singulièrement dans le chant, trouve les accents propres, dira le P. Mersenne dans son *Harmonie universelle* de 1636, pour chaque passion, chaque affection de l'âme. Molière partage donc les idées communes du siècle sur le

---

[16] *Le Bourgeois gentilhomme*, II, 1.

[17] Scène 2. – Pour baisser la tierce du mode mineur on se sert d'un bémol ; pour la remonter et retrouver le ton naturel, on se sert du bécarre (voir Castil-Blaze, *Molière musicien...*, 1852, t. I). – Sans trop savoir ce qu'elle disait, l'ignorante Magdelon parlait de « la chromatique » dans la chanson de Mascarille (*Les Précieuses ridicules*, scène 9).

[18] « *Finis ut delectet variosque in nobis moveat affectus* » (début de *l'Abrégé de musique. Compendium musicae* de 1618). – Voir G. Rodis-Lewis, « Musique et passion au XVIIe siècle (Monteverdi et Descartes) », *XVIIe siècle*, 1971, n° 92, p. 81-98.

[19] Voir G. Snyders, « L'Évolution du goût musical en France aux XVIIe et XVIIIe siècles » (*R.S.H.*, 1955, p. 325-350) et *Le Goût musical en France aux XVIIe et XVIIIe siècles*, 1968.

pouvoir expressif de la musique, et on le constate du début à la fin de sa carrière. « Ne trouvez-vous pas la pensée bien exprimée dans le chant ? », demande Mascarille[20] ; dans une tout autre situation, le Cléante du *Malade imaginaire* ressent l'urgence du chant pour exprimer son amour malheureux. Tant la musique est destinée à exprimer les diverses passions, selon le mot déjà cité du maître de musique de Monsieur Jourdain[21].

Le débat était d'ailleurs ouvert au XVIIᵉ siècle, à propos des qualités émotives de la musique, entre la musique des Italiens, réputée pour peindre les affections de l'âme avec énergie et violence, et celle des Français, qui se contentait – selon le P. Mersenne, toujours au centre des débats – de flatter l'oreille et usait d'une douceur perpétuelle. Les deux musiciens de Molière ne se partageaient pas selon cette ligne de fracture, qui tous deux accordaient beaucoup à la puissance expressive de leur art. Et nulle réflexion à l'époque ne semble formuler cette vérité que des philosophes comme Hegel ou Alain mettent bien en valeur : si la musique exprime et émeut la passion, elle purifie aussi l'âme de ses passions.

En revanche, se servant de Platon dans ses spéculations sur la musique comme sur la danse, le P. Mersenne voyait dans l'harmonie musicale un reflet de l'harmonie de l'univers et remontait même jusqu'à celle de la Trinité. Molière n'ignore pas ce genre de spéculation, quand il met dans la bouche du maître de musique du *Bourgeois gentilhomme* cette défense de son art comme fondateur de l'harmonie entre les hommes et donc capable de maintenir l'État et d'assurer la concorde universelle :

> Et si tous les hommes apprenaient la musique, ne serait-ce pas le moyen de s'accorder ensemble, et de voir dans le monde la paix universelle[22] ?

À de telles remarques sur Molière et la musique, il convient d'en ajouter d'autres sur Molière et ses musiciens.

---

[20] *Les Précieuses ridicules*, scène 9.
[21] *Le Bourgeois gentilhomme*, I, 2.
[22] *Ibid.*

On a tout dit sur la vie illustre et libertine de Lully, fils d'un meunier florentin, sur son art de l'intrigue mis au service d'une ambition forcenée, sur la réussite de sa carrière de musicien et sur ses succès d'homme d'affaires, sur son tempérament impérieux et dictatorial. Quand Molière le rencontra, le « grand baladin » (comme disait la Grande Mademoiselle, qui l'avait pris à son service, de 1646 à 1652, comme « garçon de chambre ») s'était déjà insinué à la cour et avait séduit le jeune Louis XIV, grâce auquel il connut, à partir des années 60, une ascension prodigieuse. En 1661, il devient « surintendant de la musique du Roi » et obtient des lettres de naturalité ; en 1662, le roi signe à son contrat de mariage avec la fille du musicien Michel Lambert. Jusqu'à cette date, Lully a fondé sa célébrité musicale sur la composition de la musique instrumentale et vocale des ballets de cour, sérieux ou comiques, qu'il réforma. L'auteur du *Ballet de l'Amour malade* (1657) ou du *Ballet de la raillerie* (1659), avec sa verve, son sens du drame et de la scène, se trouvait prêt à collaborer avec le dramaturge que le roi venait de remarquer[23].

La première occasion fut la présentation des *Fâcheux*, pour lesquels Lully se contenta d'écrire la courante dansée et chantée par Lysandre, Beauchamp ayant composé tout le reste de la partition ; mais déjà Molière fait intervenir le nom de Lully dans les propos de Lysandre, qui mentionne « Baptiste le très cher[24] ». L'accord humain et esthétique se réalisa vite entre les deux artistes – les « deux Baptiste » comme on dira. Lully est le familier de Molière, qui lui consentira un prêt, encore en 1670. La longue série des comédies-ballets, du *Mariage forcé* à *La Comtesse d'Escarbagnas,* dit assez l'harmonie créatrice qui régna entre les deux hommes. Dans le court avis *Au lecteur* de *L'Amour médecin,* Molière loue grandement la musique de « l'incomparable M. Lully ». Chaque spectacle nouveau est l'occasion pour les deux créateurs de varier, de préciser, d'enrichir la formule de la

---

[23] Sur les rapports entre Molière et Lully, on consultera d'abord les travaux consacrés à Lully, déjà cités. On ajoutera les deux « Molière et Lully » de G. Mongrédien (dans *XVIIe siècle,* n° 98-99, 1973, p. 3-15, et dans *Marseille,* n° 95, 4e trimestre 1973, p. 221-227) et le « Lulli et Molière » de P. Petit (communication faite à la séance du 10 octobre 1973. Institut de France. Académie des Beaux-Arts), 1974.

[24] *Les Fâcheux*, I, 5, v. 205.

comédie-ballet ; jusqu'à ce point culminant de leur collaboration que représente *Le Bourgeois gentilhomme*.

Certains veulent que Lully se soit servi dans son intérêt propre de l'association avec le dramaturge, qu'il se soit efforcé de faire intégrer à la hâte dans la comédie des musiques toutes prêtes ou qu'il n'ait eu qu'une idée en tête, celle de faire entendre ses musiques grâce aux comédies-ballets. Lully chercha sans doute à se mettre en valeur, et l'urgence de la commande fit parfois que les parties musicales et dansées semblèrent, aux yeux de la cour, briller au détriment de la comédie prise pour cadre ou simple prétexte. Mais la réalité profonde fut généralement autre. Molière goûtait la vitalité, l'élan rythmique, la force et la joie de cette musique et voulut en enrichir ses comédies-ballets. Le soin qu'il apporta à l'unité des spectacles le montre déjà, même quand le dramaturge paraît un peu débordé par son musicien. Et lorsque nous réfléchirons sur la signification du genre, il apparaîtra clairement à quel point Molière voulait la musique, et à quel point il désirait en maîtriser la participation au spectacle total. La genèse du *Bourgeois gentilhomme* serait emblématique à cet égard : le roi voulait un divertissement à la turque et Lully composa son époustouflante cérémonie turque ; mais c'est finalement la comédie du *Bourgeois gentilhomme* qui intégra ce divertissement et lui donna sa juste place dans un ensemble qui échappe au musicien.

Il n'y avait pas de raison que Molière prenne ombrage de son musicien – du moins aussi longtemps que celui-ci se contentait de fournir des ornements à la comédie. La brouille vint de l'opéra.

Le succès des comédies-ballets confirme cette remarque de Donneau de Visé, formulée en 1672 : « [...] nous sommes dans un siècle où la musique et les ballets ont des charmes pour tout le monde et [...] les spectacles qui en sont remplis sont beaucoup plus suivis que les autres[25] ». En 1669, le poète Pierre Perrin obtient le privilège d'une « Académie d'opéra » et tente, avec Cambert le musicien, de créer un opéra français ; ce sera *Pomone,* qui date de la même année. Pour les réjouissances de l'hiver 1670-1671, Molière, tout en demandant de l'aide à Quinault et à Corneille, règle la disposition de la tragédie-ballet de *Psyché,* dont la musique est encore de Lully ; la formule

---

[25] Cité p. 217 de Ch. Nuitter et E. Thoinan, *Les Origines de l'opéra français...*, 1886.

s'approche parfois de ce que sera l'opéra. Molière, qui avait eu l'occasion de réfléchir aux rapports entre la musique et le théâtre, semble fort intéressé par le nouveau genre, au point qu'il aurait songé, le premier, à racheter à Perrin, alors en prison, son privilège de l'opéra. C'est en tout cas ce qu'affirme Bauderon de Sénecé[26] dans sa *Lettre de Clément Marot sur l'arrivée de Lully aux champs Élysées*, écrite en 1688, un an après la mort du musicien et contre lui. Selon ce livret, dont le témoignage est unique, Molière s'ouvrit de ce projet à Lully, qui devait rester le musicien – mais rigoureusement subordonné au poète – de la nouvelle association. Or Lully, qui avait longtemps dédaigné l'opéra, alla seul demander au roi, avec beaucoup de force et d'importunité, disent les *Mémoires* de Perrault, le privilège de l'opéra, et pour lui seul.

La suite est bien connue. En mars 1672, le privilège est signé, qui crée l'Académie royale de musique, met Lully et sa descendance à la tête de l'opéra et lui assure le monopole de la composition et de la représentation des opéras dans tout le royaume. Lully alla même plus loin, interdisant aux autres théâtres de faire « aucunes représentations accompagnées de plus de deux airs et de deux instruments sans sa permission par écrit ». Limité à deux chanteurs et à deux instrumentistes, Molière ne pouvait plus faire représenter ses comédies-ballets ! Avec ses comédiens, il agit aussitôt[27] et obtint que l'effectif musical aille jusqu'à six chanteurs et douze instruments – effectif que Molière et Charpentier dépassèrent pour *Le Malade imaginaire* « dans sa splendeur » et que Lully parvint à nouveau à réduire après la mort de Molière. La rupture était en tout cas consommée, après ce coup bas, entre Molière et Lully.

Faut-il vraiment croire de Sénecé quand il affirme la volonté de Molière de prendre le privilège de l'opéra[28] ? Certes, le théâtre musical de Molière fait plus d'une incursion hors du genre strict de la comédie-ballet : si la *Psyché* de 1671 regarde parfois vers l'opéra, la

---

[26] Romain Rolland, dans ses *Musiciens d'autrefois* (2ᵉ éd. 1908), accepte cette hypothèse (*Notes sur Lully*, p. 126-127).

[27] Textes dans M. Jurgens et E. Maxfield-Miller, *Cent ans de recherches sur Molière, sur sa famille et sur les comédiens de sa troupe*, 1963.

[28] Sagement à notre sens, M. Pellisson en doute déjà (chap. VIII de ses *Comédies-ballets de Molière, op. cit.*).

Pastorale comique de 1667 semble presque déjà un petit opéra-comique. Mais il s'agit précisément d'expériences[29] ou de tentations qui paraissent bien outrepasser les limites de ce que voulait Molière. On doute fort que Molière ait désiré réorienter sa création dramatique vers l'opéra, où la mode est de parler en musique, et devenir simple librettiste. En revanche, les scènes et dialogues en musique composés par Lully pour les intermèdes de *George Dandin* ou des *Amants magnifiques* mènent droit à l'opéra, et l'on sent que Lully épanouira son génie dans la tragédie lyrique, qui subordonne la poésie à la musique.

En somme, nous suivons volontiers Philippe Beaussant qui pense que la rupture entre Lully et Molière, au-delà des procédés odieux du musicien à l'égard du dramaturge, aurait des raisons esthétiques beaucoup plus profondes[30]. Molière tenait au clivage, dans ses comédies-ballets, entre la comédie parlée et vraisemblable, d'une part, et d'autre part le chant et la musique ressortissant au monde de l'irréel. Or, en particulier avec le récitatif, l'opéra de Lully mêlera les deux registres de la parole et de la musique que Molière tient à distinguer. Notre dramaturge partage ainsi l'avis de Saint-Évremond qui, vers la même époque (1669-1670), refuse l'opéra et son récitatif et recommande un théâtre musical exactement semblable à la comédie-ballet où, séparément, l'esprit trouve sa satisfaction dans « la force agréable de la parole », tandis que les sens se laissent aller au « charme du chant[31] ». À l'égal d'un Corneille, Molière veut maintenir l'hétérogénéité du dialogue et de la musique, favorable à leur alternance dans un *théâtre musical*, mais refusant leur fusion dans un authentique *théâtre lyrique*[32], qui arracherait la primauté au dramaturge pour la donner au musicien. Comme la danse, la musique et le chant, intégrés au drame avec leur fantaisie, nécessaires, pris dans l'unité de l'ensemble, n'en

---

[29] Il faut y ajouter bien sûr le petit dialogue d'opéra, pris très au sérieux, dans *Le Malade imaginaire* (II, 5).

[30] Voir son « Molière et l'opéra » (*Europe*, nov.-déc. 1972, p. 155-168).

[31] *Sur les opéras*. – Il est d'ailleurs entendu, pour des adversaires de l'opéra comme Saint-Évremond et Boileau (voir son fragment d'un prologue d'opéra et l'avertissement qui le précède, éd. des *Œuvres complètes* dans la Pléiade, p. 277), que la musique est incapable d'aller aussi loin que la poésie dans la peinture des passions.

[32] Voir les analyses de Catherine Kintzler, *Poétique de l'opéra français de Corneille à Rameau*, 1991, notamment dans la deuxième partie.

restent pas moins des ornements d'une autre espèce que le dialogue ; dans ce mélange, l'action et le verbe demeurent premiers. Romain Rolland[33] voyait là une manifestation de notre « instinct national », peu favorable à l'opéra venu d'Italie.

Il fallait désormais donner un successeur à Lully pour la composition de la musique des comédies-ballets. Le choix de Molière se porta sur un jeune musicien, Marc-Antoine Charpentier, alors au service de Mademoiselle de Guise ; en 1672, Charpentier a moins de 30 ans et, profondément marqué par Carissimi, dont il a suivi pendant plusieurs années l'enseignement à Rome, n'a probablement composé alors que quelques œuvres religieuses. Selon Catherine Cessac[34], c'était ainsi faire pièce à Lully – le plus français des musiciens italiens –, en lui opposant le plus italien des musiciens français ; c'était aussi faire pièce au roi, en opposant à son musicien favori un jeune musicien de génie, qui ne parviendra d'ailleurs jamais à servir à la cour. La collaboration du dramaturge établi et du jeune musicien fut malheureusement brève, entre février 1672 et la mort de Molière[35] ; mais elle comporte la partition du *Malade imaginaire* (sur laquelle Charpentier travailla encore après la mort de Molière), qui est un sommet comparable à celui que constitue *Le Bourgeois gentilhomme* avec Lully.

Ce n'est pas le lieu de mener une comparaison serrée entre les partitions écrites par Lully et Charpentier pour Molière[36]. La musique de Charpentier est moins exubérante, moins profuse, moins éclatante, mais non moins forte ; séduisent souvent sa finesse expressive, ses harmonies plus pleines, plus équilibrées, plus chatoyantes, plus hardies. Quant à la verve et au sens dramatique, Charpentier ne le cédait en rien à Lully. Molière avait trouvé en Charpentier un musicien capable de la même efficacité artistique que son vieux complice Lully. Il dut être réconforté de travailler avec un jeune artiste introverti mais plein de talent, forcément docile à sa conception de la comédie-ballet, mais capable aussi d'en renouveler un peu les ornements musicaux !

---

[33] *Les Origines du théâtre lyrique moderne. Histoire de l'opéra en Europe avant Lully et Scarlatti*, 1895 (réimp. en 1971).

[34] *Marc-Antoine Charpentier*, 1988.

[35] Voir Ch. Mazouer, « Molière et Marc-Antoine Charpentier » (*C.A.I.E.F.*, mai 1989, n° 41, p. 145-160).

[36] Voir les éléments d'un parallèle général entre les deux musiciens dans N. Dufourcq, *La Musique française*, Paris, nouvelle éd. 1970 (1949), 6ᵉ partie, chap. I.

III

LA VISION

Quels que soient leur intérêt, leur beauté, leur charme, quels que soient l'émotion ou le plaisir comique qu'ils procurent en eux-mêmes, les ornements intégrés à la comédie enrichissent ou transforment la signification de celle-ci ; la réunion des trois arts de la comédie, de la musique et de la danse produit des effets sur le sens des spectacles composites voulus par Molière.

C'est à mesurer ces effets qu'il faut consacrer notre dernier effort. Avec ses ornements, quelle vision du monde propose la comédie-ballet ?

On s'aperçoit d'abord que, par le jeu des contrastes, des contrepoints, des reflets entre la comédie qui se récite et ses ornements, Molière repousse une vision unilatérale des choses, instaurant une sorte de polyphonie, où Bakhtine voulait voir la spécificité du genre romanesque.

Mais, en sa visée essentielle, l'entreprise moliéresque part du réel observé et critiqué ; la réalité lui donne à rire et l'écrivain a choisi le regard du rieur sur le monde. Et l'entreprise comique doit déboucher sur l'euphorie finale.

L'intervention des ornements ne rompt en rien la pensée artistique de Molière, mais complète en quelque sorte la chaîne des moyens qui mènent du réel à l'euphorie, enrichissant cette pensée d'une harmonique supplémentaire. La déformation parfois caricaturale due au choix comique, la distance qu'introduit le rire ont déjà pour effet de déréaliser le monde, de conjurer les violences et la bêtise, d'estomper la dureté du réel. Avec sa fantaisie propre, l'ornement collabore parfaitement à ce dessein ; il achève même ce qu'avait entrepris le comique, faisant basculer la prose réaliste et vraisemblable dans l'imaginaire. La poésie de la musique, le charme des galantes bergeries, la grâce de la danse qui rend tout agréable[1], les bouffon-

---

[1] Même une querelle où l'on met l'épée à la main, dès lors qu'elle est dansée, transmuée en danse, devient « un assez agréable combat » (ouverture de *Monsieur de Pourceaugnac*). – Mozart encore, et sa *Flûte enchantée* : le Glockenspiel de Papageno fait danser le dangereux Monostatos et ses esclaves, les rendant inoffensifs (acte I).

neries débridées où concourent les deux arts, – tout ce qu'offrent les ornements estompe la gravité de la comédie parlée, rit avec elle et l'entraîne dans une danse légère et joyeuse.

Une fois de plus, Romain Rolland nous semble avoir trouvé les mots justes pour apprécier les grandes comédies-ballets comme *Le Bourgeois gentilhomme* ou *Le Malade imaginaire*, « où la comédie si franchement réaliste d'abord, se grise de sa santé, et finit dans le rire colossal de Pantagruel » ; et il ajoute :

> Loin d'y sentir une déchéance de la grande comédie, j'y vois son fort épanouissement, une épopée de la belle humeur et de la bouffonnerie. La musique n'ajoute pas peu d'ampleur à cette magnificence du rire ; surtout elle le rend possible ; elle désarme la critique ; elle livre la raison aux folies des sens. En même temps elle adoucit l'ironie ; elle enlève à la parole railleuse ce qu'elle a toujours d'un peu sec ; elle enrichit le spectacle de tout le luxe mondain des chansons et des sons. Elle fait du théâtre comique le reflet de la vie, mais d'une vie joyeuse et élégante, ornée de tout ce que la réalité a de parures pour les sens, et où le ridicule, la maladie, la mort même ne sont que jeux plaisants, propres à donner à l'homme le rire fort et sain[2].

Oui, la musique adoucit l'âpreté de la satire, souligne la verve, affranchit et libère la comédie[3] ; oui, la danse la transfigure et la détache de la réalité[4]. Et comme R. Rolland, nous ne sommes pas loin de penser que les comédies-ballets, nées si fortuitement, pourraient représenter une sorte d'ultime épanouissement de l'art moliéresque, lui faisant accomplir sa trajectoire[5]. Essayons de le montrer en voyant comment les comédies-ballets, qui allègent le monde peint, concourent au triomphe de l'amour et de la joie.

---

[2] *Les Origines du théâtre lyrique moderne, op. cit.*, 1895, p. 271-272.

[3] R. Isay, « Molière revuiste », art. cit., 1948, p. 78-79.

[4] H. Gouhier, *L'Essence du théâtre*, 1968 (1943), p. 151.

[5] On connaît la phrase de R. Fernandez (*La Vie de Molière*, 4ᵉ éd. 1929, p. 210) : « Le ballet est pour la comédie ce qu'est la mort pour la tragédie : ce saut dans l'au-delà, l'accomplissement de la trajectoire, l'élan suivi jusqu'au bout, sans réaccommodation factice à l'optique du monde ».

8

CONTREPOINT

Ce qui frappe d'abord dans les comédies-ballets, c'est le jeu des contrastes entre la comédie et les ornements.

Dès l'ouverture instrumentale, le monde des sons entraîne le spectateur dans l'imaginaire, dans une fantaisie distante du réel ; les chants, quel' qu'en soit le sujet, et les danses approfondissent et maintiennent cet éloignement du réel, par leur matière esthétique même. Plus ou moins brutalement, la comédie leste le spectacle de réalité. Ainsi va la comédie-ballet, dans cette alternance du réalisme et de la fantaisie.

D'un côté le réalisme de la comédie, qui assure la *mimèsis* de l'humaine nature – même dans les comédies galantes qui installent leurs grands personnages dans une féerie à moitié idéale –, qui reflète – surtout dans la comédie bourgeoise, mais non exclusivement – les divers aspects de la société du temps. Ici des comédiens agissent, se meuvent comme nous ; la courbe de leur action théâtrale s'enchaîne en situations humaines et en dialogues. Comme nous, des personnages parlent, pour dire leur mélancolie et leur souffrance, leur cupidité ou leur volonté tyrannique, leurs désirs ou leur amour. Dans leur jeu, nous trouvons nos repères ; nous sommes à peu près de plain-pied avec eux.

De l'autre côté, un ailleurs, au demeurant lui-même contrasté, proche du rêve, qui satisfait l'imaginaire. Le rêve peut être un peu grinçant, façonner des ombres grimaçantes ou carrément grotesques. Il peut aussi se déployer en créations élégantes, avec ces bergeries galantes et omniprésentes. Mais dans tous les cas, le spectateur doit larguer les amarres et se laisse aller dans un univers plus merveilleux que réel.

Les artistes de la comédie-ballet agissent plus ou moins rudement avec le spectateur ; mais le contraste est voulu, calculé, entre les deux univers.

C'est abruptement que *Les Fâcheux* juxtaposent des importuns qui parlent – qui parlent même beaucoup, et beaucoup trop d'eux, pour Éraste – et des importuns transformés en muets danseurs, à qui il ne reste pour s'exprimer que des mouvements, des postures et des gestes réglés par la cadence. Par stylisation, les fâcheux réalistes, humains, deviennent des créatures à la fois plus mécaniques et plus légères.

En revanche, *Le Mariage forcé* ménage des passages plus souples entre les deux univers. Le réel impose d'emblée sa présence : le désir de Sganarelle, qui tend à s'assouvir dans la possession tyrannique de la femme choisie ; corrélativement, le désir de liberté de celle-ci, qui nie rudement le vœu de possession. Abasourdi, affligé « d'une pesanteur de tête épouvantable », Sganarelle n'a plus qu'à sombrer, comme naturellement, dans le sommeil et dans le rêve, double lui aussi, puisqu'il est successivement rêve de la Beauté et cauchemar grimaçant. Tel Panurge, Sganarelle, qui ne sait comment interpréter ce songe quant à son avenir dans le mariage, doit envisager d'autres consultations ; après le rêve et la vaine consultation des deux pédants bien réels, le recours aux Bohémiennes ou l'appel à l'art du magicien constituent d'habiles trouvailles puisque ces personnages habitent les confins des deux univers. Dans cette pièce dansée, on glisse naturellement de l'un à l'autre.

Le cas des comédies galantes et sentimentales de *La Princesse d'Élide* et des *Amants magnifiques* est assez particulier ; dans ces œuvres, sans être exactement homogène avec l'univers de l'intermède pastoral, l'univers propre de la comédie s'en rapproche beaucoup et la césure est évitée quand on passe de l'un à l'autre. *La Princesse d'Élide* garde pourtant des contrastes, mais à l'inverse de ceux que présentent les comédies bourgeoises : c'est l'intermède qui se leste d'un réalisme plus ou moins tempéré. Ainsi du premier intermède, scène triviale qu'adoucit l'utilisation du chant par les compagnons du cru Lyciscas ; ainsi des intermèdes où la présence d'un Moron très terre à terre accentue la dissonance.

L'écart est absolu, presque insupportable, entre la comédie de *George Dandin* et la pastorale qui l'enchâssait lors du *Grand Divertissement royal de Versailles* de 1668. Félibien en convenait d'abord : « Quoiqu'il semble que ce soit deux comédies que l'on joue en même temps, dont l'une soit en prose et l'autre en vers... », écrit-il dans sa

Relation¹. Et Molière aussi, qui reprit la comédie seule au Palais-Royal (mais son théâtre parisien, nous l'avons dit, n'aurait pas trouvé les moyens pour réaliser la pastorale avec les effectifs musicaux nécessaires). Quoi de plus incompatible, en effet, que les malheurs conjugaux et l'humiliation d'un paysan parvenu, éclairés d'une lumière réaliste et impitoyable, et les amours finalement heureuses de ces bergers qui évoluent dans un climat de rêve élégant et de fête tout idéal et irréel ? On peut comprendre la réaction de J. Copeau, qui se demandait quelle espèce de communication il était possible d'établir entre les divertissements et la comédie, dont les modernes ne soulignent que trop le réalisme dur et amer. « Rien ne tend à s'échapper. Un dessein ferme et continu enveloppe tout ce petit ouvrage et le retient fortement sur le plan de la vie », concluait-il².

En étudiant les techniques de l'unification des ornements à la comédie, nous avons dit combien Molière avait veillé à la liaison naturelle des parties chantées ou dansées de *L'Amour médecin,* du *Sicilien* et de *Monsieur de Pourceaugnac*. La liaison laisse vifs les contrastes : amour réel qui cherche sa satisfaction par la tromperie et amour poétisé que chantent les bergers (*Le Sicilien*) ; médecins et apothicaires réels et médecins ou avocats grotesques, devenus êtres d'irréalité (*L'Amour médecin, Monsieur de Pourceaugnac*).

Le Malade imaginaire, testament de la comédie-ballet moliéresque, montre parfaitement à quel point le contraste était recherché par Molière. Il n'est que d'opposer la grande Églogue qui constitue le prologue au reste de la comédie. Ici, un agréable lieu champêtre, avec ses dieux, ses bergers, ses zéphyrs même ; là une chambre de malade où s'est confiné un bourgeois parisien, « un homme incommode à tout le monde, malpropre, dégoûtant, sans cesse un lavement ou une médecine dans le ventre, mouchant, toussant, crachant toujours, sans esprit, ennuyeux, de mauvaise humeur, fatigant sans cesse les gens, et grondant jour et nuit servantes et valets³ ». D'un côté l'amour chanté, épanoui en beauté, loué et glorifié sous l'égide du plus grand des rois ; de l'autre l'amour des jeunes gens réprimé, soumis à l'égoïsme

---

[1] G.E.F., t. VI, p. 621.
[2] *Registres II. Molière, op. cit.,* p. 251.
[3] Ce beau portrait est de Béline, quand elle croit Argan mort (III, 12).

monstrueux, aux cupidités sociales et, si l'on n'y mettait ordre, promis à la destruction. Molière avait toute autorité sur le jeune Charpentier : c'est lui qui a voulu le déploiement de ces contrastes, une dernière fois, entre le réel et l'imaginaire.

Simple juxtaposition dans le goût baroque ? L'affirmer serait rester très en deçà de la signification artistique du genre de la comédie-ballet. Comme en un contrepoint, les deux voix du réalisme et de l'imaginaire se suivent, alternent, s'entrelacent, se font écho, s'opposent, – bref, composent toujours ensemble en vue de l'harmonie générale du spectacle ; elles s'enrichissent mutuellement de leurs contrastes et font sens ensemble.

Ne serait-ce que pour réaliser l'unité du spectacle, Molière a dû – nous l'avons vu en détail – rechercher une continuité entre le plan de la comédie réaliste et celui des ornements qui ressortissent à la fantaisie, faisant de ces derniers des compléments au dialogue comique dans le déroulement même de l'intrigue.

Relevons ici un autre procédé, qui consiste non pas à intégrer l'ornement ou l'intermède dans la suite de l'action, mais à se servir d'eux comme d'un écho, comme d'un reflet de l'intrigue de la comédie.

Un premier exemple se trouve au cinquième intermède de *La Princesse d'Élide* qui, pour être correctement interprété, demande à être placé dans le contexte de la scène 6 de l'acte IV, où il se trouve exactement enchâssé.

La jeune Princesse, surprise par l'amour, a le plus grand mal à s'avouer ce qu'elle considère comme une défaite. La réflexion de Moron, à la scène précédente (« et dans toutes vos actions il est aisé de voir que vous aimez un peu ce jeune prince ») provoque sa colère ; restée seule, elle prononce un beau monologue tout marivaudien, en ce sens qu'il marque l'étape de la prise de conscience, de l'aveu à soi-même qu'on aime – « émotion inconnue », « inquiétude secrète » venue troubler la tranquillité de l'âme, « poison » qui court par toutes les veines et ne laisse point en repos avec soi-même. La Princesse balance encore : « Non, non, je sais bien que je ne l'aime pas. Il n'y a pas de raison à cela. Mais si ce n'est pas de l'amour que ce que je sens maintenant, qu'est-ce donc que ce peut être ? » Son inquiétude, son chagrin, sa souffrance sont si grands qu'elle recourt justement aux chants de Clymène et de Philis pour les adoucir et les charmer.

Or, que chantent les deux jeunes filles ? Les voix alternées s'interrogent sur l'amour : qu'en croire, le mal ou le bien ? Qu'il est « peine cruelle », ou qu'il est passion belle et pleine de douceurs ? Dans ce beau duo, la voix de Clymène fait précisément écho à la souffrance de la princesse. Pour celle-ci, l'amour est un ennemi qui se cache dans son cœur et elle voudrait qu'il prenne l'apparence de « la plus affreuse bête de tous nos bois » afin qu'elle puisse l'abattre ; porte-parole des adversaires de l'amour, Clymène chante que la flamme de l'amour « est pire qu'un vautour », qu'il accable le cœur de mille tourments.

L'intermède chanté fait donc écho à la souffrance présente de la Princesse. Mais il annonce aussi son proche abandon à l'amour, car les deux voix se rejoignent pour répéter l'injonction « Aimons... ». La comédie se reflète joliment dans le miroir de l'intermède[4] !

Un autre exemple intéressant est proposé par la sérénade d'ouverture de *Monsieur de Pourceaugnac*, conduite par Éraste.

Comme on s'y attend, cette sérénade chante l'amour et la nuit qui favorise les soupirs d'amour. Mais, de strophe et strophe, une nouvelle voix chante et introduit, en une progression concertée, des thèmes qu'on ne voit jamais apparaître ailleurs dans les scènes en musique, essentiellement pastorales. La deuxième voix fait ainsi intervenir une opposition aux vœux d'amour mutuel ; un alexandrin (au cours d'une strophe composée de vers plus courts) souligne durement, y compris par une fugitive altération dans la mélodie, l'intervention destructrice des parents, qualifiés de « tyrans à qui l'on doit le jour ». La troisième voix chante l'échec des opposants, pour peu que les amants s'aiment d'un parfait amour. Les trois voix se rejoignent enfin pour glorifier la victoire de l'amour sur quelque obstacle que ce soit :

> Aimons-nous donc d'une ardeur éternelle :
> Les rigueurs des parents, la contrainte cruelle,
> L'absence, les travaux, la fortune rebelle,
> Ne font que redoubler une amitié fidèle.

---

[4] Contrairement à Ph. Beaussant (*Lully ou Le Musicien du Soleil, op. cit.*, chap. 13), nous ne pensons pas que le troisième intermède des *Amants magnifiques* propose une mise en abîme des situations de la pièce parlée dans la petite pastorale en musique.

> Aimons-nous donc d'une ardeur éternelle :
> Quand deux cœurs s'aiment bien,
> Tout le reste n'est rien.

On observe déjà que, sans prendre le déguisement de la bergerie, le dialogue chanté transmue en poésie musicale la situation d'opposition au mariage typique de la comédie bourgeoise. Mais, surtout, ce qu'Éraste fait chanter à ses musiciens, c'est tout simplement sa propre situation et celle de son amoureuse Julie, entravée par la volonté paternelle. La sérénade reflète à l'avance la comédie et en annonce l'heureux dénouement, plaçant toute la comédie à venir sous le signe d'un jeu joyeux.

Qu'ils éclairent à l'avance, reflètent et soulignent la comédie[5], la complètent et l'enrichissent de contrastes, les ornements se combinent avec elle de manière nécessaire et concourent à la signification de la comédie-ballet. Les prochains chapitres exploreront les grandes significations à la création desquelles participent les ornements.

Auparavant, nous voudrions attirer l'attention sur un aspect de cet art du contrepoint que met en œuvre la comédie-ballet. Avec une grande liberté et une intelligence souveraine, Molière, le contemplateur ironique[6], multiplie les points de vue et les jugements, en se servant des ornements et de tous les jeux possibles entre les ornements et la comédie. Nous nous contenterons de quelques illustrations.

Faut-il vraiment conclure à l'incompatibilité radicale et définitive entre la comédie de *George Dandin* et la pastorale en musique qui l'entoure ? Philippe Beaussant n'en croit rien et invite, avec une très bonne formule[7], à lire le spectacle du *Grand Divertissement royal de*

---

[5] Certains critiques font montre d'une subtilité parfois aventureuse dans le repérage de ces reflets. Ainsi, Helen Purkis ne nous convainc nullement quand elle voit un rapport entre les bergers de la pastorale et la situation d'Angélique à l'acte I de *George Dandin* (« Les Intermèdes musicaux de *George Dandin* », *Baroque*, n° 5, 1972, p. 63-69) ; ni quand elle veut que le vieux bourgeois babillard et la vieille bourgeoise babillarde du *Ballet des nations* représentent Monsieur et Madame Jourdain (« Monsieur Jourdain, Dorante and the *Ballet des nations* », *Studi francesi*, 71, maggio-agosto 1980, p. 224-233).

[6] Voir A. Eustis, *Molière as ironic contemplator*, 1973.

[7] *Lully ou Le Musicien du Soleil, op. cit.*, chap. 12, p. 358.

Versailles comme une partition à quatre mains. Essayons, déjà ici, en ce qui concerne la vision qui est donnée de l'amour ; en fait, il faut dire les visions, car précisément le spectacle en propose plusieurs.

Du côté de la comédie qui se récite, c'est la peinture de l'échec d'un couple. Dandin a épousé Angélique par simple ambition, sans amour, et d'ailleurs contre le gré de la fille des Sotenville : mariage d'emblée désaccordé. De cette forme creuse, Dandin veut maintenir la fiction, et qu'on lui soit fidèle. Comment Angélique se soumettrait à cette tyrannie ? Pourquoi accepterait-elle de s'enterrer « toute vive dans un mari » ? « Pour moi, qui ne vous ai point dit de vous marier avec moi, et que vous avez prise sans consulter mes sentiments – proclame-t-elle –, je prétends n'être point obligée à me soumettre en esclave à vos volontés, et je veux jouir, s'il vous plaît, de quelque nombre de beaux jours que m'offre la jeunesse, prendre les douces libertés que l'âge me permet, voir un peu le beau monde, et goûter le plaisir de m'ouïr dire des douceurs[8] ». On sait à quelles galanteries mènent ces « emportements de jeune personne », dont la rouée feint de se repentir plus tard[9]. Remarquons qu'Angélique menace alors, par feinte, de se suicider (III, 6), de même que Dandin, s'il évoque le parti « de s'aller jeter dans l'eau la tête la première » (III, 8), ne le prendra pas : écho dégradé de la pastorale, déjà, où la mort est prise au sérieux.

Un mariage sans amour, une jeune épouse fondée à aimer hors du mariage, un mari confondu : c'est là le point de vue de la comédie. À la pastorale de l'enrichir ! Des bergers y sont tellement amoureux que le dédain de leurs aimées les poussent réellement à mourir :

> Puisqu'il nous faut languir en de tels déplaisirs,
> Mettons fin en mourant à nos tristes soupirs[10].

Du coup, les bergères dédaigneuses se repentent, en une complainte sincère que chante Cloris, de leur funeste cruauté, de ce « tyrannique

---

[8] II, 2.

[9] III, 6. – Nous ne croyons pas à la sincérité d'Angélique. Du coup, il devient difficile de reprocher à George Dandin, comme on l'a fait parfois, son manque de générosité et le fait qu'il refuse le risque du pardon et de la réconciliation, – le fait, au fond, qu'il n'agisse pas avec un cœur noble.

[10] G.E.F., t. VI, p. 605 (avant le premier acte de *George Dandin*).

honneur » qui les a empêchées d'aimer. Et, après cette épreuve, la passion trouve sa réalisation, puisque les bergers ont été sauvés :

> Un moment de bonheur dans l'amoureux empire
> Répare dix ans de soupirs[11].

Selon la pastorale, un amour accordé est possible, que *George Dandin* n'envisageait pas. La comédie et son divertissement permettent à Molière une vision polyphonique de l'amour, où chaque aspect – l'échec du mariage chrétien, le bonheur idéal des bergers de fantaisie – peut être jugé par l'autre, sans que Molière lui-même tranche péremptoirement.

Dans d'autres cas encore, les ornements permettent à l'auteur de juger ses personnages.

Chez Monsieur Jourdain, Molière dénonce « les visions de noblesse et de galanterie qu'il s'est allé mettre en tête[12] ». Pour ce fils de marchand, devenir gentilhomme, c'est singer les gens de qualité, en particulier s'entourer d'artistes et pratiquer les arts de la beauté et de l'élégance que sont la musique et la danse. Mais il faut à peine plus d'un acte pour que, grâce aux ornements, éclate la vanité des prétentions de Monsieur Jourdain. Sa réaction à l'air de la sérénade (« Cette chanson me semble un peu lugubre, elle endort... ») et au dialogue en musique (« Je trouve cela bien troussé »), comme sa propre chanson de Janneton prouvent sa surdité à la beauté de la musique[13]. Quant à la danse, c'est un corps maladroit, balourd, sans grâce qui s'essaye au menuet[14]. Ce bourgeois qui ne cesse de se pavaner, de se donner en spectacle est d'une invariable raideur[15] ; il n'acquerra jamais la grâce ni l'élégance que les nobles ont par le sang et l'éducation. Il est d'ailleurs significatif que son anoblissement ne soit qu'une parodie de cérémonie, qu'un ballet de mascarade, dont il ne voit pas le caractère

---

[11] *Ibid.*, p. 609 (après le dernier acte de *George Dandin*).

[12] *Le Bourgeois gentilhomme*, I, 1.

[13] I, 2.

[14] II, 1.

[15] « Un bourgeois incurablement rigide » dit J. Brody (« Esthétique et société chez Molière », *Dramaturgie et société*, 1968, t. I, p. 315).

burlesque. Tant sa nature bourgeoise est derechef incompatible avec la vie noble et ses rites.

Mais, en jugeant son Bourgeois, Molière marquait-il une fascination sans mélange à l'égard de la vie noble, de ses arts et de ses cérémonies ? Non pas ; une autre vision contredit et complète celle des ridicules du Bourgeois. Laissons de côté les maîtres de danse et de musique, qui défendent et enseignent des beaux arts, mais se conduisent comme de viles trompeurs. Un personnage du *Bourgeois gentilhomme* montre cette suprême aisance du ton, cette élégance des manières, ce goût exquis pour la beauté (jusque dans la composition d'un menu), cette passion pour les ballets (c'est lui qui a préparé le *Ballet des nations*) : c'est Dorante. Mais ce noble ruiné est un escroc. L'élégance noble ne serait-elle qu'une façade, une forme vide – la noblesse ayant perdu non seulement sa richesse, mais ses qualités morales traditionnelles ? Posée ici par Molière, la question reparaîtra chez d'autres moralistes, La Bruyère en particulier ; mais Molière l'aura posée en homme de théâtre et en se servant des ornements chantés et dansés. Les ornements qui ont révélé la maladresse et l'inculture du Bourgeois se trouvent maintenant mis en cause par l'attitude de Dorante. Pour reprendre à Jules Brody une excellente distinction[16], si Monsieur Jourdain est esthétiquement dans son tort, il n'est pas affligé d'une tare morale, à la différence de Dorante, l'élégant aristocrate moralement dans son tort. Polyphonie dramatique !

À y regarder de près, dans cette somptueuse comédie-ballet destinée au roi et à la cour que sont *Les Amants magnifiques,* Molière se permet beaucoup d'audace à l'égard de l'intermède, divertissement noble par excellence ; cette liberté du dramaturge à l'égard du monde princier, que nous avons déjà soulignée[17], s'exerce précisément par le contrepoint entre les ornements et la comédie.

Trois des plus somptueux intermèdes, on le sait, représentent des cadeaux offerts par les amants magnifiques qui rivalisent pour plaire

---

[16] Voir l'article cité à la note précédente. – Sur l'ambiguïté du jugement de Molière dans *Le Bourgeois gentilhomme,* on consultera aussi O. de Mourgues, « *Le Bourgeois gentilhomme* as a criticism of civilization » (*Molière : Stage and study. Essays in honour of W. G. Moore*, 1973, p. 170-184), et V. Kapp, « Langage verbal et langage non verbal dans *Le Bourgeois gentilhomme* » (*Biblio 17*, n° 67, 1991, p. 95-113).

[17] Voir *supra*, chapitre 3, p. 66-67.

à la princesse Aristione afin d'obtenir la main de sa fille Ériphile. La donnée ayant été fournie par le roi, Molière intègre parfaitement à la pièce la profusion baroque créée par Lully. Mais il la juge et la démystifie prudemment, selon le mot de Jacques Guicharnaud[18]. Comment ?

Essentiellement par l'attitude des protagonistes en face de ces éclatants divertissements de cour. Si Aristione ne semble pas ménager son admiration, sa fille ne dit son enthousiasme que lorsqu'il s'agit des divertissements proposés non par les amants, mais par sa confidente, de simples pantomimes. Réticence à l'égard des spectacles merveilleux ? Plus gravement, un autre personnage essentiel, le jeune général Sostrate, se met d'emblée en marge de la fête de cour. Mélancoliquement attaché à ses pensées d'amour impossible, il a déserté la presse et la confusion occasionnées par les « cadeaux merveilleux de musique et de danse » dont Iphicrate a régalé la promenade des princesses : « J'avoue que je n'ai pas naturellement grande curiosité pour ces sortes de choses », déclare-t-il[19].

Sostrate n'est pas le seul à se mettre en retrait. Son aimée Ériphile formule un vœu égal de solitude (qui, à la fin de l'acte I, répond exactement à celui que formulait Sostrate au début du même acte) :

> Ah ! qu'aux personnes comme nous, qui sommes toujours accablées de tant de gens, un peu de solitude est parfois agréable, et qu'après mille impertinents entretiens il est doux de s'entretenir avec ses pensées ! Qu'on me laisse ici promener toute seule[20].

Sostrate néglige ou méprise les beaux divertissements au profit de sa peine amoureuse ; Ériphile fuit la presse et les conversations superficielles pour être seule avec ses pensées : les deux héros de la comédie galante mettent nettement à distance les fastueux divertissements de cour. Or, si la pièce présente un intérêt, il est bien dans la difficile naissance de l'accord amoureux entre Sostrate et Ériphile.

---

[18] Dans sa précieuse étude (« Les Trois Niveaux critiques des *Amants magnifiques* », dans *Molière : Stage and study. Essays in honour of W. G. Moore*, 1973, p. 21-42), il parle alors du premier niveau critique de la comédie-ballet.
[19] I, 1.
[20] I, 5.

Par les personnages de la pièce Molière juge le divertissement, dont il sait par ailleurs s'enchanter. Les trois divertissements organisés par les amants magnifiques le sont par des êtres vides et bas. Les spectacles et leurs organisateurs sont renvoyés à la surface brillante, au non-être ; l'être se manifeste chez les héros amoureux et souffrants, qui restent à l'écart de la fête de cour. Le désenchantement manifesté ici par Molière à l'égard du divertissement de cour annonce étrangement celui que manifeste *Le Bourgeois gentilhomme* où, nous venons de le voir, l'élégance noble n'est qu'un sépulcre blanchi et les rites d'anoblissement ravalés à une mascarade bouffonne. Comme l'écrit Jean Rousset, les comédies-ballets sont capables d'offrir « une image et une critique de la fête surgie de la fête elle-même[21] ».

Molière aura même été plus loin dans le jugement et la mise en cause des valeurs nobles et héroïques qui servent d'idéal à la cour – et cela au sein même d'un brillant spectacle de cour. Nous faisons allusion à *La Princesse d'Élide* et au personnage de Moron, le plaisant de la Princesse, dont le regard ironique, qu'autorise sa fonction de fou à la cour, a des effets singulièrement contestataires. Est-il besoin de rappeler que Molière en personne tenait ce rôle, faisant rire sans doute de son personnage dissonant, mais se servant aussi de lui pour juger le monde de la cour que reflète la comédie ?

Ce regard critique est rendu possible par l'absolue liberté de parole de Moron. On doit certes « regarder comme l'on parle aux grands » (v. 247), qui rabattent souvent les « libres tentatives » qui font partie des prérogatives de l'office de bouffon (vv. 237-238) ; mais Moron dit ce qu'il pense[22] aux grands. N'a-t-il pas l'audace de laisser entendre au prince d'Ithaque que lui, Moron, enfant de village, serait son demi-frère bâtard[23] ? Aucun respect ne l'arrête vis-à-vis des personnes ni vis-à-vis de leurs valeurs, qu'il contredit bonnement ou que sa conduite tourne en dérision.

Face aux héros de la comédie galante, Moron serait l'image même du anti-héros. Son entrée en scène ? Il court se réfugier auprès

---

[21] *L'Intérieur et l'extérieur. Essais sur la poésie et sur le théâtre au XVIIe siècle*, nouvelle éd., 1976, p. 180.

[22] Voir sa dernière réflexion (V, 3) : « Seigneur, je serai meilleur courtisan une autre fois, et je me garderai bien de dire ce que je pense ».

[23] I, 2, v. 251 *sq.*

d'Euryale, car le souvenir d'un sanglier qui s'est trouvé nez à nez avec lui au cours de la chasse l'effraie encore. Cette peur plaisamment étalée – plaisamment, car les récits de Moron, comme tous ses propos, manifestent une belle maîtrise verbale et s'ornent d'esprit discrètement bouffon et de verve – dénonce le vilain, qui préfère fuir, courir comme quatre et sauver sa peau plutôt que de faire face avec générosité, avec une héroïque et glorieuse audace. Dans un monde où le courage est une valeur essentielle, Moron affiche plaisamment sa couardise.

Le récit du sanglier fait partie de la comédie (I, 2). Mais à peine est-il terminé que nous entrons dans le deuxième intermède ; et c'est un ours cette fois qui s'en prend au malheureux froussard, lequel se perche sur un arbre en attendant que les chasseurs tuent la bête et lui permettent de devenir brave[24]. On le constate : ce qu'avait commencé la comédie, l'interrnède le poursuit, Moron étant le personnage burlesque tout autant de la comédie que des ornements.

Cette continuité des significations s'observe également dans les conceptions amoureuses de Moron.

Dans ces intermèdes, Moron amoureux dégrade systématiquement l'univers de la pastorale qu'il tourne en dérision. Parodiant les bergers, il veut lui aussi parler de son amour à la nature : « j'ai une petite conversation à faire avec ces arbres et ces rochers » ; et il se met à déclamer, en vers, à l'adresse des bois, prés, fontaines et fleurs : « Si vous ne le savez, je vous apprends que j'aime ». Mais il s'est enflammé pour sa Philis « la voyant traire une vache », alors que ses doigts blancs de lait « pressaient les bouts du pis d'une grâce admirable[25] ». Que nous voilà loin des bergeries galantes ! La scène se termine burlesquement : tandis qu'il redit le nom de sa belle déformé par des échos bouffons dont il s'amuse, apparaît le dangereux ours.

Les deux intermèdes suivants poursuivent la parodie de la pastorale. Interdit de parole – un amoureux, s'il suit la mode des bergers, ne s'adresse à sa Philis qu'en chantant ! –, il est réduit à faire « une scène de gestes » (dans le style de Scaramouche, soyons-en sûrs), avant de

---

[24] « Maintenant que vous l'avez tuée, je m'en vais l'achever et en triompher avec vous » (deuxième intermède, scène 2).

[25] Deuxième intermède, scène 1.

prendre une leçon de chant du satyre ; mais à peine Moron s'est-il essayé à répéter *la, la, la, la* ou *fa, fa, fa, fa* après le drôle de professeur de chant, qu'il lâche un « fa toi-même », qui provoque un échange de coups de poing[26]. D'autres éléments de la pastorale restent à dégrader dans le quatrième intermède. Moron, après la belle plainte musicale de son rival Tircis, donne une version parodique de ce type de plainte ; il nie enfin une des conventions les plus avérées des amours pastorales, en refusant de se tuer – car une bergère est prête, comme Philis, à aimer de tout son cœur une personne qui l'aimerait assez pour se donner la mort ! « Vois ce poignard. Prends bien garde comme je vais me percer le cœur », annonce-t-il. Mais il se moque ; « quelque niais » accomplirait ce geste. Plus fort que les conventions galantes, comme tout à l'heure plus fort que le souci du courage héroïque, reste son attachement à la vie. Les fadaises alambiquées de la manière pastorale ne sont pas de son style ni de sa façon d'aimer.

Cela se reflète et se complète dans la comédie où il n'est pas question des amours de Moron, mais où Moron est à la fois messager, auxiliaire et un peu conseiller pour la réussite des amours difficiles entre Euryale et la jeune Princesse. Il approuve la stratégie de l'indifférence adoptée par Euryale pour piquer la vanité de la Princesse et l'amener à l'amour ; mais comme il juge cette sorte de ballet artificiel dont les personnages nobles de la comédie font le tout de l'amour ! Écoutons-le ravaler ces déesses vaniteuses que sont les femmes :

> Les femmes sont des animaux d'un naturel bizarre ; nous les gâtons par nos douceurs ; et je crois tout de bon que nous les verrions nous courir, sans tous ces respects et ces soumissions où les hommes les acoquinent[27].

Le propos est d'un personnage rustique, mais il exprime au fond la revendication pour une manière plus simple, plus naturelle d'aimer. Que la Princesse se laisse donc aller à l'amour, comme lui l'a fait pour sa Philis ! « Puisque j'ai bien passé par-là, il peut bien y en passer

---

[26] Troisième intermède.
[27] III, 2.

d'autres », lui dit-il[28]. Le conseil est irrévérencieux, mais plein de bon sens. Et ses saines remarques sont bien nécessaires à une Princesse empêtrée dans son amour-propre, refusant de condescendre à l'amour d'Euryale mais refusant aussi qu'Euryale en aime une autre[29].

L'amour galant ni l'amour pastoral ne sont le fait de Moron, qui les juge.

Au total, grâce au Moron des intermèdes, qui est le même que celui de la comédie, Molière parvient à introduire une distance ironique à l'égard de la pastorale idéalisée et plus généralement à l'égard des valeurs du monde noble, l'une et les autres restant par ailleurs largement illustrées et exaltées dans la même comédie-ballet. Et l'on remarquera que, dans *La Princesse d'Élide,* le contrepoint n'oppose pas exactement les intermèdes au monde de la comédie, mais articule, en passant indifféremment de l'une aux autres, les deux voix contrastées : celle du monde galant, qui se retrouve dans la convention pastorale, et celle du regard ironique de Moron.

---

[28] II, 2.

[29] « Mais, Madame, s'il vous aimait, vous n'en voudriez point, et cependant vous ne voulez pas qu'il soit à une autre. C'est faire justement comme le chien du jardinier » (IV, 5). Le chien du jardinier est l'image de l'envieux.

9

LE MONDE ALLÉGÉ

Fasciné lui-même par le charme de ces spectacles que lui commandait le roi, Molière aurait-il oublié d'observer et de penser ? Dans les comédies-ballets, le versant réaliste finirait-il par perdre son importance et sa portée en faveur du versant imaginaire et de sa fantaisie irréelle ? Les comédies-ballets marqueraient-elles le triomphe de l'esthétique au détriment de la critique ?

Il n'en est rien. Le tableau réaliste garde toute sa force, sa dureté, sa gravité, tant en ce qui concerne la peinture sociale qu'en ce qui touche à la peinture des hommes ; à certains égards, il est même ici particulièrement impitoyable. Mais Molière a décidé que les ornements de la comédie-ballet parachèveraient ce qu'avait commencé le rire, efface-raient l'amertume, estomperaient la gravité et l'inquiétude, – bref, allégeraient le monde, sa pesanteur et sa violence.

Les Fâcheux manifestent cela d'emblée. Pendant trois actes, Éraste est persécuté par des importuns – êtres égoïstes enfermés dans leurs préoccupations, pénibles, insupportables à l'amoureux et qui l'empê-chent de rejoindre son Orphise. Mais il y a plus grave : le tuteur d'Orphise fait obstacle à la réunion des amants et à leur bonheur dans le mariage. Voilà qui accable Éraste :

> Oui, Damis, son tuteur, mon plus rude Fâcheux,
> Tout de nouveau s'oppose aux plus doux de mes vœux,
> À son aimable nièce a défendu ma vue,
> Et veut d'un autre époux la voir demain pourvue[1].

---

[1] III, 1, v. 597-600.

Pire encore : le tuteur, ayant eu connaissance du rendez-vous nocturne accordé par Orphise à Éraste, aposte des assassins chargés de rompre le rendez-vous d'Éraste et de « noyer dans son sang sa flamme criminelle[2] ». Des fâcheux gênants on est passé au fâcheux criminel et l'obstacle est devenu mortel : Molière a voulu aller au bout de la gravité.

Mais dès le début aussi, il a voulu l'alléger grâce aux ballets des entractes ; les fâcheux y deviennent des danseurs. La fantaisie a pour effet de désincarner tous les fâcheux qui ont défilé et aussi ceux qui défileront, de faire sourire de l'agacement qu'Éraste conçoit de cet essaim de gêneurs. Si bien que la menace mortelle du dernier des fâcheux est en quelque sorte conjurée par avance, qu'à l'avance on imagine l'intervention d'un heureux destin (ici, Éraste se porte fermement au secours de celui qui voulait le faire assassiner) capable de transformer ce redoutable fâcheux adversaire du bonheur d'Éraste. Ce renversement rapide, qui fait passer « d'un trouble effroyable » au comble du bonheur, a lui-même quelque chose d'un peu merveilleux et de fantaisiste, qui étonne Éraste :

> Mon cœur est si surpris d'une telle merveille
> Qu'en ce ravissement je doute si je veille[3].

Mais arrivent les violons de la noce, et les derniers masques fâcheux sont bousculés hors de la scène en un mouvement joyeux. Demeure la joie légère : le ballet a débarrassé le monde de sa pesanteur.

C'est ce processus qu'il nous faut montrer à l'œuvre dans les autres comédies-ballets. Nous choisirons pour cela deux cas exemplaires : la violence sociale et la médecine ; à chaque fois la comédie-ballet adoucit l'âpreté ou exorcise la menace.

À la vérité, *Le Mariage forcé* tient encore beaucoup de la farce et l'analyse des conditions sociales n'y est pas d'une parfaite netteté ; il est aisé néanmoins de dessiner les linéaments d'une assise réaliste de cette farce-ballet.

---

[2] III, 5, v. 786-787.
[3] III, 6, v. 819-820.

Le « seigneur » Sganarelle n'est sans doute pas de trop basse extraction. Il a beaucoup voyagé – à Rome, en Angleterre, en Hollande –, et il s'est enrichi ; on peut voir en lui un grand bourgeois qui s'est adonné au commerce avec les autres nations. Il reste bourgeois dans tous ses comportements : il se soucie de l'argent qu'on doit lui apporter (I, 1) , il manifeste sa lâcheté, toute contraire aux valeurs aristocratiques, en refusant de se battre à l'épée et en subissant l'humiliation d'être simplement rossé à coups de bâton pour avoir retiré sa parole (III, 2) ; il n'est pas jusqu'à sa vision du mariage, avec le rêve de jouissance et de possession égoïste, qui ne sente sa bourgeoisie.

Sganarelle désire se marier, à 52 ou 53 ans, avec une fille qui lui plaît et qu'il aime de tout son cœur, – une belle femme qui le dorlotera et grâce à qui « la race des Sganarelles » se perpétuera dans le monde[4]. Cette jeune et galante Dorimène, fille du « seigneur » Alcantor, est-elle vraiment une fille de qualité ? On peut hésiter sur la noblesse de la famille qui cherche à refaire (ou à faire) sa fortune en s'alliant au riche bourgeois. En tout cas, Sganarelle ne manifeste aucune ambition sociale, lui qui va être maltraité et forcé au mariage par la famille de Dorimène.

Toute la pièce[5] est faite de heurts, d'impossibilités à communiquer et à s'entendre, de violences subies ou infligées. Chaque dialogue paraît un faux dialogue où les interlocuteurs restent isolés, enfermés en eux-mêmes, dans leur rêve, leur déraison, leur volonté de puissance ou leur impuissance. Sganarelle n'écoute pas Géronimo, à qui pourtant il était venu demander conseil (I, 1) ; mais il n'est pas écouté par Dorimène, qui est bien décidée à lui imposer, quand elle sera son épouse, sa conduite de coquette et de galante libérée (I, 2). À quoi bon consulter les deux savants sur son mariage ? Le sectateur d'Aristote l'étourdit de son caquet et ne le laisse point parler ; le pyrrhonien lui débite des propos qui ne décident rien. Ils sont trop isolés dans leur planète respective pour admettre la présence d'autrui (II, 2 et 3). L'échange est impossible, le dialogue désaccordé. Sganarelle, revenu

---

[4] I, 1.

[5] Mais toutes les pièces de Molière sont faites de ces heurts entre des incompatibles, dans une sorte d'immense *Ballet des incompatibles,* comme le fait justement remarquer R. McBride dans ses travaux.

à plus de sagesse, ne peut pas faire entendre ni faire admettre son refus de se marier (III, 2 et 3). La parole échoue à établir l'accord entre les volontés humaines ; restent la violence et la loi de la force. Sganarelle en est la victime absolue, que les coups de bâton obligent au mariage. Violence typique du monde de la farce, déjà entraînée dans la stylisation du dialogue comique et dans le jeu allègre de ces silhouettes grimaçantes.

Mais *Le Mariage forcé* n'a finalement rien d'amer. Le charme de la musique estompe les violences de la prose, introduisant l'aimable galanterie, assaisonnant même d'humour ou d'ironie certaines situations inquiétantes. Avec les entrées dansées, elle ôte tout sérieux et toute gravité à l'aventure. Pas plus que n'inquiètent la bêtise des philosophes et la violence de la famille de Dorimène, l'échec de Sganarelle n'apitoie. On sert à l'époux forcé une mascarade : concert espagnol et charivari grotesque emportent l'humiliation de Sganarelle dans un tourbillon de danses plaisantes. La dernière entrée est même de quatre Galants qui cajolent la nouvelle épouse : le futur cocuage de Sganarelle est dansé, transmué en plaisantes postures. Il faut oublier l'échec et le malheur injuste du bourgeois !

Les comédies-ballets des années 1668-1673 brossent un tableau social autrement précis ; l'observation est aiguë et la critique sociale très âpre.

La maison de Dandin, à la campagne, permet de réunir tout un éventail de conditions – du manouvrier Lubin, qui ne gagne que dix sols pour un jour de travail alors qu'un message galant lui rapporte trois pièces d'or[6], jusqu'au seigneur du paysan, le vicomte Clitandre, formé par la cour, fat coureur de filles, et sans scrupule. Du paysan au courtisan, les personnages sont éclairés d'une lumière froide. Voici George Dandin, le paysan enrichi, qui a voulu abandonner la « bonne et franche paysannerie » pour entrer par un mariage dans « la gentilhommerie » : alliance malheureuse, car on ne l'a épousé que pour son bien et on le méprise. Il connaît « le style des nobles » : « c'est notre bien seul qu'ils épousent[7] » ; et il le dit crûment à Madame de Sotenville :

---

[6] *George Dandin*, I, 2.
[7] I, 1.

> L'aventure n'a pas été mauvaise pour vous, car sans moi vos affaires, avec votre permission, étaient fort délabrées, et mon argent a servi à reboucher d'assez bons trous ; mais moi, de quoi y ai-je profité, je vous prie, que d'un allongement de nom, et au lieu de George Dandin, d'avoir reçu par vous le titre de « Monsieur de la Dandinière[8] » ?

Mais il voulait épouser une « demoiselle » de la noblesse afin qu'elle lui fît, puisque le ventre anoblit, des enfants nobles : « mes enfants seront gentilshommes[9] ».

On voit les raisons qui poussèrent le couple des Sotenville à accepter cette mésalliance. Les hobereaux sont ruinés, déclassées ; et leur noblesse de campagne n'est probablement pas de première qualité. Le baron (son titre est le plus désuet qui soit et relégué au dernier rang de la hiérarchie nobiliaire) et sa femme, issue de la maison de la Prudoterie, sont donc peu fondés à manifester cette morgue insultante, ce mépris odieux à l'égard de celui qui a l'honneur, comme ils disent, d'être leur gendre. Mais le rapprochement forcé du gentilhomme de campagne ruiné et du paysan enrichi engendre cette volonté de souligner l'écart des races ; « tout notre gendre que vous soyez, il y a grande différence de vous à nous », proclame Madame de Sotenville[10].

Molière se plaît à lancer les uns contre les autres les Sotenville, ces pantins ridicules et stupides, si facilement trompés par les apparences[11], et George Dandin, le paysan enragé d'avoir fait un marché de dupes et de ne pouvoir faire reconnaître la vérité et son bon droit de mari bafoué. Et dans sa fameuse mise en scène, si contestée, Roger Planchon n'avait pas tout à fait tort de souligner le réalisme de la comédie, de la lester d'un poids de réalité sociale et charnelle bien suggéré par le texte de Molière.

La demeure de Monsieur Jourdain – autre ambitieux que sa richesse pousse à désirer le titre de gentilhomme – est un peu aussi un carrefour où se croisent les voies de la bourgeoisie et de la noblesse,

---

[8] I, 4.

[9] *Ibid.*

[10] *Ibid.*

[11] Voir Ch. Mazouer, *Le Personnage du naïf dans le théâtre comique...*, 1979, p. 188-189.

et où se lisent les mouvements de la société du temps. La réflexion du maître de musique, à propos de Monsieur Jourdain, remplace une analyse économique ou sociologique : « ce bourgeois ignorant nous vaut mieux, comme vous voyez, que le grand seigneur éclairé qui nous a introduits ici[12] ». D'un côté, le fils de marchand issu de « bonne bourgeoisie », riche et qui enrage de n'être pas vicomte ou marquis ; de l'autre, le noble de race dont la situation obérée le force à vivre aux crochets de sa dupe facile, qui lui prête sans compter et paye ses amours avec une marquise, Dorimène, que le Bourgeois croit gâter et régaler pour son propre compte. Aucune âpreté dans le désir de noblesse nourri par Monsieur Jourdain ; son ambition, qui sera satisfaite dans l'imaginaire de la folie, reste inoffensive pour l'ordre social régnant. Mais la duperie aura été coûteuse pour le Bourgeois.

En quelques scènes, le salon de la comtesse d'Escarbagnas offre des aperçus presque balzaciens sur cette petite société d'Angoulême. Le Vicomte et Julie appartiennent à la noblesse de province, mais à celle qui fait le voyage à Paris et attrape l'élégance des courtisans ; ces nobles se moquent de la noblesse de Madame d'Escarbagnas et dupent sans scrupule celle qui rêve de se hausser à la véritable qualité et de posséder le ton du beau monde parisien. Tout le comique de la pièce vient du décalage entre le rêve de la comtesse d'Escarbagnas – se construire un personnage de grande dame – et la réalité – sa noblesse n'a rien de brillant et toute sa personne respire une trivialité qui réduit à néant ses prétentions[13]. Le chapitre de ses amours provinciales dénonce des cupidités plus âpres. Outre le Vicomte, elle ménage deux autres soupirants, le conseiller Tibaudier et le receveur des tailles Harpin (que ne laisse sans doute pas indifférents la noblesse, même bien pâle, de la comtesse) ; et pas seulement pour « remplir les vuides de la galanterie[14] ». La vaniteuse comtesse est intéressée et a besoin de leurs dons. Harpin, qui n'est point d'humeur « à payer les violons pour faire danser les autres », le crie violemment en interrompant le spectacle[15] :

---

[12] *Le Bourgeois gentilhomme*, I, 1.

[13] Ch. Mazouer, *Le Personnage du naïf dans le théâtre comique...*, op. cit., p. 192-194.

[14] *La Comtesse d'Escarbagnas*, scène 2.

[15] Scène 8.

> Je veux dire que je ne trouve point étrange que vous vous rendiez au mérite de Monsieur le Vicomte : vous n'êtes pas la première femme qui joue dans le monde de ces sortes de caractères, et qui ait auprès d'elle un Monsieur le Receveur, dont on lui voit trahir et la passion et la bourse, pour le premier venu qui lui donnera dans la vue ; mais vous ne trouverez point étrange que je ne sois point la dupe d'une infidélité si ordinaire aux coquettes du temps, et que je vienne vous assurer devant bonne compagnie que je romps commerce avec vous, et que Monsieur le Receveur ne sera plus Monsieur le Donneur.

Que Molière fasse plaisir au public noble de la cour et au public parisien en rendant ridicules et en faisant échouer des hobereaux déclassés, un paysan enrichi coupable d'avoir voulu accéder à la noblesse ou un bourgeois qui ne parviendra pas à être noble (du moins sur le théâtre ...), et que par là il conforte le vieil ordre social, la chose est sûre. Mais n'oublions pas que Molière est aussi mordant à l'égard des vainqueurs qu'à l'égard des victimes. Et, de toute façon, les ornements sont là pour relativiser la dureté des conflits et l'âpreté de la satire.

George Dandin, qui change de sens selon que la comédie est donnée avec ou sans la pastorale qui l'enchâssait lors du *Grand Divertissement royal de Versailles,* est la plus parfaite illustration de cette idée.

« Comédie rosse », dit Antoine Adam de la comédie proprement dite de *George Dandin.* Les trois actes en sont d'une grande dureté. Ce n'est pas pour rien que *George Dandin* a été fabriqué à partir du canevas de *La Jalousie du Barbouillé* ; on y développe la dureté de la farce, avec son cocu impuissant face à la bêtise, à la trahison ou à la violence des autres, trois fois cherchant à faire savoir sa disgrâce et trois fois, mécaniquement, échouant de manière lamentable, confondu, humilié même et obligé de renoncer à faire valoir son bon droit.

Comédie rosse, et non point douloureuse, comme le voulait Michelet. C'est l'erreur d'optique du XIXe siècle, souvent reprise depuis[16], de vouloir mettre en avant les éléments d'un drame sous-jacent dans les comédies de Molière. Pour Molière, Dandin était un

---

[16] Voir les analyses de G.A. Goldschmidt, *Molière ou la liberté mise à nu,* 1973. Ce serait aussi la tendance de R. Albanese, « Solipsisme et parole dans *George Dandin* » (*Kentucky Romance Quaterly,* 27 (1980), p. 421-434).

personnage comique ; et nous avons déjà signalé que le gazetier Robinet, qui assistait à la représentation de Versailles, parlait d'un sujet « archicomique ». Que Dandin soit littéralement né dans sa vérité, finalement né dans son être, bafoué, réduit au silence, annulé, n'inspirait aucune pitié. Car Dandin avait tort et voyait en quelque sorte se dérouler systématiquement les conséquences de son erreur initiale – juste châtiment. Et plus elle voulait y échapper, plus la victime faisait rire. Molière a fait son George Dandin laid, sans grandeur, épousant par ambition et sans amour une femme qu'il regrette de ne pouvoir remettre sur le droit chemin à bons coups de bâton, réclamant indûment le respect d'un mariage que son ambition a privé au départ de sens humain. Ayant voulu sortir de son ordre, il est châtié, et Molière fait rire de ses mécomptes. Le personnage lui-même incite à rire de lui, avec cette sorte d'humour qu'il manifeste d'emblée : « George Dandin, George Dandin, vous avez fait une sottise la plus grande du monde », dit-il à la première scène. Et les deux autres monologues de l'acte I reprennent le même refrain ; accommodé « de toutes pièces », sans pouvoir se venger, il aurait tort de se révolter :

> Ah ! que je... Vous l'avez voulu, vous l'avez voulu, George Dandin, vous l'avez voulu, cela vous sied fort bien, et vous voilà ajusté comme il faut ; vous avez justement ce que vous méritez[17].

Mais la pastorale, aussi idéalisée que la dureté de la comédie est accentuée ?

Le paysan Dandin a tort d'abord de ne pas se faire attentif au monde merveilleux qu'elle représente. Enfermé dans ses rêveries, il laisse la place, avant le premier acte. Après son premier échec, il se montre encore plus incapable de sortir de lui et d'écouter autrui ; voici ce que dit le livret :

> [...] dans un chagrin assez puissant, il est interrompu par une Bergère, qui lui vient faire le récit du désespoir des deux Bergers, il la quitte en colère...[18]

---

[17] *George Dandin*, I, 7.
[18] G.E.F., t. VI, p. 605.

La même bergère n'aura pas plus de succès quand, à la fin du dernier acte, elle viendra « encore l'interrompre dans ses douleurs » et lui raconter l'heureux sauvetage desdits bergers. Dandin est sourd à la douleur ou à la joie d'autrui, irrémédiablement enfermé en lui-même, obstinément buté sur ses échecs. Il aurait pu pourtant tirer profit du spectacle des amours pastorales... À la fin seulement, un ami lui fait abandonner son idée du suicide, lui conseille de noyer plutôt dans le vin ses inquiétudes et le force à rejoindre la troupe des bergers amoureux qui vont célébrer l'amour et le vin.

Le spectateur, quant à lui, se laisse guider par les bergers et accepte d'être propulsé périodiquement dans l'univers de la bergerie ; il s'y repose du réalisme et de la violence de la farce, qu'adoucissent la musique et la danse. Comme cela a été fort bien dit[19], la pastorale en musique atténue la dureté du réel, allège le monde comique, en gomme l'âpreté ; les deux genres dialoguent, pas seulement pour prouver la virtuosité de l'artiste, mais aux fins de signifier que le débat des désirs, des ambitions, des volontés de puissance, qui fait la matière de la comédie, est équilibré, dépassé, oublié même dans la fête pastorale, qui prend appui sur des personnages et des sentiments idéalisés et débouche sur les chœurs joyeux, niant la cruauté de la comédie réaliste et la violence qui est faite à George Dandin.

Félibien allait peut-être un peu loin lorsque, en 1668, il affirmait finalement que la pastorale en musique et la comédie sont « si bien unies à un même sujet, qu'elles ne font qu'une même pièce et ne représentent qu'une seule action[20] ». Mais il était sensible à l'unité du spectacle baroque voulu par Molière, avec ses contrastes et cet enrichissement mutuel que la comédie et la pastorale s'apportent – la comédie tempérant l'idylle et l'idylle, qui enveloppait toute la comédie, la baignait, imposant finalement la victoire de l'amour véritable et du bonheur. En enlevant le cadre pastoral – et Molière fut le premier à le faire dans ses représentations parisiennes, d'ailleurs assez aisément puisque les deux versants peuvent devenir autonomes et se détacher

---

[19] Par M. Gutwirth (« Dandin ou les égarements de la pastorale », *Romance Notes*, vol. XV, Supplément n° 1, p. 121-133), ou par J. Morel (« Le modèle pastoral et Molière », article de 1980 repris dans *Agréables mensonges. Essais sur le théâtre français du XVIIe siècle*, 1991, p. 315-326).

[20] G.E.F., t. VI, p. 621.

sans se léser –, Molière donnait à *George Dandin* une autre signification, plus comique et plus rude. Exactement de la même manière que *Le Mariage forcé* quand, de ballet en trois actes, il se réduisait à une farce en un acte. Il est bien dommage que les hommes de théâtre ne se soient jamais avisés de donner ces deux pièces avec leurs ornements.

Dans *Monsieur de Pourceaugnac*, il est difficile aux metteurs en scène de laisser tomber les ornements, tant ils sont imbriqués à la trame de la comédie. Et ils sont aussi très nécessaires pour donner à cette comédie-ballet son juste ton de fantaisie grotesque.

Le héros comique, un provincial de Limoges, y est victime du préjugé[21] et de la méchanceté des Parisiens qui ont décidé de l'exclure parce que sa venue trouble les projets amoureux des jeunes gens. Choisi par Oronte, le père, comme gendre à cause de sa fortune, Monsieur de Pourceaugnac a le tort de vouloir quitter Limoges pour s'intégrer à la famille parisienne : entreprise vouée à l'échec. Que ce gentilhomme limousin, qui « a étudié le droit » et sent bien sa pratique, ne soit pas noble de race, que son nom, sa mine, son accoutrement, ses manières, sa lâcheté dégradent le prétentieux qui arrive persuadé que le roi sera ravi de le voir faire sa cour au Louvre, bref, que le provincial affiche une vanité de gentilhomme incompatible avec ses ridicules, voilà qui satisfait autant la noblesse de cour que le public de la capitale, comblés dans leurs particularismes.

Monsieur de Pourceaugnac est-il même un homme ? Son nom le déshumanise et le ravale au rang des bêtes. En tout cas, un Limousin n'est pas un chrétien ; il est l'autre, l'étranger à exclure, une victime toute désignée, d'autant que le provincial reste homme « à donner dans tous les panneaux qu'on lui présentera[22] », du fait de sa naïveté, de sa sottise crédule[23]. La femme d'intrigue Nérine, s'adressant à la jeune première Julie, illustre bien les sentiments des Parisiens et trace le programme général des violences qui seront infligées au provincial :

---

[21] Ce que Fausta Garavini appelle le *campanilismo*, l'esprit de clocher des Parisiens qui méprisent la province (*Parigi e provincia. Scene della letteratura francese*, 1990).

[22] *Monsieur de Pourceaugnac*, I, 2.

[23] Ch. Mazouer, *Le Personnage du naïf...*, *op. cit.*, p. 189-191.

[...] une personne comme vous est-elle faite pour un Limousin ? S'il a envie de se marier, que ne prend-il une Limousine et ne laisse-t-il en repos les chrétiens ? Le seul nom de Monsieur de Pourceaugnac m'a mis dans une colère effroyable. J'enrage de Monsieur de Pourceaugnac. Quand il n'y aurait que ce nom-là, Monsieur de Pourceaugnac, j'y brûlerai mes livres, ou je romprai ce mariage, et vous ne serez point Madame de Pourceaugnac. Pourceaugnac ! cela se peut-il souffrir ? Non Pourceaugnac est une chose que je ne saurais supporter ; et nous lui jouerons tant de pièces, nous lui donnerons tant de niches sur niches, que nous renvoyerons à Limoges Monsieur de Pourceaugnac[24].

La comédie va donc accomplir les mauvais tours et les mystifications destinés à fatiguer le provincial, à le faire déguerpir. Happé par le rythme étourdissant des machinations, médusé, accablé – « Ah ! je suis assommé. Quelle peine ! Quelle maudite ville ! Assassiné de tous côtés ! », se plaint-il en II, 10 –, le malheureux, transformé en victime, comprendra l'erreur de son incursion parisienne. Pris en main et malmené par les médecins, qui le veulent atteint de mélancolie hypocondriaque, passant du cauchemar médical aux assauts de celles qui se prétendent ses femmes et en produisent des preuves vivantes, car « il pleut en ce pays des femmes et des lavements[25] », Monsieur de Pourceaugnac demande grâce : « Au secours ! au secours ! Où fuirai-je ? Je n'en puis plus[26] ». Mais rien ne lui sera épargné, jusqu'à ce qu'il ait décidé de rompre le mariage projeté et de fuir la « maudite ville » ; déguisé en femme pour échapper à la justice qui voudrait pendre ce polygame, il est encore luriné par deux Suisses, menacé d'arrestation par un faux exempt et une dernière fois dépouillé de son argent par Sbrigani[27]. Tout cela sous la haute direction dudit Sbrigani (un Napolitain, comme Scapin), homme d'intrigue redoutable et souvent en délicatesse avec la justice, qui a su d'emblée se mettre dans la confiance de sa dupe ; d'un bout à l'autre de la comédie, Monsieur de Pourceaugnac aura été manipulé et joué par Sbrigani, sans jamais

---

[24] I, 1.
[25] II, 10.
[26] II, 8.
[27] III, 3 à 5.

s'en douter : « voilà le seul honnête homme que j'ai trouvé en cette ville », est la dernière réflexion du provincial avant de partir[28].

Faut-il parler d'un rire noir, impitoyable ? d'une sorte de rêve maléfique et terrifiant ? de personnages grotesques à la Callot ? Si certains metteurs en scène ont pu donner cette vision de la pièce, ils trahissaient les intentions de Molière.

Une première distance est prise avec la cruauté des mésaventures (qui nous sont d'ailleurs présentées comme méritées, puisque le provincial vaniteux, ridicule et sot vient troubler l'accord amoureux entre les jeunes gens) de ce Monsieur de Pourceaugnac pelaudé à toutes mains. D'emblée Éraste, qui défend son bonheur et chassera sans pitié son rival, présente l'entreprise comme un « divertissement » plaisant offert à Julie ; mieux même, comme une comédie qu'on s'apprête à donner, imaginée par le dramaturge Éraste, réglée par le metteur en scène omniprésent Sbrigani, mais où chacun devra jouer son rôle à un moment ou à un autre : « vous me tiendrez prêts au besoin les autres acteurs de la comédie », demande Sbrigani[29]. Non seulement Sbrigani, Nérine et leurs affidés joueront leur rôle, mais aussi Éraste et Julie ; sans compter ceux qui, manipulés, tiennent leur partie à leur insu dans les machinations imaginées, comme les médecins ou Oronte. Monsieur de Pourceaugnac lui-même aura l'impression, fort juste, qu'une comédie se joue, où il est obligé de tenir son rôle : « Est-ce que nous jouons ici une comédie ? », demande-t-il aux médecins[30] ; plus tard, il devra même se déguiser et jouer un personnage de femme... *Monsieur de Pourceaugnac* offre donc, dans la suite des mystifications, une sorte de spectacle intérieur, où les trompeurs jouent leurs scènes afin de parachever la comédie.

Les ornements rejoignent parfaitement cette idée et concourent à transformer la comédie cruelle en mascarade joyeuse.

Aux deux extrémités de la comédie-ballet, les chanteurs et les danseurs installent et confirment le climat de tout le spectacle : il faut que l'amour vainque ; qu'il ait vaincu doit chasser les soucis, les chagrins et la tristesse. L'opposition de l'intrus devait être réduite, en

---

[28] III, 5.
[29] I, 2.
[30] I, 8.

une sorte d'immense plaisanterie. « Quand deux cœurs s'aiment bien, / Tout le reste n'est rien », chante la sérénade initiale ; et les danseurs de se démener. Le reste n'est rien : l'opposition du fâcheux de Limoges ne sera rien, n'aura aucune importance, aucune gravité ; l'échec de sa malheureuse équipée, la multiplication des avanies qui l'assomment ne seront qu'un jeu. Monsieur de Pourceaugnac sera bousculé comme en une sorte de danse plaisante. Et le dernier divertissement l'a complètement oublié ; puisque Monsieur de Pourceaugnac a été mis hors jeu, « ne songeons qu'à nous réjouir » !

Les scènes musicales intermédiaires (I, 10 et 11, et II, 11), qui s'achèvent en ballets, visent le même effet. La mystification médicale se transforme en bouffonnerie avec les médecins grotesques et en joyeuse mascarade quand, renforcés par l'apothicaire, tous poursuivent Pourceaugnac une seringue à la main. Qui ne rirait de Monsieur de Pourceaugnac fuyant et tâchant de se garantir de cet instrument du lavement avec son chapeau ? Quant aux avocats musiciens, ridiculisés dans leur élocution, et aux procureurs et sergents dansant, ils déréalisent l'appareil de la justice (qui n'est d'ailleurs pas épargné) et ôtent toute gravité aux mésaventures du supposé accusé Pourceaugnac.

Ajoutées au procédé du jeu intérieur, les ressources de la comédie-ballet invitent absolument le spectateur à ne pas prendre au sérieux les malheurs du Limousin.

Il ne s'apitoiera pas davantage sur l'échec de la comtesse d'Escarbagnas et sur le bon tour qui lui est joué.

La déconvenue de l'absurde provinciale est amère, et double. Flattée dans sa prétention à la qualité et au bel air par la feinte cour du Vicomte, elle s'entend dire finalement, et sans délicatesse, par celui-ci qu'il lui a joué la comédie ; oui, il a osé jouer de la sorte une personne de sa qualité ! Et comme Monsieur Harpin a rompu avec éclat, voilà notre prétentieuse comtesse réduite à épouser le conseiller Tibaudier (celui-là même qui accompagnait le don campagnard des poires de son jardin de strophes burlesques), destiné à réparer un peu la fortune de la comtesse. C'est la fin cruelle d'un rêve : la comtesse est définitivement attachée à cette médiocrité provinciale qu'elle haïssait tant.

Rions-en ! « C'est sans vous offenser, Madame, et les comédies veulent de ces sortes de choses », dit avec beaucoup de cynisme le

Vicomte trompeur et indélicat[31]. Et place au divertissement ! Les personnages de *La Comtesse d'Escarbagnas,* suivant notre hypothèse, ont déjà écouté les cinq actes d'une pastorale intérieure, elle-même très richement ornée d'intermèdes tirés des précédentes comédies-ballets ; il leur reste à voir un dernier intermède, tiré de *Psyché* : « Souffrez, Madame, qu'en enrageant nous puissions voir ici le reste du spectacle », demande le Vicomte pour finir[32]. En face de ce déferlement de musique et de danse, que peuvent encore peser la colère et l'échec de la comtesse bafouée ? Tout cela est littéralement pulvérisé, noyé dans les somptueux ornements rattachés à la comédie réaliste.

Inlassablement, Molière se sera servi des ornements de la musique et de la danse pour dépasser les violences de la comédie et faire oublier la cruauté du dénouement pour les victimes comiques. Une comparaison entre la fin de *L'École des femmes* et celle du *Bourgeois gentilhomme* souligne bien toute la différence entre la comédie et la comédie-ballet. Arnolphe quitte la scène sans pouvoir articuler un mot, y laissant planer l'ombre de son si grave et si profond échec. Monsieur Jourdain a été dupé par Dorante, il a cru à une mystification destinée à lever son opposition au mariage de sa fille et, devenant véritablement fou, il vient de donner sa femme « à qui la voudra » ; rien pourtant d'amer, et tous les personnages de la comédie vont se divertir en assistant à la représentation du *Ballet des nations* : « Voyons notre ballet – demande Dorante –, et donnons-en le divertissement à son Altesse Turque[33] ». La fantaisie a donc le dernier mot.

De *L'Amour médecin* au *Malade imaginaire,* Molière s'est acharné contre les médecins, ajoutant peut-être une hargne toute personnelle aux attaques développées par la tradition antimédicale, qui remonte à Montaigne, et passe par le scepticisme libertin d'un La Mothe Le Vayer ou la critique des sciences vaines de Pascal ; dans les années 1670, Molière ralliera, dit-on, une position moins sceptique, comparable à celle de Boileau dans l'*Arrêt burlesque* (1671), qui continue

---

[31] *La Comtesse d'Escarbagnas*, scène dernière.
[32] *Ibid.*
[33] *Le Bourgeois gentilhomme*, acte V, scène dernière.

d'attaquer le formalisme des médecins routiniers, mais accueillerait les découvertes du siècle.

Quoi qu'il en soit, Molière dénonce le danger des médecins, qu'il présente comme des donneurs de mort – le dernier mot de toute son œuvre, prononcé par le chœur des médecins du *Malade imaginaire*, est l'impératif *tuat*...

Que les cinq médecins de *L'Amour médecin*, Tomès, Des Fonandrès, Macroton, Bahys et Filerin, aient désigné clairement des grands médecins de la cour, d'autant que Molière avait vraisemblablement affublé les acteurs de masques ressemblants, n'est pas le plus grave. L'inquiétant est le contenu de la critique qui se formule à travers leurs personnages : ce qui se prétend science et art de guérir ne sait pas guérir, fait paradoxalement mourir même, selon le peuple. Pourquoi faire venir quatre médecins, demande Lisette ? « N'est-ce pas assez d'un pour tuer une personne ? » ; « est-ce que votre fille ne peut pas bien mourir sans le secours de ces messieurs-là[34] ? ». En fait, la médecine n'est qu'une tromperie à l'intention des hommes crédules et angoissés ; Filerin le déclare avec le cynisme le plus clair :

> Mais le grand faible des hommes, c'est l'amour qu'ils ont pour la vie ; et nous en profitons, nous autres, par notre pompeux galimatias, et savons prendre nos avantages de cette vénération que la peur de mourir leur donne pour notre métier[35].

Les médecins n'ont donc qu'indifférence ou mépris pour la vie des malades : « ceux qui sont morts sont morts », dit encore Filerin. De fait, ses confrères se moquent parfaitement de la malade (elle n'est d'ailleurs qu'une feinte malade), qui peut bien attendre. Au demeurant, il faut toujours s'en tenir aux Anciens et au respect des règles et des formes, même si les uns et les autres se trompent manifestement et laissent mourir le malade. « Un homme mort n'est qu'un homme mort, et ne fait point de conséquence, mais une formalité négligée porte un notable préjudice à tout le corps des médecins », affirme Tomès[36] ;

---

[34] *L'Amour médecin*, II, 1.
[35] III, 1.
[36] II, 3.

et Bahys, en écho, conclut qu'il « vaut mieux mourir selon les règles que de réchapper contre les règles[37] ».

De cette satire féroce, *Monsieur de Pourceaugnac* exploite et enrichit d'abord les mêmes thèmes. Un bon médecin ne démord pas des règles des Anciens ni des remèdes de la Faculté, le malade dût-il en « crever » (car c'est le malade qui est un sot de ne pas guérir) ; avec lui on a la satisfaction de mourir « dans l'ordre », « méthodiquement ». Muni de tels principes, le médecin est « homme expéditif », qui sait « dépêcher ses malades[38] ». La consultation des deux médecins est admirable[39] : après un examen expéditif, ils raisonnent, dans leur beau style médical, et diagnostiquent cette sorte de folie qu'on appelle mélancolie hypocondriaque – tout justement ce qu'Éraste leur avait affirmé d'un Pourceaugnac au demeurant parfaitement sain ; et, après avoir si joliment raisonné, ils interprètent toutes les réactions de colère de leur victime comme autant de symptômes de leur diagnostic ! Le formalisme du raisonnement l'emporte sur l'examen scrupuleux des signes et des symptômes, comme le révèle admirablement le second médecin :

> [...] le raisonnement que vous en avez fait est si docte et si beau, qu'il est impossible qu'il ne soit pas fou, et mélancolique hypocondriaque ; et quand il ne le serait pas, il faudrait qu'il le devînt, pour la beauté des choses que vous avez dites.

Plus neuf : la tyrannie du médecin sur son malade. Le malade est une proie que le médecin ne lâche plus, et une bonne vache à lait. Il est « lié et engagé » aux remèdes prescrits ; il ne peut se « dérober », contrevenir aux ordonnances, déserter la médecine[40]. Dans l'acharnement que le premier médecin montre pour récupérer son malade, il a des phrases d'une portée redoutable : « Oui, il faut qu'il crève, ou que je le guérisse[41] ». Le mot est profond et signale la puissance de l'autoritarisme, plus fort que le souci de la vie, Qu'importe même

---

[37] II, 5.
[38] *Monsieur de Pourceaugnac*, I, 5.
[39] I, 8.
[40] II, 1.
[41] II, 2.

l'identité de la proie, puisque le médecin est prêt à guérir... Oronte, si Pourceaugnac lui échappe[42] !

La présentation d'une médecine inquiétante s'épanouit dans *Le Malade imaginaire* ; le thème médical trouve une magnifique orchestration dramatique dans l'ultime comédie de Molière où d'un bout à l'autre, de la première scène au divertissement final, il est question d'un malade, de ses médecins et de la médecine.

Que la médecine ne soit pas une science mais un « roman » (III, 3), qu'elle pose des diagnostics douteux, qu'elle se réduise à des recettes sommaires imitées des Anciens, qu'elle refuse le progrès et les récentes découvertes, qu'elle se limite à un formalisme, voire à un verbalisme assaisonné de jargon latin, tout cela nous est surtout montré en action, dans la comédie parlée et dans la cérémonie burlesque. Le dernier souci des médecins est bien la santé des malades. Insensible à la raillerie de Toinette qui dénonce dans la médecine une pratique lucrative peu soucieuse de guérir, Diafoirus le père, aussi sot que son fils, répond bonnement : « Cela est vrai. On n'est obligé qu'à traiter les gens dans les formes[43] ».

La dénonciation du pouvoir médical, de sa tyrannie trouve toute son ampleur dans la grande scène de la colère de Purgon[44], furieux qu'on ait refusé le remède prescrit, que le malade se soit « soustrait de l'obéissance que l'on doit à son médecin ». Nous avons vu cela dans *Monsieur de Pourceaugnac*. Mais Purgon, cet imbécile convaincu comme dit Jouvet, serait dangereux : véritable détenteur d'un pouvoir magique sur la vie et la mort de son malade, il se venge en souhaitant à celui-ci les pires maladies, et jusqu'à « la privation de la vie ». On ne pouvait aller plus loin.

Mais l'attitude d'Argan face à cet autoritarisme est aussi éclairante. Vrai ou faux malade, malade en imagination ou rendu malade par les remèdes inappropriés de ses médecins – là n'est pas la question –, Argan a été réduit par eux à un état infantile, centré qu'il est devenu sur ses entrailles, sur son corps, sur lui-même, esclave des médecins et réglant chaque geste de sa vie par leur ordonnance. Là résident

---

[42] *Ibid.*
[43] *Le Malade imaginaire*, II, 5.
[44] III, 5.

peut-être les plus redoutables ravages de l'imposture qu'est la médecine. « Ah, mon Dieu ! je suis mort[45] », souffle celui qui a si peur de la mort, quand le magicien Purgon a fini de lancer ses imprécations.

Mais Molière conjure la menace et le danger par une gamme de procédés de stylisation et de déréalisation que vient couronner l'usage de la musique et des ballets.

Médecins et apothicaires sont déjà, dans le dialogue, transformés en sortes de marionnettes mécaniques. Leur arrivée pour la consultation, les salutations, leur installation, la consultation elle-même, le versement des honoraires donnent souvent lieu à diverses cérémonies dont le dramaturge accentue le côté burlesque et rythmique, entraînant les personnages pleins de raideur dans un premier ballet scénique. Comme les danseurs, nous l'avons remarqué, les médecins viennent par ensemble, de deux ou de quatre, ce qui permet des jeux de symétrie.

Les médecins de *L'Amour médecin* font chacun un geste différent quand Sganarelle leur donne de l'argent[46] ; quand on leur demande leur avis, ils cèdent la parole aux confrères, puis parlent tous les quatre ensemble, puis deux d'entre eux s'empoignent dans une sonore dispute[47] ; restés seuls en scène, les deux autres sont bien d'accord, mais – nouvelle dérision – Macroton va en tortue, articule chaque syllabe et allonge tous les mots, tandis que Bahys court la poste et bredouille ses phrases à toute vitesse[48]. L'apothicaire de *Monsieur de Pourceaugnac* répète mécaniquement un certain nombre de mots ou d'expressions[49] ; ce qu'il dévoile de la médecine assassine perd un peu de sa gravité. Et comment ne pas rire de ces apothicaires munis de leur seringue à lavement comme d'une arme grotesque et poursuivant les derrières ? Mais la palme de la raideur comique revient aux deux Diafoirus du *Malade imaginaire*[50], depuis la confusion des civilités d'entrée jusqu'à la consultation qui clôt l'entretien. La didascalie le

---

[45] III, 6.
[46] *L'Amour médecin*, II, 2.
[47] II, 4.
[48] II, 5.
[49] *Monsieur de Pourceaugnac*, I, 5 et 11.
[50] *Le Malade imaginaire*, II, 5 et 6.

dit : « *Thomas Diafoirus est un grand benêt, nouvellement sorti des Écoles, qui fait toutes choses de mauvaise grâce et à contretemps* ». Marionnette manipulée par son père, ne voilà-t-il pas qu'il commence à l'intention d'Angélique le compliment prévu pour sa belle-mère, compliment dont il sera d'ailleurs incapable de se souvenir quand il faudra le débiter intégralement ? Et que ce jeune pédant de collège est fin, délicat quand il s'adresse à sa future[51] !

Le comportement des médecins est si ridicule que la tentation de la raillerie vient même aux personnages les plus sérieux. Excédé par le lent Macroton et le rapide Bahys, Sganarelle les salue en les imitant et en les parodiant, passant de la plus grande lenteur à la plus grande rapidité :

> SGANARELLE, à *M. Macroton* : Je. vous. rends. très-hum-bles. grâ-ces. (*À M. Bahys.*) Et vous suis infiniment obligé de la peine que vous avez prise[52].

Railleurs, rieurs et rieuses : le spectacle lui-même marque sa distance d'avec la médecine et cette distance, qui souligne le ridicule des comportements des médecins ou la satire de la médecine, contribue pour sa part à atténuer l'inquiétude. L'insolence de Lisette, qui ose répliquer au médecin Tomès en affirmant seulement des faits (le malade est mort, quoi que dise Hippocrate de sa sorte de maladie), permet une libération, celle de la critique[53], et d'avance met en cause le sérieux des scènes qui vont suivre. C'est le rôle de Toinette, dans *Le Malade imaginaire*, de maintenir la raillerie, d'assurer la dérision, de transformer les médecins en spectacle comique : plan de l'observateur railleur, critique, bien inscrit dans la comédie. Ainsi, elle annonce les Diafoirus :

> Voici Monsieur Diafoirus le père, et Monsieur Diafoirus le fils, qui viennent vous rendre visite. Que vous serez bien engendré ! Vous allez voir le garçon le mieux fait du monde, et le plus spirituel[54].

---

[51] Sur Thomas Diafoirus, voir Ch. Mazouer, *Le Personnage du naïf...*, op. cit., p. 169-171.
[52] *L'Amour médecin*, II, 5.
[53] *L'Amour médecin*, II, 2.
[54] *Le Malade imaginaire*, II, 4.

Et elle ne cessera de glisser ses réflexions piquantes au cours des scènes suivantes, comme elle se moquera plus tard de la colère de Purgon[55].

Des commentaires railleurs, on passe aisément au déguisement. Toinette composera un personnage grotesque de vieux médecin de 90 ans[56] : parodie d'un médecin, parodie d'une consultation qui enlève de sa substance au danger que peut représenter la médecine. La médecine est tournée en jeu de théâtre, en déguisement de comédie. Avant Toinette, Léandre se déguisait. On ne peut pas prendre la médecine au sérieux. D'autant que les malades n'en sont pas toujours de vrais ! Les médecins de *L'Amour médecin* s'occupent d'une feinte malade ; ceux de *Monsieur de Pourceaugnac* s'attaquent à un homme sain ; et la maladie d'Argan n'est pas absolument avérée. Tout cela ne tournerait-il pas à la mascarade ?

C'est bien cette vision qu'achèvent d'imposer les ornements de la comédie-ballet[57].

Avant qu'ils n'entrent sur scène comme personnages de théâtre, les quatre médecins de *L'Amour médecin* sont précédés de leur reflet en danseurs ; d'avance, le premier entracte invite le spectateur à accommoder son regard et à ne voir en la médecine qu'un ballet plaisant, une fantaisie. La médecine populaire et parallèle n'est pas à prendre plus au sérieux que la Faculté : à la fin de l'acte suivant, l'Opérateur chante comiquement les vertus de son orviétan, avant de se réjouir en dansant avec ses valets.

Dans *Monsieur de Pourceaugnac,* cet acharnement des médecins sur la personne du malheureux provincial inquiète d'abord ; et Pourceaugnac vit éveillé une sorte de cauchemar, qui le poursuivra longtemps[58]. Mais, après les deux médecins persécuteurs, paraissent des

---

[55] III, 5.

[56] III, 8 à 10.

[57] Voir *supra*, chapitre 6, p. 156-158, l'analyse de ces ornements comiques.

[58] Voir, en II, 4, les images ou les bribes d'images qui en restent dans sa mémoire : « Je vous laisse entre les mains de Monsieur. Des médecins habillés de noir. Dans une chaise. Tâter le pouls. Comme ainsi soit. Il est fou. Deux gros joufflus. Grands chapeaux. *Bon di, bon di.* Six pantalons. Ta, ra, ta, ta ; Ta, ra, ta, ta. *Alegramente, Monsu Pourceaugnac.* Apothicaire. Lavement. Prenez, Monsieur, prenez, prenez. Il est bénin, bénin, bénin. C'est pour déterger, pour déterger, déterger. *Piglia-lo sù, Signor Monsu, piglia-lo, piglia-lo, piglia-lo sù.* Jamais je n'ai été si soûl de sottises. »

chanteurs déguisés en médecins, et en médecins grotesques, qui, accompagnés des instruments, chantent des paroles d'allégresse, entraînantes : au cauchemar, succèdent le burlesque, la joie (I, 10). Et quand surviennent l'apothicaire et sa seringue (I, 11), tout est emporté dans la danse avec les musiciens et les matassins. Les médecins ne sont plus démoniaques ; le cauchemar s'est fait danse grotesque, transformant l'inquiétude en fantaisie.

Le dernier stade est atteint dans *Le Malade imaginaire,* avec la cérémonie finale par le biais de laquelle la médecine est métamorphosée en médecine plaisante, en mascarade de carnaval. L'acte officiel d'intronisation d'un nouveau médecin, si capital, est transformé en spectacle et en spectacle burlesque, parodique. La critique de la médecine n'y est pas moins sévère qu'ailleurs : ignorance des médecins, faiblesse des remèdes, pratique lucrative, mépris du malade, de sa santé et de sa vie sont ici dénoncés. Mais la solennité grotesque des poses, le merveilleux latin macaronique, la danse de tous ces noirs personnages, l'allégresse des chœurs exorcisent l'angoisse et font accéder à la fantaisie apaisante.

Complétant et nuançant le plan de la réalité inquiétante par celui de la fantaisie libératrice, les ornements de la comédie-ballet achèvent donc de calmer les angoisses ; grâce à eux, l'idée même de la mort semble définitivement conjurée. La vision des comédies-ballets est bien celle d'un monde rendu supportable.

10

LE TRIOMPHE DE L'AMOUR

S'il est un thème constant dans la comédie moliéresque, c'est bien celui de la victoire de l'amour libre et partagé sur les obstacles que lui opposent l'autorité, la contrainte – toutes les forces d'enfermement, d'étouffement et de mort. Dans les comédies-ballets, l'intrigue se déploie selon cette figure, que les affaires d'amour soient ou non au premier plan de la pièce. Quant à eux, les intermèdes et les ornements illustrent aussi, par l'action qu'ils montrent ou par ce que disent les chanteurs, ce même triomphe de l'amour et du plaisir. Cela étant, il faudra se demander comment ornements et comédie récitée s'associent pour assurer et proclamer le triomphe de l'amour et du bonheur par l'amour.

Dans nos comédies-ballets, les obstacles à l'épanouissement du bonheur amoureux sont de divers ordres.

Cas unique dans tout le théâtre de Molière, *Les Amants magnifiques* mettent en œuvre un obstacle d'ordre social : malgré ses brillants états de service et toutes les qualités qui font de lui un homme de mérite accompli, le général Sostrate est d'un rang trop inférieur pour pouvoir prétendre à la main de la princesse Ériphile qui, de son côté, ne pourrait accepter un époux de ce rang. Dans sa comédie héroïque de *Don Sanche d'Aragon,* Pierre Corneille, on le sait, avait dramatisé ce même thème.

L'obstacle à l'amour et au bonheur est véritablement ici une fatalité sociale, mais dont on nous laisse penser qu'elle pourra ne plus peser sur les personnages. À preuve les réflexions de la mère d'Ériphile, Aristione, qui, loin de cautionner de son autorité maternelle l'impossibilité due à la différence de rang, vante régulièrement Sostrate comme pour abolir cette différence « Votre mérite, Sostrate, n'est point borné aux seuls emplois de la guerre : vous avez de l'esprit, de la conduite, de l'adresse, et ma fille fait cas de vous », déclare-t-elle pour justifier son choix de Sostrate en vue d'une commission délicate[1] ; « J'estime tant Sostrate [...], je fais, dis-je, tant d'estime de sa vertu et de son jugement... », affirme-t-elle plus tard[2]. Au point qu'Aristione – c'est sa fille, laissée libre de choisir un époux selon ses vœux, qui le dit – aurait accepté qu'Ériphile épousât Sostrate, avant même que les dieux n'aient parlé et n'imposent Sostrate comme époux de la jeune princesse.

Mais les jeunes gens ont faite leur la contrainte sociale, transformant l'obstacle extérieur en obstacle intérieur, qui empêcherait non seulement la réalisation de l'amour, mais même l'expression de cet amour.

À l'écart des plaisirs, enfermé dans sa rêveuse mélancolie, Sostrate veut garder le secret sur cette passion impossible. Sa seule issue : mourir sans même déclarer sa passion, à cause de ce respect inviolable où les beaux yeux d'Ériphile assujettissent tant la violence de son ardeur, pour parler comme lui[3]. On ne s'étonne pas que le plaisant de cour Clitidas, devenu un peu son confident, raille doucement cet amoureux désespéré et lui conseille un peu plus de hardiesse. Il n'en montrera guère, et les initiatives viendront plutôt d'Ériphile et du destin.

Ériphile a pu se douter de l'amour de Sostrate et même en concevoir pour lui ; comme lui elle recherche la solitude au milieu des fêtes que donnent en son honneur les deux prétendants magnifiques et insupportables. Mais comment s'avouerait-elle un amour qu'elle sait injurieux pour son rang et impossible ? Son plaisant Clitidas va jouer le rôle de telle suivante du théâtre de Marivaux pour jeter la lumière dans son cœur, par un habile stratagème[4] : il dépeint Sostrate amoureux, mais devant la colère d'Ériphile qui se croit l'objet de cet amour, il affirme que Sostrate est amoureux d'une autre, ce qui provoque alors la jalousie d'Ériphile. En cinq ou six répliques, Ériphile s'est donc deux fois trahie. « Vous êtes un insolent de venir ainsi surprendre mes

---

[1] I, 2.
[2] III, 1.
[3] I, 1.
[4] II, 2.

sentiments », dit-elle en chassant Clitidas,... qu'elle rappelle aussitôt. Telle est la surprise de l'amour ! Elle sait maintenant le secret de Sostrate et joue d'abord avec une malice un peu cruelle de cette supériorité[5] ; et elle sait qu'elle l'aime.

Mais cela ne supprime en rien l'obstacle entre les deux amants, qui jusqu'ici ont exprimé leur amour devant un tiers (Sostrate a avoué son secret à Clitidas, et devant le même Ériphile s'est avoué son amour), mais ne se sont jamais déclaré leur réciproque passion. Sostrate continue de se taire[6], conscient qu'il est que son amour est impossible. De son côté, Ériphile, tout en refusant toujours de choisir entre les amants détestés, et malgré les avances de sa mère, pour qui le mérite tient lieu de rang social, refuse d'avouer qu'elle aime Sostrate ; si j'avais conçu quelque inclination incompatible avec mon rang, réplique-t-elle à sa mère Aristione,

> [...] j'aurais, Madame, assez de pouvoir sur moi-même pour imposer silence à cette passion, et me mettre en état de ne rien faire voir qui fût indigne de votre sang[7].

Il faut la prétendue intervention de Vénus (machine de théâtre imaginée par le trompeur Anaxarque à l'intention de la crédule Aristione) dont l'oracle est qu'Ériphile épouse le sauveur de sa mère, pour que la jeune fille brusque un entretien avec le respectueux amant[8]. L'attaque n'est plus marivaudienne : « Sostrate, vous m'aimez ? » sont les premiers mots d'Ériphile. Devant le danger, le secret ni les réticences ne sont plus de mise : « Laissons cela, Sostrate : je le sais, je l'approuve, et vous permets de me le dire ». Étape capitale dans l'expression de cet amour mutuel : celle de l'aveu, qu'à sa manière le simple et humoristique Clitidas aura favorisé. La situation des amants reste toujours impossible : Ériphile ne veut pas faire passer son inclination avant son devoir en épousant Sostrate ; Sostrate est

---

[5] II, 3.

[6] En III, 1, il parle publiquement de sa passion sous le déguisement d'un ami (« Peut-être ai-je un ami qui brûle, sans oser le dire... »), en précisant que lui ne pourrait aspirer à la princesse. Celle-ci, qui est présente mais se tait, lit clairement et goûte l'aveu.

[7] IV, 1.

[8] IV, 4.

décidé à mourir quand Ériphile épousera celui des prétendants que le sort lui aura désigné. L'obstacle social, l'obstacle du préjugé, si l'on veut, demeure.

Le destin dramatique en décrète autrement : Sostrate a l'occasion de sauver effectivement Aristione, qui donne alors sa fille au général. Avec malice, la véritable providence se sert et se moque de la machination d'Anaxarque, qui agissait dans l'intérêt des deux autres amants. Voilà réunis dans le bonheur deux amants que l'insurmontable obstacle laissait chacun dans une sombre mélancolie. Molière a voulu ce dénouement optimiste et inattendu.

Dans le monde de la comédie bourgeoise, les obstacles sont familiaux. On ne les connaît que trop.

La société du XVIIe siècle accorde tout à l'autorité des pères et à leurs substituts, oncles ou tuteurs ; le mariage est leur affaire, en quoi leur autoritarisme ne se soucie guère de la liberté et des désirs de leurs filles – et, à cet égard, une mère comme Aristione ou un père comme Iphitas, le prince d'Élide, constituent de notables exceptions. Les détenteurs de l'autorité paternelle s'opposent donc aux vœux amoureux des jeunes gens et la comédie a pour but de lever cet obstacle et de réduire cette opposition. Des *Fâcheux,* où l'oncle et tuteur Damis machine la mort d'Éraste avant (renversement *in extremis*) d'être converti par un trait de générosité du jeune amant et de lui accorder sa pupille Orphise, jusqu'au *Malade imaginaire*, il n'est pas d'exception : la volonté des pères est tournée et bafouée ; les pères doivent consentir à l'amour librement né entre les jeunes gens.

Molière ne serait pas Molière s'il se contentait de reprendre tel quel le traditionnel père berné de la comédie. Il ne néglige certes pas le type convenu, mais l'enrichit peu ou prou en approfondissant les sources de son opposition à l'amour des jeunes gens ; du Sganarelle de *L'Amour médecin* et de l'Oronte de *Monsieur de Pourceaugnac* à Monsieur Jourdain et à Argan, quels changements ! Mais tous abusent d'une autorité qui fait fi de la personne de leurs filles, de leur vœu d'être mariées et d'être mariées à celui qu'elles aiment ; cette tyrannie justifie les entreprises menées par les galants avec l'aide de soubrettes ou de valets. Les filles sont généralement soumises et trop timides pour se révolter elles-mêmes : « [...] que veux-tu que je fasse contre l'autorité d'un père ? », avoue Lucinde[9] ; mais les serviteurs justifient cette révolte, avant de se mettre au service de la passion des jeunes gens, à l'instar de Lisette, qui réplique à sa maîtresse :

> Allez, allez, il ne faut pas se laisser mener comme un oison ; et pourvu que l'honneur n'y soit pas offensé, on peut se libérer un peu de la tyrannie d'un père[10].

Lucinde n'a jamais conversé avec le charmant Clitandre, mais ses regards et la demande qu'il a faite de sa main par l'intermédiaire d'un ami ont « parlé si tendrement » à Lucinde que le cœur de la jeune fille « n'a pu s'empêcher d'être sensible à ses ardeurs[11] ». Amour un peu neuf ! En revanche, la Julie de *Monsieur de Pourceaugnac* avait été promise au seigneur Éraste et le père de Julie avait même donné sa parole. Amour plus confirmé, qui explique peut-être que Julie n'hésite pas à jouer la comédie à son père, sans guère de scrupules. Sganarelle ne veut pas marier Lucinde ; Oronte ne veut pas donner Julie à Éraste.

La raison de ces refus est identique : l'avarice. Oronte croit avoir trouvé en Monsieur de Pourceaugnac un gendre plus riche de quatre ou cinq mille écus ; cela suffit, et pas un seul instant dans la comédie Oronte ne paraît accessible à un autre ordre de faits. L'obstination de Sganarelle à refuser le mariage de Lucinde permet de lancer un singulier coup de sonde dans les abîmes de l'égoïsme paternel, qui dévoile autre chose que la simple avarice ; il ne veut « se dépouiller » ni du bien qu'il a amassé, ni de sa fille qu'il a élevée avec soin et tendresse, au profit d'un étranger : « je veux garder mon bien et ma fille pour moi[12] ». Cela fait de Sganarelle un père moins sec, car il a bien de l'affection pour son enfant : il s'inquiète de sa maladie, pleure en la croyant morte, et s'agite pour que remède soit apporté à son mal prétendu.

Reste à berner ces pères, pour tirer les filles de la tyrannie et les mettre au pouvoir des garçons qui les aiment. L'affaire n'est point trop

---

[9] *L'Amour médecin*, I, 4.
[10] *Ibid.*
[11] *Ibid.*
[12] *L'Amour médecin*, I, 5.

difficile, dans la mesure où les pères sont des naïfs d'une grande crédulité ; déguisements et réjouissantes mystifications se développent alors, dont le détail[13] importe peu. Croyant prêter la main à une comédie thérapeutique, Sganarelle donne en fait sa fille à Clitandre déguisé en médecin. Quant à Oronte, qu'on a dégoûté de Monsieur de Pourceaugnac par une série de mystifications, on lui laisse croire, dans une ultime tromperie, que c'est lui qui impose à Julie le mariage avec Éraste, qu'elle feint de mépriser au profit de Monsieur de Pourceaugnac.

Ce qui change dans *Le Bourgeois gentilhomme* et dans *Le Malade imaginaire,* c'est la raison de l'opposition des pères, qui est en rapport avec leur manie, autrement inquiétante que la traditionnelle avarice.

Cléonte a été introduit chez les Jourdain et l'on attend qu'il fasse sa demande ; Madame Jourdain, à qui ce jeune homme convient, veille à cela. De l'amour de Cléonte et de Lucile, il y a peu à dire – sympathique, mais un peu quelconque, si l'on en juge par les fameuses scènes de dépit amoureux[14] : leur charme chorégraphique dissimule mal la piètre qualité du lien amoureux. Mais, on s'en douterait, Monsieur Jourdain veut un gendre gentilhomme : un gendre noble, une fille marquise ou duchesse sont un des éléments nécessaires à sa métamorphose de bourgeois en gentilhomme, à sa conquête d'une autre identité. Monsieur Jourdain ne le dit pas, mais il marie sa fille pour lui, non pour elle.

C'est ce que dira le plus clairement du monde Argan. À Toinette : « C'est pour moi que je lui donne ce médecin ; et une fille de bon naturel doit être ravie d'épouser ce qui est utile à la santé de son père[15] ». À Béralde, qui lui demande si le mari d'Angélique doit être pour elle ou pour lui, Argan répond : « Il doit être, mon frère, et pour elle, et pour moi, et je veux mettre dans ma famille les gens dont j'ai besoin[16] ». Se croyant malade, il veut le secours contre la maladie – et, au fond, contre la mort – d'un gendre et d'alliés médecins. La

---

[13] Voir Ch. Mazouer, *Le Personnage du naïf dans le théâtre comique...*, op. cit., 1979, p. 185-187.

[14] *Le Bourgeois gentilhomme*, III, 8 à 10.

[15] *Le Malade imaginaire*, I, 5.

[16] III, 3.

manie d'Argan comme la chimère de Monsieur Jourdain, en un monstrueux égoïsme, tarissent les sources mêmes de la paternité. On en dirait autant, dans les comédies dépourvues de ballets, de l'illusion d'Orgon, du vice d'Harpagon, ou, en ce qui concerne la maternité, du rêve de Philaminte...

Argan menace de détruire un amour plein de beauté ; la dernière amoureuse du théâtre de Molière est sans doute la figure la plus fine et la plus touchante parmi les jeunes filles[17]. Quelle délicatesse dans la confidence de son amour à Toinette (Angélique n'a pas de mère, mais seulement une belle-mère, ne l'oublions pas !), quelle flamme et quelle pudeur à la fois[18] ! Pas de révolte brutale – on se rappelle que, croyant Argan mort, elle sera prête à renoncer à l'amour et au monde[19] pour avoir perdu un père, irrité contre elle de surcroît – ; mais un respect qui dévoile une souffrance : n'est-il pas vrai « qu'il n'est rien de plus fâcheux que la contrainte où l'on me tient, qui bouche tout commerce aux doux empressements de cette mutuelle ardeur que le Ciel nous inspire[20] ? » Car on dispose de son cœur, on fait des desseins violents sur lui en voulant la marier à Thomas Diafoirus. Sa seule résistance : conjurer son père, s'il ne veut pas lui donner un mari qui lui plaise à elle, qu'il ne la force pas à en épouser un qu'elle ne peut aimer. De son côté, Cléante est un amant délicat et on admet volontiers le déguisement dont il use pour s'introduire auprès d'Angélique et obtenir l'aveu de son amour[21].

Argan et Monsieur Jourdain mettent en péril l'amour des jeunes gens et ne sont plus accessibles à la raison. La tromperie devient nécessaire ; mais elle sera d'une tout autre portée que les joyeuses mystifications vues jusqu'ici.

Si Monsieur Jourdain est fou, il faut s'accommoder à ses chimères. Il veut un gendre noble ? Il suffit de déguiser Cléonte en fils du Grand Turc, et pour satisfaire encore davantage le Bourgeois, de l'élever à la

---

[17] Voir Ch. Mazouer, *Le Personnage du naïf dans le théâtre comique...*, op. cit., 1979, p. 173-174.
[18] I, 4.
[19] III, 13 et 14.
[20] I, 4.
[21] II, 1 à 5.

dignité de Mamamouchi – d'où sortira toute la cérémonie turque. La stratégie dont on se sert « auprès de Monsieur Jourdain pour porter son esprit à donner sa fille » à Cléonte est de grand sens : à défaut de guérir sa manie, on la flatte, et on neutralise du même coup son opposition au mariage.

À quelques variantes près, on en use de même avec Argan. La rupture avec Purgon brise le projet de mariage entre Angélique et Thomas Diafoirus ; mais Argan maintient derechef son exigence de ne donner sa fille qu'à un médecin. Il accepterait Cléante comme gendre, à cette condition : « Oui, faites-vous médecin, je vous donne ma fille[22] ». Cléante accepte aussitôt, en des termes qui indiquent qu'on est en train de quitter la vraisemblance et qu'il suffit de payer Argan de paroles, comme on parle à un enfant ou à un maniaque. Béralde, voyant qu'en fait de médecine on peut tout faire admettre à Argan, enchaîne aussitôt et fait une proposition qui va plus loin encore : il y a mieux que d'avoir un gendre médecin, c'est de se faire médecin soi-même. De là sortira la cérémonie burlesque finale, qui comblera le vœu le plus profond d'Argan et lui fera complètement oublier la condition mise au mariage d'Angélique et de Cléante, et toute opposition à ce mariage. Avec quelque tristesse[23], Angélique se résigne à cette mascarade, qui scelle son bonheur.

Ainsi, les jeunes filles parviennent à communiquer avec leur amoureux – souvent obligés pour cela à un déguisement[24] –, à leur parler malgré l'autorité paternelle, à prendre des mesures pour s'affranchir de celle-ci et rejoindre finalement celui qu'elles aiment.

Mais à l'autorité des pères risque de succéder celle des maris, ou de ceux qui se croient destinés à le devenir.

À chaque fois, les prétentions maritales visent à dominer, à enfermer, à posséder. Malgré ses 52 ou 53 ans, Sganarelle[25] envisage avec concupiscence la joie de « posséder une belle femme » qui sera

---

[22] *Le Malade imaginaire*, III, 14.

[23] « Mais mon oncle, il me semble que vous vous jouez un peu beaucoup de mon père ».

[24] Voir G. Forestier, *Esthétique de l'identité dans le théâtre français...*, 1988.

[25] Voir Ch. Mazouer, *Le Personnage du naïf dans le théâtre comique, op. cit.*, 1979, p. 174-175.

au service de ses aises, de sa sensualité, de la perpétuation de sa race ; la jeune Dorimène deviendra sa chose, et il ose le lui dire :

> Hé bien ! ma belle, c'est maintenant que nous allons être heureux l'un et l'autre. Vous ne serez plus en droit de me rien refuser ; et je pourrai faire avec vous tout ce qu'il me plaira, sans que personne s'en scandalise. Vous allez être à moi depuis la tête jusqu'aux pieds, et je serai maître de tout...[26]

C'est une sorte d'esclavage qu'il propose à la jeune personne. Le Sicilien Dom Pèdre tient en Isidore une jeune Grecque qu'il a affranchie de sa condition d'esclave pour en faire sa femme ; c'est toujours la laisser esclave, comme lui dit Isidore :

> Quelle obligation vous ai-je, si vous changez mon esclavage en un autre beaucoup plus rude ? si vous ne me laissez jouir d'aucune liberté, et me fatiguez, comme on voit, d'une garde continuelle[27] ?

Jaloux comme un tigre, comme un diable, le Sicilien monte la garde pour s'assurer qu'on ne lui « vole » rien de sa « possession », de sa chose : « mon amour vous veut toute à moi », précise-t-il. Mais il n'est pas aimé et ne cherche pas à se faire aimer ; il protège son bien par la contrainte, la servitude, et le tient renfermé. D'une manière plus légitime, semblerait-il, George Dandin voudrait que sa femme respectât mieux le mariage et ne s'adonnât pas à de dangereuses galanteries.

Cela est tyrannie, rétorque Angélique : « c'est une chose merveilleuse que cette tyrannie de Messieurs les maris[28]... » Et faisant fi de l'institution du mariage et du sacrement, elle revendique une liberté avec d'autant plus de raison qu'elle a épousé Dandin par contrainte :

> [...] je prétends n'être point obligée à me soumettre en esclave à vos volontés ; et je veux jouir, s'il vous plait, de quelque nombre de beaux jours que l'âge me permet...

---

[26] *Le Mariage forcé*, I, 2 (comédie-ballet) ou scène 2 (comédie).
[27] *Le Sicilien*, scène 6.
[28] *George Dandin*, II, 2.

Et elle exerce cette liberté, sans que Dandin n'en puisse mais. Dorimène a une conception cynique du mariage : elle n'épouse pas Sganarelle par amour, mais pour sa seule richesse et afin d'échapper à la sujétion de son père ; elle entend sortir de la contrainte, vivre librement, se donner du divertissement avec l'approbation d'un mari complaisant[29]. Le rêve de possession et de tyrannie de Sganarelle se dissipe alors.

Molière n'hésite pas à ébranler le mariage. Mais qui le lui reprocherait ? Le mariage chrétien lui-même n'est-il pas fondé sur l'amour mutuel et la liberté de consentement ? On dira que Dorimène et Angélique ne sont que des galantes avides de plaisirs et de jouissances, non des amoureuses qui peuvent émouvoir par la beauté des sentiments. Au nom de la liberté, Molière donne raison à de telles galantes.

Soumise à la volonté de Dom Pèdre de posséder sa personne par force, Isidore a été d'autant plus sensible au charme d'Adraste. Et elle développe face au jaloux une doctrine qu'approuveraient sans doute Dorimène et Angélique : les femmes sont bien aises d'être aimées, se plaisent aux hommages qu'on fait à leurs appas, désirent faire des conquêtes : « Quoi qu'on en puisse dire, la grande ambition des femmes est, croyez-moi, d'inspirer de l'amour[30] ». La contrainte exacerbe la coquetterie ; on ne jurerait pas qu'Isidore en soit tout à fait dépourvue. Quoi qu'il en soit, *Le Sicilien* montre encore une fois comment la libre passion, privée d'abord du langage, peut s'exprimer (à commencer par la musique qui poétise l'amour), comment par divers biais, malgré la sentinelle jalouse, les amants peuvent se rejoindre et échapper dans la liberté. C'était le programme tracé par Hali, qu'il annonçait par bravade au gardien d'Isidore :

> Hé bien ! oui, mon maître l'adore ; il n'a point de plus grand désir que de lui montrer son amour ; et si elle y consent, il la prendra pour femme[31].

---

[29] *La Mariage forcé*, scènes 2 et 7 de la comédie.
[30] *Le Sicilien*, scène 6.
[31] *Le Sicilien*, scène 8.

Si elle y consent... Là où Dom Pèdre usait de la contrainte, Adraste flatte, charme, se déclare à genoux et réclame en suppliant le consentement d'Isidore. Hymne à la liberté, à l'amour libre. « C'est le cœur qu'il faut arrêter par la douceur et par la complaisance », et l'amour partagé se rit de toutes les serrures et de tous les verrous du monde[32] !

Dans un autre registre, celui de la galanterie imprégnée de pastorale, Molière a su peindre les réticences tout intérieures d'un cœur féminin à s'abandonner à l'amour. C'est le sujet de *La Princesse d'Élide,* comédie galante qui peut passer pour une glorification de l'amour, et pas seulement de celui du jeune roi Louis XIV qui dédiait secrètement la fête à Mademoiselle de La Vallière. Si être vaincu par l'amour n'est pas une faiblesse coupable, si même l'amour sied bien à un monarque, plus généralement « ce tribut qu'on rend aux traits d'un beau visage »

De la beauté d'une âme est un clair témoignage[33].

Le gouverneur du prince d'Ithaque, les cousines de la Princesse d'Élide, tous prennent le parti de l'amour ; l'amour rend l'âme belle, l'amour bien adressé est beau[34]. L'amour surtout apporte le bonheur. Écoutons le chant amébée des deux cousines Cynthie et Aglante. En vers :

Et serait-ce un bonheur de respirer le jour,
Si d'entre les mortels on bannissait l'amour ?
Non, non, tous les plaisirs se goûtent à le suivre,
Et vivre sans aimer n'est pas proprement vivre[35].

En prose (car c'est à cet endroit précis que Molière dut abandonner le vers pour la prose) :

---

[32] C'est la leçon que dégage, à la scène 18, Climène, qui a permis à Isidore de se substituer à elle et de s'échapper.

[33] *La Princesse d'Élide*, I, 1, v. 21-22.

[34] II, 1, v. 360-362.

[35] *Ibid.*, v. 363-366.

> Pour moi, je tiens que cette passion est la plus agréable affaire de la vie ; qu'il est nécessaire d'aimer pour vivre heureusement, et que tous les plaisirs sont fades, s'il ne s'y mêle un peu d'amour[36].

Aimer, dit Euryale, c'est subir une loi, accepter que son cœur soit dompté, vaincu, consentir à une défaite, à une faiblesse, perdre sa liberté. Tout justement ce que refuse de tout son être la Princesse d'Élide. Cette autre Diane, qui n'aime rien que la chasse, ce « farouche esprit » (v. 307), cette « âme hautaine » (v. 69) méprise donc l'amour. Elle s'est durcie contre l'amour : une âme fière répugne à la faiblesse, à l'emportement de la passion qui ravale son sexe, l'engage à commettre des lâchetés et des bassesses en faveur de soupirants qui deviendront un jour des tyrans[37]. Disons que l'amour propre de la Princesse refuse ce dessaisissement de soi que serait l'amour et qu'elle va réaliser au cours de la pièce. Nous sommes, avec cet obstacle intérieur à la volonté même de celle qui refuse d'être sujette de l'amour, bien en deçà des obstacles extérieurs précédemment évoqués.

Comment assurer la victoire de l'amour ? Pour conquérir la Princesse – il s'agit bien d'une conquête ; il faut triompher d'un cœur qui résiste – Euryale s'inspire de sa propre expérience : puisque c'est la froideur de la Princesse qui l'a enflammé, il jouera à son tour la froideur pour enflammer la Princesse. Telle est sa stratégie – sa « politique », dit Arbate – pour la réalisation de laquelle Moron, le plaisant de la Princesse, sera utile. Un bon demi-siècle avant Marivaux, *La Princesse d'Élide* prend pour objet « le changement du cœur de la Princesse », son itinéraire de l'indifférence à la passion, de l'amour propre, du refus de l'amour à l'amour consenti.

Fidèle à sa politique, Euryale se masque d'indifférence. Cette tromperie a des effets immédiats : surprise, blessée dans sa vanité, émue, la princesse veut châtier la hauteur d'Euryale et « employer toute chose pour lui donner de l'amour[38] ». Tout l'acte III montre cette sorte de ballet où l'un fait semblant de fuir l'autre afin de la mieux attacher à ses pas. Plus Euryale se montre indifférent, plus la

---

[36] II, 1.

[37] Paraphrase de sa réplique de II, 1.

[38] II, 4.

Princesse veut l'engager, le soumettre, rabattre son orgueil, sans voir que son dépit risque de la mener à l'amour. « Je souhaite ardemment qu'il m'aime », dit-elle imprudemment[39] : mauvais tour de son orgueil, car celle qui veut conquérir l'indifférent est conquise en même temps. La farouche chasseresse n'est que trop engagée, déjà, dans cet amour.

Il lui reste les étapes essentielles à franchir : s'avouer et avouer qu'elle aime Euryale. Pour elle, il ne s'agit encore que de conquérir un indifférent, de se l'attacher et de le faire souffrir ; c'est ainsi qu'elle cherche à lui donner de la jalousie en lui annonçant un feint projet de mariage. Mais Euryale use de la même feinte ; et la Princesse dévoile son trouble, sa jalousie : « Non, je ne puis souffrir qu'il soit heureux avec une autre ; et si la chose était, je crois que j'en mourrais de déplaisir[40] ». Inconscient aveu, que Moron veut trop tôt tirer à la lumière. Mais la révolte de la Princesse (« Moi, je l'aime ? O Ciel ! je l'aime ? ») prélude au grand monologue qui suit[41], où le personnage prend conscience en soi d'une « émotion inconnue », d'une « inquiétude secrète » : « Sans en rien savoir, n'aimerais-je point ce jeune prince ? »

L'aveu à soi-même y est difficile ; c'est reconnaître sa défaite, s'avouer sensible malgré ses résolutions ; « non, non, je sais bien que je ne l'aime pas ». Il faut cependant approfondir la découverte : « si ce n'est pas de l'amour que ce que je sens maintenant, qu'est-ce donc que ce peut être ? ». La fierté de la rebelle souffrira davantage encore à reconnaître qu'elle aime devant son père, devant Euryale surtout qui s'excuse d'avoir dû feindre – une fois encore chez Molière, la feinte est le moyen de la vérité. Le cœur de la Princesse a changé, tous le sentent et le savent ; mais elle quitte la scène sans accepter positivement le mariage :

> Seigneur, je ne sais pas encore ce que je veux. Donnez-moi le temps d'y songer, je vous prie, et m'épargnez un peu la confusion où je suis[42].

---

[39] III, 5.
[40] IV, 5.
[41] IV, 6.
[42] V. 2.

L'allégresse publique fête en tout cas la naissance de la Princesse à l'amour.

Avant de s'imposer contre les pères et leur volonté, contre les maris détestés, les vieux tuteurs, l'amour s'impose et triomphe d'abord dans le cœur des amants.

Comme la Princesse d'Élide, les bergères des pastorales en musique connaissent la difficulté d'aimer, de se laisser aller à aimer, ou d'avouer qu'elles aiment. Mais toutes finissent par se livrer à l'amour.

Cloris et Climène, dans la pastorale qui enchâsse *George Dandin*, semblent d'abord parfaitement insensibles à l'ardeur de leurs amoureux. C'est quand elle croit son berger mort que le cœur de Cloris se transforme et qu'elle pleure son indifférence et sa froideur passées. Elle en accuse le « tyrannique honneur », mais rien ne laissait à penser que son cœur eût eu à lutter auparavant contre les lois de l'honneur, puisqu'elle était insensible ; en fait, la fierté et l'orgueil traditionnels chez les bergères lui faisaient mépriser l'amour que lui portait Philène et ignorer en elle la possibilité de se laisser aimer et d'aimer. La mort du berger lève cet obstacle ; Cloris naît conjointement à la souffrance et à l'amour. Et comme en réalité les bergers ne sont pas morts, l'amour partagé triomphe ; ce sont alors les bergères qui chantent la nécessité et le bonheur d'aimer :

> Ah ! qu'il est doux de s'enflammer !
> Il faut retrancher de la vie
> Ce qu'on en passe sans aimer[43].

D'autres bergères sont plus avancées dans le chemin du bonheur amoureux : elles aiment, le savent, mais souffrent de n'oser dire ce qu'elles ressentent (comme la jeune Lisette évoquée par Cloris et Climène dans leur chansonnette[44]), et de ne pouvoir accepter l'amour des bergers, toujours sous la contrainte de « la sévère loi de l'honneur ». La Caliste du troisième intermède des *Amants magnifiques* met en pleine lumière cet obstacle, car on la voit et on l'entend s'en

---

[43] Après l'acte III de *George Dandin* (G.E.F., t. VI, p. 608-609).

[44] Avant l'acte I de *George Dandin* (G.E.F., t. VI, p. 602).

plaindre quand elle est seule[45]. La scène, que nous avons admirée du point de vue musical, est intéressante aussi par la révolte de la jeune fille. Que valent cet honneur, cette contrainte ? Pourquoi la société oblige-t-elle les filles à s'y soumettre en réprimant l'universel appel de la nature à l'amour ? Seuls les « innocents animaux » peuvent se laisser aller aux « doux emportements » de leur cœur amoureux ; la bergère est, elle, condamnée à souffrir en secret, à paraître froide, à refuser le berger qu'elle appelle secrètement. Insupportable contrainte :

> Et pourquoi, sans être blâmable,
> Ne peut-on pas aimer
> Ce que l'on trouve aimable ?

La plainte prélude à l'abandon : Caliste ne se défendra plus longtemps et donnera son cœur[46].

> On m'a dit qu'il n'est point de passion plus belle,
> Et que ne pas aimer, c'est renoncer au jour[47] :

la leçon hédoniste, épicurienne, des ornements rejoint celle de la comédie, la musique orchestrant, nous l'avons vu précédemment[48], ce grand thème moliéresque. L'amour est la loi de la nature (« Nos cœurs sont faits pour aimer[49] »), et la vraie vie commence avec l'abandon à l'amour :

> Un cœur ne commence à vivre
> Que du jour qu'il sait aimer[50].

Pas de bonheur sans amour : « Il n'est point, sans l'amour, de plaisir dans la vie[51] » ; et

---

[45] *Les Amants magnifiques*, troisième intermède, scène 3.
[46] Scène 4.
[47] *La Princesse d'Élide*, cinquième intermède.
[48] Voir *supra*, chapitre 6, p. 146-148.
[49] *La Princesse d'Élide*, sixième intermède.
[50] *Ibid.*
[51] *Monsieur de Pourceaugnac*, III, 8.

> On ne peut être heureux sans amoureux désirs :
> Otez l'amour de la vie,
> Vous en ôtez les plaisirs[52].

Et il est digne de remarque (la remarque n'est pas de nous) que ces hymnes à l'amour, ces invitations si pressantes à aimer, à faire du plaisir la grande affaire, à profiter pour cela de la jeunesse, soient chantés souvent par des Égyptiens et des Égyptiennes[53], noms que le XVIIᵉ siècle donnait aux Bohémiens – vagabonds, gens de la liberté et du refus de l'ordre...

Il reste à voir comment les ornements s'entrelacent à la comédie pour soutenir et renforcer la victoire de l'amour dans ce riche contrepoint qui constitue l'esthétique de la comédie-ballet.

Poursuivant ici leur œuvre d'allégement de la comédie, les ornements ont déjà le double effet de relativiser les obstacles à l'amour et de relativiser la défaite de ceux qui se sont opposés à l'amour et à sa liberté. Tout spectateur de comédie sait que les amoureux sont destinés à vaincre, que les violences contraires seront emportées dans le rire et réduites à néant. La fantaisie de l'ouverture musicale et des ornements, quels qu'ils soient, œuvre dans la même direction : le sérieux des obstacles est mis en cause, les oppositions, bien réelles, ont tendance à perdre de leur gravité, le danger semble s'éloigner, destiné qu'il est à être emporté dans la danse.

La comédie juge et discrédite le Sganarelle du *Mariage forcé,* Dom Pèdre ou George Dandin ; les ornements achèvent de les mettre hors jeu. Raillé par les Égyptiennes et par le magicien, obligé à un mariage qu'il ne veut plus, étourdi par les dernières entrées de ballet, non seulement Sganarelle n'apitoie pas[54], mais son exemple démontre – il faut l'imaginer bousculé par la danse des Galants qui cajolent déjà sa femme – que la liberté de l'amour l'emportera sur toutes ses prétentions de possession et d'enfermement marital d'une fille qui ne l'aime pas. Dom Pèdre, le Sicilien, a été trompé par le faux peintre qui lui

---

[52] *Le Bourgeois gentilhomme*, I, 2, Dialogue en musique.

[53] Voir : *Pastorale comique*, scène 15 ; *Monsieur de Pourceaugnac*, III, 8 ; *Le Malade imaginaire*, second intermède.

[54] Voir *supra*, chapitre 9, p. 215-216.

vole son esclave : « injure mortelle » et insupportable, clame-t-il[55]. Mais le dialogue avec le Sénateur, qui ne veut pas faire justice à sa plainte, est déjà un ballet ; ce dialogue de sourd tend à nier Dom Pèdre et son affaire au profit de la mascarade qui occupe seule le Sénateur. Le Sicilien jaloux et justement berné n'est qu'un fâcheux qu'on repousse pour voir la danse des Maures : « Je ne veux point aujourd'hui d'autres affaires que de plaisir », affirme le Sénateur en appelant ses danseurs. George Dandin devra bien laisser sa femme libre d'aimer ; il n'en meurt pas et les bergers amoureux, rejoints par les suivants de Bacchus, l'entraînent enfin dans le tourbillon de leur joie[56].

La danse emporte tout, faisant éclater les oppositions et les égoïsmes. C'est vrai également des pères.

Merveilleusement mystifié, le Sganarelle de *L'Amour médecin* a donné sa signature au mariage qu'il refusait de tout son être, et sa fille lui est enlevée sous ses yeux. Veut-il poursuivre les fugitifs ? « *Les danseurs le retiennent et veulent le faire danser de force* », dit la didascalie finale ; son opposition et sa défaite se dissipent dans l'apaisante chaconne. L'Oronte de *Monsieur de Pourceaugnac* impose aussi à sa fille le mariage qu'il ne voulait précisément pas. Mais on ne le détrompe même pas, et Éraste fait aussitôt venir les masques du divertissement ; oubliée l'avanie subie par le père !

Est-il besoin de dire qu'un Jourdain et un Argan, que l'on voit basculer dans leur folie, font complètement oublier que leur autorité paternelle a été bafouée ? La cérémonie turque déplace l'attention, nous fait rire uniquement de l'illusion du Bourgeois, laissant au second plan l'idée qu'elle fait partie du dispositif destiné à réduire l'opposition paternelle. Et, devenu Mamamouchi, Monsieur Jourdain se moque bien de sa fille et de son autorité sur elle ; il n'a d'yeux que pour le *Ballet des nations* qu'on lui offre, à lui le nouveau noble. La cérémonie d'intronisation d'Argan produit le même effet que les deux grands divertissements du *Bourgeois gentilhomme* : la musique et les danses plaisantes nous font oublier l'échec paternel. Les pères sont entrés dans le jeu carnavalesque, ils sont même situés au centre des cérémonies burlesques.

---

[55] *Le Sicilien*, scène 18.
[56] Voir *supra*, chap. 8, p. 204-206, et chap. 9, p. 219-222.

Mais surtout, les ornements qui chantent l'amour baignent toute la comédie, l'imprègnent de leur climat, apportent comme un soutien continuel aux jeunes amoureux qui se débattent au milieu des embûches.

Ces amours pastorales, déjà, qui s'enchâssent dans la comédie ou l'enveloppent plus complètement, infusent en elle une lumière adoucissante, insinuent une sorte d'idéal lumineux et le mettent à l'horizon des conflits ou des contraintes plus sérieux qui risquent de détruire l'amour dans la comédie réaliste, qu'elle se déploie dans le registre galant ou dans le registre bourgeois. Sans dire tout à fait la même chose en un langage différent[57], de ce point de vue la pastorale complète la comédie et propose aux amoureux, qui sont entravés et souffrent dans la comédie, un modèle idéalisé et un peu une garantie que l'amour heureux est possible, que les laideurs et les duretés de l'égoïsme seront bousculées, que les contraintes sociales ou les réticences intérieures s'effaceront devant la puissance de l'amour.

Le troisième intermède des *Amants magnifiques* – le seul intermède développé à l'intérieur de la comédie, et placé en son centre même – n'est pas un écho de la situation amoureuse de Sostrate et d'Ériphile ; mais sa beauté et sa lumière heureuse irradient dans toute la comédie-ballet et annoncent que, comme il vainc dans la pastorale enchâssée, l'amour vaincra aussi dans la comédie galante.

Tout le premier acte du *Bourgeois gentilhomme* est pénétré de musique pastorale, avec l'air pour la sérénade (dans la version de l'écolier et dans la version définitive) et le Dialogue en musique. On relève d'ordinaire, et à juste titre, ce qui est le plus visible : le décalage comique entre la finesse de ces passages chantés et la balourdise, la rustrerie de goût de leur principal spectateur, Monsieur Jourdain. Mais ce personnage sans grâce est aussi un père et un père qui va s'opposer aux amours des jeunes gens. S'il n'est pas du tout question de ce mariage contrarié dans les deux premiers actes, les ornements de climat pastoral y établissent déjà le thème de l'amour triomphant.

On s'interroge souvent sur ce vaste portique au spectacle du *Malade imaginaire* que constitue l'Églogue en musique et en danse ; il faut

---

[57] C'est pourtant ce que pense J. Morel (« Le modèle pastoral et Molière », article de 1980 repris dans *Agréables mensonges*, 1991, p. 315-326).

voir dans cette demi-heure de musique autre chose qu'une illustration de l'esthétique baroque du contraste : le prologue infuse sa lumière dans toute la comédie bourgeoise à venir. Dans un agréable lieu champêtre qui fait rêver, peuplé de divinités de la nature qui vivent en harmonie avec bergers amoureux et bergères indifférentes, éclate la nouvelle du retour du roi victorieux : Louis est de retour et « ramène en ces lieux les plaisirs et l'amour ». Déjà à l'étage de la féerie, comme dit Marc Fumaroli[58], la joie va immédiatement se diffuser : les bergères cruelles cèdent à leurs amants et tout ce petit monde devra se consacrer aux plaisirs du roi – à commencer par la représentation du *Malade imaginaire,* dont faunes, bergers et bergères sont censés être les acteurs.

Il faut relier ce prologue à la comédie bourgeoise et voir comme il lui infuse de son sens. Le roi revenu est désormais garant de la victoire de l'amour et des plaisirs : il faudra que dans la famille bourgeoise aussi, dans cette chambre où le malade est confiné, triomphent l'amour et ses plaisirs, malgré les oppositions suscitées par les angoisses morbides et l'égoïsme. Le prologue instaure ce climat et le diffuse dans toute la comédie[59]. Et l'on ne doit pas s'étonner outre mesure qu'Angélique et Cléante prennent le déguisement de la pastorale pour chanter – au centre même de la pièce ! – leur amour menacé.

En somme, les intermèdes pastoraux servent de toile de fond, de cadre idéal, posé d'emblée et rappelé parfois au point central du spectacle, pour les amours contrariées de la réalité. D'une manière plus large, tous les ornements qui chantent l'amour se distribuent au long du spectacle, comme pour favoriser et aider le développement des amours de la comédie, jusqu'à la victoire et à la célébration finales.

Julie et Éraste puisent sans doute un grand encouragement dans cette sérénade chantée au début du spectacle de *Monsieur de Pourceaugnac,*

---

[58] Dans un article fort éclairant sur l'importance des intermèdes dans *Le Malade imaginaire* : « Aveuglement et désabusement dans *Le Malade imaginaire* » (*Vérité et illusion dans le théâtre au temps de la Renaissance,* p.p. M. T. Jones-Davies, 1983, p. 106-114).

[59] Voir Ch. Mazouer, « Molière et Marc-Antoine Charpentier », *C.A.I.E.F.,* n° 41, mai 1989, p. 157.

où la musique prophétise en quelque sorte la victoire des amants malgré l'opposition du père[60].

Au cours du spectacle, les ornements soutiennent diversement les amoureux.

Ce peut être très directement, l'ornement étant alors intégré à la trame de l'intrigue. Plutôt que par un billet ou par les soins de quelque intermédiaire qui aurait accès à la conversation de la belle enfermée, l'Adraste du *Sicilien* fait chanter Hali[61] ; en deux strophes et en termes généraux et anonymes, est peinte la situation des deux amants : la vigilance du jaloux empêche l'amoureux de s'entretenir avec sa belle, mais l'accord de la belle encouragerait l'amant et lui permettrait de la rejoindre. Dans le petit opéra du *Malade imaginaire*, les amants eux-mêmes prennent la parole pour se déclarer leur amour, malgré l'opposition.

Ce peut être plus indirectement. Le cinquième intermède de *La Princesse d'Élide* n'est pas seulement un écho et un reflet de la situation de la comédie[62] ; il est aussi une invitation à l'amour adressée à la Princesse (elle est spectatrice de l'ornement chanté) au moment décisif où elle prend conscience, sans encore tout à fait l'admettre, de son amour pour Euryale. Quant au deuxième intermède du *Malade imaginaire*, il ne se limite pas au banal divertissement d'Argan ; comme le dit précisément Béralde, cet intermède « dissipera votre chagrin, et vous rendra l'âme mieux disposée aux choses que nous avons à dire[63] » – c'est à savoir le mariage d'Angélique avec Cléante. Le mariage est à ce moment on ne peut plus compromis : Argan s'entête à vouloir donner sa fille à Thomas Diafoirus, à faire son malheur. Quand tout paraît désespéré, les Égyptiennes appellent à profiter du printemps, à se donner à l'amour. De quoi apaiser la colère d'Argan, peut-être même à le pousser à laisser sa fille suivre son inclination... De quoi sûrement redonner espoir sur le sort des amants, qui va effectivement se renverser à l'acte suivant.

---

[60] Voir *supra*, chapitre 8, p. 203-204.

[61] *Le Sicilien*, scène 8.

[62] Voir *supra*, chapitre 8, p. 202-203.

[63] *Le Malade imaginaire*, II, 9.

Il est naturel que l'ornement final célèbre explicitement la victoire de l'amour ou accompagne de sa joie ce triomphe de la vie et du bonheur. Les masques de *Monsieur de Pourceaugnac* (III, 8) font écho au chœur des pasteurs et des bergères qui dansent à la fin de *La Princesse d'Élide* : l'amour victorieux appelle la fête et les plaisirs. Comment la musique et la danse, fondées sur l'harmonie, ne soutiendraient-elles pas le retour à l'harmonie dans les cœurs qui se refusent à aimer ou dans les familles qui s'étaient divisées à propos de l'amour des jeunes gens ?

Ainsi donc, avec ses ressources, la comédie-ballet conforte et orchestre un des axes essentiels de la pensée dramatique de Molière, ce qu'on appelle son naturalisme ; au mépris de toutes les autorités, contre l'ordre social et religieux lui-même[64], sont loués la liberté de l'amour partagé, l'abandon à l'amour et à ses plaisirs, où se trouve finalement le bonheur[65].

---

[64] Voir Ch. Mazouer, « Molière et l'ordre de l'Église » (*Ordre et contestation au temps des classiques*, éd. R. Duchêne et P. Ronzeaud, t. I, 1992, p. 45-58).

[65] André Suarès voyait encore juste : « Comme Molière aime l'amour ! Le souci amoureux, la vie amoureuse l'occupent sans cesse. L'amour a toujours raison à ses yeux. Pour lui, l'amour est la nature même, et se confond avec la jeunesse. [...] L'amour est l'affirmation générale de Molière [...] » (fragments du *Carnet 180*, republiés dans *Le Nouveau Commerce*, Cahiers 39-40, printemps 1978, p. 126-127).

11

LA JOIE

Tout dans la comédie-ballet, comme dans l'ensemble de l'œuvre de Molière, converge vers le rire et l'épanouissement de la joie.

En eux-mêmes, les intermèdes et autres ornements aboutissent à l'affirmation d'un climat de joie ; et, avec Lully comme avec Charpentier, la part des ornements comiques, qui, de l'humour au burlesque, invitent à la plus franche gaieté[1], reste considérable. Entrelacés à la comédie récitée, ils collaborent à l'œuvre du rire et la parachèvent, allégeant le monde et ses duretés[2], bousculant les obstacles qui s'opposent à l'amour et chantant son triomphe[3]. La présence du notaire est indispensable au dénouement de la comédie ; la comédie-ballet réclame davantage : elle veut des musiciens et des danseurs. Clitandre le note à la fin de *L'Amour médecin* : « je n'ai pas eu seulement la précaution d'amener un notaire ; j'ai eu celle encore de faire venir des voix et des instruments pour célébrer la fête et pour nous réjouir[4] ».

Molière compte donc sur les vertus spécifiques de la musique et de la danse, alliées au rire, pour créer la joie ; il s'en explique même assez précisément ici ou là dans les comédies-ballets. D'autre part, la joie s'extériorise en mascarades : les comédies-ballets ont partie liée avec le carnaval, fête de la joie débridée. En fin de compte, les comédies-ballets permettent aussi à Molière de dire le dernier mot de sa sagesse comique. Notre ultime chapitre sera consacré au développement de ces trois aspects.

---

[1] Chapitre 6.
[2] Chapitre 9.
[3] Chapitre 10.
[4] III, 7.

Il faut revenir au trio final de *L'Amour médecin,* où la Comédie, le Ballet et la Musique font en chantant l'apologie de leur rôle auprès des hommes :

> Sans nous tous les hommes
> Deviendraient mal sains,
> Et c'est nous qui sommes
> Leurs grands médecins.

Tout homme est sujet aux troubles de l'esprit, à ces « vapeurs de rate » qui nous « minent », comme dit la médecine ancienne, à ce chagrin qui nous livre « aux mains du trépas » – bref, à une tendance morbide. Pour les combattre, le moyen le plus doux est cette union du rire de la comédie associé à l'harmonie des danses et des chants, cette harmonie qui pacifie les troubles de l'esprit, selon Clitandre[5].

> Qu'on laisse Hippocrate,
> Et qu'on vienne à nous,

chante la Comédie. Et Béralde, dans *Le Malade imaginaire,* fera remarquer à son frère qu'un divertissement de danses mêlées de chansons vaut bien une ordonnance de Monsieur Purgon et une prise de casse[6].

Mais la médecine de l'Antiquité n'ignorait pas les vertus curatives et du rire, et de la musique et de la danse. À preuve les remèdes que propose le premier médecin pour guérir la prétendue mélancolie hypocondriaque de Monsieur de Pourceaugnac :

> [...] avant toute chose, je trouve qu'il est bon de le réjouir par agréables conversations, chants et instruments de musique, à quoi il n'y a pas d'inconvénient de joindre des danseurs, afin que leurs mouvements, disposition et agilité puissent exciter et réveiller la paresse de ses esprits engourdis, qui occasionne l'épaisseur de son sang, d'où procède la maladie[7].

---

[5] *L'Amour médecin*, III, 7.

[6] II, 9 et III, 1.

[7] *Monsieur de Pourceaugnac*, I, 8.

Et, avant de faire venir les musiciens habillés en médecins grotesques, qui constituent la « curation », il insiste particulièrement sur le lien de la musique et du rire : « Allons, procédons à la curation, et par la douceur exhilarante de l'harmonie, adoucissons, lénifions, et accoisons l'aigreur de ses esprits, que je vois prêts à s'enflammer[8] ».

Arrivant sur la scène, les médecins grotesques ne disent pas autre chose dans leur italien : Pourceaugnac sortira de la mélancolie, laquelle le mènerait à la mort, par le rire que provoque leur chant ; le malade doit prendre un peu de gaieté, *un poco d'allegria* ! Et l'on retrouve la triade du chant, du ballet et du rire :

Sù, cantate, ballate, ridete ![9]

Alegramente, Monsu Pourceaugnac ! Qu'on retrouve l'allégresse, la joie qui est le signe de la vie ! En l'occurrence, la « curation » a plutôt pour effet d'abasourdir le malheureux, qui est parfaitement sain d'esprit. Mais Argan, qui est précisément atteint d'une sorte de délire morbide – et qui avoue d'ailleurs aimer la musique et ne pas craindre qu'elle lui ébranle le cerveau[10] – sera certainement pacifié par le divertissement que lui a amené Béralde, au moins momentanément ; les danses et les chants des Égyptiens et des Égyptiennes l'entraînent dans leur rythme, dans leur ardente louange de l'amour.

Il convient évidemment de transposer ces idées et d'y voir la finalité générale de l'art des comédies-ballets : l'alliance du rire qui détend, du rythme qui entraîne, de l'harmonie qui apaise et de la danse qui allège favorisera la libération du spectateur, le fera échapper à l'emprise des puissances de mort et lui permettra d'accueillir le bonheur et la joie.

L'esprit du carnaval favorise puissamment cette affirmation de la joie.

La cour de Louis XIV, comme celle de Louis XIII, se mettait à l'unisson de la fête populaire du carnaval. Sans doute n'y trouvait-on pas ce caractère débridé, voire violent, qui marquait les réjouissances

---

[8] *Ibid.*
[9] I, 10.
[10] *Le Malade imaginaire*, II, 2.

populaires de la fête des Rois à l'entrée en carême. Point de ces explosions, de ces licences, de ces débordements, de cette libération de toutes les pulsions entraînés dans la fantaisie et le rire délirants de la fête. Mais comme dans le peuple et à la ville, le carnaval se fêtait joyeusement à la cour. Festins, danses, mascarades se succédaient ; les différentes troupes de théâtre étaient d'ailleurs invitées et le ballet constituait le point culminant des réjouissances.

Plus d'une fois, Molière composa des comédies-ballets pour les réjouissances du carnaval à la cour, et quelque allusion contenue dans le spectacle peut rappeler cette occasion. *Le Mariage forcé,* dansé au Louvre le 29 janvier 1664, est présenté par le livret comme une « comédie-mascarade ». Géronimo, voyant la folie de son ami Sganarelle, se moque de lui et lui promet qu'il viendra à ses noces « en masque, afin de les mieux honorer »[11] ; de fait, le mariage forcé sera célébré dans une joie dérisoire, Géronimo introduisant (on l'imaginerait volontiers faisant son entrée en dansant !) les jeunes gens de la ville et la mascarade qu'ils ont préparée pour honorer ces noces – en fait surtout un charivari grotesque qui, selon un esprit typiquement carnavalesque, sanctionne le mariage d'un vieil homme avec une jeune personne. D'un bout à l'autre, le spectacle baigne donc dans une atmosphère carnavalesque, avec ses déguisements et ses masques joyeux.

Le Sicilien fut donné pour la quatorzième et dernière entrée du grand *Ballet des Muses,* le 14 février 1667, toujours en plein carnaval. Une allusion à la fin : le Sénateur a préparé une mascarade « la plus belle du monde », où les danseurs sont vêtus en Maures, avec des « habits merveilleux » et « faits exprès » ; il veut la faire répéter, « pour en donner le divertissement au peuple ». Nous sommes bien en carnaval : cette réjouissance préparée par le magistrat à l'intention du peuple marque la cessation de toute affaire sérieuse, du cours de la justice ; le plaignant Dom Pèdre est débouté : « Je ne veux point aujourd'hui d'autres affaires que de plaisir[12] ». Et cette mascarade finit la comédie[13].

---

[11] I, 1 (comédie-ballet) et scène 1 (comédie).
[12] Scène 19.
[13] Scène 20.

Le spectacle pompeux et galant des *Amants magnifiques* est un autre divertissement de cour pour le carnaval de 1670, mais il ne porte aucune trace de la liesse de carnaval. Il n'en va pas de même pour *Le Malade imaginaire,* dont la représentation, prévue à la cour pour fêter le succès de la campagne de Hollande, aurait dû agrémenter le carnaval ; on sait que *Le Malade imaginaire* agrémenta le carnaval des Parisiens, à partir du 17 février 1673, et pour peu de représentations. L'idée de la mascarade et des déguisements de carnaval est introduite par Béralde. C'est lui qui amène un divertissement d'Égyptiens à Argan ; c'est lui qui approuve l'« imagination burlesque » de Toinette (qui se déguise en vieux médecin) et l'idée qu'elle a de demander à Argan de contrefaire le mort ; c'est lui surtout qui organise le divertissement final, qui devra mêler des comédiens, Argan et tous les autres personnages de la comédie dans une cérémonie burlesque – véritable apothéose de la mascarade. Sa justification ? « Le carnaval autorise cela[14] ».

À y regarder de plus près, on s'aperçoit qu'en dehors de ces spectacles directement liés au carnaval, bien d'autres comédies-ballets s'inspirent d'une manière assez large de l'esprit de cette fête[15]. Cela se vérifie à partir de quelques caractères fondamentaux du carnaval : la satire féroce et joyeuse s'y donne libre cours, débouchant sur une mise en cause de l'ordre allègrement transgressé ; les jeux de masques, de déguisements s'y déploient en toutes sortes de farces.

Le carnaval relativise tout le sérieux des rôles et des professions, en en donnant une reproduction satirique, burlesque. Il n'est pas besoin de revenir sur le sort qui est réservé aux médecins dans les comédies-ballets[16], sauf à bien préciser ici que l'angoisse est conjurée par la transformation des médecins en personnages de carnaval. D'abord simplement affublés du masque (*L'Amour médecin*), les médecins restent des personnages qui dialoguent ; mais les médecins montent aussi sur la scène comme danseurs et bientôt comme chanteurs grotesques : médecins grotesques de *Monsieur de Pourceaugnac,*

---

[14] *Le Malade imaginaire*, III, 14.

[15] Idée plus ou moins exploitée par Claude Abraham (*On the structure of Molière's comédies-ballets*, 1984), et par Thérèse Malachy (*Molière. Les métamorphoses du carnaval*, 1987).

[16] Voir *supra*, chapitre 9, p. 226-233.

docteurs, apothicaires et chirurgiens de la cérémonie parodique finale du *Malade imaginaire*. Le carnaval s'empare du rôle social pour en afficher l'image caricaturale et joyeuse qui le discrédite complètement. Et cela ne va guère sans les mouvements et les contorsions de la danse burlesque, sans le soutien de la musique – bref, sans les ornements de la comédie-ballet. Ce qui est vrai des médecins l'est également des avocats, procureurs et sergents qui paraissent dans *Monsieur de Pourceaugnac*. À commencer par les fâcheux (à la fin des *Fâcheux*, s'introduisent les derniers fâcheux, sous forme de masques, bientôt chassés), tous ceux que Molière voudra discréditer deviendront des danseurs ou des chanteurs de mascarade carnavalesque.

Sous la même lumière du carnaval, il est possible aussi de réinterpréter ce que nous avons dit à propos du triomphe de l'amour. De même que le carnaval voit l'inversion des hiérarchies, la mise en cause des valeurs et des défenses, le joyeux bouleversement de l'ordre social habituel, de même les comédies-ballets bousculent allègrement un certain nombre de fondements de la vie sociale organisée. Habituellement, des vieillards peuvent faire la cour aux jeunes filles, et même les épouser sans leur consentement réel. Le premier intermède du *Malade imaginaire* fait savoir comme il faut considérer les vieux amoureux et nous présente un Polichinelle grotesque quand il croit pouvoir amadouer sa tigresse par une sérénade, moqué par les violons et finalement soumis à d'humiliantes avanies de la part des archers du guet. Quant au Sganarelle du *Mariage forcé,* ses noces sont transformées en une plaisanterie de carnaval, qui leur ôte tout sérieux.

L'autorité des pères, fondement de la société, est joyeusement ravalée, tournée, neutralisée, anéantie, sans qu'on y prenne trop garde parce que la comédie-ballet entraîne les personnages dans la fête ou dans le divertissement (*L'Amour médecin*, *Le Bourgeois gentilhomme*). Oublions qu'Oronte a été bafoué ! « Nous pouvons jouir du divertissement de la saison – dit Éraste à la fin de *Monsieur de Pourceaugnac* –, et faire entrer les masques que le bruit des noces de Monsieur de Pourceaugnac a attirés ici de tous les endroits de la Ville[17] » ; c'est donc, par parenthèse, que Molière a voulu situer l'intrigue au temps du carnaval, lequel aurait rendu possible un charivari grotesque destiné au

---

[17] *Monsieur de Pourceaugnac*, III, 7.

prétendant de Limoges. Oublions qu'Argan va être ridiculisé ! Le carnaval autorise cette mascarade dont il est l'acteur et la victime.

Mais justement, ce que Molière nous paraît emprunter de plus net à l'esprit du carnaval, c'est ce goût pour les déguisements, ce recours constant aux déguisements, aux masques, qui permettent farces et tromperies joyeuses. L'idée du jeu, de la comédie, naturelle chez un acteur, se redouble et s'amplifie dans celle du jeu de carnaval.

Les comédies-ballets font une bonne place aux tromperies, comme toutes les comédies, et mettent en œuvre le mensonge, la feinte, le déguisement des sentiments. Cela n'autorise pas à parler de carnaval. Il y faut pour le moins des déguisements effectifs et concertés qui débouchent sur des mystifications qui soient autant de petites mascarades. Il y faut aussi ce climat de joie sans réticence, libérée, finalement indulgente aussi bien pour les trompeurs que pour les victimes justement bernées.

L'Amour médecin nous en fournit la première illustration bien nette. La dupe, le naïf, y est un père égoïste qui impose son ordre, contraire au mouvement de la vie : aucune pitié pour lui ; le jeu de théâtre, à l'égal de la farce de carnaval, doit le bousculer : aucune réticence chez les spectateurs à l'égard des inventeurs du stratagème. La mascarade peut commencer, et Clitandre l'amoureux paraître en habit de médecin. Admirons comme Lisette introduit la mascarade ! Annonçant à son maître, après l'échec des premiers médecins (de vrais médecins), un autre médecin (celui-ci sera faux) qui va certainement guérir Lucinde, elle l'entraîne dans une joie forcenée :

LISETTE : Monsieur, allégresse ! allégresse !
SGANARELLE : Qu'est-ce ?
LISETTE : Réjouissez-vous.
SGANARELLE : De quoi ?
LISETTE : Réjouissez-vous, vous dis-je.
SGANARELLE : Dis-moi donc ce que c'est, et puis je me réjouirai peut-être.
LISETTE : Non : je veux que vous vous réjouissiez auparavant, que vous chantiez, que vous dansiez[18].

---

[18] *L'Amour médecin*, III, 4.

Sganarelle est embarqué de force dans la joie, prêt à admettre ce médecin de carnaval (qui prend le pouls du père pour se prononcer sur la santé de la fille !), à admirer son diagnostic (que Clitandre n'a pas de mal à établir, puisqu'il connaît tous les sentiments de Lucinde !), et surtout à approuver la mascarade prétendument thérapeutique qui doit guérir Lucinde, à y jouer un rôle capital en signant le vrai contrat de mariage de Lucinde et de Clitandre – sans se rendre compte qu'il s'agit d'une mascarade, d'une bonne farce destinée à lui extorquer son consentement !

Ici déguisé en médecin, l'amoureux sera là déguisé en peintre : *L'Amour peintre* après *L'Amour médecin* ; et la mascarade s'augmentera de deux autres rôles pour tirer Isidore de la prison de Dom Pèdre : Hali déguisé en seigneur espagnol et Climène, sœur d'Adraste qui passe pour son épouse persécutée. Comme Sganarelle, Dom Pèdre prend une part active à la mystification qu'on lui joue[19]. Et Molière semble tellement vouloir nous faire comprendre qu'il s'agit d'un jeu de carnaval que tout se termine par la mascarade du Sénateur.

De même dans *Monsieur de Pourceaugnac* : les masques de carnaval amenés par Éraste pour clore le spectacle font clairement comprendre que toute la comédie-ballet n'est qu'une immense mascarade jouée aux personnages dont il faut renverser les desseins : le prétendant haï et le père opposant. Mascarade justifiée, un peu osée – mais tout est permis en carnaval ! –, dont on n'attend pas seulement un résultat final, mais dont la mise en œuvre doit procurer un plaisir particulier ; Éraste ne dévoile même pas à Julie les « divers stratagèmes », les « quantités de machines », « tous les ressorts » qu'il fera jouer :

> [...] vous en aurez le divertissement ; et, comme aux comédies, il est bon de vous laisser le plaisir de la surprise, et de ne vous avertir point de tout ce qu'on vous fera voir[20].

---

[19] *Le Sicilien ou L'Amour peintre*, scènes 10 à 18.
[20] *Monsieur de Pourceaugnac*, I, 1.

Il est bien connu que cette comédie-ballet entrelace les plans, celui des trompeurs qui annoncent, préparent ou commentent leurs projets[21], et celui des tromperies réalisées dont sont victimes les naïfs. Mais il est remarquable que la presque totalité de *Monsieur de Pourceaugnac* soit envahie par la réalisation des tromperies ; Sbrigani, Éraste, Julie, Nérine et leurs acolytes occasionnels comme Lucette, les faux Suisses, l'exempt et les avocats feints sont presque toujours dans un rôle joué (deux pour Sbrigani, qui, outre son imposture auprès de Monsieur de Pourceaugnac, se déguise en Flamand, quant à l'habit et quant à la voix), transformant l'intrigue en vaste mascarade. Et, conscients ou non, *volens nolens,* tous les autres personnages participent à cette mascarade, à cette énorme illusion : Monsieur de Pourceaugnac, les médecins, Oronte entrent dans un jeu illusoire sans le savoir ; Sbrigani arrive même à faire déguiser Monsieur de Pourceaugnac en femme : mascarade dans la mascarade ! Jeu étourdissant, délirant parfois, qui est un vrai jeu de carnaval, renversant tout le sérieux de la vie, ne laissant rien d'intact fors la joie et l'amour.

Molière ira encore plus loin, se servant du jeu de carnaval pour approfondir singulièrement ses analyses de l'homme ; nous faisons évidemment allusion aux deux cérémonies burlesques du *Bourgeois gentilhomme* et du *Malade imaginaire*. À la vérité, ces deux intermèdes sont intimement liés au développement de l'action et au développement des caractères des héros comiques ; pour ceux-ci, le jeu de carnaval vient couronner une évolution[22].

Dès le moment où nous le voyons sur scène, Monsieur Jourdain cherche à se déguiser dans tous les sens du terme, à revêtir des apparences, à paraître autre ; il se fait habiller aujourd'hui comme les gens de qualité. Significativement, le jeu scénique accorde une grande importance au vêtement. À peine entré[23], le Bourgeois fait admirer sa robe de chambre (« cette indienne-ci ») et le petit déshabillé qu'elle dissimule : « *il entrouvre sa robe et fait voir un haut-de-chausse étroit de velours rouge, et une camisole de velours vert dont il est vêtu* », dit

---

[21] I, 1 et 2, I, 5 (dernière réplique) ; II, 3 (fin de la dernière réplique), II, 9 ; III, 1.

[22] Voir Ch. Mazouer, *Le Personnage du naïf dans le théâtre comique...*, op. cit., 1979, p. 229-233 et n. 49, p. 233-234.

[23] *Le Bourgeois gentilhomme*, I, 2.

la didascalie. Plus tard[24], on lui arrache cette tenue du matin pour lui mettre, en cadence, de la manière que l'on fait aux personnes de qualité, l'habit neuf, un bel habit de cour avec des fleurs en enbas, comme les portent les personnes de qualité. Et il se pavane, se fait admirer – il voulait absolument que son maître de musique et son maître de danse le voient équipé comme il faut, des pieds à la tête. N'étant plus habillé en bourgeois, étant mis en personne de qualité, il est persuadé d'avoir changé d'être.

Mais comme son être n'a pas changé, toutes les apparences accusent un caractère de déguisement. Nicole et sa femme le font rudement revenir à la réalité et ne voient en lui qu'un bourgeois ridiculement déguisé. Nicole est prise d'un rire inextinguible : « [...] vous êtes si plaisant que je ne saurais me tenir de rire. Hi, hi, hi[25] ». Et Madame Jourdain :

> Qu'est-ce donc, mon mari, que cet équipage-là ? Vous moquez-vous du monde, de vous être fait enharnacher de la sorte, et avez-vous envie qu'on se raille partout de vous[26] ?

Le regard des deux femmes dénonce en Jourdain un masque de carnaval.

De même que Monsieur Jourdain se croit devenu noble pour avoir revêtu les habits des gens de qualité, de même il se croit aisément devenu Mamamouchi pour en avoir reçu le turban et l'épée au cours d'une cérémonie dont il n'a pas vu le caractère dérisoire. Autre déguisement. Et cette fois le regard de sa femme le compare explicitement à un masque qui va porter un défi au jeu de dés – un *momon* –, comme on le faisait de maison en maison lors du carnaval :

> Ah ! mon Dieu ! miséricorde ! Qu'est-ce que c'est donc que cela ? Quelle figure ! Est-ce un momon que vous allez porter ; et est-il temps

---

[24] II, 5.
[25] III, 2.
[26] III, 3.

d'aller en masque ? Parlez donc, qu'est-ce que c'est que ceci ? Qui vous a fagoté comme cela[27] ?

De fait, la cérémonie turque pour anoblir le Bourgeois est une splendide mascarade de carnaval, à laquelle préludent le déguisement de Covielle en voyageur et celui de Cléonte en fils du Grand Turc (IV, 3 et 4). Comment Monsieur Jourdain n'y serait-il pas pris, puisqu'on s'accommode à sa manie, à son rêve ? Covielle le déclare de père noble, le fils du Grand Turc désire devenir son gendre et on le fera Mamamouchi : c'est combler à la fois tous les vœux du Bourgeois ! Covielle propose donc un vrai jeu de carnaval :

> Il s'est fait depuis peu une certaine mascarade qui vient le mieux du monde ici, et que je prétends faire entrer dans une bourle que je veux faire à notre ridicule. Tout cela sent un peu sa comédie ; mais avec lui on peut hasarder toute chose, il n'y faut point chercher tant de façons, et il est homme à y jouer son rôle à merveille, à donner aisément dans toutes les fariboles qu'on s'avisera de lui dire. J'ai les acteurs, j'ai les habits tout prêts : laissez-moi faire seulement[28].

Le déroulement de la cérémonie présente tous les caractères du jeu de carnaval, avec ses excès burlesques, son aspect profondément parodique que soulignent les contorsions et les grimaces du faux Mufti, la plaisante langue franque, les chœurs et les danses bouffonnes des Dervis et des Turcs. Et le Bourgeois y joue effectivement son rôle à merveille.

Mais alors que les autres s'amusent, Monsieur Jourdain prend l'affaire au sérieux et adhère pleinement à la mascarade, sans revenir à la réalité. Mamamouchi il a été fait, Mamamouchi il est ; « *Mamamouchi*, vous dis-je. Je suis *Mamamouchi*[29] », rétorque-t-il à sa femme qui dénonce la mascarade. Ce « prince de l'imaginaire » qu'est Monsieur Jourdain, selon le mot de Jean Rousset, plane désormais dans une douce folie. Son vœu est réalisé : il est devenu autre. La masca-

---

[27] V, 1.
[28] III, 13.
[29] V, 1.

rade de carnaval, qui tourne son opposition au mariage, aura comblé son illusion, l'aura rendu heureux d'une sorte de bonheur, sans le guérir. « Ne voyez-vous pas qu'il est fou ? et vous coûtait-il quelque chose de vous accommoder à ses chimères ? », fait justement remarquer Covielle[30]. Singulier aboutissement de la joyeuse mascarade de carnaval !

Il en ira de même pour le dernier prince de l'imaginaire du théâtre de Molière, le malade imaginaire. Comme le Bourgeois veut être gentilhomme, Argan veut être malade et se trouve la proie naïve de tous ceux qui savent entretenir son illusion ; les médecins et Béline lui sont indispensables pour le confirmer dans son état de malade, par quoi il pense échapper à l'angoisse de la mort. Un jeu de théâtre, où il tient le premier rôle en faisant le mort, le détrompe sur Béline ; à cet égard, il sort de sa naïveté et de son entêtement.

Mais son entêtement pour les médecins comme sa maladie en imagination semblent incurables. S'il est aveugle à la réalité en ces domaines, il reste, pour le rendre inoffensif, à s'accommoder à ses fantaisies, à donner corps à son fantasme. On retrouvera dans la bouche de Béralde des expressions en tout point similaires à celles de Covielle : s'accommoder aux fantaisies du maniaque, lui donner la comédie en lui faisant jouer le premier personnage. Grâce au jeu de carnaval, Argan deviendra médecin, sera son propre sauveur. Alors que se déroule l'intronisation parodique où les personnages sensés se donnent la comédie, jouent une mascarade, Argan reste persuadé d'avoir changé d'être ; il remercie la Faculté d'avoir fait pour lui plus que ses propres parents, dans son latin plaisant :

> *Vobis, vobis debeo*
> *Bien plus qu'à naturae et qu'à patri meo :*
> *Natura et pater meus*
> *Hominem me habent factum ;*
> *Mais vos me, ce qui est bien plus,*
> *Avetis factum medicum...*

Et c'est au milieu de la plus grande gaieté de la mascarade qu'Argan bascule dans la folie. Victoire de la joie : Argan est aussi heureux qu'il

---

[30] III, 13.

est possible, et les jeunes gens pourront goûter le bonheur de l'amour. La paix règne en Argan et dans la famille que son imagination malade avait menacée de destruction.

Il ne faudrait pas trop presser le thème du carnaval : ce que les comédies-ballets réfractent de la fête carnavalesque est édulcoré, reste de bon ton ; et Molière (qui n'est pas Rabelais, mais approuverait sans doute l'avis *Aux lecteurs* du *Gargantua* !) utilise cet esprit du carnaval comme il l'entend. Il n'empêche : c'est bien le souffle carnavalesque qui bouscule un certain nombre de rôles et de contraintes, qui amène ces joyeuses mascarades et donne le dernier mot à la gaieté et au grand flux de la vie.

Toutes les comédies-ballets ne baignent pas dans la gaieté carnavalesque et les tonalités de la joie sont diverses, de l'humour indulgent à la dérision bouffonne. Mais toutes illustrent un certain regard de Molière sur le monde et sur les hommes, celui du rieur ; et elles rappellent par là, même lointainement, obscurément, même en perdant bien de ses vertus, leur source : la fête du rire qui s'épanouit en carnaval. La comédie et la comédie-ballet réunissent les spectateurs pour les faire rire du monde, à l'occasion même pour les faire rire comme des fous. N'est-ce pas ce que chante un musicien, à la fin de *Monsieur de Pourceaugnac* ? Voici ses paroles :

> Lorsque pour rire on s'assemble,
> Les plus sages, ce me semble,
> Sont ceux qui sont les plus fous[31].

La sagesse comique de l'observateur Molière ne repose pas sur l'aveuglement. Son théâtre a amplement dénoncé les travers, les vices, les manies, les illusions, les scléroses, les violences aussi, qui empêchent l'homme d'être heureux et le rendent insupportable ou dangereux à autrui. De surcroît, comme il ne peint pas exactement un homme intemporel mais des individus embarqués dans la société qu'il a sous les yeux, il n'a pas d'illusion sur l'ordre social, sur ses tares ni sur ses cruautés.

---

[31] III, 8.

Les comédies-ballets, pour ne pas s'attaquer à des problèmes politiques aussi brûlants et redoutables que l'emprise de la religion sur la société avec son cortège de véritables et de faux dévots, permettent à Molière la même lucidité critique. On pourrait reprendre une par une les comédies-ballets, des *Fâcheux* au *Malade imaginaire* ; toutes apportent leur contribution à l'analyse de l'homme en société. Le regard de Molière y est aussi aigu sur les ravages de l'amour propre, de l'amour de soi – cet *amor sui* qui s'impose à autrui (tous les fâcheux ...), qui tend aussi à faire violence sur lui, à le nier. Sur l'égoïsme des pères, on ne sache pas que les suggestions et les situations de *L'Amour médecin*, du *Bourgeois gentilhomme* ou du *Malade imaginaire* restent en deçà de ce que dévoilent les pères du *Tartuffe,* ou de *L'Avare* ; sur la volonté d'étouffement marqué par certains maris, *Le Mariage forcé*, *Le Sicilien,* ou *George Dandin* demeurent parfaitement dans la ligne des deux *Écoles*. Certaines comédies-ballets ont même permis à Molière d'explorer tel domaine que lui interdisait la comédie, comme celui de l'orgueil féminin qui fait obstacle à l'amour.

Quant à l'analyse sociale, elle est aussi poussée, aussi lucide et aussi critique. Comme d'autres moralistes du siècle, Molière a jugé la société d'ordres, a mis à distance les hiérarchies sociales, tout en les pensant finalement indispensables, dénonçant le coquin que dissimule l'élégance séductrice du noble, mais montrant en même temps les ridicules de ceux qui veulent quitter leur rang de paysan, de bourgeois ou de provinciaux. Noblesse de province, noblesse de cour, bourgeoisie : aucune classe n'est épargnée. Et certaines institutions, comme celle de la médecine, sont particulièrement tympanisées dans les comédies-ballets.

Au total, dans les comédies-ballets comme ailleurs dans son théâtre, Molière peint un monde dur, violent, dangereux, où les êtres ont beaucoup de chance de souffrir et de faire souffrir. S'il prend parti, si la comédie assure la victoire de certains sur d'autres, même chez les victimes justement punies Molière laisse entrevoir l'existence d'un manque douloureux, d'une incapacité d'aimer, d'une souffrance, d'une angoisse.

Mais il avait choisi de créer un univers comique, d'écrire des comédies. Rien de ces souffrances, de ces dangers, de ces violences qui trament la vie des hommes et du monde ne doit être pris au tragique ; il faut faire oublier la dureté du réel. Se faire disciple de Démocrite, non d'Héraclite. Molière traite donc la menace par le rire. L'humour populaire de Moron ou de Clitidas dénouera les obstacles intérieurs à l'amour. Les rieurs – le plus souvent des rieuses[32], ces servantes à la bonne humeur inébranlable ou au rire inextinguible – transforment les personnages dangereux en spectacle comique et préparent activement l'heureux dénouement. Le choix est volontaire de l'euphorie finale, après que la comédie a neutralisé ou éliminé les menaces, balayé les égoïsmes et laissé la voie libre à la vie amoureuse. De plus d'une manière, le rire délivre[33].

Le rire de la comédie reste toutefois ambivalent. Fouet de la satire, il mord cruellement sur sa victime. Dénonçant le défaut ou le vice, il sanctionne durement les ridicules – ce qui s'écarte des normes sociales ou morales retenues. Nous rions d'une punition infligée et nous nous réjouissons d'une défaite. Le rire est toujours élimination d'un fâcheux par une sorte de mise à mort. Mais en même temps le rire commence le travail de déréalisation, indiquant d'emblée que les obstacles n'ont pas d'importance définitive, préludant à la joie finale. Au regard des personnages qui sont victimes de la satire et qui seront éliminés, le rire introduit aussi une sorte d'indulgence ; non seulement leur menace est un peu moins grave, mais leurs avanies et leur punition perdent également un peu de leur gravité. La justice du rire est probablement plus douce, l'échec de celui qui est raillé un peu moins rude. La joie du dénouement, toute d'ouverture au bonheur, tient donc à distance cette sorte de joie mauvaise qui naîtrait de la défaite des bernés.

Mais la comédie garde un filet d'amertume. Et c'est justement le rôle des ornements de la comédie-ballet que de le faire disparaître. Ce que les mots, ce que le rire même ne peuvent faire, la musique et la danse le feront. Grâce à elles, la joie – du moins la seule sorte de joie que puisse envisager le libertin Molière – est parfaite. La fantaisie aérienne du ballet et le pouvoir merveilleux du rythme et des sons de la musique dissipent non seulement les duretés du réel mais aussi l'amertume qui reste dans le rire de satire et de triomphe. Ce que le

---

[32] Voir Huguette Gilbert, « La rieuse dans les comédies de Molière », art. cit. de 1992.
[33] « Le rire de Molière délivre », écrit André Suarès (*Sur la vie* [*Essais*], 1912, p. 187).

rire a préparé, la fantaisie des ornements l'achève, en une envolée légère[34]. Toute pesanteur et toute gravité, toute inquiétude et toute angoisse sont bel et bien éliminées dans la fête du divertissement ; la danse et la musique rétablissent l'harmonie aussi bien à l'intérieur des personnages que des familles, voire entre les groupes sociaux[35]. En ce sens, le genre de la comédie-ballet représente bien l'aboutissement de la création moliéresque, à laquelle les deux autres arts de la danse et de la musique étaient nécessaires. Leur union seule parvient à une complète euphorie. Grâce aux comédies-ballets, Molière parvient à l'épanouissement d'un dessein esthétique conscient, mené depuis 1661.

La palette est riche des couleurs de la joie que procurent les comédies-ballets. Ici l'élégance réglée de la danse fait voir le monde comme une aimable fantaisie. Là l'humour fait naître ce plaisir de l'esprit qui juge le monde avec indulgence. Ailleurs la grâce des bergers galants et la beauté de leurs chants qui ont su dire la souffrance et le bonheur donnent cette joie un peu hors du monde que seule la musique sait révéler. Joie de la célébration de l'amour ou de l'ivresse qu'apporte le rire ; joie de la fête solennelle et pompeuse. Et pour finir, car c'est le dernier mot de Molière en matière de divertissement, la joie plus ou moins appuyée des mascarades carnavalesques, de ce que Sainte-Beuve appelait joliment le « gai sabbat le plus délirant », qui transforme la comédie-ballet en « adorable folie comique[36] ». Mais toujours les ornements auront apporté lumière et gaieté, auront disposé à l'euphorie tant recherchée et tant voulue.

N'y aurait-il pas quelque inquiétante tension dans cette recherche de la joie ? quelque volontarisme dans le dénouement heureux de la comédie et dans le triomphe de la joie que souligne le divertissement final des comédies-ballets ? La joie conquise et glorifiée serait-elle éphémère ? Molière est trop profond observateur et penseur pour n'avoir pas compris qu'en dehors des salles de théâtre où l'on se rassemble pour rire, le train du monde ne montre pas si définitivement la victoire de la joie ; et il n'est pas besoin de faire intervenir sa

---

[34] Voir aussi Marcel Gutwirth, *Molière ou l'invention comique...*, *op. cit.*, à propos du *Bourgeois gentilhomme* et du *Malade imaginaire*.

[35] Voir Louis Eugène Auld, *The Unity of Molière's comedy-ballets...*, *op. cit.*, 1968.

[36] Dans ses *Portraits littéraires* (texte de 1835, dans les *Œuvres*, Pléiade, t. II, p. 38).

mélancolie ou son pessimisme pour expliquer cette lucidité sceptique. L'euphorie est un produit de l'œuvre d'art, et elle n'a qu'un temps.

Il demeure une sagesse comique. Molière croyait sans doute que le rire de la comédie pouvait parvenir à corriger les défauts des hommes en dénonçant leurs rigidités, leurs violences, leurs illusions et leurs absurdités ; la joie comique introduit à un monde meilleur, plus supportable. A-t-il renoncé à cette utopie et pensé l'homme décidément incorrigible ? A-t-il décidé, ne pouvant guérir sa folie, de s'accommoder d'elle dans une fantaisie joyeuse que précisément l'esthétique de la comédie-ballet lui permettait de créer[37] ? En fait, les deux attitudes se mêlent au long de la carrière de Molière, et ce qui est vrai du *Bourgeois gentilhomme* et du *Malade imaginaire* ne l'est pas des autres comédies-ballets, qui ne s'attachent d'ailleurs pas toutes à peindre un maniaque. Ce qui est constant, c'est qu'en transformant le monde en spectacle plaisant, en assurant le triomphe de l'amour et en laissant le dernier mot à la joie, Molière veut rendre ce monde – dont il a vu la misère – moins inquiétant, meilleur autant qu'il est possible, habitable par des hommes qui pourraient être heureux. L'euphorie finale n'a pas d'autre but, que la danse et la musique contribuent tant à réaliser.

Il n'est pas sûr, contrairement à ce que pensait Sainte-Beuve, que Molière ait eu le véritable amour de l'humanité[38]. Du moins, par sa recherche obstinée du rire et de la joie, nous aura-t-il enseigné la conscience de nos déraisons et de notre finitude[39], l'espoir qu'on peut souvent les guérir et que le mal qu'elles entraînent n'est pas forcément irréparable, l'indulgence enfin. Pour n'être pas chrétienne, puisqu'elle est privée de toute ouverture sur une transcendance d'Amour qui appelle à la foi et au don de soi, cette sagesse ne manque ni d'attrait ni de portée.

---

[37] C'est, rappelons-le, la thèse de Gérard Defaux dans son *Molière ou les métamorphoses du comique : de la comédie morale au triomphe de la folie* (*op. cit.*, 1980), dont nous discutons le caractère trop systématique.

[38] Voir Ch. Mazouer, « L'Église, le théâtre et le rire au XVIIe siècle » (*L'Art du théâtre. Mélanges en hommage à Robert Garapon*, 1992, p. 358-359).

[39] « La conscience joyeuse de notre finitude », dit M. Gutwirth en une jolie formule (*Molière ou l'invention comique*, *op. cit.*, p. 10).

Qu'on se laisse donc emporter par la Comédie, le Ballet et la Musique, ces grands médecins qui apaisent les peurs, chassent la mélancolie et nous ouvrent à la joie – ultime leçon de la sagesse de Molière !

POSTLUDE

Serons-nous parvenu à faire goûter les comédies-ballets dans leur richesse et leur saveur propres ? C'est notre espoir.

Il fallait en tout cas proposer une réhabilitation argumentée de ce genre composite et jugé avec condescendance par une critique littéraire apparemment peu sensible aux prestiges du spectacle, au charme de la musique et de la danse. La réhabilitation passait par un effort d'interprétation qui ne négligeât aucun des aspects de la réalisation des spectacles.

D'où la nécessité de s'arrêter d'abord sur le lien entre les comédies-ballets et les divertissements royaux pour lesquels elles ont été conçues et au sein desquels elles ont été créées, avant d'être proposées aux Parisiens. Molière ne pouvait échapper à la condition des artistes de son temps : travailler pour le roi, pour sa gloire et ses plaisirs. Rien n'indique que Molière regimba devant cette exigence ; au contraire. Il eut plaisir à travailler pour le roi, longtemps son partisan et son défenseur, et à qui le liait une solide connivence de pensée ; il eut plaisir à intégrer ses spectacles aux fêtes royales, dans l'atmosphère de luxe et d'élégance de la cour ; il eut plaisir à développer, grâce au service du roi, un genre nouveau. L'artiste s'enchantait certainement des possibilités prestigieuses qu'offrait la cour à ces fêtes et dont bénéficièrent les créations du comédien ; il valait la peine d'évoquer un peu ce contexte dont les relations et quelques gravures ne laissent que des traces dérisoires. La meilleure preuve de l'attachement de Molière pour les comédies-ballets créées à la cour se lit justement dans sa volonté de les montrer dans son théâtre pour en charmer son public de la ville, composé encore de seigneurs de la cour mais surtout d'un grand nombre de bourgeois, à qui d'ailleurs il propose les mêmes tableaux satiriques et les mêmes modèles. Mais pas plus que du roi, Molière n'est l'esclave de ses publics ; l'artiste reste libre dans sa pensée et dans ses jugements.

Non sans témérité[1] – que les musicologues et les chorégraphes ne nous fassent pas trop cher payer cette audace ! –, nous avons tenu à mettre au cœur de l'ouvrage une analyse serrée des ornements, si riches, si divers et souvent si beaux. Une poétique de l'intermède ne pouvait faire l'économie de la lecture des partitions ni se priver de définir les différents climats dans lesquels baignent intermèdes et ornements. Surgissait alors la grande question esthétique du genre de la comédie-ballet : celle de la liaison des ornements avec la comédie, celle de l'unité, inlassablement recherchée par Molière, entre les trois arts de la comédie, de la musique et de la danse. Au demeurant, la place de la danse et de la musique était telle dans la civilisation du temps, dans les divertissements de la cour et dans les préoccupations de l'artiste de théâtre qu'il n'est pas étonnant que Molière ait pris goût à une collaboration poussée avec un Beauchamp, un Lully puis un Charpentier, pour réaliser des spectacles plus ambitieux et favoriser la réunion des trois arts.

Mais Molière ne cesse de penser, à travers la diversité des formes esthétiques qu'il utilise. La comédie-ballet ne se contente pas de charmer les yeux et les oreilles ; elle vise des effets qui sont de l'ordre des significations. Le choix de ce genre mixte sert une vision, une pensée esthétique. Fondée sur le contraste entre la comédie réaliste et la fantaisie des ornements, la comédie-ballet atteint des buts spécifiques et précis, allégeant la gravité du monde, favorisant le triomphe de l'amour et du bonheur, consacrant cette joie euphorique où l'on voit le dernier mot de la sagesse de Molière.

Sous la diversité des formules que Molière essaya avec son chorégraphe et ses musiciens, se dessine bien ainsi une esthétique spécifique du genre de la comédie-ballet, que nous avons voulu mettre en valeur.

Une telle étude souligne forcément l'originalité des comédies-ballets, dont on voit bien maintenant qu'elles ne sont pas secondaires dans l'œuvre du dramaturge. Cette originalité éclate dans la matière esthétique composite et dans la symbiose des différents éléments qui

---

[1] Un musicien, mon collègue et ami Jean Bauer, a bien voulu relire attentivement les analyses musicales, me permettant de corriger un certain nombre d'erreurs techniques ; qu'il en soit vivement remercié !

concourent au spectacle ; elle éclate aussi dans ces émotions nouvelles que seules pouvaient faire naître la musique et la danse. Au service d'une vision, la comédie-ballet est originale enfin dans ce surcroît de signification que produisent les ornements mêlés à la comédie qui se récite (la comédie unie, dit-on parfois maintenant). Ici, elle diversifie les points de vue de l'observateur sur le monde. Là, elle introduit la poésie, le rêve, l'élégance, la fantaisie qui gomme les aspérités de la satire et la férocité d'un rire appliqué à dénoncer les violences du réel. Ailleurs, elle sert merveilleusement le dessein du moraliste attaché à pousser la peinture des illusions humaines, jusqu'à la folie qui s'épanouit justement dans les ornements, au point de donner l'impression que les ressources de la comédie-ballet permettent l'expression d'une pensée originale sur l'homme.

Il faut le reconnaître avec Philippe Beaussant[2] : les comédies-ballets font apparaître un Molière plus rêveur, plus fantaisiste, plus lyrique – en un mot plus baroque et moins classique. Ce Molière-là s'enchante des poncifs de la pastorale, tout en les moquant gentiment ou en en introduisant la parodie. Ce Molière-là fait chanter des allégories et fait danser ceux qu'il raille férocement. Ce Molière-là monte des spectacles pompeux, mais pousse la fantaisie jusqu'au burlesque. Quelle dimension manquerait à Molière s'il n'avait collaboré avec d'autres artistes pour créer cet univers différent ! On dirait qu'il a donné récréation au souci de vraisemblance, qu'il a jeté par-dessus les moulins cette raison dans laquelle on veut l'enfermer.

Pour autant, il serait faux de tracer une ligne de fracture entre les comédies-ballets et le reste de la production moliéresque. Les ornements composent avec la comédie, qui reste l'assise du genre. Molière a ajouté la fantaisie de la musique à des farces, à des comédies de mœurs et de caractère, à des comédies galantes ou héroïques, par lesquelles se tissent des liens serrés avec le reste de l'œuvre qui est dépourvu de cet élément de fantaisie. *Le Mariage forcé* est une farce et *George Dandin* reprend le canevas de *La Jalousie du Barbouillé*. *L'Amour médecin* et *Le Sicilien* rejoignent toutes les comédies qui voient la défaite des tuteurs et des pères, des deux *Écoles*

---

[2] « Les Deux Baptiste », *L'Avant-Scène Théâtre*, 1er mars 1989, n° 845 (consacré aux *Amants magnifiques*), p. 33.

aux *Fourberies de Scapin*. Pour être agrémentés de musique et de ballets, *George Dandin, Monsieur de Pourceaugnac, Le Bourgeois gentilhomme* ou *La Comtesse d'Escarbagnas* n'en présentent pas moins une analyse des groupes sociaux, de leurs aspirations ou de leurs préjugés, aussi aiguë qu'ailleurs. La peinture de la chimère de Monsieur Jourdain ou de la maladie d'Argan va aussi loin que celle du despotisme d'Arnolphe, de l'illusion d'Orgon, de l'erreur d'Alceste, du vice d'Harpagon ou du rêve des femmes savantes. Et, en sens inverse, bien que privées d'ornements, une fantaisie comme *Amphitryon* ou une pièce aussi dansée que *Les Fourberies de Scapin* se rapprochent fort de la comédie-ballet.

C'est bien le même Molière qui écrit les comédies récitées et les comédies musicales et dansées. Les comédies-ballets sont des comédies enrichies, des comédies bien tempérées par cette rémission, cette joie plus détendue encore que celle du rire de satire ; non des comédies qui auraient oublié définitivement le réel et dans lesquelles le moraliste ne penserait plus.

Réhabiliter les comédies-ballets, en apprécier l'originalité n'autorise pas à les couper du reste de l'œuvre, ni à voir en elles le seul idéal de la création moliéresque. Molière écrivit régulièrement des comédies-ballets depuis 1661, et jusqu'au bout celles-ci alternèrent avec d'autres types de comédie : *Les Fourberies de Scapin,* qui font retour à la pure tradition comique latine et italienne, et *Les Femmes savantes,* grande comédie concertée, alternent avec *Psyché, La Comtesse d'Escarbagnas* et *Le Malade imaginaire*.

En fait, s'il y a bien un seul Molière, sa création artistique sait offrir plusieurs visages, diversifier les genres, tenter des formules différentes, en tirer de nouvelles nuances de sentiments et de pensée, s'enrichir de ces apports et de ces éclairages contrastés. Nous pensions nécessaire d'éclairer le côté des comédies-ballets.

Les douze années pendant lesquelles Molière produisit ses comédies-ballets représentent une sorte de miracle esthétique : le genre créé par Molière ne lui survivra guère. Son éclosion est due à la conjonction de circonstances favorables et de rencontres décisives. La nécessité de fournir aux fêtes et aux divertissements d'un monarque qui aimait autant la comédie, la musique et la danse, et qui offrait pour leur réalisation un cadre et des moyens prestigieux, loin d'être une contrainte, attira Molière et sollicita son esprit créateur dans une direction nouvelle. Depuis plusieurs générations, la cour faisait ses délices du ballet, lequel, sous l'influence de Lully, tendait à devenir un peu plus dramatique. C'est sur ce fondement que la comédie-ballet prit son essor, la connivence esthétique s'établissant d'emblée avec des artistes comme Beauchamp et Lully. Pouvait ainsi prendre corps un avatar du vieux rêve de l'union des arts !

Mais la personnalité et les choix artistiques de Molière imposèrent un certain équilibre entre les arts : la musique et la danse se voyaient mises au service du dessein dramatique, subordonnées à lui. Jusqu'au bout Molière voulut écrire, avec ses comédies-ballets, un théâtre orné de musique et de danse, et dont le cœur restât la comédie parlée. Par nature, ce composé était instable, chaque art tendant à trouver ou à retrouver son indépendance et sa primauté. Pour la danse, la comédie-ballet constitua une sorte de transition entre le ballet de cour et le ballet d'action ; quant à la musique, elle envahit le dialogue et se fit opéra avec Lully, on sait dans quelles conditions[3]. Significativement d'ailleurs, Lully se retourna contre Molière, qui dut engager un jeune musicien pour collaborer au genre qu'il voulait maintenir.

Après la mort de Molière, les comédiens continuent de présenter des pièces de théâtre ornées de musique et de danse ; jusqu'en 1685, Marc-Antoine Charpentier fut même le compositeur attitré des comédiens français. En 1675, Thomas Corneille leur fournit *L'Inconnu*, « comédie mêlée d'ornements et de musique » ; en 1680, Raymond Poisson fait jouer ses *Fous divertissants*, où sont introduits des chants et des danses. De leur côté, les acteurs de l'Ancien Théâtre Italien ne se privent pas de faire une place au chant et à la danse dans leurs spectacles, allant parfois jusqu'à une forme d'opéra-comique[4]. Regnard, Dufresny ou Dancourt agrémentent leurs comédies de divertissements du même ordre ; en intermèdes, et plus souvent en final, la joie s'exalte par la danse et la musique : « Allons, Monsieur,

---

[3] Voir aussi Marie-Claude Canova-Green, « Ballet et comédie-ballet sous Louis XIV ou l'illusion de la fête » (*P.F.S.C.L.,* vol. XVII, n° 32, 1990, p. 253-262), et Claudia Jeschke, « Vom *Ballet de cour* zum *Ballet d'Action.* Über den Wandel des Tanzverständnisses im ausgehenden 17. und beginnenden 18. Jahrhundert » (*Le « Bourgeois gentilhomme ». Problèmes de la comédie-ballet,* éd. V. Kapp, 1991, p. 185-223).

[4] François Moureau, *Dufresny auteur dramatique (1657-1724),* 1979, p. 243-248.

de la joie ! Vive l'amour et la musique ! », proclame le Scapin de *La Sérénade,* en demandant à « Messieurs de la symphonie » de se mettre à l'ouvrage[5]. Dancourt intitulera même quelques-unes de ses pièces « comédies-ballets ».

Mais, à y regarder de près, ces spectacles ont perdu la formule moliéresque de la comédie-ballet, en ce sens que, bien que les dramaturges cherchent à lier les agréments à la comédie, à son sujet et à son intrigue, ils ne parviennent ni à cette nécessité profonde de l'union des arts, ni à cette unité qui embrassait chez Molière les contrastes pour produire une signification originale. Chez les épigones, la musique et la danse ne comptent pas peu pour installer l'euphorie ; mais leurs pièces sont plutôt des comédies à divertissements que des comédies-ballets comme les concevait Molière.

Éphémères comédies-ballets...

Faut-il faire de la comédie-ballet l'ancêtre de l'opéra-comique qui, à sa manière, sut aussi fusionner le théâtre parlé et le théâtre chanté et réussir une autre hybridation entre le dialogue et la musique ? Il n'est pas douteux que le genre de la comédie-ballet marqua l'histoire du théâtre lyrique ; et si son héritage fut recueilli par l'opéra-comique, on pourrait évoquer aussi d'autres genres, comme le vaudeville, le *Singspiel,* l'opérette, ou la comédie musicale, qui tous cherchent une alliance et un compromis entre le texte récité et la partie chantée. Il reste que la comédie avec musique et ballets que mit au point Molière garde le secret d'un équilibre et d'une proportion bien spécifiques.

Oui, il faudrait jouer les comédies-ballets de Molière avec leurs intermèdes et leurs ornements !

Les musiciens les premiers s'avisèrent de la beauté des musiques écrites par Lully et Charpentier, en particulier pour le théâtre de Molière ; et le disque ne fait pas peu pour la connaissance de cette musique baroque française, authentiquement restituée. Les hommes de théâtre ont tardé et tardent encore à comprendre à quel point les comédies-ballets ont besoin de leurs ornements musicaux et dansés. Les plus grands théâtres et les plus grands metteurs en scène nous donnent encore des comédies-ballets privées de l'intégralité de leur

---

[5] Regnard, *La Sérénade,* éd. Ch. Mazouer, 1991, scène 18.

ornements originaux, voulus par Molière. Qu'aurait été le *George Dandin* monté par Roger Planchon, si le metteur en scène s'était intéressé à l'existence de la pastorale qui enchâssait la comédie ?

Pourtant les recherches artistiques sur la danse et sur la musique du XVIIe siècle sont assez avancées. Le travail d'un chorégraphe comme Francine Lancelot, qui a poussé ses recherches sur la danse baroque, celui des musicologues et les réalisations des chefs d'orchestre célèbres, comme William Christie, ou plus jeunes, comme Marc Minkowski, permettent de faire revivre à la scène les comédies-ballets authentiques. On s'en avise récemment, avec *Les Amants magnifiques,* en 1988-1989 (Compagnie Fiévet-Paliès) à Limoges, avec *Le Malade imaginaire,* présenté au Châtelet en 1990... On s'en avise encore trop peu.

Cela tient grandement au poids des habitudes, aux difficultés peut-être aussi de la réalisation d'un spectacle composite et plus total. Mais est-on sûr qu'ainsi restituées, les comédies-ballets seraient toutes aptes à toucher et à convaincre le public moderne ? Si l'on peut penser que les ornements comiques (qui n'ont d'ailleurs jamais tout à fait cessé d'être donnés sur les scènes, sous une forme ou sous un autre) seraient toujours goûtés avec plaisir, qu'en serait-il des autres ? Ce qui plaisait à la cour de Louis XIV et aux spectateurs de son siècle, qui avaient le goût des longs divertissements, de la magnificence et de la pompe, qui adoraient les pastorales, paraîtrait peut-être un peu froid et passablement ennuyeux de nos jours. Je me souviens encore de la surprise des spectateurs les mieux disposés, lors de la représentation du *Malade imaginaire* authentique et complet, réalisée par le metteur en scène Jean-Marie Villégier, assisté de W. Christie pour la musique et de Fr. Lancelot pour la danse, en 1990 : cette belle musique, ces danses avaient un peu l'air de reléguer au second plan Argan et sa famille. Nous ne sommes plus habitués à cette profusion des ornements. Malgré l'engouement général pour le baroque, tout un pan de l'esthétique baroque nous est devenu bien étranger.

Mais en voudra-t-on à celui qui analyse ces spectacles vieux de plus de trois siècles, en menant un rigoureux effort d'interprétation historique, de rêver qu'ils revivent sur la scène pendant quelques soirées ?

BIBLIOGRAPHIE

La bibliographie moliéresque est immense ; qui peut prétendre avoir tout lu, surtout si l'on ajoute les travaux qui concernent la musique, la danse et la représentation des comédies-ballets ? La liste qui suit n'est donc pas exhaustive ; du moins espérons-nous n'avoir pas négligé trop d'études importantes pour notre perspective propre.

Abréviations usuelles :

C.A.I.E.F :	Cahiers de l'Association Internationale des Études Françaises.
D.A.I. :	Dissertation Abstracts International.
I.L. :	L'Information littéraire.
P.F.S.C.L. :	Papers on French Seventeenth Century Literature.
R.H.L.F :	Revue d'Histoire Littéraire de la France.
R.H.T :	Revue d'Histoire du Théâtre.
R.S.H. :	Revue des Sciences Humaines.
S.T.F.M. :	Société des Textes Français Modernes.
T.L.F. :	Textes Littéraires Français.

I. TEXTES ET PARTITIONS DES COMÉDIES-BALLETS

Le texte de Molière

L'édition des *Œuvres de Molière* par Eugène Despois et Paul Mesnard pour la collection « Les Grands Écrivains de la France » (Paris, Hachette et Cie, 13 volumes de 1873 à 1900) reste irremplaçable, par la qualité de l'annotation érudite et la richesse de la documentation. Pour les comédies-ballets en particulier, on trouvera le texte des livrets et des différentes relations ; on trouvera aussi des renseignements sur les sources musicales et sur l'iconographie. Cette édition s'avère indispensable. Les comédies-ballets se trouvent aux tomes suivants : III (1876) pour *Les Fâcheux*, IV (1878) pour *Le Mariage forcé* et *La Princesse d'Élide*, V (1880) pour *L'Amour médecin*, VI (1881) pour la *Pastorale comique, Le Sicilien* et *George Dandin*, VII (1882) pour *Monsieur de Pourceaugnac* et *Les Amants magnifiques*, VIII (1883) pour *Le Bourgeois gentilhomme* et *La Comtesse d'Escarbagnas*, IX (1886) pour *Le Malade imaginaire*.

L'édition procurée par Georges Couton des *Œuvres complètes* (Paris, Gallimard, 1971, 2 vol., pour « La Pléiade ») fournit un texte sûr et une annotation précieuse, conçue dans une perspective d'interprétation plus moderne.

Les partitions musicales

La musique de BEAUCHAMP pour *Les Fâcheux* est manuscrite. On la trouve au t. 44 de la Collection Philidor (B.N.F., Département de la musique : Vm mic 534(36)) : *Ballet des fascheux*, p. 65-84. La courante écrite par LULLY pour I, 3 est copiée à la p. 68 de ce manuscrit.

Pour la musique de LULLY, on se reportera d'abord au remarquable catalogue dû à Herbert Schneider : *Chronologisch-Thematisches Verzeichnis Sämtlicher Werke von Jean-Baptiste Lully (L W V)*, Tutzing, Hans Schneider, 1981. La musique des comédies-ballets ne fut pas publiée à l'époque de leur création ; plusieurs d'entre elles firent l'objet de copies d'André Philidor, qui donne le texte et la musique. À partir de cette source, et d'autres sources manuscrites plus fragmentaires, Henry Prunières, qui avait entrepris de publier l'œuvre complète de Lully, donna trois volumes de comédies-ballets, avec réalisation de la basse continue et réduction pour clavier des parties instrumentales : *Œuvres complètes de J. B. Lully (1632-1687)*, publiées sous la direction de Henry Prunières, *Les Comédies-ballets, tome I : Le Mariage forcé. L'Amour médecin. 1664, 1665*, Paris, éd. de la Revue musicale, 1931, *Les Comédies-ballets, tome II : Les Plaisirs de l'île enchantée. La Pastorale comique. Le Sicilien. Le Grand Divertissement royal de Versailles. 1664-1668*, ibid., id., 1933 (l'ouverture de la deuxième journée des *Plaisirs de l'île enchantée*, que, curieusement, Prunières ne publie pas, se trouve dans la copie de Philidor (t. 45 de la Collection Philidor (B.N.F. musique : Vm mic

534(37), p. 39-43) ; Les *Comédies-ballets, tome III : Monsieur de Pourceaugnac, Le Bourgeois gentilhomme, Les Amants magnifiques. 1669-1670*, ibid., id., 1938.

La quasi-totalité de l'œuvre de MARC-ANTOINE CHARPENTIER se trouve dans les vingt-huit tomes manuscrits autographes intitulés *Mélanges*. Pour un catalogue, voir H. W. Hitchcock, *Les Œuvres de / The works of Marc-Antoine Charpentier. Catalogue raisonné*, Paris, Picard, 1982, et le *Tableau chronologique des œuvres* établi par Catherine Cessac (p.463-525 de son *Marc-Antoine Charpentier*, Paris, Fayard, 1988). John S. Powell a édité Marc-Antoine Charpentier, *Music for Molière's comédies*, Madison, USA, A.R. Éditions, Inc., 1990 ; reprenant et complétant, par ses trouvailles aux archives de la Comédie-Française (musique du premier intermède et du petit opéra impromptu de II, 5), l'édition des prologues et intermèdes du *Malade imaginaire* donnée par H. W. Hitchcock (Genève, Minkoff, 1973), il propose une édition du *Malade imaginaire – comédie de Molière et musique de M.A. Charpentier* – tel qu'il fut représenté au Châtelet, en 1990 (Genève-Paris, Minkoff, 1990).

II. OUVRAGES DES XVIIe ET XVIIIe SIÈCLES

Aubignac (François Hédelin, abbé d'),
- *La Pratique du théâtre,* nouvelle éd. P. Martino, Alger, Jules Carbonel, 1927 ;
- *La Pratique du théâtre und andere Schriften zur « Doctrine classique »,* fac-similé de l'éd. de 1715 en 3 vol., présenté par H.J. Neuschäfer, Genève, Slatkine, 1971.

Ballets et mascarades de cour de Henri III à Louis XIV (1581-1652), éd. Paul Lacroix, Genève, Slatkine, 1968, 6 vol. (réimpr. de l'éd. de Genève, 1868-1870).

Boileau (Nicolas), *Œuvres complètes,* éd. F. Escal, Paris, Gallimard, 1966 (Bibliothèque de la Pléiade).

Cahusac (Louis de), *La Danse ancienne et moderne ou Traité historique de la danse,* La Haye, J. Neaulme, 1754, 3 vol. (Genève, Slatkine, 1971).

Descartes (René), *Abrégé de musique. Compendium musicae (1618)*,
- éd. F. de Buzon, Paris, PUF, 1987 ;
- éd. P. Dumont, Paris, Méridiens Klincksieck, 1990.

Du Bos (abbé Jean-Baptiste), *Réflexions critiques sur la poésie et sur la peinture,* 4ᵉ éd. revue, corrigée et augmentée par l'auteur, Paris, P. J. Mariette, 1740.

Farces du Grand Siècle. De Tabarin à Molière. Farces et petites comédies du XVIIᵉ siècle, introduction, notices et notes par Charles Mazouer, Paris, Le Livre de poche classique, 1992.

Feuillet (Raoul-Auger), *Chorégraphie ou L'Art de décrire la danse par caractères, figures et signes démonstratifs. Avec lesquels on apprend facilement de soi-même toutes sortes de danses...,* Paris, l'auteur, 2ᵉ éd. 1701.

Grimarest (Jean-Léonor Gallois de), *Traité du récitatif dans la lecture, dans l'action publique, dans la déclamation et dans le chant,* Paris, J. Le Fèvre, 1707.

La Grange (Charles Varlet, dit), *Registre* :
- *Le Registre de La Grange. 1659-1685,* reproduit en fac-similé avec un index et une notice sur La Grange et sa part dans le théâtre de Molière, par B.E. Young et G.Ph. Young, Paris, Droz, 1947, 2 vol. (réimpr. Genève, Slatkine, 1977, en 1 vol.) ;
- *Le Registre de La Grange,* fac-similé du ms. présenté par S. Chevalley, Genève, Minkoff, 1972.

Lambranzi (Gregorio), *Nuova e Curiosa Scuola de' Balli Theatrali. Neue und Curieuse Theatralische Tantz-Schul,* Nürnberg, J.J. Wolrab, 1716, 2 parties en 1 vol. (réimpr. Leipzig, Peters, 1975).

Le Jay (le P. Gabriel-François), *Bibliotheca rhetorum praecepta et exempla complectens quae ad poeticam facultatem pertinent,* Paris, G. Dupuis, 1725, t. 2.

Marolles (Michel de), abbé de Villeloin, *Les Mémoires de Michel de Marolles... – Suite des Mémoires de Michel de Marolles, contenant douze traités sur divers sujets curieux,* Paris, A. de Sommaville, 1656-1657, 2 vol.

Ménestrier (le P. Claude-François), *L'Autel de Lyon consacré à Louis Auguste..., ballet,* Lyon, J. Molise, 1658.

Ménestrier (le P. Claude-François), *Des représentations en musique anciennes et modernes,* Paris, R. Guignard, 1681 (Genève, Minkoff Reprint, 1972).

Ménestrier (le P. Claude-François), *Des ballets anciens et modernes selon les règles du théâtre,* Paris, R. Guignard, 1682 (Genève, Minkoff Reprint, 1972).

Mersenne (le P. Marin), *Harmonie universelle contenant la théorie et la pratique de la musique* (Paris, 1636), éd. fac-similé avec une introduction de F. Lesure, Paris, C.N.R.S., 1986, 3 vol.

Noverre (Jean Georges), *Lettres sur la danse et sur les ballets,* Stuttgart et Lyon, A. Delaroche, 1760.

Poisson (Raymond), *Le Baron de la Crasse et L'Après-soupé des auberges. Comédies,* éd. Ch. Mazouer, Paris, Société des Textes Français Modernes, 1987 (Diffusion Klincksieck).

Pure (abbé Michel de), *Idée des spectacles anciens et nouveaux,* Paris, M. Brunet, 1668 (Genève, Minkoff Reprint, 1985).

Regnard (Jean-François), *Attendez-moi sous l'orme, La Sérénade et Le Bal. Comédies,* éd. Ch. Mazouer, Genève, Droz, 1991 (T.L.F., 396).

Saint-Évremond, *Sur les opéras,* dans les *Œuvres en prose,* éd. R. Ternois, t. 3, Paris, S.T.F.M., 1966 (Diffusion Klincksieck).

Voltaire, *Le Siècle de Louis XIV,* dans les *Œuvres complètes,* éd. L. Moland, Paris, Garnier frères, t. 14, 1878.

III. ÉTUDES PUBLIÉES APRÈS 1800

Abraham (Claude), « Illusion and Reality in *Monsieur de Pourceaugnac* », *Romance Notes,* 1975, p. 641-646.

Abraham (Claude), *On the structure of Molière's Comédies- ballets,* Paris-Seattle-Tübingen, *P.F.S.C.L.*/Biblio 17, n° 19, 1984.

Abraham (Claude), « *Le Malade imaginaire* at the court of Versailles », Paris-Seattle-Tübingen, *P.F.S.C.L.*/Biblio 17, n° 25, 1986 (*Actes de Bâton Rouge,* éd. S.A. Zebouni), p. 81-96.

Adam (Antoine), *Histoire de la littérature française au XVIIe siècle.* T. 3 : *L'Apogée du siècle. Boileau. Molière,* Paris, Del Duca, 1962 (1e éd. 1952).

Alain, *Système des beaux-arts,* Paris, Gallimard, 1926.

Albanese (Ralph), « Solipsisme et parole dans *George Dandin* », *Kentucky Romance Quaterly,* 27 (1980), p. 421-434.

Albanese (Ralph), « *Le Malade imaginaire,* ou le jeu de la mort et du hasard », *XVIIe siècle,* n° 154, 1987, p. 3-15.

« *Les Amants magnifiques* » *de Molière et Lully. Mise en scène de Jean-Luc Paliès,* numéro spécial de *L'Avant-Scène Théâtre,* 1er mars 1989, n° 845.

Anthony (James R.), *La Musique en France à l'époque baroque, de Beaujoyeulx à Rameau,* Paris, Flammarion, 1981 (1ère éd. en anglais, Londres, 1974).

Apostolidès (Jean-Marie), *Le Roi-machine. Spectacle et politique au temps de Louis XIV,* Paris, Minuit, 1981.

Astier (Régine), « Pierre Beauchamps et les "Ballets de collège" », *La Recherche en danse,* n° 2, 1983, p. 45-51.

Attinger (Gustave), *L'Esprit de la commedia dell'arte dans le théâtre français,* Neuchâtel-Paris, La Baconnière-Librairie théâtrale, 1950 (Genève, Slatkine, 1969).

Auld (Louis Eugène), « The Music of the Spheres in the Comedy-Ballets », *L'Esprit créateur,* vol. VI, n° 3, fall 1966, p. 176-187.

Auld (Louis Eugène), *The Unity of Molière's Comedy-Ballets : a study of their structure, meanings and values,* Ann Arbor, Univ. Microfilms, 1968 (résumé de cette thèse de Bryn Mawr College dans *D.A.I.,* vol. 29, n° 11, may 1969, 3997 A).

Auld (Louis Eugène), « Theatrical illusion as theme in *Les Amants magnifiques* », *Romance Notes,* vol. XVI, n° 1, autumn 1974, p. 144-155.

Auld (Louis Eugène), *The « Lyric Art » of Pierre Perrin, Founder of French Opera,* Henryville-Ottawa-Binningen, Institut de Musique Médiévale, 1986, 3 vol.

Auld (Louis Eugène), « Lully's comic art », [in] *Jean-Baptiste Lully. Actes du congrès / Kongressbericht, Saint-Germain-en-Laye – Heidelberg, 1987,* réunis par J. de La Gorce et H. Schneider, Laaber-Verlag, 1990, p. 17-30.

Auld (Louis Eugène), « Une rivalité sournoise : Molière contre Pierre Perrin », [in] *« Le Bourgeois gentilhomme ». Problèmes de la comédie-ballet,* éd. V. Kapp, Paris-Seattle-Tübingen, *P.F.S.C.L./* Biblio 17, 67, 1991, p. 123-137.

Ayda (Adèle), « Molière et l'envoyé de la Sublime Porte », *C.A.I.E.F.,* n° 9, juin 1957, p. 103-116.

Bapst (Germain), *Essai sur l'histoire du théâtre. La mise en scène, le décor, le costume, l'architecture, l'éclairage, l'hygiène,* Paris, Hachette, 1893.

Baril (Jacques), *Dictionnaire de danse,* Paris, Seuil, 1964.

Barnett (Dene), « La Rhétorique de l'opéra », *XVIIe siècle*, n° 132, 1981, p. 335-348.
Barrault (Jean-Louis), « Le Bourgeois ou la Poésie du Rire », *Modern Drama*, XIV (1973), p. 113-117.
Barthélemy (Maurice), « La Musique dramatique à Versailles de 1660 à 1715 », *XVIIe siècle*, n° 34, mars 1957, p. 7-18.
Baudelaire (Charles), *De l'essence du rire et généralement du comique dans les arts plastiques* (1855), dans *Œuvres complètes*, éd. Y.G. Le Dantec révisée par Cl. Pichois, Paris, Gallimard, 1961, p. 975-993 (Pléiade).
Beaussant (Philippe), « Molière et l'opéra », *Europe*, novembre-décembre 1972 (numéro spécial *Gloire de Molière*), p. 155-168.
Beaussant (Philippe), *Versailles, Opéra*, Paris, Gallimard, 1981.
Beaussant (Philippe), « Le « bien dire » et le « bien chanter » chez Lully et Charpentier », *Avant-Scène Opéra*, octobre 1984, n° 68 (consacré à la *Médée* de Charpentier), p. 100-105.
Beaussant (Philippe), « Les deux Baptiste », *L'Avant-Scène Théâtre*, 1er mars 1989, n° 845, p. 33-35.
Beaussant (Philippe), *Lully ou Le Musicien du Soleil*, Paris, Gallimard / Théâtre des Champs-Élysées, 1992.
Bénichou (Paul), *Morales du Grand Siècle*, Paris, Gallimard, 1948.
Benoit (Marcelle), *Versailles et les musiciens du roi (1661-1733). Étude institutionnelle et sociale*, Paris, A. et J. Picard, 1971.
Bergson (Henri), *Le Rire. Essai sur la signification du comique*, 203e éd. Paris, P.U.F., 1964 (1ère éd. 1900).
Betzwieser (Thomas), « Die Türkenszenen in *Le Sicilien* und *Le Bourgeois gentilhomme* im Kontext der Türkenoper und des musikalischen Exotismus », [in] *Jean-Baptiste Lully. Actes du colloque / Kongressbericht, Saint-Germain-en-Laye – Heidelberg, 1987*, réunis par J. de La Gorce et H. Schneider, Laaber-Verlag, 1990, p. 51-63.
Bluche (François), *La Vie quotidienne au temps de Louis XIV*, Paris, Hachette littérature, 1984 (La Vie quotidienne).
Bluche (François), *Louis XIV*, Paris, Fayard, 1986.
Bonassies (Jules), « La Musique à la Comédie-Française », série de 7 articles parus dans *La Chronique musicale*, du 15 décembre 1873 au 15 juin 1874 ; voir surtout l'article du 15 janvier 1874, 2e année, t. III, p. 55-60.

Borrel (Eugène), *Jean-Baptiste Lully,* Paris, La Colombe, 1949 (n° 7 d'*Euterpe*, p. 1-108).

Borrel (Eugène), « La Vie musicale de M.-A. Charpentier d'après le *Mercure galant* (1678-1704) », *XVIIe siècle,* n° 21-22, 1954, p. 433-441.

Borrel (Eugène), « La Musique au théâtre au XVIIe siècle », *XVIIe siècle,* n° 39, 1958, p. 184-195.

Böttger (Friedrich), *Die « Comédie-ballet » von Molière-Lully,* Hildesheim-New York, Georg Olms, 1979 (rééd. d'une dissertation publiée à Berlin, en 1931).

Bouchot (Henri), *Calalogue des dessins relatifs à l'histoire du théâtre conservés au Département des estampes de la Bibliothèque Nationale...,* Paris, É. Bouillon, 1896.

Le Bourgeois gentilhomme, iconographie choisie et commentée par Sylvie Chevalley, Genève, Minkoff, 1975 (Les Dossiers Molière).

« *Le Bourgeois gentilhomme* » : *text and context*, p. 5-58 des *P.F.S.C.L.,* vol. XVII, 1990, n° 32 (articles de F. Assaf, L. W. Riggs, S. Romanowski et M. Vialet).

« *Le Bourgeois gentilhomme* ». *Problèmes de la comédie-ballet,* éd. par Volker Kapp, Paris-Seattle-Tübingen, *P.F.S.C.L./*Biblio 17, n° 67, 1991.

Brancour (René), « Molière et la musique », *Rivista musicale italiana,* XV (1937), p. 446-459.

Bray (René), *Molière homme de théâtre,* Paris, Mercure de France, 1954.

Brisson (Pierre), *Molière. Sa vie dans ses œuvres,* Paris, Gallimard, 1942.

Brody (Jules), « Esthétique et société chez Molière », [in] *Dramaturgie et société. Rapports entre l'œuvre théâtrale, son interprétation et son public aux XVIe et XVIIe siècles,* sous la dir. de Jean Jacquot, Paris, C.N.R.S., 1968, t. I, p. 307-326.

Bukofzer (Manfred F.), *La Musique baroque (1600-1750). De Monteverdi à Bach,* Paris, J.-C. Lattès, 1982 (1ère éd. 1947).

Cairncross (John), *Molière bourgeois et libertin,* Paris, Nizet, 1963.
Cairncross (John), *L'Humanité de Molière, Essais choisis ou écrits par...,* Paris, Nizet, 1988.

Caldicott (C.E.J.), « L'Inspiration italienne ou la permanence du jeu dans *Le Malade imaginaire* », [in] *Mélanges à la mémoire de Franco Simone*, t. II, Genève, Slatkine, 1981, p. 271-278.

Canova-Green (Marie-Claude), « Ballet et comédie-ballet sous Louis XIV ou l'illusion de la fête », *P.F.S.C.L.*, vol. XVII, 1990, n° 32, p. 253-262.

Canova-Green (Marie-Claude), « Représentation de l'ordre et du désordre dans le ballet de cour », *Biblio 17*, 73, 1992, t. I, p. 309-319.

Castil-Blaze, *Molière musicien. Notes sur les œuvres de cet illustre maître où se mêlent des considérations sur l'harmonie de la langue française*, Paris, Castil-Blaze, 1852, 2 vol.

Cessac (Catherine), *Marc-Antoine Charpentier*, Paris, Fayard, 1988.

Chevalley (Sylvie), *Album Théâtre classique. La vie théâtrale sous Louis XIII et Louis XIV*, Paris, Gallimard, 1970 (Bibl. de la Pléiade).

Christout (Marie-Françoise), *Le Merveilleux et le « théâtre du silence » en France à partir du XVIIe siècle*, La Haye-Paris, Mouton, 1965.

Christout (Marie-Françoise), *Histoire du ballet*, Paris, P.U.F., 1966 (2e éd. 1975) (Que sais-je ?, 177).

Christout (Marie-Françoise), *Le Ballet de cour de Louis XIV (1643-1672). Mises en scène*, Paris, A. et J. Picard, 1967.

Chumbley (Joyce Arlene), *The world of Molière's Comedy-ballets*, thèse de l'Univ. d'Hawaï, 1972 (résumé dans *D.A.I.*, vol. 33, march 1973, 5337 A).

Ciccone (Anthony A.), « Structures of communication and the comic in Molière's *Le Mariage forcé* », *Neophilologus*, 66 (1982), p. 43-48.

Collinet (Jean-Pierre), *Lectures de Molière*, Paris, A. Colin, 1974 (U2).

Comédie-Française, n° 189, février 1991 (Molière, *Le Malade imaginaire*).

Conesa (Gabriel), *Le Dialogue moliéresque. Étude stylistique et dramaturgique*, Paris, P.U.F., s.d. (1983) ; rééd. Paris, C.D.U.-SÉDES, 1992.

Conesa (Gabriel), « Molière et l'héritage du jeu comique italien », [in] *L'Art du théâtre. Mélanges en hommage à Robert Garapon*, Paris, P.U.F., 1992, p. 177-187.

Conté (Pierre), *Danses anciennes de cour et de théâtre en France. Éléments de composition*, Paris, Dessain et Tolra, 1974.

Copeau (Jacques), *Registres II. Molière,* éd. A. Cabanis, Paris, Gallimard, 1976.

Couprie (Alain), *De Corneille à La Bruyère : images de la cour,* Atelier de reproduction des thèses de Lille III et Aux Amateurs de livres, 1984, 2 vol.

Couprie (Alain), « Les Marquis de Molière », [in] *Thématique de Molière...,* sous la dir. de Jacques Truchet, Paris, C.D.U.-SEDES, 1985, p. 47-87.

The Court Ballet of Louis XIII. A collection of working designs for costumes (1615-1633), text by Margaret McGowan, London, Victoria and Albert Museum, 1987.

Courville (Xavier de), « Sur un intermède de Molière », *Revue musicale,* 1925, p. 157-164.

Crow (Joan), « Réflexions sur *George Dandin* », [in] *Molière : Stage and study. Essays in honour of W.G. Moore,* Oxford, Clarendon Press, 1973, p. 3-12.

Crussard (Claude), *Un musicien français oublié. Marc-Antoine Charpentier (1634-1704),* Paris, 1945.

Dandrey (Patrick), *Molière ou l'esthétique du ridicule,* Paris, Klincksieck, 1992 (Bibliothèque d'Histoire du Théâtre).

Daugherty (Jill), « Structures chorégraphiques dans *Le Bourgeois gentilhomme* de Molière », *French Studies in Southern Africa,* n° 13, 1984, p. 12-26.

Davies (Marie-Hélène), « Molière divertisseur du Roi », *P.F.S.C.L.,* vol. XVIII, 1991, n° 34, p. 65-83.

Dédéyan (Charles), « La structure de la comédie-ballet dans *La Princesse d'Élide* et *L'Amour médecin* », *I.L.,* 1954-4, p. 127-132.

Defaux (Gérard), *Molière ou les métamorphoses du comique : de la comédie morale au triomphe de la folie,* Lexington (Kentucky), French Forum, 1980 ; 2ᵉ éd. Paris, Klincksieck, 1992 (Bibliothèque d'Histoire du Théâtre).

Deierkauf-Holsboer (Sophie-Wilma), *L'Histoire de la mise en scène dans le théâtre français à Paris de 1600 à 1673,* Paris, Nizet, 1960.

Delmas (Christian), *Mythologie et mythe dans le théâtre français (1650-1676),* Genève, Droz, 1985 (Histoire des idées et critique littéraire).

Delmas (Christian), « Molière et la comédie fantasmatique », *Littératures classiques,* Supplément annuel, janvier 1993, p. 61-67.
Descotes (Maurice), *Les Grands Rôles du théâtre de Molière,* Paris, P.U.F., 1960.
Descotes (Maurice), *Le Public de théâtre et son histoire,* Paris, P.U.F., 1964.
Descotes (Maurice), *Molière et sa fortune littéraire,* Saint-Médard-en-Jalles, Guy Ducros, 1970 (Tels qu'en eux-mêmes).
Desfougères (Anne-Marie), « Le Jeu d'Argan », [in] *Thèmes et genres littéraires aux XVIIe et XVIIIe siècles. Mélanges en l'honneur de Jacques Truchet,* Paris, P.U.F., 1992, p. 349-355.
Dickson (Jesse), « Non-sens et sens dans *Le Bourgeois gentilhomme* », *The French Review,* vol. LI, n° 3, february 1978, p. 341-352.
Dictionnaire du Grand Siècle, sous la direction de François Bluche, Paris, Fayard, 1990.
Du Crest (Sabine), *Des fêtes à Versailles. Les divertissements de Louis XIV,* Paris, Aux Amateurs de Livres, 1990 (diff. Klincksieck).
Dufourcq (Norbert), *La Musique française,* Paris, Larousse, 1949 ; nouvelle éd. Paris, A. et J. Picard, 1970.
Dufourcq (Norbert), « Les Fêtes de Versailles. La musique », *XVIIe siècle,* n° 98-99, 1973, p. 67-75.
Duron (Jean), « L'Orchestre de Marc-Antoine Charpentier », *Revue de musicologie,* t. 72, 1986, n° 1, p. 23-65.
Duvignaud (Jean), *Sociologie du théâtre. Éssai sur les ombres collectives,* Paris, P.U.F., 1965 ; 2e éd. 1973 (Bibl. de Sociologie Contemporaine).
Duvignaud (Jean), *L'Acteur. Ésquisse d'une sociologie du comédien,* Paris, Gallimard, 1965.

Élias (Norbert), *La Société de cour,* Paris, Calman-Lévy, 1974 (trad. de *Die höfische Gesellschaft,* 1969).
Éllis (Meredith), « Inventory of the dances of Jean-Baptiste Lully », *Recherches sur la musique française classique,* IX, 1969, p. 21-55.
Élstob (Kevin), « The love doctor does not dance with his father-in-law. An analysis of comedic and balletic elements in Molière's *L'Amour médecin* », *P.F.S.C.L.,* vol. XV, 1988, n° 28, p. 131-148.
Émelina (Jean), *Les Valets et les servantes dans le théâtre comique en France de 1610 à 1700,* Cannes-Grenoble, C.E.L.-P.U.G., 1975.

Émelina (Jean), « Comique et géographie au XVIIe siècle », *Marseille*, n°101, 2e trimestre 1975, p. 197-204.
Émelina (Jean), « Les Jeux de la mort et de la vie », *R.H.L.F.*, 1988-4, p. 650-676.
Émelina (Jean), *Le Comique. Essai d'interprétation générale*, Paris, CDU-SEDES réunis, 1991.
Eppelsheim (Jürgen), *Das Orchester in den Werken Jean-Baptiste Lullys*, Tutzing, Hans Schneider, 1961.
Eustis (Alvin), *Molière as ironic contemplator*, La Haye-Paris, Mouton, 1973.

Fernandez (Ramon), *La Vie de Molière*, Paris, Gallimard, 4e éd. 1929.
Ferrier-Caverivière (Nicole), *L'Image de Louis XIV dans la littérature française de 1660 à 1715*, Paris, P.U.F., 1981.
Fichet-Magnan (Élisabeth), « Argan et Louison : Molière, l'enfant et la mort », *Romanische Zeitschrift für Literaturgeschichte – Cahiers d'histoire des Littératures romanes*, 1982 (VI), p. 306-321.
Forestier (Georges), *Le Théâtre dans le théâtre sur la scène française du XVIIe siècle*, Genève, Droz, 1981 (Histoire des idées et critique littéraire, 197).
Forestier (Georges), *Esthétique de l'identité dans le théâtre français (1550-1680). Le déguisement et ses avatars*, Genève, Droz, 1988 (Histoire des idées et critique littéraire, 259).
Forestier (Georges), *Molière*, Paris, Bordas, 1990 (En toutes lettres).
Fricke (Dietmar), « Molières *Bourgeois gentilhomme* als « Dialogue en musique » », [in] *Molière*, éd. R. Baader, Darmstadt, Wissenschaftlische Buchgesellschaft, 1980, p. 459-500.
Fricke (Dietmar), « Le *Bourgeois gentilhomme* im Französischunterricht : Die Comédie-Ballet Molières und Lullys als Einführung in die Literatur der französischen Klassik », *Die Neueren Sprachen*, 83-6 (1984), p. 603-629.
Fricke (Dietmar), « Le *Bourgeois gentilhomme* de Molière et Lully : un opéra avant la lettre », [in] *Les Écrivains français et l'opéra*, éd. J.-P. Capdevielle et P.-E. Knabe, Köln, D.M.E.-Verlag, 1986, p. 9-17.
Fricke (Dietmar), « Molière et Lully : une symbiose artistique sans suite ? », [in] *Jean-Baptiste Lully. Actes du colloque / Kongress-*

bericht, Saint-Germain-en-Laye – Heidelberg, 1987, réunis par J. de La Gorce et H. Schneider, Laaber-Verlag, 1990, p. 181-192.

Fumaroli (Marc), « Microcosme comique et macrocosme solaire : Molière, Louis XIV et *L'Impromptu de Versailles* », *R.S.H.*, 1972, n° 145, p. 95-114.

Fumaroli (Marc), « Aveuglement et désabusement dans *Le Malade imaginaire* », [in] *Vérité et illusion dans le théâtre au temps de la Renaissance,* éd. M.-T. Jones-Davies, Paris, J. Touzot, 1983, p. 105-114.

Fumaroli (Marc), *Héros et orateurs. Rhétorique et dramaturgie cornéliennes,* Genève, Droz, 1990 (Histoire des idées et critique littéraire).

Gaines (James F.), *Social Structures in Molière's Theater,* Colombus, Ohio State University Press, 1984.

Garapon (Robert), *La Fantaisie verbale et le comique dans le théâtre français du Moyen Âge à la fin du dix-septième siècle,* Paris, A. Colin, 1957.

Garapon (Robert), « Sur les dernières comédies de Molière », *I.L.*, 1958, n° 1, p. 1-7.

Garapon (Robert), *Le Dernier Molière. Des « Fourberies de Scapin » au « Malade imaginaire »,* Paris, C.D.U.-SEDES réunis, 1977.

Garavini (Fausta), *Parigi e provincia. Scene della letteratura francese,* Torino, Bollati Boringhieri, 1990.

Garwood (Ronald Edward), *Molière's « comédies-ballets »,* thèse de Stanford, 1985 (résumé dans *D.A.I.,* vol. 46, may-june 1986, 3536 A).

Gilbert (Huguette), « La Rieuse dans la comédie de Molière », [in] *Thèmes et genres littéraires aux XVIIe et XVIIIe siècles. Mélanges en l'honneur de Jacques Truchet,* Paris, P.U.F., 1992, p. 385-391.

Gilula (Dwora), « La Cérémonie de remise du diplôme de médecin au "Malade imaginaire" », *The Hebrew University Studies in Literature,* vol. 6, n° 2, autumn 1978, p. 250-272.

Giraud (Yves), « Molière au travail : la vraie genèse de *George Dandin* », *Francia* (Napoli), n° 19-20, settembre-dicembre 1976, p. 65-81.

Glason (E. Thomas), *Molière, Lully and the comedy-ballet,* thèse de State University of New York at Buffalo, 1985 (résumé dans *D.A.I.,* vol. 46, april 1986, n° 10, 2858 A).

Goldschmidt (Georges-Arthur), *Molière ou la liberté mise à nu,* Paris, Julliard, 1973.

Goubert (Pierre), *Louis XIV et vingt millions de Français,* Paris, Arthème ayard, 1966 (repris dans Le Livre de Poche, collection « Pluriel »).

Gouhier (Henri), *L'Essence du théâtre,* Paris, Aubier-Montaigne, nouv. éd. 1968 (1943).

Gracq (Julien), *Carnets du grand chemin,* Paris, José Corti, 1992.

Grimm (Jürgen), *Molière en son temps,* Paris-Seattle-Tübingen, *P.F.S.C.L./*Biblio 17, 75, 1993 (traduction du *Molière* en allemand, Stuttgart, 1984).

Gross (Nathan), *From gestures to idea : esthetics and ethics in Molière's comedy,* New York, Columbia University Press, 1983.

Guicharnaud (Jacques), *Molière, une aventure théâtrale,* Paris, Gallimard, 1963 (Bibliothèque des Idées).

Guicharnaud (Jacques), « Les Trois Niveaux critiques des *Amants magnifiques* », [in] *Molière : Stage and study. Essays in honour of W.G. Moore,* Oxford, Clarendon Press, 1973, p. 21-42.

Guichemerre (Roger.), *La Comédie classique en France,* Paris, P.U.F., 1978 ; 2ᵉ éd. mise à jour, 1989 (Que sais-je ?).

Guichemerre (Roger), « Molière et la farce », *Œuvres et Critiques,* VI, 1 (*Visages de Molière*), 1981, p. 111-124.

Gutwirth (Marcel), *Molière ou l'invention comique. La métamorphose des thèmes et la création des types,* Paris, Minard-Lettres Modernes, 1966.

Gutwirth (Marcel), « Dandin ou les égarements de la pastorale », *Romance Notes,* vol. XV, 1973, Supplément n° 1, p. 121-133.

Hall (H. Gaston), *Comedy in Context : Essay on Molière,* Jackson University Press of Mississipi, 1984.

Hall (H. Gaston), *Richelieu's Desmarets and the Century of Louis XIV,* Oxford, Clarendon Press, 1990.

Hall (H. Gaston), *Molière's « Le Bourgeois gentilhomme ». Context and Stagecraft,* University of Durham, 1990.

Hegel (Georg Wilhelm Friedrich), *Esthétique,* traduction S. Jankélévitch, Paris, Flammarion, 1979, 4 vol. (Champs).
Hitchcock (H. Wiley), « Marc-Antoine Charpentier and the Comédie-Française », *Journal of the American Musicological Society,* XXIV, summer 1971, p. 255-281.
Howarth (William D.), *Molière. A playwright and his audience,* Cambridge University Press, 1982 ; traduction italienne : *Molière : uno scrittore di teatro e il suo pubblico,* Bologna, Il Mulino, 1987.
Hubert (Judd D.), *Molière and the comedy of Intellect,* University of Califomia Press, 1962 (rééd. 1973).

Introduction à la danse ancienne, numéro spécial des *Goûts réunis* (revue de l'Institut de musique et danse anciennes de l'Île-de-France), 2ᵉ série, n° 2, 1982.
Isay (Raymond), « Molière revuiste », *La Revue Hommes et mondes,* mai 1948, n° 22, p. 68-79 et juin 1948, n° 23, p. 241-255.
lsherwood (Robert M.), *Music in the service of the king France in the Seventeenth Century,* Ithaca and London, Cornell University Press, 1973.

Jasinski (René), « Sur Molière et la médecine », [in] *Mélanges Vianey,* Paris, 1934, p. 249-254.
Jasinski (René), *Molière,* Paris, Hatier, 1969 (Connaissance des Lettres).
Jean-Baptiste Lully, Actes du colloque / Kongressbericht, Saint-Germain-en-Laye – Heidelberg, 1987, réunis par J. de La Gorce et H. Schneider, Laaber-Verlag, 1990.
Jeschke (Claudia), « Vom *Ballet de Cour* zum *Ballet d'Action.* Über den Wandel des Tanzverständnisses im ausgehenden 17. und beginnenden 18. Jahrhundert », [in] *« Le Bourgeois gentilhomme ». Problèmes de la comédie-ballet,* éd. V. Kapp, Paris-Seattle-Tübingen, *P.F.S.C.L.*/Biblio 17, 67, 1991, p. 185-223.
Jouvet (Louis), *Molière et la comédie classique,* Paris, Gallimard, 1965.
Jurgens (Madeleine) et Maxfield-Miller (Élisabeth), *Cent ans de recherches sur Molière, sur sa famille et sur les comédiens de sa troupe,* Paris, Imprimerie nationale, 1963.

Kapp (Volker), « Langage verbal et langage non-verbal dans *Le Bourgeois gentilhomme* », [in] *« Le Bourgeois gentilhomme ». Problèmes de la comédie-ballet,* éd. V. Kapp, Paris-Seattle-Tübingen, *P.F.S.C.L.*/Biblio 17, 67, 1991, p. 95-113.

Karro (Françoise), « La Cérémonie turque du *Bourgeois gentilhomme* : mouvance temporelle et spirituelle de la foi », [in] *« Le Bourgeois gentilhomme ». Problèmes de la comédie-ballet,* éd. V. Kapp, Paris-SeattleTübingen, *P.F.S.C.L.*/Biblio 17, 67, 1991, p. 35-93.

Kintzler (Catherine), « *Le Bourgeois gentilhomme.* Trois degrés dans l'art du ballet comique », *Comédie-Française,* n° 154, 15 décembre 1986, p. 11 (« Le rire complice ») et n° 155, 15 janvier 1987, p. 14 (« L'étiquette sévère du merveilleux »).

Kintzler (Catherine), *Poétique de l'opéra français de Corneille à Rousseau,* Paris, Minerve, 1991.

Knutson (Harold C.), « Molière et la satire contre la médecine : hargne personnelle ou décision de métier ? », *XVIIe siècle,* avril-juin 1991, n° 171, p. 127-131.

Kunzle (Régine), « Pierre Beauchamp, the illustrious unknown choreographer (Part II) », *Dance Scope,* n° 1, 1974-1976, p. 31-44.

Lagrave (Henri), *Le Théâtre et le public à Paris de 1715 à 1750,* Paris, Klincksieck, 1972.

La Laurencie (Lionel de), *Lully,* Paris, F. Alcan, 1911.

La Laurencie (Lionel de), *Les Créateurs de l'opéra français,* nouvelle éd. Paris, F. Alcan, 1930.

Lance (Évelyn B.), « Molière the Musician : A Tercentenary View », *The Music Review,* XXV, août 1974, p. 120-130.

Lancelot (Francine), « Écriture de la danse : le système Feuillet », *Ethnologie française,* 1971, n° 1, p. 29-58.

Landy (Rémy), « Quelques aspects du burlesque en musique », [in] *Burlesque et formes parodiques,* Paris-Seattle-Tübingen, *P.F.S.C.L.*/ Biblio 7, 33, 1987, p. 283-291.

Larthomas (Pierre), *Le Langage dramatique,* Paris, P.U.F., 1980 (1ère éd. 1972).

Launay (Denise), « Les Airs italiens et français dans les ballets et les comédies-ballets », [in] *Jean-Baptiste Lully. Actes du colloque / Kongressbericht, Saint-Germain-en-Laye – Heidelberg,* 1987, réunis par J. La Gorce et H. Schneider, Laaber-Verlag, 1990, p. 31-49.

Lebègue (Raymond), « Les Ballets des jésuites », *Revue des cours et conférences,* 37ᵉ année, 2e série, année 1935-1936, p. 127-139, 209-222 et 321-330.
Lebègue (Raymond), *Études sur le théâtre français :*
  t. I : *Moyen Âge. Renaissance. Baroque,* Paris, A.G. Nizet, 1977.
  t. II : *Les classiques. En province. Les jésuites. Les acteurs. Le théâtre moderne à sujet religieux, ibid., id.,* 1978.
Le Breton (André), « Les Comédies-ballets de Molière », *Revue bleue,* 1922, p. 40-42 et 76-79.
Lerat (Pierre), *Le Ridicule et son expression dans les comédies françaises de Scarron à Molière,* Service de reproduction des thèses de l'université de Lille III, 1980.
Levinson (André), « Notes sur le ballet au XVIIᵉ siècle. Les danseurs de Lully », *La Revue Musicale,* janvier 1925, p. 44-55.
Lifar (Serge), « Molière choréauteur », *R.H.T,* 1951-II, p. 127-132.
Lough (John), *Paris Theatre Audiences in the seventeenth and eighteenth centuries,* London, Oxford University Press, 1957.
Lowe (Robert W.), « Marc-Antoine Charpentier, compositeur chez Molière », *Les Études classiques,* XXXIII, n° 1, janvier 1965, p. 34-41.
Lully, voir *Jean-Baptiste Lully.*
Lully Musicien-Soleil, Catalogue de l'exposition réalisée à Versailles (septembre-octobre 1987) pour le tricentenaire de Lully.

McBride (Robert), « The sceptical view of medecine and the comic vision in Molière », *Studi Francesi,* n° 67, gennaio-aprile 1979, p. 27-42.
McBride (Robert), « The Triumph of Ballet in *Le Bourgeois gentilhomme* », [in] *Form and meaning : aesthetic coherence in seventeenth-century french drama (Mélanges Barnwell),* Amersham, Avebury, 1982, p. 127-141.
McBride (Robert), « Ballet : a neglected key to Molière's theatre », *Dance Research,* vol II, n° 1, spring 1984, p. 3-18.
McBride (Robert), *The Triumph of ballet in Molière's theatre,* Lewinston (New York)-Queenston (Ontario, Canada)-Lampeter, The Edwin Mellen Press, 1992.
McGowan (Margaret M.), *L'Art du ballet de cour en France. 1581-1643,* Paris, C.N.R.S., 1963 (repris en 1978).

McGowan (Margaret M.), « Théâtre œuvre composite : le jeu du fantasque dans le ballet de cour », [in] *Le Théâtre européen face à l'invention : allégories, merveilleux, fantasque,* Paris, P.U.F, 1989, p. 53-62.

McGowan (Margaret M.), « La Danse : son rôle multiple », [in] « Le *Bourgeois gentilhomme* ». Problèmes de la comédie-ballet, éd. V. Kapp, Paris-Seattle-Tübingen, *P.F.S.C.L.*/Biblio 17, 67, 1991, p. 163-183.

Magne (Émile), *Les Fêtes en Europe au XVIIe siècle,* Paris, Martin-Dupuis, 1930.

Malachy (Thérèse), *Molière. Les métamorphoses du carnaval,* Paris, Nizet, 1987.

Mandrou (Robert), *La France aux XVIIe et XVIIIe siècles,* Paris, P.U.F., 3e éd. revue et corrigée, 1974 (1ère éd. en 1967) (Nouvelle Clio, 33).

Mandrou (Robert), *Louis XIV en son temps. 1661-1715,* Paris, P.U.F., 1973 (Peuples et Civilisations).

Marin (Louis), *Le Portrait du roi,* Paris, Minuit, 1981.

Martino (Pierre), « La cérémonie turque du *Bourgeois gentilhomme* », *R.H.L.F.*, 1911, p. 37-60.

Massip (Catherine), « Quelques aspects sociaux et politiques du ballet de cour sous Louis XIV », [in] *La Musique et le rite sacré et profane (Actes du XIIIe Congrès de la Société Internationale de Musicologie, Strasbourg, 1982),* vol. I, Strasbourg, Association des Publications près les Universités de Strasbourg, 1986, p. 37-40.

Maurice-Amour (Lila), « Rythme dans les comédies-ballets de Molière », *R.H.T.*, 1974-2, p. 118-131.

Mauron (Charles), *Psychocritique du genre comique,* Paris, J. Corti, 1964.

Mazouer (Charles), *Le Personnage du naïf dans le théâtre comique du Moyen Âge à Marivaux,* Paris, Klincksieck, 1979 (Bibliothèque française et romane. Série C, 76).

Mazouer (Charles), « Théâtre et carnaval en France jusqu'à la fin du XVIe siècle », *R.H.T.*, 1983-2, p. 147-161.

Mazouer (Charles), « Le Gascon dans le théâtre comique sous Louis XIV », [in] *L'Image littéraire du Gascon* (2e Colloque de littérature régionale), *Cahiers de l'Université de Pau et des pays de l'Adour,* n° 21, 1984, p. 85-108.

Mazouer (Charles) (en collaboration avec H. Lagrave et M. Régaldo), *La Vie théâtrale à Bordeaux des origines à nos jours. Tome I : Des origines à 1799*, Paris, C.N.R.S., 1985.

Mazouer (Charles), « Saint-Évremond dramaturge », *R.H.T.*, 1985-3, p. 238-254.

Mazouer (Charles), « Les Comédiens italiens dans les ballets au temps de Mazarin », [in] *La France et l'Italie au temps de Mazarin (15ᵉ Colloque du C.M.R. 17)*, éd. J. Serroy, Presses Universitaires de Grenoble, 1986, p. 319-329.

Mazouer (Charles), « *Le Mariage forcé* de Molière, Lully et Beauchamp : esthétique de la comédie-ballet », [in] *Mélanges pour Jacques Scherer*. Paris, Nizet, 1986, p. 91-98.

Mazouer (Charles), « Le Commerçant dans l'ancien théâtre comique jusqu'à la Révolution », [in] *Commerce et commerçants dans la littérature,* éd. J.M. Thomasseau, Presses Universitaires de Bordeaux, 1988, p. 19-35.

Mazouer (Charles), « Il faut jouer les intermèdes des comédies-ballets de Molière », *XVIIᵉ siècle*, n° 165, 1989, p. 375-381.

Mazouer (Charles), « Molière et Marc-Antoine Charpentier », *C.A.I.E.F,* mai 1989, n° 41, p. 145-160.

Mazouer (Charles), « Le théâtre et le réel : le noble de province dans la comédie du XVIIᵉ siècle », *Littératures classiques,* n° 11, janvier 1989, p. 233-243.

Mazouer (Charles), « Molière et la voix de l'acteur », *Littératures classiques,* n° 12, janvier 1990, p. 261-274.

Mazouer (Charles), « L'Église, le théâtre et le rire au XVIIᵉ siècle », [in] *L'Art du théâtre. Mélanges en hommage à Robert Garapon*, Paris, P.U.F., 1992, p. 349-360.

Mazouer (Charles), « Molière et l'ordre de l'Église », [in] *Ordre et contestation au temps des classiques,* éd. R. Duchêne et P. Ronzeaud, t. I, Paris-Seattle-Tübingen, *P.F.S.C.L.*/Biblio 17, 73, 1992, p. 45-58.

Mazouer (Charles), « Les Comédies-ballets de Molière », [in] *Le Rôle des formes primitives et composites dans la dramaturgie européenne,* éd. par I. Mamczarz, Paris, Klincksieck, 1992, p. 153-162.

Mazouer (Charles), « *La Comtesse d'Escarbagnas* et *Le Malade imaginaire* : deux comédies-ballets », *Littératures classiques,* Supplément annuel, janvier 1993, p. 25-37.

Mazouer (Charles), « *La Rosaure, impératrice de Constantinople* (1658) », [in] *Esthétique baroque et imagination créatrice*, Tübingen, Gunter Narr, 1998, p. 163-175 (*Biblio 17*, 110).

Mélèse (Pierre), *Le Théâtre et le public à Paris sous Louis XIV. 1659-1715*, Paris, E. Droz, 1934.

Mélèse (Pierre), *Répertoire analytique des documents contemporains d'information et de critique concernant le théâtre à Paris sous Louis XIV. 1659-1715*, Paris, E. Droz, 1934.

Mélèse (Pierre), « Molière à la cour », *XVIIe siècle*, n° 98-99, 1973, p. 57-65.

Meyer (François), « Science et pratique médicales au XVIIe siècle », *Marseille*, n° 95, 4e trimestre 1973, p. 105-108.

Michaud (Gustave), *La Jeunesse de Molière, Les Débuts de Molière à Paris, Les Luttes de Molière*, 3 vol. à Paris, Hachette, 1922, 1923 et 1925 (repris tous trois à Genève, Slatkine, 1968).

Millepierres (François), *La Vie quotidienne des médecins au temps de Molière*, Paris, Hachette, 1964 (La Vie Quotidienne).

Mishriky (Salwa), *Le Costume de déguisement et la théâtralité de l'apparence dans « Le Bourgeois gentilhomme »*, Paris, La Pensée universelle, 1982.

Moine (Marie-Christine), *Les Fêtes à la cour du Roi-Soleil. 1653-1715*, Paris, F. Lanore, 1984.

Molière, éd. Renate Baader, Darmstadt, Wissenschaftliche Buchgesellschaft, 1980.

Molière, des Fourberies de Scapin *au* Malade imaginaire, Supplément annuel de *Littératures classiques*, janvier 1993 (articles de P. Dandrey, Ch. Mazouer, G. Conesa, Chr. Delmas, J. Émelina et J. Serroy).

Molière et la médecine de son temps, 3e colloque du C.M.R. 17, *Marseille*, n° 95, octobre-décembre 1973.

Molière : Stage and study. Essays in honour of W. G. Moore, éd. W. D. Howarth and M. Thomas, Oxford, Clarendon Press, 1973.

Mongrédien (Georges), *Recueil de textes et de documents du XVIIe siècle relatifs à Molière*, Paris, C.N.R.S., 1965, 2 vol. (2' éd. 1973).

Mongrédien (Georges), *La Vie quotidienne des comédiens au temps de Molière*, Paris, Hachette, 1966.

Mongrédien (Georges), « Molière et Lully », *XVIIe siècle*, 1973, n° 98-99, p, 3-15.

Mongrédien (Georges), « Molière et Lully », *Marseille,* n° 95, 4ᵉ trimestre 1973, p. 221-227.

Mongrédien (Georges) et Robert (Jean), *Les Comédiens français du XVIIᵉ siècle. Dictionnaire biographique. Suivi d'un inventaire des troupes (1590-1710) d'après des documents inédits,* 3ᵉ éd. revue et augmentée, Paris, C.N.R.S., 1981.

Moore (Will G.), *Molière. A New Criticism,* Oxford, Clarendon Press, 1949.

Morel (Jacques), « La Structure de *La Princesse d'Élide* », *Marseille,* n° 95, 4ᵉ trimestre 1973, p. 213-219.

Morel (Jacques), *Agréables mensonges. Essais sur le théâtre français du XVIIᵉ siècle,* Paris, Klincksieck, 1991 (Bibliothèque de l'Âge Classique).

Moureau (François), *Dufresny auteur dramatique (1657-1724),* Paris, Klincksieck, 1979 (Bibliothèque de l'Université de Haute Alsace).

Moureau (François), *De Gherardi à Watteau. Présence d'Arlequin sous Louis XIV,* Paris, Klincksieck, 1992 (Bibliothèque de l'Âge Classique).

Mourgues (Odette de), « Le *Bourgeois gentilhomme* as a criticism of Civilization », [in] *Molière : Stage and study. Essays in honour of W.G. Moore,* Oxford, Clarendon Press, 1973, p. 170-184.

Népote-Desmarres (Fanny), « Molière, auteur pastoral ? Aperçu sur quelques rapports avec la politique de Louis XIV », *Littératures classiques,* n° 11, janvier 1989, p. 245-257.

Néraudau (Jean-Pierre), *L'Olympe du Roi-Soleil. Mythologie et idéologie royale au Grand Siècle,* Paris, Les Belles Lettres, 1986 (Nouveaux Confluents).

Nuitter (Charles-Louis-Étienne Truinet, dit) et Thoinan (Ernest), *Les Origines de l'opéra français...,* Paris, É. Plon, Nourrit et Cie, 1886 (réimpr. Genève, Slatkine, 1978).

Paquot (Marcel), *Les Étrangers dans les divertissements de la cour de Beaujoyeux à Molière (1581-1673). Contribution à l'étude de l'opinion publique et du théâtre en France,* Bruxelles-Liège, Palais des Académies-H. Vaillant-Carmanne, 1932.

Paquot (Marcel), « La manière de composer les ballets de cour d'après les premiers théoriciens français », *C.A.I.E.F.*, n° 9, juin 1957, p. 183-197.

Peacock (Noël A.), « The comic ending of *George Dandin* », *French Studies*, vol. XXXVI, april 1982, n° 2, p. 144-153.

Pellisson (Maurice), *Les Comédies-ballets de Molière,* Paris, Hachette, 1914 (rééd. dans les « Introuvables », 1976).

Pelous (Jean-Marie), « Argan et sa maladie imaginaire », *Marseille,* n° 95, octobre-décembre 1973, p. 179-184.

Petit (Pierre), *Lulli et Molière* (communication faite à la séance du 10 octobre 1973. Institut de France. Académie des Beaux-Arts), Paris, Firmin-Didot et Cie, 1974.

Pineau (Jacques), « La Constellation des personnages dans *Le Malade imaginaire* (Propos méthodologiques) », *La Licorne,* 1978 / 2, p. 135-143.

Piton (Spire), *The Paris Opéra. An Encyclopedia of Opéras, Ballets, Composers, and Performers. Genesis and glory, 1671-1715,* Westport (Connecticut)-London, Greenwood Press, 1983.

Pommier (René), « Argan et le "danger de contrefaire le mort" », *R.H.L.F.*, 1991-6, p. 927-931.

Pougin (Arthur), *Molière et l'opéra-comique. Le Sicilien ou L'Amour peintre,* Paris, J. Baur, 1882.

Powell (John Scott), *Music in the theatre of Molière,* thèse de l'Univ. de Washington, 1982 (résumé dans *D.A.I.,* t. 43, septembre 1982, 583 A).

Powell (John Scott), « Charpentier's Music for Molière's *Le Malade imaginaire* and its Revisions », *Journal of the american musicological Society*, vol. XXXIX, spring 1986, p. 87-142.

Powell (John Scott), « La *Sérénade* pour *Le Sicilien* de M.-A. Charpentier et le crépuscule de la comédie-ballet », *Revue de musicologie,* t. 77, n° 1, 1991, p. 88-96.

Powell (John Scott), « L'Aspect protéiforme du Premier intermède du *Malade imaginaire* », *Bulletin de La Société Marc-Antoine Charpentier*, juillet 1991, n° 5, p. 1-14.

Prunières (Henry), *L'Opéra italien en France avant Lulli,* Paris, Champion, 1913 ; rééd. Paris, H. Champion, 1975.

Prunières (Henry), *Le Ballet de cour en France avant Benserade et Lully,* Paris, H. Laurens, 1913.

Prunières (Henry), *Lully*, 2ᵉ éd. revue et corrigée, Paris, H. Laurens, 1927 (Les Musiciens célèbres).

Prunières (Henry), « Les Comédies-ballets de Molière et de Lully », *La Revue de France,* t. 5, 15 septembre 1931, p. 297-319.

Prunières (Henry), « *George Dandin* et le Grand Divertissement royal de Versailles », *La Revue musicale*, 1934, p. 27-33.

Purkis (Helen M.C.), « Les intermèdes musicaux de *George Dandin* », *Baroque*, n° 5, 1972, p. 63-69.

Purkis (Helen M.C.), « Le chant pastoral chez Molière », *C.A.I.E.F.*, n° 28, 1976, p. 133-144.

Purkis (Helen M.C.), « Monsieur Jourdain, Dorante and the *Ballet des Nations* », *Studi francesi*, 71, maggio-agosto 1980, p. 224-233.

La Recherche en danse, n° 2, 1983.

Rieu (Josiane), « *Bourgeois gentilhomme*, ou gentilhomme bourgeois ? », [in] *Hommage à Jean Richer,* Paris, Les Belles Lettres, 1985, p. 325-332.

Rodis-Lewis (Geneviève), « Musique et passions au XVIIᵉ siècle (Monteverdi et Descartes) », *XVIIᵉ siècle,* n° 92, 1971, p. 81-98.

Rolland (Romain), *Les Origines du théâtre lyrique moderne. Histoire de l'opéra en Europe avant Lully et Scarlatti,* Paris, E. Thorin, 1895 (réimpr. Genève, Slatkine, 1971).

Rolland (Romain), *Musiciens d'autrefois,* 2ᵉ éd. revue Paris, Hachette et Cie, 1908.

Romano (Danilo), *Essai sur le comique de Molière,* Berne, A. Francke, 1950.

Rossat-Mignod (Suzanne), « La Pensée rationnelle de Molière en médecine », *Les Cahiers rationalistes,* 1973, p. 407-428.

Rouillard (C.D.), « The Background of the turkish ceremony in Molière's *Le Bourgeois gentilhomme* », *University of Toronto quaterly*, n° 1, octobre 1969, p. 33-52.

Rousset (Jean), *La Littérature de l'âge baroque en France. Circé et le paon,* Paris, J. Corti, 1954.

Rousset (Jean), *L'Intérieur et l'extérieur. Essais sur la poésie et sur le théâtre au XVIIᵉ siècle,* nouvelle éd. 1976 (1ᵉʳᵉ éd. 1968).

Sainte-Beuve (Charles-Augustin), *Œuvres,* éd. Maxime Leroy, t. II : *Portraits littéraires (fin). Portraits de femmes,* Paris, Gallimard, 1960 (Pléiade).
Sazanova (Julie), « Molière et la danse », *La Revue musicale,* 1937, p. 162-176.
Schaeffner (André), « Molière et la musique », dans *Œuvres de Molière,* éd. B. Guégan, Paris, Payot, t. I, p. 297-304.
Scherer (Jacques), *La Dramaturgie classique en France,* Paris, Nizet, s.d. (1950).
Schneider (Herbert), « Die Funktion des Divertissement und des Ballet de cour in der höfischen Ideologie », [in] *La Musique et le rite sacré et profane (Actes du XIIIe Congrès de la Société Internationale de Musicologie, Strasbourg, 1982),* vol. II, Association des Publications près les Universités de Strasbourg, 1986, p. 433-463.
Schneider (Herbert), « Die Serenade im *Bourgeois gentilhomme* », [in] « *Le Bourgeois gentilhomme* ». *Problèmes de la comédie-ballet,* éd. V. Kapp, Paris-Seattle-Tübingen, *P.F.S.C.L.*/Biblio 17, 67, 1991, p. 139-162.
Serroy (Jean), « Aux sources de la comédie-ballet moliéresque. Structures des *Fâcheux* », *Recherches et Travaux,* n° 39 *(Théâtre et musique),* 1990, p. 45-52.
Serroy (Jean), « Argan et la mort. Autopsie du malade imaginaire », [in] *L'Art du théâtre. Mélanges en hommage à Robert Garapon,* Paris, P.U.F, 1992, p. 239-246.
Simon (Alfred), *Molière, une vie,* Lyon, La Manufacture, 1987.
Snyders (Georges), « L'Évolution du goût musical en France aux XVIIe et XVIIIe siècles », *R.S.H.,* 1955, p. 325-350.
Snyders (Georges), *Le Goût musical en France aux XVIIe et XVIIIe siècles,* Paris, Vrin, 1968.
Stenzel (Hartmut), *Molière und der Funktionswandel der Komödie im 17. Jahrhundert,* München, W. Fink, 1987.
Stenzel (Hartmut), « Projet critique et divertissement de cour. Sur la place de la comédie-ballet et du *Bourgeois gentilhomme* dans le théâtre de Molière », [in] « *Le Bourgeois gentilhomme* ». *Problèmes de la comédieballet,* éd. V. Kapp, Paris-Seattle-Tübingen, *P.F.S.C.L./* Biblio 17, 67, 1991, p. 9-22.
Suarès (André), *Sur la vie (Essais),* Paris, Émile-Paul frères, 1912.

Suarès (André), Fragments du *Carnet 180,* republiés dans *Le Nouveau Commerce,* Cahiers 39-40, printemps 1978, p. 99-129.
Suarès (André), *Âmes et Visages. De Joinville à Sade,* éd. M. Drouin, Paris, Gallimard, 1989.

Théâtre et musique au XVIIe siècle, n° 21 de *Littératures classiques,* printemps 1994.
Tiersot (Julien), *La Musique dans la comédie de Molière,* Paris, La Renaissance du Livre, s.d. (1921).
Tinel (Paul), « Molière et la musique », *Académie royale de Belgique. Bulletin de la classe des Beaux-Arts,* t. XLIX (1967), n° 7-9, p. 144-157.
Tobin (Ronald W.), « Le chasseur enchâssé : la mise en abyme dans *Les Fâcheux* », [in] *Hommage à René Fromilhague, Cahiers de Littérature du XVIIe siècle,* n° 6, 1984, p. 407-417.
Tobin (Ronald W.), « Fusion and Diffusion in *Le Bourgeois gentilhomme* », *The French Review,* vol. LIX, n° 2, décembre 1985, p. 234-245.
Tocanne (Bernard), *L'Idée de nature en France dans la seconde moitié du XVIIe siècle,* Paris, Klincksieck, 1978.
Truchet (Jacques) (sous la direction de), *Thématique de Molière. Six études suivies d'un inventaire des thèmes de son théâtre,* Paris, C.D.U. et SEDES réunis, 1985.
Truchet (Jacques), « Molière ou l'Élégance », [in] *L'Art du théâtre. Mélanges en hommage à Robert Garapon,* Paris, P.U.F., 1992, p. 189-197.
Turbet-Delof (Guy), « Mélanges barbaresques », *Revue d'histoire et de civilisation du Maghreb,* octobre 1973, n° 10, p. 81-86.

Une des origines du spectacle contemporain : le Ballet de cour en France. 1581-1671, catalogue de l'exposition réalisée au Pavillon de Vendôme (Aix-en-Provence, 1971).

Valéry (Paul), *Œuvres,* éd. J. Hytier, t. II, Paris, Gallimard, 1960 (Pléiade).
Vandal (Albert), « Molière et le cérémonial turc à la cour de Louis XIV », *Revue d'art dramatique,* XI, juillet-septembre 1888, p. 65-80.

Van Delft (Louis), *Le Moraliste classique. Essai de définition et de typologie,* Genève, Droz, 1982.

Vanuxem (Jacques), « La scénographie des fêtes de Louis XIV auxquelles Molière a participé », *XVIIe siècle,* n° 98-99, 1973, p. 77-89.

Viala (Alain), *Naissance de l'écrivain. Sociologie de la littérature à l'âge classique,* Paris, Minuit, 1985.

Waterson (Karolyn), *Molière et l'autorité. Structures sociales, structures comiques,* Lexington (Kentucky), French Forum, 1976.

IV. DISCOGRAPHIE

Contentons-nous de signaler trois parutions récentes en disques compacts :

Lully-Molière, *Le Bourgeois gentilhomme* (avec *L'Europe galante* de Campra), dir. Gustav Leonhardt (reprise en 1988, par EMI, d'un enregistrement de 1973 comprenant toute la partition de Lully pour cette comédie-ballet, y compris le *Ballet des nations*) ;

Lully-Molière, *Les Comédies-ballets (extraits),* dir. Marc Minkowski (ERATO,1988) ;

Charpentier-Molière, *Le Malade imaginaire* (le prologue et les trois intermèdes de la première version, mais sans le petit opéra impromptu de II, 5), dir. Marc Minkowski (RADIO FRANCE-ERATO DISQUES, 1990).

INDEX DES PIÈCES DE MOLIÈRE

Pour les comédies-ballets, on donnera d'abord la date de la première représentation à la cour, puis celle de la première représentation au théâtre du Palais-Royal, à Paris, enfin celle de la première édition.

Amants magnifiques (Les) (Saint-Germain-en-Laye, 4 février 1670, pour le Divertissement royal ; 1ère éd. 1682) : 10, 24, 26, 31, 32, 38, 51, 52, 65, 66, 67, 74, 75, 78, 80, 85-6, 87-8, 97, 101, 108, 109-110, 112, 116, 117, 123, 124, 132, 136, 138, 139, 141, 144, 146, 147, 148, 154, 165, 173, 174, 175, 193, 200, 203, 207, 208, 209, 235, 248, 249, 252, 261, 277, 281
   Divertissement royal : 24, 26, 31, 78, 85
Amour médecin (L') (Versailles, 14 ou 15 septembre 1665 ; Paris, 22 septembre 1665 ; 1ère éd. 1666) : 9, 10, 12, 22, 30, 31, 37, 52, 54, 67, 68, 69, 76, 78, 82, 83, 88, 89, 105, 108, 109, 112, 114, 117, 122, 124, 130, 132, 137, 150, 156, 168, 170, 171, 173, 175, 179, 190, 201, 226, 227, 230, 231, 232, 238, 239, 251, 257, 258, 261, 262, 263, 264, 270, 277
Amphitryon : 278
Avare (L') : 87, 270
Ballet des incompatibles (dansé par Molière à Montpellier, en 1655) : 100, 215
Bourgeois gentilhomme (Le), avec le *Ballet des nations* (Chambord, 14 octobre 1670 ; Paris, 23 novembre 1670 ; 1ère éd. 1671) : 10, 14, 24, 26, 31, 38, 52, 54, 55, 69, 70, 72, 73, 75, 76, 77, 78, 81, 86, 88, 89, 96, 101, 108, 110, 111, 113, 115, 116, 117, 119, 121, 122, 130, 135, 136, 138, 140, 147, 151, 152, 153, 154, 158, 168, 170, 173, 176, 179-180, 181, 185, 188, 189, 191, 194, 198, 206, 207, 209, 218, 226, 240, 250, 251, 252, 262, 265, 270, 272, 273, 278, 279
   Ballet des nations : 70, 77, 81, 87, 110, 114, 117, 124, 126, 131, 132, 173, 204, 207, 226, 251
Comtesse d'Escarbagnas (La) (Saint-Germain-en-Laye, 2 décembre 1671, pour le Ballet des ballets ; Paris, 8 juillet 1672 ; 1ère éd.

1682) : 24, 31, 38, 54, 69, 70, 71, 73, 80-82, 88, 110, 137, 173, 190, 218, 225, 226, 278

    Le Ballet des ballets : 24, 26, 31, 38, 52, 80, 81

Critique de l'École des femmes (La) : 61, 62, 74

Docteur amoureux (Farce perdue du) : 28

École des femmes (L') : 226, 270, 277

École des maris (L') : 270, 277

Fâcheux (Les) (Vaux-le-Vicomte, 17 août 1661 ; Paris, 4 novembre 1661 ; 1ère éd. 1662) : 11, 12, 13, 21, 22, 29, 32, 37, 39, 41, 44, 45, 49, 51, 52, 54, 55, 60, 61, 63, 71, 76, 77, 78, 82, 87, 89, 93, 98, 100, 102, 107, 115, 116, 119, 122, 138, 161, 164, 168, 169, 171, 177, 178, 180, 181, 185, 190, 200, 213-214, 238, 262, 270

Femmes savantes (Les) : 278

Fourberies de Scapin (Les) : 16, 167, 278

George Dandin (comédie – encore appelée *Le Mari confondu* ou *Le Paysan mal marié* par les contemporains – donnée avec une Pastorale en musique, lors du Grand Divertissement royal de Versailles, le 18 juillet 1668 ; Paris, 9 novembre 1668 ; 1ère éd. 1669) : 23, 30, 37, 40, 46, 47, 50, 51, 52, 55, 69, 70, 71, 72, 73, 76, 78, 81, 84, 85, 88, 108, 112, 116, 128, 129, 132, 133, 135, 137, 138, 140, 144, 147, 148, 163, 172, 193, 200, 204-206, 216, 217, 219, 220-222, 243, 248, 250, 251, 270, 277, 278, 281

    Pastorale en musique : 23, 30, 40, 47, 48, 50, 51, 55, 76, 84, 85, 86, 108, 112, 116, 128, 132, 137, 140, 147, 148, 163, 172, 200, 204, 219, 220, 221, 248

    Le Grand Divertissement royal de Versailles : 23, 26, 28, 30, 40, 42, 46, 50, 59, 163, 186, 200, 204, 219

Impromptu de Versailles (L') : 29, 38, 61

Jalousie du Barbouillé (La) : 219, 277

Malade imaginaire (Le) (Paris, 10 février 1673 ; 1ère éd. satisfaisante, 1682, les textes de 1674 et 1675 restant discutables) : 10, 12, 14, 16, 24, 26, 33, 48, 51, 53, 54, 55, 67, 68, 77, 78, 87, 88, 89, 98, 107, 108, 110, 111, 113, 114, 115, 116, 117, 122, 123, 128, 131, 132, 133, 138, 140, 142, 147, 151, 155, 157, 158, 167, 170, 171, 172, 176, 179, 181, 186, 189, 192, 193, 194, 198, 201, 226, 227, 229, 230, 231, 233, 238, 240, 242, 250, 252, 253, 254, 258, 259, 261, 262, 265, 268, 270, 272, 273, 278, 281

Mariage forcé (Le) (Ballet du Roi en trois actes dansé au Louvre le 29 janvier 1664 ; Paris, 15 février 1664 ; comédie jouée et éditée en un acte en 1668) : 25, 37, 52, 54, 55, 69, 72, 73, 74, 77, 78, 82, 83, 88, 97, 107, 108, 109, 112, 114, 115, 116, 121, 122, 124, 133, 151, 154, 158, 169, 178, 190, 200, 214, 216, 222, 243, 244, 250, 260, 262, 270, 277

Médecin malgré lui (Le) : 185

Misanthrope (Le) : 66, 185

Monsieur de Pourceaugnac (Chambord, 6 octobre 1669 ; Paris, 15 novembre 1669 ; 1ère éd. 1670) : 9, 24, 26, 38, 52, 54, 55, 68, 69, 71, 74, 76, 78, 83, 88, 89, 108, 109, 114, 115-116, 117, 118, 121, 123, 136, 137, 147, 152, 155-156, 158, 161, 166, 169, 170, 174-175, 179, 197, 201, 203, 204, 222-225, 228, 229, 230, 232, 238, 239, 240, 249, 250, 251, 253, 255, 258, 259, 261, 262, 264, 265, 269, 278

Pastorale comique (Saint-Germain-en-Laye, 5 janvier 1667, pour la troisième entrée du Ballet des Muses ; l'éditeur de Molière recueillit en 1734 les fragments de la *Pastorale comique* donnés par le livret du Ballet des Muses) : 52, 79, 81, 86, 88, 116, 127, 130, 138, 146, 147, 148, 179, 185, 193, 250

   Ballet des Muses : 22, 25-26, 38, 79, 86, 260

Précieuses ridicules (Les) : 185, 186, 188, 189

Princesse d'Élide (La) (Versailles, 8 mai 1664, pour la seconde journée des Plaisirs de l'île enchantée ; Paris, 9 novembre 1664 ; 1ère éd. 1664) : 22, 30, 40, 42, 45, 46, 51, 52, 54, 65, 66, 67, 74, 75, 78, 79, 84, 87, 88, 100, 107, 109, 112, 116, 122, 123, 132, 133, 136, 138, 139, 145-146, 147, 155, 168, 173, 175, 176, 177, 185, 200, 202, 209-212, 245-248, 249, 254, 255

   Les Plaisirs de l'île enchantée : 22, 26, 39, 40, 45, 49, 50, 59, 78, 186

Psyché : 13, 51, 53, 80, 81, 82, 88, 186, 191, 192, 226, 278

Sicilien (Le), ou L'Amour peintre (Saint-Germain-en-Laye, 14 février 1667, pour la quatorzième entrée du Ballet des Muses ; Paris, 10 juin 1667 ; 1ère éd. 1668) : 52, 54, 63, 75-76, 78, 79, 83, 88, 89, 97, 108, 109, 113, 115, 116, 117, 121, 129, 138, 139, 144, 152, 159, 166, 174, 175, 179, 185, 186, 188, 201, 243, 244, 250, 251, 254, 260, 264, 270, 277

   Ballet des Muses : 22, 25-26, 38, 79, 86, 260

Tartuffe (Le), ou L'Imposteur : 16, 22, 32, 35, 270

INDEX DES NOMS DE PERSONNES

Ni le nom de Molière ni celui du roi Louis XIV ne paraissent dans cet index. La bibliographie n'est pas indexée.

Abraham (Claude) : 16, 261
Adam (Antoine) : 14, 219
Alain (Émile Auguste Chartier, dit) : 189
Albanese (Ralph) : 219
Anthony (James R.) : 125
Apostolidès (Jean-Marie) : 25, 27
Arioste (Ludovico Ariosto, dit L') : 22, 41
Aristote : 215
Arvieux (chevalier Laurent d') : 31, 115, 121
Astier (Régine) : 98
Attinger (Gustave) : 167
Auld (Louis Eugène) : 16, 127, 135, 151, 165, 272
Ayda (Adèle) : 115

Baader (Renate) : 135
Bakhtine (Mikhail) : 197
Ballard (Robert) : 78
Baraillon (Jean) : 54, 55
Baril (Jacques) : 118
Bauer (Jean) : 276
Beauchamp ou Beauchamps (Pierre) : 9, 49, 53, 54, 55, 82, 87, 98, 99, 101, 119, 122, 150, 169, 178, 190, 276, 279
Beaujoyeux (Baldassare de Belgiojoso, dit) : 93, 114
Beaussant (Philippe) : 15, 96, 97, 118, 135, 150, 193, 203, 204, 277

Béjart (Armande), Mlle Molière : 41, 100, 186
Béjart (Joseph) : 100
Béjart (Madeleine) : 21, 44, 45
Benoit (Marcelle) : 187
Benserade (Isaac de) : 15, 49, 101
Betzwieser (Thomas) : 152
Biancolelli (Domenico), dit Dominique : 124
Blondel (Jean) : 187
Bluche (François) : 59, 118
Boileau-Despréaux (Nicolas) : 14, 193, 226
Borrel (Eugène) : 135
Böttger (Friedrich) : 15, 89, 125, 165
Bouchot (Henri) : 120
Brancour (René) : 185
Brie (Catherine Leclerc Du Rosé, femme d'Edme Villequin, dit de) : 100
Brisson (Pierre) : 13
Brody (Jules) : 206, 207
Bukofzer (Manfred F.) : 125

Cabanis (André) : 15, 102
Cahusac (Louis de) : 95
Callot (Jacques) : 224
Cambert (Robert) : 191
Canova-Green (Marie-Claude) : 279
Carissimi (Giacomo) : 194
Castiglione (Baldassare) : 96
Castil-Blaze ou Blaze (François-Henri-Joseph, dit Castil) : 188

Cessac (Catherine) : 82, 135, 152, 194
Chambre (Pierre Bureau, abbé de la) : 27
Charpentier (Marc-Antoine) : 10, 15, 33, 34, 49, 54, 55, 82, 87, 114, 122, 123, 125, 127, 131, 133-134, 137, 140, 143, 151, 152, 158, 171, 180, 187, 192, 194, 202, 253, 257, 276, 279, 280
Chevalley (Sylvie) : 52
Chiacheron ou Chiachiarone, surnom que se donnait Lully : 123, 158, 187
Christie (William) : 281
Christout (Marie-Françoise) : 93, 94, 99
Colbert (Jean-Baptiste) : 59
Conesa (Gabriel) : 167
Conti (Armand de Bourbon, prince de) : 100
Copeau (Jacques) : 15, 101, 165, 167, 168, 169, 201
Corneille (Pierre) : 17, 65, 66, 191, 193, 235
Corneille (Thomas) : 279
Couprie (Alain) : 65, 71
Courville (Xavier de) : 133
Couton (Georges) : 30, 31
Crussard (Claude) : 125

Dancourt (Florent Carton d'Ancourt, dit) : 279, 280
Dandrey (Patrick) : 16
Daugherty (Jill) : 168
Davies (Marie-Hélène) : 121, 253
Dédéyan (Charles) : 168
Defaux (Gérard) : 16, 35, 273
Démocrite : 271
Des-Airs, danseur du 17ᵉ siècle : 101
Descartes (René) : 188
Descotes (Maurice) : 14
Despois (Eugène) : 13
Dolivet ou D'Olivet, danseur du 17ᵉ siècle: 101

Donneau de Visé (Jean) : 12, 191
Du Bos (Abbé Jean-Baptiste) : 126, 128, 185
Duchêne (Roger) : 255
Du Crest (Sabine) : 39
Dufourcq (Norbert) : 125, 194
Dufresny (Charles), sieur de la Rivière : 279
Du Parc (Marquise-Thérèse de Gorla, femme de René Berthelot, dit) : 100
Duron (Jean) : 135
Duvignaud (Jean) : 76

Ellis (Meredith) : 118
Elstob (Kevin) : 168
Épicure : 147
Eppelsheim (Jürgen) : 125
Estival (Guillaume d') ou Destival : 187
Eustis (Alvin) : 204

Félibien (André) : 23, 24, 26, 28, 30, 40, 42, 43, 46, 48, 59, 85, 163, 164, 172, 200, 221
Fernandez (Ramon) : 198
Ferrier-Caverivière (Nicole) : 35
Feuillet (Raoul-Auger) : 98, 99
Fiévet (Claudine) : 281
Forestier (Georges) : 81, 242
Foucquet (Nicolas) : 21, 22, 26, 29, 39, 49
Fricke (Dietmar) : 15, 135
Fumaroli (Marc) : 253
Furetière (Antoine) : 121

Garapon (Robert) : 16, 167, 168, 273
Garavini (Fausta) : 222
Gautier (Théophile) : 14
Gaye (Jean) : 152, 156, 187
Gêvre (René Potier, marquis de) : 59
Gilbert (Huguette) : 271
Gissey (Henri de) : 42, 120, 121
Goldschmidt (Georges-Arthur) : 219
Goubert (Pierre) : 27

INDEX DES NOMS DE PERSONNES

Gouhier (Henri) : 198
Gracq (Julien) : 14
Grande Mademoiselle (la), voir Montpensier
Grimarest (Jean-Léonor Gallois de) : 57, 74, 126, 130
Guicharnaud (Jacques) : 208
Guise (Marie de Lorraine, duchesse de Guise et de Joyeuse, dite mademoiselle de) : 187, 194
Gutwirth (Marcel) : 16, 221, 272, 273

Haendel (Georg-Friedrich) : 137
Hall (H. Gaston) : 11
Hegel (Georg Wilhelm Friedrich) : 189
Henri IV, roi de France : 93
Héraclite : 271
Hilaire (Hilaire Dupuy, dite Mademoiselle) : 187

Isay (Raymond) : 15, 52, 74, 168, 198
Isherwood (Robert M.) : 187

Jasinski (René) : 16
Jeschke (Claudia) : 279
Jones-Davies (Marie-Thérèse) : 253
Jouvet (Louis) : 229
Jurgens (Madeleine) : 53, 192

Kapp (Volker) : 207, 279
Karro (Françoise) : 115
Kintzler (Catherine) : 17, 193
Kunzle (Régine): 98. Voir aussi Astier (Régine)

La Bruyère (Jean de) : 71, 88, 207
La Fontaine (Jean de) : 21, 27, 39, 41, 43, 44, 49
La Gorce (Jérôme de) : 135
La Grange (Charles Varlet, dit) : 52, 53, 54, 57, 75, 186
Lagrave (Henri) : 58

La Laurencie (Lionel de) : 118, 125, 135
Lambert (Michel) : 190
Lambranzi (Gregorio) : 150
La Mothe le Vayer (François de) : 226
Lance (Evelyn B.) : 185
Lancelot (Francine) : 99, 281
Landy (Rémy) : 150
La Thorillière (François Le Noir, dit) : 186
Launay (Denise) : 135
Laurent (Michel) : 44
La Vallière (Louise-Françoise de la Baume le Blanc, duchesse de) : 26, 97, 245
Lebègue (Raymond) : 99
Le Brun (Charles) : 49
Lejay (le P. Gabriel-François) : 94, 95, 120
Le Nôtre (André) : 39
Le Pautre (Pierre Ier) : 43, 48
Le Vau (Louis) : 39
Levinson (André) : 99, 150
Lifar (Serge) : 102
Lope de Vega (Lope-Felix de Vega Carpio, dit) : 93
Loret (Jean) : 121
Lorge (de), danseur du 17e siècle : 101
Lough (John) : 58
Louis XIII, roi de France : 93, 120, 121, 259
Lully (Jean-Baptiste Lulli ou) : 9, 10, 11, 15, 23, 24, 31, 32, 34, 48, 49, 50, 53, 54, 77, 80, 82, 83, 84, 86, 87, 88, 89, 97, 98, 99, 100, 101, 112, 114, 115, 117, 118, 119, 122, 123, 124, 125, 127, 130, 131, 134, 135, 136, 142, 143, 145, 146, 148, 149, 150, 151, 152, 153, 154, 156, 157, 158, 159, 161, 164, 169, 175, 178, 179, 180, 187, 190, 191, 192, 193, 194, 203, 204, 208, 257, 276, 279, 280

McBride (Robert) : 16, 168, 215
McGowan (Margaret M.) : 11, 93, 94, 120, 121
Madame (Élisabeth-Charlotte de Bavière, seconde femme de Philippe d'Orléans, dite) : 26, 31
Mahelot (Laurent) : 44
Malachy (Thérèse) : 261
Mallet (Daniel) : 53
Marie-Thérèse d'Autriche, reine de France : 26, 40
Marigny (Jacques Charpentier de) : 78
Marin (Louis) : 25
Marivaux (Pierre Carlet de Chamblain de) : 66, 68, 236, 246
Marolles (Michel de), abbé de Villeloin : 94
Martino (Pierre): 115
Massip (Catherine) : 118
Maucroix (François de) : 21, 39
Maxfield-Miller (Élisabeth) : 53, 192
Mazarin (Gulio Mazarini, cardinal Jules) : 49, 124, 150
Mazouer (Charles) : 28, 68, 71, 72, 87, 124, 131, 150, 151, 169, 178, 185, 194, 217, 218, 222, 231, 240, 241, 242, 253, 255, 265, 273, 280
Mazuel (famille des) : 98
Mazuel (Agnès) : 185
Mazuel (Guillaume) : 186
Mazuel (Michel) : 186
Mélèse (Pierre) : 59
Ménestrier (le P. Claude-François) : 94, 95, 163
Mersenne (le P. Marin) : 95, 188, 189
Michelet (Jules) : 219
Minkowski (Marc) : 281
Moine (Marie-Christine) : 25, 39
Mongrédien (Georges) : 74, 190
Monsieur (Philippe de France, duc d'Orléans, en qualité de frère du roi dit): 37
Montaigne (Michel Eyquem de) : 226
Montespan (Françoise-Athénaïs de Rochechouart, marquise de) : 26

Montpensier (Anne-Marie Louise d'Orléans, duichesse de), la Grande Mademoiselle : 187, 190
Moore (Will G.) : 75, 207, 208
Morel (Jacques) : 46, 138, 221, 252
Moureau (François) : 279
Mourgues (Odette de) : 75, 207
Mozart (Wolfgang Amadeus) : 134, 143, 151, 197

Népote-Desmarres (Fanny) : 138
Néraudau (Jean-Pierre) : 25, 33, 51
Noblet, danseur du 17ᵉ siècle : 101
Noverre (Jean Goerges) : 95
Nuitter (Charles-Louis-Étienne Truinet, dit) : 191

Paliès (Jean-Luc) : 281
Paquot (Marcel) : 94, 114
Pascal (Blaise) : 226
Patin (Guy) : 27
Pellisson (Maurice) : 11, 15, 192
Pellisson-Fontanier (Paul) : 21, 45, 49, 171
Perrault (Charles) : 192
Perrin (Pierre) : 127, 135, 191, 192
Petit (Pierre) : 190
Planchon (Roger) : 217, 281
Platon : 95, 189
Plutarque : 95
Poisson (Raymond) : 71, 79, 279
Poquelin (Jean), grand-père de Molière : 185
Poquelin (Jean II), père de Molière : 29
Powell (John Scott) : 82, 133, 152
Prunières (Henry) : 11, 15, 88, 135, 137, 154
Pure (abbé Michel de) : 94, 95
Purkis (Helen M.C.) : 138, 204

Quinault (Philippe) : 191

Rabel (Daniel) : 120
Rabelais (François) : 269

INDEX DES NOMS DE PERSONNES

Rameau (Jean-Philippe) : 98, 125, 193
Regnard (Jean-François) : 87, 279, 280
Richelieu (Armand-Jean Du Plessis, cardinal de) : 11, 93
Robinet (Charles) : 10, 26, 37, 38, 53, 54, 84, 85, 220
Rodis-Lewis (Geneviève) : 188
Rolland (Romain) : 15, 192, 194, 198
Ronzeaud (Pierre) : 255
Rossi (Luigi) : 142
Rossini (Gioacchiano) : 155
Rouillard (C.D.) : 115
Rousset (Jean) : 209, 267

Saint-Aignan (François-Honorat de Beauvilliers, duc de) : 22, 41
Sainte-Beuve (Charles Augustin) : 14, 272, 273
Saint-Évremond (Charles de Marquetel de Saint-Denis de) : 10, 11, 193
Scaramouche (Tiberio Fiorilli, dit) : 150, 157, 210
Scherer (Jacques) : 169
Schneider (Herbert) : 135, 187
Sénecé (Antoine Bauderon, sieur de) : 49, 192
Silvestre (Israël) : 41, 46
Snyders (Georges) : 188
Soliman Aga, ambassadeur du grand Turc : 115
Soyecourt (Maximilien-Antoine de Belleforière, marquis de) : 29
Suarès (André) : 36, 255, 271

Ternois (René) : 11
Thoinan (Ernest) : 191
Tiersot (Julien) : 125
Torelli (Giacomo) : 45, 49, 50, 51
Truchet (Jacques) : 74
Turbet-Delof (Guy) : 115

Vandal (Albert) : 115
Vanuxem (Jacques) : 46, 49
Verdi (Giuseppe) : 134

Vigarini (Carlo) : 40, 46, 47, 48, 50
Vigarini (Gaspare) : 50
Vigarini (Lodovico) : 50
Villégier (Jean-Marie) : 281
Villiers (sieur de), gagiste pour la musique chez Molière : 54
Voltaire (François Marie Arouet, dit) : 27, 43

Watteau (Antoine) : 137

Young (Bert Edward) : 52
Young (Grace Philputt) : 52

POSTFACE
DE LA NOUVELLE ÉDITION

Du dessein originel de ce livre, je ne renie rien. Je voulais proposer une esthétique de la comédie-ballet moliéresque en prenant au sérieux chacun des arts – la comédie, la musique et la danse – qui contribuaient au spectacle unique, en les examinant dans leur saveur propre mais conjointement aux autres, dans une visée unifiée, œcuménique en quelque sorte. Avec la volonté de vérifier une hypothèse : l'union des trois arts fait sens ; l'intervention de la musique et de la danse n'est pas simplement ornementale : elle complète, enrichit, nuance, contredit, éventuellement, et de toutes les façons transforme la signification de la comédie récitée, trop souvent privée de ces deux arts dans nos théâtres. Il me fallait donc faire sentir la beauté ou l'effet comique intrinsèques des ornements de musique et de danse, puis montrer leur rôle indispensable dans la construction du spectacle global. Une telle étude d'ensemble n'avait jamais été menée. Elle peut passer, de fait, pour une réhabilitation fervente d'une part trop négligée de la création moliéresque – celle qu'il a réalisée en collaboration avec son chorégraphe Beauchamp et avec ses musiciens Lully puis Charpentier.

*
* *

Pas de *retractationes*, donc ! Mais des précisions ou des nuances sont possibles, voire indispensables. Les recensions dont a bénéficié le livre[1], en particulier celles dont m'ont honoré mes amis Jean

---

[1] Dans *Le Nouveau Moliériste*, I, 1994, pp. 293-295 (Nicholas Cronk), dans *L'Information littéraire*, 1995-1, pp. 38-39 (Marie-Claude Canova-Green), dans la *R.H.T.*, 1995-2, pp. 183-184 (François Moureau) – pour citer quelques-unes de celles que j'ai pu lire et prendre en considération

Émelina[2], Delia Gambelli[3] et Robert McBride[4] – alliant, comme il se doit, générosité intellectuelle et esprit critique –, m'y poussent et m'y aident.

La question de l'unité des comédies-ballets, essentiellement, fait débat. Pour commencer, peut-on parler vraiment d'un *genre*, comme je le fais ? D'autre part, est-il assuré et que Molière fut toujours le maître du jeu dans la création des spectacles, utilisant les autres arts en les subordonnant à son dessein à lui, et qu'il parvint toujours à réaliser une unité des trois arts qui, selon moi, représentait son idéal ?

Les théoriciens de la doctrine classique ne pouvaient prendre au sérieux une sorte de spectacles destinés d'abord aux divertissements de la cour, et dont la spécificité était le mélange des arts, l'hétérogénéité même – de tendance éminemment baroque. Mais les réalisations effectives des trois artistes sont là, et il faut bien considérer leur existence, même si elle entre mal dans les cadres de la théorie ! Genre nouveau et éphémère – né avec Molière, il ne lui survivra guère –, genre hybride, parfaitement hybride, genre instable, soumis à d'importantes variations, genre mineur si l'on y tient ; mais genre quand même, dans la mesure où sont bien repérables des traits essentiels communs à toutes les œuvres que nous appelons maintenant *comédies-ballets*. Les contemporains de Molière, en effet, plus attachés à la diversité des spectacles, ne se servaient pas de ce terme, ni même d'une appellation unique. Mais le recul du temps permet d'unifier un peu le divers pour le comprendre.

Sensible comme chacun à la variété des situations de création, aux contraintes que Molière dut subir – volonté du roi, exigences d'un musicien talentueux et ambitieux comme son compère Lully –, j'ai évidemment constaté la diversité des formules mises en oeuvre au cours de sa carrière par Molière. Et j'ai montré que l'unité des spectacles n'a pas toujours été vraiment réalisée, ou qu'elle l'a été fort artificiellement parfois, que Molière n'est pas toujours parvenu à l'intégration plénière et harmonieuse des trois arts. Je reste toutefois persuadé qu'il rêvait d'un idéal de l'unité, conquise ou à conquérir sur

---

[2] *P.F.S.C.L.*, vol. XXII, 1995, n° 42, pp. 282-284.

[3] *Micromégas*, n° 59, gennaio-giugno 1994, pp. 119-121.

[4] *XVIIe siècle*, n° 181, octobre-décembre 1993, pp. 792-793.

la diversité des arts, et je ne peux admettre que Molière ait pensé ce genre de spectacle selon une esthétique de la non-intégration des différents éléments – ce qui, en outre, rendrait bien difficile la recherche d'une signification en dehors d'un pur kaléidoscope baroque qui s'épuiserait dans la simple appréhension de la diversité. Mais j'introduirais volontiers quelque nuance dans mon propos un peu entier sur l'unité recherchée par Molière.

Consécutivement, il faudrait sans doute en introduire une autre sur la primauté du dramaturge dans la réalisation des spectacles. Comme pour l'unité, c'est un vœu de Molière – et, là encore, il l'a dit. Mais la réalité le força à composer et à en rabattre de son vœu ; d'ailleurs les relations rédigées par les contemporains renversent souvent la hiérarchie entre les arts que voulait Molière et mettent au second rang le dramaturge, plus sensibles qu'elles sont aux charmes de la musique et aux évolutions des danseurs. Cela peut nous choquer, mais c'est ainsi ! Molière n'a pas toujours été le maître des ornements, de leur importance, de la place à leur accorder dans l'équilibre général du spectacle.

Cela dit, les plus belles réussites de ce genre composite de la comédie-ballet prouvent à l'envi et que l'unité des arts restait indispensable, et qu'il revenait au dramaturge – c'est lui qui faisait d'abord le sens à l'aide du dialogue parlé – de régler cette unité.

*
* *

Ma tentative de 1993 ne se présente pas comme une herméneutique complète et définitive des comédies-ballets de Molière, mais plutôt comme un essai. La tentative de présenter une vision globale du genre a été bien accueillie ; l'essai mérite d'être complété. J'avais voulu alors faire le point sur la critique antérieure ; de manière analogue, on trouvera ci-après une bibliographie complémentaire des études consacrées aux comédies-ballets de Molière depuis une quinzaine d'années. D'année en année – car j'ai choisi de présenter cette bibliographie, qui ne peut être exhaustive, de manière chronologique –, on verra se dessiner les chemins empruntés par la critique. On retrouvera la discussion en cours sur le genre, sur l'unité et sur l'insertion des ornements. On constatera de nouvelles directions dans la recherche ; je pense à la réflexion sur le concept de *galanterie* ou à tout le travail qui vise à rapprocher le social (le divertissement des comédies-ballets dans le contexte aulique et monarchique) du littéraire – aspect que je n'avais pu que faire entrevoir. Cette liste donne l'impression de la richesse et de la variété dans la recherche en la matière – mais nombre d'études générales sur Molière éclairent aussi le côté des comédies-ballets –, selon des directions traditionnelles (stylistique, analyse morale, aspects thématiques), ou plus modernes (éclairage de la sociologie ou de l'anthropologie). Notons enfin que si l'on continue de travailler sur la musique (très peu sur la danse), cela reste l'affaire des musicologues, guère intéressés d'ordinaire par l'analyse du texte. Je persiste pourtant à penser qu'il faut lire et analyser conjointement les partitions de Lully ou de Charpentier et le texte de Molière, sans tout à fait oublier les danseurs de Beauchamp qui, avec les acteurs, évoluaient dans les décors d'un Vigarani...

*
* *

Un dernier mot : je tiens à remercier chaleureusement Claude Blum et les éditions Honoré Champion qui, sans frilosité, et même avec enthousiasme, m'ont demandé de relire, corriger et augmenter d'une bibliographie la première édition de cet ouvrage désormais épuisé, afin d'en proposer rapidement au public une seconde.

14 juillet 2006

Bibliographie complémentaire
(1990-2006)

Partitions

L'édition Henry Prunières des partitions de LULLY a été reprise à New York, par Broude Brothers (11 volumes des *Oeuvres complètes*, à partir de 1966) ; les trois volumes des comédies-ballets en 1966, 1971 et 1974.

Une nouvelle et grande édition des *Oeuvres complètes* de LULLY est en cours depuis 2001, chez Georg Olms, Hildesheim - Zurich - New York ; les volumes de la Série II concerneront les comédies-ballets. Seul le volume 4 est paru : Lully/Molière, *Monsieur de Pourceaugnac (le Divertissement de Chambord) ; Le Bourgois gentilhomme*. Éd. de la musique par Jérôme de La Gorce et Herbert Schneider ; édition des livrets et des comédies par Marie-Claude Canova-Green, Philippe Hourcade et Herbert Schneider.

Les *Meslanges autographes* de Marc-Antoine CHARPENTIER sont disponibles en fac-similé, Paris, Minkoff-France, 28 volumes, 1990-2004.

Ouvrages anciens

AUBIGNAC (François Hédelin, abbé d'), *La Pratique du théâtre*, éd. Hélène Baby, Paris, Champion, 2001 (Sources classiques, 26).
BENSÉRADE (Isaac de), *Ballets pour Louis XIV*, éd. Marie-Claude Canova-Green, Toulouse, Société de Littératures classiques, 1997, 2 vol. (diff. Paris, Klincksieck).
CAHUSAC (Louis de), *La Danse ancienne et moderne, ou Traité historique de la danse,* édition présentée, établie et annotée par Nathalie Lecomte, Laura Naudeix et Jean-Noël Laurenti, Paris, Desjonquères, 2004.
FÉLIBIEN (André), *Les Fêtes de Versailles. Chroniques de 1668 & 1674* [*Relation de la fête de Versailles* (18 juillet 1668) et *Les divertissements de Versailles* (1674)], publié et présenté par Martin Meale, Paris, Éditions Dédale, Maisonneuve et Larose, 1994.

GHERARDI (Évariste), *Le Théâtre italien, I,* textes établis, présentés et annotés par Charles Mazouer, Paris, Société des Textes Français Modernes, 1994, 475 p. (diff. : Klincksieck).

Études

1990

TOBIN (Ronald W.), *Tarte à la crème. Comedy and gastronomy in Molière's Theater,* Columbus, Ohio State University Press, 1990.

1991

APOSTOLIDES (Jean-Marie), « Le diable à Paris : l'ignoble entrée de Pourceaugnac », [in] *L'Esprit et la lettre. Mélanges offerts à Jules Brody,* éd. Louis van Delft, Tübingen, Gunter Narr, 1991, pp. 69-84 (Études littéraires françaises, 47)

HOULE (George), *Le Ballet des « Fâcheux ». Beauchamp's music for Molière's Comedy,* Bloomington and Indianapolis, Indiana University Press, 1991.

NURSE (Peter Hamphire), *Molière and the comic Spirit,* Genève, Droz, 1991.

1992

CONESA (Gabriel), « Molière et le 'style d'époque' », [in] *Hommages à Jean-Pierre Collinet,* éd. Jean Foyard et Gérard Taverdet, Dijon, Éditions universitaires dijonnaises et Association bourguignonne de dialectologie et d'onomastique, 1992, pp. 85-92.

COUVREUR (Manuel), *Jean-Baptiste Lully, musique et dramaturgie au service du Prince,* [Bruxelles], M. Vokar, 1992.

CRONK (Nicholas), « The Celebration of Carnaval in Molière-Lully's *Les Amants magnifiques* », [in] *The Seventeenth Century. Directions old and new,* éd. E. Moles et Noel Peacock, University of Glasgow Publications, 1992, pp. 74-87.

CUCHE (François Xavier), « Du *Bourgeois gentilhomme* de Molière au gentilhomme bourgeois de Sedaine en passant par le *Turcaret* de Lesage : évolution d'un personnage, d'un genre, du public », [in], *Théâtre et société de la Renaissance à nos jours,* Poznán, 1992, pp. 37-49.

DANDREY (Patrick), « Un brouillon méconnu de Molière ? », [in] *Hommages à Jean-Pierre Collinet,* éd. Jean Foyard et Gérard Taverdet, Dijon,

Éditions universitaires dijonnaises et Association bourguignonne de dialectologie et d'onomastique, 1992, pp. 93-100.
DANDREY (Patrick), « Le dernier Molière. Continuité, évolution ou rupture ? », *Op. cit.*, novembre 1992, pp. 61-73.
DOCK (Stephen Varick), *Costume and fashion in the plays of J.-B. Poquelin Molière. A seventeenth century perspectiv,* Genève, Slatkine, 1992.
LA GORCE (Jérôme de), *L'Opéra à Paris au temps de Louis XIV. Histoire d'un théâtre,* Paris, Desjonquères, 1992.
NÉPOTE-DESMARRES (Fanny), « Mariage, théâtre et pouvoir dans les quatre dernières pièces de Molière », *Op. cit.*, novembre 1992, pp. 83-87.
PHALESE (Hubert de), *Les Mots de Molière,* Paris, Nizet, 1992.
POWELL (John Scott), « Music, Fantasy and Illusion in Molière's *Le Malade imaginaire* », *Music and Letters,* 73 (1992), pp. 222-243.
SAMARD (Évelyne), « Les danses guerrières dans le ballet de cour en Savoie au XVII° siècle », *Cahiers de l'I.R.H.M.E.S.,* I, 1992, pp.77-115.
STENZEL (Hartmut), « Ecriture comique et remise en ordre politique : Molière et le tournant de 1661 ou De *L'École des maris* à *L'École des femmes* », [in] *Ordre et contestation au temps des classiques,* éd. Roger Duchêne et Pierre Ronzeaud, t. 1, *Papers on French Seventeenth Century Literature,* Paris-Seattle-Tubingen, 1992, pp. 87-98 (*Biblio 17,* 73).
Sun King. Ascendancy of French culture during the reign of Louis XIV, éd. David Lee Rubin, Washington-London-Toronto, Folger Books, 1992.
WEISS (Allen S.), *Miroirs de l'infini. Le jardin à la française et la métaphysique au XVII° siècle,* Paris, Seuil, 1992.

1993

CALDER (Andrew), *Molière. The Theory and Practice of Comedy,* London and Atlantic Highlands, The Athlone Press, 1993.
CANOVA-GREEN (Marie-Claude), *La Politique-spectacle au Grand Siècle : les rapports franco-anglais,* Paris-Seattle-Tübingen, *Papers on French Seventeenth Century Literature,* 1993 (*Biblio 17,* 76).
CANOVA-GREEN (Marie-Claude), « Le mythe de l'Âge d'or dans les divertissements à la cour des Bourbons et des premiers Stuarts », [in] *Image et spectacle,* p.p. Pierre Béhar, Amsterdam, Rodopi, 1993, pp. 25-43.
CONESA (Gabriel), « La question des tons dans *Le Malade imaginaire* », *Littératures classiques,* Supplément annuel, janvier 1993, pp. 45-54.
CRONK (Nicholas), « The Play of Words and Music in Molière-Charpentier's *Le Malade imaginaire* », *French Studies,* 47 (1993), pp. 6-19.

CRONK (Nicholas), « Molière-Charpentier's *Le Malade imaginaire* : the first opéra-comique ? », *Forum for Modern Language Studies*, XXIX, n° 3, july 1993, pp. 216-231.

DANDREY (Patrick), *Le « cas Argan »*. *Molière et la maladie imaginaire*, Paris, Klincksieck, 1993.

DANDREY (Patrick), « La comédie du ridicule », *Littératures classiques*, Supplément annuel, janvier 1993, pp. 7-19.

DUCHÊNE (Roger), « Bourgeois gentilhomme ou bourgeois galant ? », [in] *Création et recréation. Un dialogue entre littérature et histoire. Mélanges Marie-Odile Sweetser*, Tübingen, Gunter Narr, 1993, pp. 105-110.

FRANKO (Marek), *Dance as text : ideologies of the baroque body*, Cambridge, Cambridge University Press, 1993.

MET (Philippe), « Inclusion et exclusion : le corps dans les comédies-ballets de Molière », *P.F.S.C.L.*, vol. XX, 1993, n° 38, pp. 37-52.

SERROY (Jean), « 'Guenille si l'on veut...'. Le corps dans les dernières comédies de Molière », *Littératures classiques*, Supplément annuel, janvier 1993, pp. 89-100.

1994

ABRAHAM (Claude), « Farce, ballet, et intégrité : les dernières comédies-ballets de Molière », [in] *Offene Gefüge. Literatursystem und Lebenswirklichkeit. Mélanges Fritz Nies*, Tübingen, Gunter Narr, 1994, pp. 65-73.

CANOVA-GREEN (Marie-Claude), « Présentation et représentation dans *Le Bourgeois gentilhomme*, ou le jeu des images et des rôles », *Littératures classiques*, n° 21, printemps 1994, pp. 79-90.

CHARTIER (Roger), « George Dandin, ou le social en représentation », *Annales. Histoire, Sciences Sociales*, mars-avril 1994, pp. 277-309.

DANDREY (Patrick), « La Fontaine et Molière à Vaux ; la nature des *Fâcheux* », *Le Fablier*, n° 6, 1994, pp. 17-23.

DANDREY (Patrick), « Réflexions sur la mort de M. de Molière en habit de médecin imaginaire », *Le Nouveau Moliériste*, I, 1994, pp. 199-212.

ÉMELINA (Jean), « Les animaux dans le théâtre de Molière », *Nottingham French Studies*, spring 1994, pp. 113-123.

FAJON (Robert), « La comédie-ballet, fille et héritière du ballet de cour », *Littératures classiques*, n° 21, printemps 1994, pp. 207-236.

FORCE (Pierre), *Molière ou le prix des choses*, Paris, Nathan, 1994.

HOURCADE (Philippe), « Molière entre musique et ballet », *Le Nouveau Moliériste*, I, 1994, pp. 125-134.

LOUVAT (Bénédicte), « Le théâtre musical au XVII° siècle : élaboration d'un genre nouveau ? », *Littératures classiques*, n° 21, printemps 1994, pp. 249-264.

McBRIDE (Robert), « La musique chez Molière : source dramatique ou simple agrément ? », *Littératures classiques*, n° 21, printemps 1994, pp. 65-77.

MASSIP (Catherine), « Les sources musicales et littéraires des comédies-ballets de Molière et Lully présentes dans la collection Philidor », *Littératures classiques*, n° 21, printemps 1994, pp. 59-64.

MAZOUER (Charles), « Théâtre et musique au XVII° siècle », *Littératures classiques*, n° 21, printemps 1994, pp. 5-28.

MAZOUER (Charles), « Les heures du jour et de la nuit chez Molière », *Le Nouveau Moliériste*, I, 1994, pp. 221-233.

MAZOUER (Charles), « *George Dandin* dans le *Grand Divertissement royal de Versailles* (1688) », [in] *"Diversité, c'est ma devise". Studien zur französischen Literatur des 17. Jahrhunderts. Festschrift für Jürgen Grimm zum 60. Geburtstag, Papers on French Seventeenth Century Literature*, Paris - Seattle - Tübingen, 1994, pp. 315-329 *(Biblio 17, 86)*.

NORMAN (Buford), « Les folles conventions : le langage musical dans les dernières comédies-ballets de Molière », *Littératures classiques*, n° 21, printemps 1994, pp. 91-101.

POWELL (John Scott), « La métamorphose d'un intermède musical dans *Le Malade imaginaire* », *R.H.T.*, 1994-2, pp. 155-178.

SCHERER (Jacques), « Adieu, Seigneur Polichinelle », *Le Nouveau Moliériste*, I, 1994, pp. 135-142.

Théâtre et musique au XVII° siècle, n° 21, printemps 1994, de *Littératures classiques*, dirigé par Charles Mazouer.

VIALA (Alain) « D'une poétique des formes : la galanterie », *XVII° siècle*, n° 182, 1994, pp. 77-90.

1995

AKIYAMA (Nobuko), « La musique dans les comédies-ballets de Molière », *Le Nouveau Moliériste*, II, 1995, pp. 171-187.

BERTRAND (Dominique), *Dire le rire à l'âge classique. Représenter pour mieux contrôler*, Publications de l'université de Provence, 1995.

CHRISTOUT (Marie-Françoise), *Le Ballet occidental. Naissance et métamorphoses. XVI°-XX° siècle*, Paris, Desjonquères, 1995.

CONESA (Gabriel), *La Comédie de l'âge classique. 1630-1715*, Paris, Seuil, 1995 (Écrivains de toujours).

FLECK (Stephen H.), *Music, Dance, and Laughter. Comic Creation in Molière's Comedy-Ballets,* Tübingen, Gunter Narr, 1995 (*Biblio 17*, 88).
KENNY (Robert), « Molière et ses Égyptiens », *Le Nouveau Moliériste,* II, 1995, pp. 189-209.
MAZOUER (Charles), « Les défenseurs ecclésiastiques de Molière au XVII° siècle », *Le Nouveau Moliériste,* II, 1995, pp. 57-68.
TRUCHET (Jacques), « *Tartuffe, Les Femmes savantes, Le Malade imaginaire* : trois drames de l'imposture », *Le Nouveau Moliériste,* II, 1995, pp. 95-105.
VINTI (Claudio), *La Valigia di Molière. Saggi sul teatro francese tra Sei e Settecento,* Napoli, Edizioni Scientifiche Italiane, 1995.

1996

BRODY (Jules), *Lumières classiques,* Charlottesville, Rookwood Press, 1996.
CANOVA-GREEN (Marie-Claude), « Le Roi, l'astrologue, le bouffon et le poète, figures de la création dans *Les Amants magnifiques* de Molière », *Seventeenth-Century French Studies,* vol. 18, 1996, pp. 121-131.
CANOVA-GREEN (Marie-Claude), « Image et spectacle dans *Monsieur de Pourceaugnac* », *Le Nouveau Moliériste,* III, 1996-1997, pp. 35-45.
CHARTIER (Roger), « *George Dandin* ou la leçon de civilité », *R.H.L.F.,* 1996-3, pp. 475-482.
CONESA (Gabriel), « Remarques sur la ponctuation de l'édition de 1682 », *Le Nouveau Moliériste,* III, 1996-1997, pp. 73-86.
FUMAROLI (Marc), *Héros et orateurs. Rhétorique et dramaturgie cornéliennes,* 2° éd. revue et corrigée, Genève, Droz, 1996 (Titre courant, 1).
KOPPISCH (Michaël S.), « Désordre et sacrifice dans *George Dandin* », *Travaux de littérature,* IX, 1996, pp. 75-86.
MAZOUER (Charles), « Molière et le spectacle », [in] *La « Guirlande » di Cecilia. Studi in onore di Cecilia Rizza,* Fasano-Paris, Schena-Nizet, 1996, pp. 225-236.
REY-FLAUD (Bernadette), *Molière et la farce,* Genève, Droz, 1996.
TRUCHET (Jacques), « Burlesque et cruauté dans le final latin du *Malade imaginaire* », [in] *Aspects du classicisme et de la spiritualité. Mélanges en l'honneur de Jacques Hennequin,* Paris, Klincksieck, 1996, pp. 173-179.
VENESOEN (Constant), *Quand Jean-Baptiste joue du Molière. Essai,* Tübingen, Gunter Narr, 1996 (*Biblio 17*, 94).

1997

ACKERMAN (Simone), « Les comédies sans comique mais avec des ballets », [in] *Car demeure l'amitié. Mélanges offerts à Claude Abraham*, éd. Francis Assaf, Tübingen, Gunter Narr, 1997, pp. 39-49 (*Biblio 17*, 102).

Commedia dell'arte (La) tra cinque e seicento in Francia e in Europa, a cura di Elio Mosele, Fasano, Schena, 1997.

DANDREY (Patrick), *L'Éloge paradoxal de Gorgias à Molière*, Paris, PUF, 1997 (PUF Écriture).

GILOT (Michel) et SERROY (Jean), *La Comédie à l'âge classique*, Paris, Belin, 1997 (Lettres Belin Sup).

GOLDSCHMIDT (Georges-Arthur), *Molière ou la liberté mise à nu*, nouvelle édition, Belfort, Circé, 1997 (Circé-poche, 18).

HILGAR (Marie-France), *Onze mises en scène parisiennes du théâtre de Molière (1989-1994)*, Tübingen, Gunter Narr, 1997 (*Biblio 17*, 107).

MAZOUER (Charles), « Acteurs français et acteurs italiens en France au XVII° siècle », [in] *L'Acteur en son métier*, textes réunis et présentés par Didier Souiller et Philippe Baron, Éditions Universitaires de Dijon, 1997, pp. 165-179.

SWEETSER (Marie-Odile), « Naissance fortuite et fortunée d'un nouveau genre : *Les Fâcheux* », [in] *Car demeure l'amitié. Mélanges offerts à Claude Abraham*, éd. Francis Assaf, Tübingen, Gunter Narr, 1997, pp. 87-98 (*Biblio 17*, 102).

VIALA (Alain), « Molière et le langage galant », [in] *Car demeure l'amitié. Mélanges offerts à Claude Abraham*, éd. Francis Assaf, Tübingen, Gunter Narr, 1997, pp. 99-109 (*Biblio 17*, 102).

1998

CALDER (Andrew), « Le Bourgeois gentilhomme : abondance et équilibre », *Le Nouveau Moliériste*, IV-V, 1998-1999, pp. 75-92.

CALDICOTT (C. E. J.), *La Carrière de Molière entre protecteurs et éditeurs.* Amsterdam-Atlanta, GA, Rodopi, 1998.

CANOVA-GREEN (Marie-Claude), « La parole écrite et chantée dans le ballet de cour », [in] *Actes du colloque annuel de la NASSCFL*, éd. Claire Carlin, Tübingen, Gunter Narr, 1998, pp. 319-327 (*Biblio 17*, 111).

DANDREY (Patrick), *La Médecine et la maladie dans le théâtre de Molière*, Paris, Klincksieck, 1998, 2 vol.

DUCHÊNE (Roger), *Molière*, Paris, Fayard, 1998.

ÉMELINA (Jean), *Comédie et Tragédie*, Publications de la Faculté des Lettres, Arts et Sciences de Nice, 1998 (Traverses, 1).

GAINES (James F.), « *Le Malade imaginaire* et le paradoxe de la mort », [in] *Le Labyrinthe de Versailles : parcours critique de Molière à La Fontaine. À la mémoire d'Alvin Eustis*, éd. Martine Debaisieux, Amsterdam-Atlanta, GA, Rodopi, 1998, pp. 73-83.
HAWCROFT (Michael), « La ponctuation de Molière : mise au point », *Le Nouveau Moliériste*, IV-V, 1998-1999, pp. 345-374.
LOUISON-LASSABLIÈRE (Marie-Joëlle), « La 'belle danse' comme réponse aux désordres de la chair », [in] *Religion et politique. Les avatars de l'augustinisme*, Publications de l'université de Saint-Étienne, 1998, pp. 377 sq.
MAZOUER (Charles), « L'espace de la parole dans *Le Misanthrope*, *George Dandin* et *Le Bourgeois gentilhomme* », *Le Nouveau Moliériste*, IV-V, 1998-1999, pp. 191-202.
Sociopoétique de la danse, sous la direction d'Alain Montandon, Paris, Anthropos, 1998.

1999

« Avec La Fontaine chez Foucquet : André Félibien à Vaux-le-Vicomte », *Le Fablier*, n° 11, 1999, pp. 12-51.
BOURQUI (Claude), *Les Sources de Molière. Répertoire critique des sources littéraires et dramatiques,* Paris, SÉDES, 1999.
CHAOUCHE (Sabine), « A propos de l'*actio* ' naturelle' prônée par Molière », *R.H.L.F.*, 1999-6, pp. 1169-1190.
DANDREY (Patrick), *Molière / Trois comédies « morales ». Le Misanthrope, George Dandin, Le Bourgeois gentilhomme*, Paris, Klincksieck, 1999 (Parcours critique).
LEPLATRE (Olivier), *Lectures d'une œuvre. « Le Misanthrope », « George Dandin », « Le Bourgeois gentilhomme » ou les comédies de la mondanité*, Paris, Éditions du Temps, 1999.
LOUVAT (Bénédicte), « *George Dandin* et *Le Bourgeois gentilhomme* : de la comédie alternée à la comédie-ballet », *Op. cit.*, n° 13, novembre 1999, pp. 89-97.
MAZOUER (Charles), *Trois Comédies de Molière. Étude sur « Le Misanthrope », « George Dandin », « Le Bourgeois gentilhomme »*, Paris, SÉDES, 1999.
MAZOUER (Charles) et MAZOUER (Martine), *Étude sur Molière, « Le Bourgeois gentilhomme »*, Paris, Ellipses Édition Marketing, 1999.
MAZOUER (Charles), « Polichinelle en France jusqu'aux théâtres de la Foire », *Cahiers Robinson*, n° 6, 1999, pp. 19-48.

NORMAN (Larry), *The Public Mirror. Molière and the Social Commerce of Depiction*, The University of Chicago Press, 1999.

2000

BLOCH (Olivier), *Molière / « Philosophie »*, Paris, A. Michel, 2000.

CANOVA-GREEN, « Je, tu, il..., ou le dédoublement du moi dans le *George Dandin* de Molière », *Littératures classiques,* n° 38, janvier 2000, pp. 92-101.

CANOVA-GREEN (Marie-Claude), « Feinte et comédie dans *La Comtesse d'Escarbagnas* », [in] *Essays on French Comic Drama from the 1640s to the 1780s*, éd. D. C. Connon et George Evans, Bern, Peter Lang, pp. 523-533.

CUCHE (François Xavier), « Simple note sur la structure dramatique du *Bourgeois gentilhomme* », *Littératures classiques,* n° 38, janvier 2000, pp. 31-39.

ÉMELINA (Jean), « Les comiques de Molière », *Littératures classiques,* n° 38, janvier 2000, pp. 103-115.

LANDY (Rémy), « *George Dandin* et *Le Bourgeois gentilhomme* : le mariage de la comédie et du ballet », *Littératures classiques,* n° 38, janvier 2000, pp. 159-177.

MAZOUER (Charles), « *Le Misanthrope, George Dandin* et *Le Bourgeois gentilhomme* : trois comédies écrites pour la scène », *Littératures classiques,* n° 38, janvier 2000, pp. 139-158.

MAZOUER (Charles), « Pastorale e commedia fino a Molière », [in] *Teatri barocchi. Tragedie, commedie, pastorali nella drammaturgia europea fra '500 e '600*, a cura di Silvia Carandini, Roma, Bulzoni, 2000, pp. 469-486.

Molière, « Le Misanthrope », « George Dandin », « Le Bourgeois gentilhomme », n° 38, janvier 2000, de *Littératures classiques*, sous la direction de Charles Mazouer.

NÉDÉLEC (Claudine) « Galanteries burlesques, ou burlesque galant ? », *Littératures classiques,* n° 38, janvier 2000, pp. 117-137.

PARENT (Brice), *Variations comiques, ou Les réécritures de Molière par lui-même*, Paris, Klincksieck, 2000.

POWELL (John Scott), *Music and Theatre in France. 1600-1680*, Oxford, Oxford University Press, 2000.

PINEAU (Joseph), *Le Théâtre de Molière. Une dynamique de la liberté*, Paris-Caen, Lettres Modernes-Minard, 2000 (Situation, 54).

THIROUIN (Laurent), « L'impiété dans *Le Malade imaginaire* », [in] *Libertinage et philosophie au XVII° siècle*, 4 : « *Gassendi et les gassendis-*

tes » et « *Les passions libertines* », Publications de l'Université de Saint-Étienne, 2000, pp. 121-143.

2001

CANOVA-GREEN (Marie-Claude), « Espace et pouvoir dans *Les Plaisirs de l'île enchantée* (1664) », *Seventeenth-Century Studies*, 23, 2001, pp. 121-138.

CHAOUCHE (Sabine), *L'Art du comédien. Déclamation et jeu scénique en France à l'âge classique (1629-1680)*, Paris, Champion, 2001.

DANDREY (Patrick), *Molière ou l'esthétique du ridicule*, seconde édition revue, corrigée et augmentée, Paris, Klincksieck, 2002 (Série littérature).

LOUVAT (Bénédicte), « La comédie-ballet ou l'impossible fusion des langages », [in] *Les Arts du spectacle au théâtre (1550-1700)*, éd. Marie-France Wagner et Claire Le Brun-Gouanvic, Paris, Champion, 2001 (Colloques, congrès et conférences sur la Renaissance, 23), pp. 197-218.

PREST (Julia), « The problem of praise and the first Prologue to *Le Malade imaginaire* », *Seventeenth-Century French Studies*, vol. 23, 2001, pp. 139-149.

2002

BROOKS (William), « *Intervalles, entractes*, and *intermèdes* in the Paris Theatre », *Seventeenth-Century French Studies*, volume 24, 2002, pp. 107-125.

GAMBELLI (Delia), « Le macchine del comico. Il malinteso nel teatro di Molière », [in] *Da Molière a Marivaux*, a cura di Barbara Sommavigo, Pisa, Edizioni Plus. Università di Pisa, 2002, pp. 31-41.

HONG (Ran-E), *L'Impossible social selon Molière*, Tübingen, Gunter Narr, 2002 (*Biblio 17*, 135).

HOURCADE (Philippe), *Mascarades et ballets au Grand Siècle (1643-1715)*, Paris, Desjonquères et Centre national de la danse, 2002.

LA GORCE (Jérôme de), *Jean-Baptiste Lully*, Paris, Fayard, 2002.

LOUVAT-MOLOZAY (Bénédicte), *Théâtre et musique. Dramaturgie de l'insertion musicale dans le théâtre français (1550-1680)*, Paris, Champion, 2002 (Lumière classique, 46).

MAZOUER (Charles), *Le Théâtre d'Arlequin. Comédies et comédiens italiens en France au XVIIe siècle*, Fasano, Schena editore – Presses de l'Université de Paris-Sorbonne, 2002 (Biblioteca della ricerca. Cultura straniera, 112).

MAZOUER (Charles), « Molière et la noblesse », [in] *Réalisme et réalité en question au XVII° siècle*, textes réunis par Didier Souiller, Publication du Centre « Interactions Culturelles Européennes » de l'Université de Bourgogne, Dijon, série *Littérature Comparée*, n° 1-2002, pp. 183-195.

RONZEAUD (Pierre), « Pour une lecture non galante des comédies de Molière », [in] *Mythe et Histoire dans le théâtre classique. Hommage à Christian Delmas*, p.p. Fanny Népote-Desmarres, Toulouse, Société de Littératures classiques, 2002 (diff. Champion), pp. 323-335.

SERROY (Jean), « Molière méditerranéen », [in] *Les Méditerranées du XVII° siècle*, éd. Giovanni Dotoli, Tübingen, Gunter Narr, 2002, pp. 219-230 (*Biblio 17*, 137).

2003

AKIYAMA (Nobuko), « Deux comédies-ballets galantes de Molière : *La Princesse d'Élide* et *Les Amants magnifiques* », [in] *Molière et la fête*, éd. Jean Émelina, Ville de Pézenas, 2003, pp. 35-49.

BOURQUI (Claude) et VINTI (Claudio), *Molière à l'école italienne. Le « lazzo » dans la création moliéresque*, Torino et Paris, L'Harmattan, 2003.

CALDICOTT (Edric), « L'inspiration aristocratique de la fête chez Molière », [in] *Molière et la fête*, éd. Jean Émelina, Ville de Pézenas, 2003, pp. 261-279.

CANOVA-GREEN (Marie-Claude), « Figures d'auteur dans les comédies-ballets de Molière », [in] *Molière et la fête*, éd. Jean Émelina, Ville de Pézenas, 2003, pp. 157-172.

DANDREY (Patrick), *Les Tréteaux de Saturne. Scènes de la mélancolie à l'époque baroque*, Paris, Klincksieck, 2003.

ÉMÉLINA (Jean), « Molière ou les délices de la répétition : singeries et parodies, jeux et émois », [in] *Molière et la fête*, éd. Jean Émelina, Ville de Pézenas, 2003, pp. 173-199.

FLECK (Stephen H.), « L'imaginaire du *Malade* : musique, voix et masque dans la fête ultime de Molière », [in] *Molière et la fête*, éd. Jean Émelina, Ville de Pézenas, 2003, pp. 307-330.

GAMBELLI (Delia), « Frêles voix et morales en mouvement dans le théâtre de Molière », [in] *Theatrum mundi. Studies in Honour of Ronald W. Tobin*, Charlottesville, Rookwood, 2003, pp. 122-129.

GAMBELLI (Delia), « Molière et la plus grande des fêtes : la mort domptée », [in] *Molière et la fête*, éd. Jean Émelina, Ville de Pézenas, 2003, pp. 219-228.

KOPPISCH (Michaël S.), « *Monsieur de Pourceaugnac* : comedy of Desire », [in] *Theatrum mundi. Studies in Honour of Ronald W. Tobin*, Charlottesville, Rookwood, 2003, pp. 147-154.

MAZOUER (Charles), « La joie des dénouements chez Molière », [in] *Molière et la fête*, éd. Jean Émelina, Ville de Pézenas, 2003, pp. 201-217.

MAZOUER (Charles), « Les relations des fêtes données à Versailles (1664-1674) », *Texte*, 2003, 33/34, pp. 207-230.

Molière et la fête (Actes du colloque de Pézenas, juin 2001), éd. Jean Émelina, Ville de Pézenas, 2003.

RAZGONNIKOFF (Jacqueline), « La représentation des comédies-ballets de Molière à la Comédie-Française « avec tous leurs ornements ». Exemples et contre-exemples », [in] *Molière et la fête*, éd. Jean Émelina, Ville de Pézenas, 2003, pp. 281-306.

SERROY (Jean), « Œuvres de commande et écriture à contraintes. Le cas des *Fâcheux* de Molière », *Recherches et travaux*, n° 63, 2003, pp. 145-151.

SPIELMANN (Guy), « Molière ou l'esprit du carnaval », [in] *Molière et la fête*, éd. Jean Émelina, Ville de Pézenas, 2003, pp. 231-259.

STERNBERG (Véronique), « Un souvenir de Scarron : le burlesque dans la comédie de Molière », [in] *Molière et la fête*, éd. Jean Émelina, Ville de Pézenas, 2003, pp. 83-105.

2004

CANOVA-GREEN (Marie-Claude), « Marginale ou marginalisée ? La comédie-ballet moliéresque », *Littératures classiques*, n° 51, 2004, pp. 317-334.

DANDREY (Patrick), « La fête entre réalité et imaginaire dans *Monsieur de Pourceaugnac* de Molière », [in] *Fête et imagination dans la littérature du XVII° et du XVIII° siècle,* dir. Huguette Krief et Sylvie Requemora, Publications de l'Université de Provence, 2004, pp. 205-220 (Textuelles, Littérature).

DUROSOIR (Georgie), *Les Ballets de la cour de France. Les fantaisies et les splendeurs du Baroque,* Éditions Papillon, 2004.

KINTZLER (Catherine), *Théâtre et opéra à l'âge classique. Une familière étrangeté*, Paris, Fayard, 2004 (Les chemins de la musique).

McBRIDE (Robert), « Le héros moliéresque et les pièges du langage », [in] *Heroism and Passion in Literature. Studies in Honour of Moya Longstaffe*, éd. Graham Gargett, Amsterdam-New York, Rodopi, 2004, pp. 57-66.

MACCHIA (Giovanni), *Le Silence de Molière (Il Silenzio di Molière*, 1985), Paris, Desjonquères, 2004.

MAZOUER (Charles), « *Le Grand Divertissement royal de Versailles* et *George Dandin* », [in] *Molière et la musique. Des États du Languedoc à la cour du Roi-Soleil*, Montpellier, Les Presses du Languedoc, 2004, pp. 69-77.

Molière et la musique. Des États du Languedoc à la cour du Roi-Soleil, dir. Catherine Cessac, Montpellier, Les Presses du Languedoc, 2004.

NIDERST (Alain), *Molière*, Paris, Perrin, 2004.

VERDIER (Anne), « Réflexions sur la robe de chambre de M. Jourdain ou l'invention du 'troisième objet' dans le théâtre de Molière », [in] *Art et argent en France au temps des Premiers Modernes (XVII° et XVIII° siècles)*, éd. Martial Poirson, Oxford, Voltaire Foundation, 2004 (*SVEC*, 2004, 10), pp. 45-53.

2005

CANOVA-GREEN (Marie-Claude), « La comédie-ballet ou l'impossible fusion de la comédie et du ballet », *P.F.S.C.L.*, XXXII, 63, 2005, pp. 539-551.

CANOVA-GREEN (Marie-Claude), « Molière ou le moi en représentation. Étude des comédies-ballets », [in] *Molière et le jeu*, dir. Jean Émelina et Gabriel Conesa, Pézenas, Domens, 2005, pp. 13-33.

CONESA (Gabriel), « 'Jouer avec' ... et 'se jouer de' », [in] *Molière et le jeu*, dir. Jean Émelina et Gabriel Conesa, Pézenas, Domens, 2005, pp. 82-107.

ÉMÉLINA (Jean), « Les gens du Midi dans le théâtre de Molière », [in] *Molière et les pays d'Oc*, dir. Claude Alranq, Presses Universitaires de Perpignan, 2005 (Études), pp. 93-111.

LA GORCE (Jérôme de), *Carlo Vigarani, intendant des plaisirs de Louis XIV*, Paris, Éditions Perrin et Établissement public du musée et du domaine national de Versailles, 2005 (Les métiers de Versailles).

McKENNA (Anthony), *Molière, dramaturge libertin*, Paris, Champion, 2005 (Essais).

MARIN (Louis), *Politiques de la représentation*, Paris, éditions Kimé, 2005 (Collège international de philosophie).

MAZOUER (Charles), « Les ornements comiques dans les comédies-ballets de Molière et Lully », [in] *Le Théâtre en musique et son double (1600-1762)*, éd. Delia Gambelli et Letizia Norci Cagiano, Paris, Champion, 2005 (Colloques, congrès et conférences sur le Classicisme, 5), pp. 29-42.

MAZOUER (Charles), « Le corps comique chez Molière », [in] *Le Mime et ses cheminements : du corps pétrifié au corps sublimé* (Colloque interdisciplinaire : Mime Marceau), textes recueillis par Yolande Legrand, Bordeaux, éditions A.R.D.U.A., 2005, pp. 33-44.

MAZOUER (Charles), « La comédie-ballet : un genre improbable ? », *Studi francesi*, 135, gennaio-aprile 2005, pp. 13-21.

MAZOUER (Charles), « Molière et Carlo Vigarani », communication au colloque *Gaspare et Carlo Vigarani. De la cour d'Este à celle de Louis XIV* (6-10 juin 2005) (à paraître).

ROLLIN (Sophie), « Les jeux galants dans *La Princesse d'Élide* et *Les Amants magnifiques* », [in] *Molière et le jeu*, dir. Jean Émelina et Gabriel Conesa, Pézenas, Domens, 2005, pp. 263-284.

SAUZET (Patrick), « Les scènes occitanes de *Monsieur de Pourceaugnac* », [in] *Molière et les pays d'Oc*, dir. Claude Alranq, Presses Universitaires de Perpignan, 2005 (Études), pp. 147-175.

2006

CANOVA-GREEN (Marie-Claude), « Figures de la galanterie dans *Le Sicilien, ou L'Amour peintre* », *Littératures classiques*, n° 58, printemps 2006, pp. 89-103.

KINTZLER (Catherine), *Poétique de l'opéra français de Corneille à Rousseau*, 2° éd., Paris, Minerve, 2006.

LA GORCE (Jérôme de), « Un lieu de spectacle à Versailles au temps de Louis XIV : le grotte de Thétis », [in] *Les Lieux du spectacle dans l'Europe du XVII° siècle*, éd. Charles Mazouer, Tübingen, Gunter Narr, 2006, pp. 307-318 (*Biblio 17*, 165).

MAZOUER (Charles), chapitre 8 « Comédies-ballets », pp. 107-119 de *The Cambridge Companion to Molière*, edited by David Bradby and Andrew Calder, Cambridge University Press, 2006.

VERDIER (Anne), *L'Habit de théâtre. Histoire et poétique de l'habit de théâtre en France au XVII° siècle (1606-1680)*, Beaulieu, Lampsaque, 2006 (Le Studiolo-essais).

DISCOGRAPHIE

CHARPENTIER / MOLIÈRE, *Le Malade imaginaire*, par Les Arts Florissants, sous la direction de William Christie (Harmonia Mundi, 1990).

Marc-Antoine CHARPENTIER, *Le Malade imaginaire*, Atelier théâtral de Louvain-la-Neuve, Musica Polyphonica, dir. Louis Devos, (CD LMI-94, 1994).

Marc-Antoine CHARPENTIER, *Le Mariage forcé* ; *Les Fous divertissants*, par le New Chamber Opera Ensemble, sous le direction de Gary Cooper (ASV, 1997).

Jean-Baptiste LULLY/ MOLIÈRE, *Les Comédies-ballets. Phaéton*, par les Musiciens du Louvre, sous la direction de Marc Minkowski (Erato, 1999).

L'Orchestre du Roi-Soleil : 1° Suite « Le Bourgeois gentilhomme », 1670 ; 2° Suite « Le Divertissement royal », 1664-1670 ; 3° Suite « Alceste », par le Concert des Nations, dir. Jordi Savall (Alia Vox, 1999).

Lully ou le musicien du Soleil, vol. 3 : *Carrousel, La Grotte de Versailles. Les Plaisirs de l'île enchantée*, par la Symphonie du Marais, sous la direction de Hugo Reyne (Accord, 2000).

Lully ou le musicien du Soleil, vol. 4 : *Le Bourgeois gentilhomme*, par la Symphonie du Marais, sous la direction de Hugo Reyne (Accord, 2002).

TABLE ANALYTIQUE DES MATIÈRES

Ouverture 9

La musique et la danse enrichissent les comédies-ballets, qui appartiennent d'abord et fondamentalement à Molière. Originalité de Molière dans la création du genre. Place du genre dans son œuvre (9-13).

Long mépris de la critique pour les comédies-ballets ; exceptions. Rôle des musicologues pour leur réhabilitation (13-16).

Nécessité d'une perspective globale et unitaire, qui analyse la part des trois arts dans l'esthétique unifiée du genre (17).

I. LE DIVERTISSEMENT ROYAL 19

1. Au service du roi 21

Commandés par Foucquet, *Les Fâcheux* sont dédiés au roi. Toutes les autres comédies-ballets, jusqu'au *Malade imaginaire,* sont écrites pour les fêtes royales, voulues par le roi et destinées à le glorifier (21-24).

Implications politiques des fêtes royales, que ramènent les saisons, les célébrations ou les événements de l'histoire du règne. Le roi veille personnellement à la réalisation des fêtes (24-28).

Que Molière fut courtisan. Il assume pleinement le service du roi dans ses comédies-ballets ; la hâte des commandes. Les comédies-ballets chantent la louange du roi. Connivence entre l'artiste et le royal mécène, Mais service n'est pas servitude (28-36).

2. Des châteaux au théâtre du Palais-Royal 37

Les comédies-ballets au sein des divertissements de cour. À l'intérieur des palais : le Louvre, Versailles, Saint-Germain-en-Laye, Chambord (37-38).

Les grandes fêtes de plein air. Le cadre des parcs et des jardins : Vaux-le-Vicomte, le premier Versailles. Le déroulement et le programme des fêtes (38-43).

Comment la scène et la représentation théâtrale s'enchâssent dans ces fêtes somptueuses, des *Fâcheux* au *Malade imaginaire,* en passant par *La Princesse d'Élide* et *George Dandin* (43-48).

Un carrefour des arts. Collaboration du chorégraphe, des musiciens, des décorateurs italiens (Torelli ; Vigarani) à un spectacle baroque dont s'enchante Molière (48-52).

Molière a voulu donner ses comédies-ballets, avec leurs ornements de musique et de danse en général, dans son théâtre parisien du Palais-Royal. Témoignages du Registre de La Grange et de Robinet (52-55).

3 Les deux publics 57

Molière doit plaire à ses deux publics de la cour et de la ville (57-58).

Configuration du public de la cour. Au théâtre du Palais-Royal, importance du parterre bourgeois et poids de l'aristocratie. Limites de l'analyse des publics pour affirmer la portée sociologique des comédies-ballets (58-63).

Un autre biais : quelle vision des groupes sociaux donnent les comédies-ballets ? Les comédies-ballets qui reflètent l'univers noble ne le louent pas sans nuances. Echappées vers l'idéal noble dans les comédies bourgeoises au réalisme cru. Dans les comédies-ballets qui confrontent les univers bourgeois et noble, élégance du noble de cour, ridicule des hobereaux, critique des aspirations à la noblesse ; mais la noblesse de cour n'est pas toujours estimable (63-73).

Pas de jugement unilatéral sur les intentions de Molière à l'égard de ses publics, vis-à-vis desquels il reste libre, approuvant et critiquant tour à tour (73-76).

4. La diversité des formules 77

Manière de nommer ces comédies musicales et dansées (77-78).

Inscription des comédies-ballets dans le divertissement royal. La comédie-ballet au sein d'un programme thématique. La comédie-ballet servant de cadre à des divertissements ; sur le déroulement du *Ballet des ballets* qu'enchâsse *La Comtesse d'Escarbagnas* (78-82).

Place et importance des éléments musicaux et chorégraphiques dans chaque comédie-ballet ; divers équilibres esthétiques et tendance à l'excroissance des intermèdes (82-88).

Pas d'évolution organique, mais variété des formules (88-89).

Premier intermède : Terpsichore 91

Le ballet de cour : évolution, théories de ce spectacle dont s'empare Molière (93-96).
Place de la danse dans la civilisation du temps. Le roi et la danse ; Pierre Beauchamp, chorégraphe de Molière (96-99).
Molière et la danse : il la pratique, a réfléchi sur elle ; l'esprit de la danse déjà dans son théâtre (99-102).

II LES ORNEMENTS 103

5. Poétique de l'intermède 107

L'intermède dans l'espace : seul sur la scène ou cohabitant avec la comédie (spectacle intérieur) ; à la fin du *Malade imaginaire,* l'espace de la comédie se fond dans celui de l'intermède (107-111).
Les trois langages (verbe ; danse ; musique) au service des personnages de l'intermède – allégories, dieux, personnages de la pastorale, de la *commedia dell'arte* ; personnages de la vie quotidienne, lointains ou familiers, surtout (111-118).
Éléments stylistiques de la danse : airs à danser, chorégraphie expressive, costumes ; exemples d'une *actio* développée des danseurs et des pantomimes (118-125).
La musique caractérise, peint, suggère des sentiments, émeut ou fait rire. Le poète écrit pour la musique autant que le musicien s'ajuste aux vers du poète ; Molière excellent parolier (125-131).
Dramaturgie de l'intermède, qui se développe et se construit ; dynamisme de l'intermède. La musique de Lully et de Charpentier est vraiment dramatique (131-134).

6. Climats 135

Donner un aperçu de la richesse des ornements et de leur pouvoir expressif et émotif (135-136).
Rôle et variété des ouvertures instrumentales à la française (136-138).
Les climats de la pastorale. Souffrance des bergers et des bergères exprimée en des mélodies émouvantes ; le duo d'Angélique et de Cléante (*Le Malade imaginaire,* II, 5). Bergers joviaux et filles indifférentes. La pastorale parodiée et ses personnages ridicules. La pastorale tourne toujours, pour finir, à la victoire de l'amour et à la joie (138-149).

Les ornements comiques. D'où vient le comique ? Les airs à danser, les costumes, les accessoires, la mimique et la gestuelle des danseurs. Le comique musical : instrumentation, mélodie, harmonie ; comique des paroles chantées ; la voix des chanteurs. Analyse de quelques ornements comiques : ceux qui rendent joyeuse la vie quotidienne en la dansant et en la chantant ; ceux qui s'en prennent à des personnages plus sérieux (gens de justice ; médecins). La cérémonie burlesque du *Malade imaginaire* ; la cérémonie turque du *Bourgeois gentilhomme*) (149-160).

La diversité des climats converge vers la joie (161).

7. « Ne faire qu'une seule chose du ballet et de la comédie » 163

Le problème de l'unité esthétique des trois arts, posé dès *Les Fâcheux* (163-165).

Correspondances secrètes entre le texte même des comédies de Molière et les arts de la musique et de la danse. Passage aisé de la parole au chant. Affinités entre le dialogue scénique et les figures de la danse : les comédies des *Fâcheux* et de *Monsieur de Pourceaugnac* comme ballets ; le premier acte de *L'Amour médecin* ; personnages de la comédie traités comme des danseurs (165-171).

La couture des ornements de musique et de danse à la comédie : diverses solutions en vue d'un idéal d'unité. Présentation logique de ces solutions, de l'enchaînement le plus lâche à l'unité la plus essentielle : prologues, ornements extérieurs mal joints à la comédie ; les spectacles intérieurs (dans la joie du dénouement ; pour dire l'amour à sa belle ; pour divertir la mélancolie) ; faire coïncider le plan de l'intermède avec le plan de la comédie (*La Princesse d'Élide*) ; les intermèdes en parfaite continuité avec la comédie, en particulier les grandes cérémonies burlesques (171-180).

Les trois arts se répondent et se complètent. Sans y parvenir selon un développement organique, Molière a réalisé son idéal d'union entre les ornements et la comédie (180-181).

Deuxième intermède : Euterpe 183

Molière et la musique : atavisme, éducation ; la musique dans son théâtre ; reflets de la vie musicale et des conceptions musicales du temps dans les comédies-ballets (185-189).

Molière et ses musiciens. L'association avec Lully et la connivence esthétique ; la rupture de 1672 à propos de l'opéra. Molière engage Marc-Antoine Charpentier, jeune musicien formé en Italie (189-194).

III. LA VISION 195

8. Contrepoint 199

Contraste entre la comédie et les ornements, le réalisme et la fantaisie, dès l'ouverture ; les trois artistes atténuent ou soulignent plus rudement ce contraste dans le goût baroque (199-202).

Les deux voix du réalisme et de l'imaginaire forment un contrepoint et concourent à la signification propre d'une comédie-ballet. L'ornement comme reflet ou écho de la comédie (cinquième intermède de *La Princesse d'Élide*), ou éclairant à l'avance la comédie (sérénade initiale de *Monsieur de Pourceaugnac*) (202-204).

Grâce aux ornements et au contrepoint entre les ornements et la comédie, Molière multiplie les points de vue et les jugements sur ses personnages : théâtre polyphonique. Deux visions de l'amour dans *George Dandin* et dans sa pastorale ; les ornements du *Bourgeois gentilhomme* jugent Monsieur Jourdain mais aussi Dorante ; les intermèdes des *Amants magnifiques* contestés ; Moron le plaisant de cour permet une distance ironique à l'égard de la pastorale et des valeurs du monde noble (204-212).

9. Le monde allégé 213

Comme le montrent d'emblée *Les Fâcheux*, la dureté de la comédie est allégée par la fantaisie des ornements (213-214).

La violence sociale est bien présente dans *Le Mariage forcé, George Dandin, Monsieur de Pourceaugnac, Le Bourgeois gentilhomme* et *La Comtesse d'Escarbagnas*, où se manifestent des ambitions, où se déploient les tromperies qui les répriment plus ou moins justement ; mais la présence des ornements chantés et dansés fait oublier l'âpreté, la gravité des tromperies et la cruauté des dénouements pour les victimes (214-226).

La satire de la médecine et des médecins inquiétants est implacable, féroce, de *L'Amour médecin* à *Monsieur de Pourceaugnac* et au *Malade imaginaire* ; mais la menace et l'angoisse sont conjurées d'abord par des procédés de stylisation et de déréalisation comiques, puis par les ornements qui prennent le relais de la vision comique et transforment définitivement la médecine en mascarade (226-233).

10. Le triomphe de l'amour 235

Dans la comédie récitée, l'amour libre et partagé triomphe des obstacles : obstacle social intériorisé (*Les Amants magnifiques*) ; obstacle de l'autorité paternelle dans les comédies bourgeoises ; obstacle des maris épousés sans amour ou des futurs âgés et tyranniques ; réticence intérieure à se laisser aller à l'amour (*La Princesse d'Élide*) (235-248).

Dans les intermèdes pastoraux, les bergères finissent par se laisser aller à l'amour et au plaisir, constamment chantés (248-250).

Ornements et comédie s'associent pour assurer et proclamer le triomphe de l'amour : les ornements relativisent les obstacles à l'amour et la défaite de ceux qui se sont opposés à lui ; les ornements qui chantent l'amour baignent la comédie de leur climat, soutenant, directement ou non, les vœux des jeunes amoureux dès le début des comédies-ballets, au cours du spectacle et jusqu'à la victoire finale, qu'ils célèbrent (250-255).

11. La joie 257

L'alliance du rire, de l'harmonie et de la danse apaise et crée la joie : Molière s'en explique dans les comédies-ballets (257-259).

L'esprit du carnaval favorise l'affirmation de la joie : comédies-ballets composées pour le carnaval et dont la fiction est censée se dérouler en période de carnaval ; deux caractères fondamentaux du carnaval – mise en cause satirique de l'ordre (rôles sociaux tournés au burlesque ; hiérarchies et valeurs admises renversées), et goût pour les jeux de masque et les déguisements, qui provoquent de joyeuses farces et qui permettent à Molière de pousser l'analyse de certaines illusions humaines (Monsieur Jourdain ; Argan). Le souffle carnavalesque laisse le dernier mot à la gaieté et au flux de la vie (259-269).

La sagesse comique de Molière. Elle ne repose pas sur l'aveuglement : analyse humaine et sociale aiguë. De ce monde dur, de ces violences, Molière veut délivrer par le rire ambivalent, qui sanctionne et apaise ; les ornements de la comédie-ballet, avec leur fantaisie propre, achèvent l'œuvre du rire et mènent à une complète euphorie. Molière sait les limites de l'euphorie théâtrale, mais la joie affirmée témoigne de la volonté d'un monde meilleur, d'un homme plus heureux (269-274).

Postlude 275

Rappel des grandes lignes de l'esthétique spécifique de la comédie-ballet (275-276).

L'originalité des comédies-ballets réhabilitées ne doit pas les couper du reste de l'œuvre de Molière (276-278).

Ces comédies-ballets baroques créées par Molière restent un genre éphémère, que notre goût moderne n'est peut-être plus à même d'apprécier autant que le faisaient les spectateurs du XVIIe siècle (278-281).

Bibliographie 283

Index des pièces de Molière 309

Index des noms de personnes 313

Postface de la nouvelle édition 319

Bibliographie complémentaire (1990-2006) 323

Table analytique des matières 339

Dans la même collection

1. MORLET CHANTALAT, Chantal. *La «Clélie» de Mademoiselle de Scudéry. De l'épopée à la gazette: un discours féminin de la gloire.* 1994.
2. PLANTIÉ, Jacqueline. *La Mode du portrait littéraire en France (1641-1681).* 1994.
3. BEUGNOT, Bernard. *La Mémoire du texte. Essais de poétique classique.* 1994.
4. SALAZAR, Philippe-Joseph. *Le Culte de la voix au XVIIe siècle. Formes esthétiques de la parole à l'âge de l'imprimé.* 1995.
5. CAGNAT, Constance. *La Mort classique. Écrire la mort dans la littérature française en prose de la seconde moitié du XVIIe siècle.* 1995.
6. FERREYROLLES, Gérard. *Les Reines du monde. L'imagination et la coutume chez Pascal.* 1995.
7. MICHON, Hélène. *L'Ordre du cœur. Philosophie, théologie et mystique dans les* Pensées *de Pascal.* 1996.
8. SPICA, Anne-Élisabeth. *Symbolique humaniste et emblématique. L'évolution et les genres (1580-1700).* 1996.
9. GAILLARD, Aurélia. *Fables, mythes, contes: L'esthétique de la fable et du fabuleux (1660-1724).* 1996.
10. LESNE, Emmanuèle. *La Poétique des Mémoires (1650-1685).* 1996.
11. DONNÉ, Boris. *La Fontaine et la poétique du Songe. Récit, rêverie et allégorie dans les Amours de Psyché.* 1995.
12. DENIS, Delphine. *La Muse galante. Poétique de la conversation dans l'œuvre de Madeleine de Scudéry.* 1997.
13. LAFOND, Jean. *L'Homme et son image. Morales et littérature de Montaigne à Mandeville.* 1996.
14. GÉNETIOT, Alain. *Poétique du loisir mondain, de Voiture à La Fontaine.* 1997.
15. PLAZENET, Laurence. *L'Ébahissement et la délectation. Réception comparée et poétiques du roman grec en France et en Angleterre aux XVIe et XVIIe siècles.* 1997.
16. ZOBERMAN, Pierre. *Les Cérémonies de la parole: l'éloquence d'apparat en France dans le dernier quart du XVIIe siècle.* 1998.
17. THIROUIN, Laurent. *L'Aveuglement salutaire. Le réquisitoire contre le théâtre dans la France classique.* 1997.
18. GARAVINI, Fausta. *«La Maison des Jeux». Science du roman et roman de la science au XVIIe siècle.* 1998.
19. POULOUIN, Claudine. *Le Temps des origines. L'Éden, le Déluge et «les temps reculés». De Pascal à L'Encyclopédie.* 1998.
20. GRANDE, Nathalie. *Stratégies de romancières. De* Clélie *à* La Princesse de Clèves *(1654-1678).* 1999.
21. SELLIER, Philippe. *Port-Royal et la littérature. I. Pascal.* 1999.

22. LAFOND, Jean. *Lire, vivre où mènent les mots. De Rabelais aux formes brèves de la prose.* 1999.
23. ROBIC-DE BAECQUE, Sylvie. *Le Salut par l'excès. Jean-Pierre Camus (1608-1652), la poétique d'un évêque romancier.* 1999.
24. PECH, Thierry. *Conter le crime. Droit et littérature sous la Contre-Réforme: Les Histoires tragiques (1559-1644).* 2000.
25. MAÎTRE, Myriam. *Les Précieuses. Naissance des femmes de lettres en France au XVIIe siècle.* 2002.
26. GŒURY, Julien. *L'autopsie et le théorème. Poétique des* Théorèmes spirituels *(1613-1622) de Jean de La Ceppède.* 2001.
27. HACHE, Sophie. *La Langue du ciel. Le sublime en France au XVIIe siècle.* 2000.
28. PAPASOGLI, Benedetta. *Le «fond du cœur». Figures de l'espace intérieur au XVIIe siècle.* 2000.
29. MERLIN-KAJMAN, Hélène. *L'absolutisme dans les lettres et la théorie des deux corps: passions et politique.* 2000.
30. POUZET, Régine. *Chronique des Pascal. «Les affaires du monde» d'Étienne Pascal à Marguerite Périer (1588-1733).* 2001.
31. CHAOUCHE, Sabine. *L'art du comédien. Déclamation et jeu scénique en France à l'âge classique (1629-1680).* 2001.
32. DENIS, Delphine. *Le Parnasse galant. Institution d'une catégorie littéraire au XVIIe siècle.* 2001.
33. VERCIANI, Laura. *Le moi et ses diables. Autobiographie spirituelle et récit de possession au XVIIe siècle.* Traduit de l'italien par Arlette Estève. 2001.
34. SELLIER, Philippe. *Port-Royal et la littérature. II. Le siècle de saint Augustin, La Rochefoucauld, Mme de Lafayette, Sacy, Racine.* 2001.
35. NIES, Fritz. *Les lettres de Madame de Sévigné: Conventions du genre et sociologie des publics.* Traduit de l'allemand par Michèle Creff. 2001.
36. SPIELMANN, Guy. *Le Jeu de l'Ordre et du chaos. Comédie et pouvoirs à la fin du règne, 1673-1715.* 2002.
37. CAVAILLÉ, Jean-Pierre. *Dis/simulations. Jules-César Vanini, François La Mothe Le Vayer, Gabriel Naudé, Louis Machon et Torquato Accetto. Religion, morale et politique au XVIIe siècle.* 2002.
38. MACÉ, Stéphane. *L'Éden perdu. La pastorale dans la poésie française de l'âge baroque.* 2002.
39. PEUREUX, Guillaume. *«Le rendez-vous des Enfans sans soucy». La poétique de Saint-Amant.* 2002.
40. ROBERT, Raymonde. *Le conte de fées littéraire en France de la fin du XVIIe à la fin du XVIIIe siècle.* Supplément bibliographique 1980-2000 établi par Nadine Jasmin avec la collaboration de Claire Debru. 2002.
41. BIET, Christian. *Droit et littérature sous l'Ancien Régime. Le jeu de la valeur et de la loi.* 2002.
42. BELIN, Christian. *La Conversation intérieure. La Méditation en France au XVIIe siècle.* 2002.
43. TABET, Emmanuelle. *Chateaubriand et le XVIIe siècle: Mémoire et création littéraire.* 2002.

44. JASMIN, Nadine. *Naissance du conte féminin. Mots et Merveilles: Les Contes de fées de Madame d'Aulnoy (1690-1698)*. 2002.
45. SPICA, Anne-Élisabeth. *Savoir peindre en littérature. La description dans le roman au XVIIe siècle: Georges et Madeleine de Scudéry*. 2002.
46. LOUVAT-MOLOZAY, Bénédicte. *Théâtre et musique. Dramaturgie de l'insertion musicale dans le théâtre français (1550-1680)*. 2002.
47. GHEERAERT, Tony. *Le chant de la grâce. Port-Royal et la poésie d'Arnauld d'Andilly à Racine*. 2003.
48. LE GUERN, Michel. *Pascal et Arnauld*. 2003.
49. GARAPON, Jean. *La culture d'une princesse. Écriture et autoportrait dans l'œuvre de la Grande Mademoiselle (1627-1693)*. 2003.
50. SELLIER, Philippe. *Essais sur l'imaginaire classique. Pascal - Racine - Précieuses et Moralistes - Fénelon*. 2003.
51. NÉDÉLEC, Claudine. *Les États et Empires du burlesque*. 2004.
52. VIALLETON, Jean-Yves. *Poésie dramatique et prose du monde. Les comportements des personnages dans la tragédie en France au XVIIe siècle*. 2004.
53. COURTÈS, Noémie. *L'Écriture de l'enchantement. Magie et magiciens dans la littérature française du XVIIe siècle*. 2004.
54. NAUDEIX, Laura. *Dramaturgie de la tragédie en musique (1673-1764)*. 2004.
55. GOULET, Anne-Madeleine. *Poésie, musique et sociabilité au XVIIe siècle. Les* Livres d'airs de différents auteurs *publiés chez Ballard de 1658 à 1694*. 2004.
56. GÉLY, Véronique. *L'invention d'un mythe: Psyché. Allégorie et fiction, du siècle de Platon aux temps de La Fontaine*. 2006.
57. NOILLE-CLAUZADE, Christine. *L'Éloquence du Sage. Platonisme et rhétorique dans la seconde moitié du XVIIe siècle*. 2004.
58. WIEL, Véronique. *Écriture et philosophie chez Malebranche*. 2004.
59. MORTGAT-LONGUET, Emmanuelle. *Clio au Parnasse. Naissance de l'«histoire littéraire» française aux XVIe et XVIIe siècles*. 2006.
60. DUMORA-MABILLE, Florence. *L'œuvre nocturne. Songe et représentation au XVIIe siècle*. 2005.
61. TONOLO, Sophie. *Divertissement et profondeur. L'épître en vers et la société mondaine en France de Tristan à Boileau*. 2005.
62. DE GARIDEL, Delphine. *Poétique de Saint-Simon. Cours et détours du récit historique dans* Les Mémoires. 2005.
63. MERCIER, Alain. *Le Tombeau de la Mélancolie. Littérature et facétie sous Louis XIII. Avec une bibliographie critique des éditions facétieuses parues de 1610 à 1643*. 2005.
64. ROY-GARIBAL, Marine. *Le Parnasse et le Palais. L'œuvre de Furetière et la genèse du premier dictionnaire encyclopédique en langue française (1649-1690)*. 2006.
65. GROS DE GASQUET, Julia. *En disant l'alexandrin. L'acteur tragique et son art, XVIIe-XXe siècle*. 2006.
66. ORWAT, Florence. *L'invention de la rêverie. Une conquête pacifique du Grand Siècle*. 2006.
67. LANINI, Karine. *Dire la vanité à l'âge classique. Paradoxes d'un discours*. 2006
68. ZONZA, Christian. *La Nouvelle historique en France à l'âge classique (1658-1703)*. 2006.
69. BOURGEOIS, Christophe. *Théologies poétiques de l'âge baroque. La Muse chrétienne (1570-1630)*. 2006.

70. REGUIG-NAYA, Delphine. *Le Corps des idées. Pensées et poétiques du langage dans l'augustinisme de Port-Royal. Arnauld, Nicole, Pascal, Mme de La Fayette, Racine.* 2006.
71. CAZANAVE, Claire. *Le Dialogue à l'âge classique. Étude de la littérature dialogique en France au XVIIe siècle.* 2007.
73. CHOMÉTY, Philippe. *« Philosopher en langage des dieux ». La poésie d'idées en France au siècle de Louis XIV.* 2006.
74. STIKER-MÉTRAL, Charles-Olivier. *Narcisse contrarié. L'amour propre dans le discours moral en France (1650-1715).* 2007.
75. MAZOUER, Charles. *Molière et ses comédies-ballets.* Nouvelle édition revue et corrigée. 2006.

*Achevé d'imprimer en 2006
à Genève (Suisse)*